SUSANNE BAER

ROTE LINIEN

SUSANNE BAER

ROTE LINIEN

Wie das Bundesverfassungsgericht die Demokratie schützt

HERDER

FREIBURG · BASEL · WIEN

FSC
www.fsc.org
MIX
Papier | Fördert gute Waldnutzung
FSC® C014496

Hermann-Herder-Str. 4, 79104 Freiburg

www.herder.de

Bei Fragen zur Produktsicherheit wenden Sie sich an
produktsicherheit@herder.de

3. Auflage

Umschlaggestaltung: zero-media.net, München
Umschlagmotiv: © IMAGO / Stockhoff;
© picture alliance / Uli Deck / dpa | Uli Deck
Satz: Daniel Förster, Belgern
Herstellung: GGP Media GmbH, Pößneck

Printed in Germany

ISBN Print: 978-3-451-07406-6
ISBN E-Book (E-Pub): 978-3-451-83805-7
ISBN E-Book (PDF): 978-3-451-83806-4

Inhalt

Warum dieses Buch?

Wollen Sie in einer Demokratie leben, die diesen Namen verdient, mit gleichen Chancen auf ein selbstbestimmtes Leben, neben- und miteinander? Dann spielen Verfassungsgerichte für Sie eine wichtige Rolle. Wollen Sie in einem Land leben, in dem Sie weder von irgendwelchen vermeintlich Stärkeren oder Schlaueren, weder von großen Unternehmen noch von gewählten Mehrheiten völlig übergangen werden dürfen? Dann sind Verfassungsgerichte für Sie wichtig. Wollen Sie einen Staat, in dem es eine unabhängige Institution gibt, die auch dann, wenn es kontrovers wird, sorgfältig darauf achtet, möglichst alle und alles zu hören, und dann im Konsens klärt, was geht? Und sind Ihnen Urteile gegen Vorurteile wichtig? Dann geht Sie das Verfassungsgericht etwas an.

Ein Verfassungsgericht garantiert das alles natürlich nicht. Aber es ist ein wichtiger Baustein der Demokratie: Es schützt davor, dass niemand unter die Räder kommt. Klar: Da entscheiden nur wenige Menschen sehr viel. Klar auch: Auf diese Personen kommt es an; deshalb sind die Wahlen in dieses Amt speziell geregelt und politisch so wichtig wie heikel. Was ist da entscheidend? Es braucht eine Haltung zu so einem hohen Amt, denn das ist nicht nur fordernd, weil viel Arbeit, sondern auch eine Herausforderung. Aber es kann funktionieren.

Dahinter steckt eine alte, weltweit anerkannte Idee, und dafür gibt es ein ausgeklügeltes Konzept: Das Bundesverfassungsgericht zieht die roten Linien, die nach dem Grundgesetz in Deutschland nicht überschritten werden dürfen. Das Gericht funktioniert also bestenfalls wie ein Sicherheitsgurt; es schnürt nicht ein, blockiert aber im Notfall und verhindert schwere Verletzungen. So lässt ein Verfassungsgericht jenen, denen Sie als Bürgerinnen und Bürger Ihre Stimme geben, möglichst viel Spielraum, setzt aber auch Grenzen, wenn Grundrechte und die Regeln der Demokratie verletzt werden. Die Aufgabe des Bundesverfassungsgerichts ist es also, die Demokratie zu schützen; die Richterinnen und Richter sind »Democracy's Guardians«, so hat der Amerikaner Justin Collings sein Buch über »Karlsruhe« genannt. Nicht einschnüren, aber notfalls blockieren. Fordernd, auch eine Herausforderung. Das ist das Bundesverfassungsgericht.

Oder wie im Sport: Verfassungsgerichte sind die Unparteiischen. Damit auf dem Feld fair gespielt wird, braucht es ja nicht nur Regeln, sondern auch Leute, die sie durchsetzen. Wenn es auf dem Platz hoch hergeht, entscheiden die Unparteiischen, wie weitergespielt wird. In einer Gesellschaft, die sich streitet, entscheiden Verfassungsgerichte, wie weiter gestritten werden darf und was dann »außer Streit steht«, als gemeinsames Fundament. Verfassungsgerichte verteilen dabei zwar keine gelben und roten Karten, aber sie sprechen durchaus Machtworte, klären neue komplizierte Fragen oder winken mit dem juristischen Zaunpfahl, stellen sich dem Unrecht entgegen, der Ungerechtigkeit, den zu weitgehenden Einschränkungen der Freiheit, der Benachteiligung, jeder Verletzung dessen, was Demokratie ausmacht. Im Sport gibt es dafür Regeln; in Deutschland steht das im Grundgesetz. Was daraus folgt, muss notfalls das Bundesverfassungsgericht entscheiden.

Das deutsche Bundesverfassungsgericht ist ziemlich bekannt, in Deutschland und auch in London oder Paris, in Brüssel bei der EU oder in New York bei den Vereinten Nationen, in Delhi oder Johannesburg. Wie es wirklich arbeitet, wissen allerdings nur wenige. Schon deshalb lohnt sich ein Blick hinter die Kulissen. Da zeigt sich außerdem, was heute so wichtig wie selten ist: Hier zählt nicht die Uneinigkeit, sondern die Einigkeit, hier wird auch zu großen Kontroversen der Konsens gesucht, hier streiten bewusst verschiedene Menschen miteinander, ohne zu spalten. Das wäre auch sonst schön: Wenn nicht der Streit im Vordergrund stünde, sondern die Einigung, wenn nicht nur betont würde, was uns trennt, sondern mehr, was wir gemeinsam haben und wollen. Auch darauf kommt es jedenfalls an, wenn wir fair miteinander spielen wollen. Die Praxis des Bundesverfassungsgerichts ist natürlich nicht unfehlbar, aber sie zeigt vielleicht auch, wie das gehen kann.

Es ist ja nicht zu übersehen, dass gerade ziemlich viel gestritten wird – und heftig. Klima, Migration und Sicherheit, der Sozialstaat, Gleichberechtigung und Meinungsfreiheit, die Versammlungsfreiheit, politische Parteien und Demokratie. Um diese Kontroversen geht es auch hier. Das Bundesverfassungsgericht befasst sich zwar mit noch viel mehr, aber gerade da zeigt sich, welche Herausforderungen lauern und wie das Gericht mit ihnen umgeht. Vor allem wird deutlich, was das Gericht ausmacht: alles beachten, was dazugehört, gründlich klären, was man zunächst sehr unterschiedlich sieht, gemeinsam entscheiden, also Beschlüsse fassen und Urteile fällen, schon juristisch ziemlich komplizierte Fragen beantworten, die noch dazu häufig über Deutschland hinausreichen, zur Begründung überzeugende Argumente finden und letztlich auch kluge Vorgaben machen, die möglichst lange halten.

Dabei werden die Herausforderungen nicht kleiner. Auch das Bundesverfassungsgericht muss mit der »Wahrheitskrise« umgehen, denn immer öfter ist schon umstritten, was eigentlich im Streit steht, also von welchen Tatsachen, von welchen Fakten auszugehen ist. Außerdem ist auch das Gericht mit Wut konfrontiert, manchmal sogar mit Hass. Wie lässt sich streiten, ohne den Respekt voreinander zu verlieren, wie etwas klären und auch erklären, was zwar nicht alle begeistert, womit aber alle leben können? Im Bundesverfassungsgericht muss das gelingen. Ich beschreibe zuerst die Idee, dann geht es um die Menschen, die da tätig sind, und um die Praxis, wie also tatsächlich gearbeitet wird; im zweiten Teil stehen die großen Kontroversen im Vordergrund.

Wie wir in dieser Gesellschaft miteinander umgehen, liegt natürlich zuerst in unserer eigenen Verantwortung. Wir entscheiden selbst, ob in der Familie, im Freundeskreis, im Verein, in der Schule oder im Betrieb, was wir tun oder lassen. Für die Gesellschaft übertragen wir diese Verantwortung in Wahlen »der Politik«, also auf Parteien und Abgeordnete im Parlament und auf die Regierung. Außerdem engagieren sich viele Menschen in Vereinen oder auf Demonstrationen oder mit der eigenen Meinung in traditionellen oder sozialen Medien, mischen sich also auf diese Art politisch ein, in die allgemeinen, die öffentlichen Belange. Und das ist gut so. Deshalb ist all das in der deutschen Verfassung, dem Grundgesetz, geschützt – für eine lebendige Demokratie. Und ein Verfassungsgericht entscheidet, damit sie auch im Streitfall funktioniert. In den Bundesländern sind das die Landesverfassungsgerichte, für ganz Deutschland das Bundesverfassungsgericht, kurz »Karlsruhe« mit den Acht – oder Sechzehn – in den roten Roben. Das ist hier das Thema.

Das Bundesverfassungsgericht ist bemerkenswert, im wahrsten Sinne des Wortes wert, bemerkt zu werden, historisch und politisch und international, und auch von Ihnen: Es entscheidet über Ihr Leben. Schon deshalb haben Sie das gute Recht, mehr zu erfahren. Wie arbeitet es? Wer sitzt da in den roten Roben – und wer sitzt da sonst noch? Wie ist der Arbeitsalltag, was ist gefordert in so einem Amt, wie gehen die Richterinnen und Richter damit um? Was macht das Gericht, wenn öffentlich heftig gestritten wird, wie reagiert es auf hohe Erwartungen, auf Druck und Kritik? Bislang hat das Bundesverfassungsgericht einen ziemlich guten Ruf, in Umfragen genießt es viel Vertrauen. Aber gibt es auch ein »Zuviel des Guten«, geht das Gericht also manchmal zu weit, beim Klima oder dem Datenschutz? Oder tut es zu wenig, wie in der Coronapandemie oder für die soziale Gerechtigkeit? Warum kommen einige Themen immer wieder vor das Gericht? Und inwiefern hat es »das letzte Wort« auch in Europa, wo es doch ebenfalls einen Gerichtshof gibt, und in der Welt mit Menschenrechtsgerichten?

Solche Fragen treiben viele Menschen um. Sie sind mir im Laufe meiner zwölf Jahre als Richterin des Bundesverfassungsgerichts oft gestellt worden, nach Vorträgen und in Gesprächen an Schulen, mit Studierenden und bei privaten Begegnungen, und sie beschäftigen die Richterinnen und Richter auch selbst. In der Arbeit an den Fällen wird das dann ganz konkret. Aber auch als Richterin musste ich zuerst für mich klären: Was rechtfertigt das Vertrauen in dieses Gericht? Welche Idee steckt dahinter? Welche Haltung ist hier gefragt, wie viel Öffentlichkeit tut dem Gericht gut, auch jenseits der Entscheidungen, und was bedeutet es, mit so unterschiedlichen Menschen so eng zusammenzuarbeiten? Wie läuft das in der Praxis? Das finden Sie im ersten Teil.

Ich war zwölf Jahre lang Richterin in diesem *Karlsruhe*, bekleidete zwölf Jahre dieses hohe Amt im Ersten Senat des Bundesverfassungsgerichts. Für mich war das eine große Ehre mit sehr viel Verantwortung, und um ehrlich zu sein: Es war auch sehr viel Arbeit. Zwölf Jahre Akten, Voten, Beratungen, Beschlüsse und Urteile, die Arbeitstreffen im In- und Ausland, Vorträge und Gespräche und eben auch Streit, vor allem in den großen Kontroversen. Was Sie hier finden, stützt sich auf diese Erfahrung.

Über die Zeit davor und danach und auch über diese zwölf Jahre würden andere vermutlich anderes erzählen. So ist das Bundesverfassungsgericht ein Zwillingsgericht, in dem zwei Senate Recht sprechen; »mein« Erster Senat ist für die meisten Grundrechte zuständig. Da sind die Bürgerinnen und Bürger zentral, denn sie bringen die Fälle vor Gericht, in denen ich dann mitentscheiden durfte. Diese Fälle sind mir natürlich vertrauter als die Entscheidungen, die im Zweiten Senat fallen. Außerdem kenne ich einige besser als andere, denn ich war Berichterstatterin im Arbeitsrecht und Sozialrecht, zur Vereinigungsfreiheit und Freiheit der Wissenschaft, musste also diese Fälle für die Kolleginnen und Kollegen vorbereiten. Am Ende der Amtszeit bekam ich die Quittung, einen Zettel mit den Zahlen: Ich habe insgesamt 4617 »Sachen« zuerst bearbeitet, davon 17 »große« im Senat und 65 mittelgroße in der Kammer. Aber wie alle anderen Richterinnen und Richter habe ich auch über alles Mögliche andere mitentschieden. Hier erzähle ich, wie das praktisch funktioniert.

Die Fälle in den Akten sind dabei nicht alles; ich durfte als Richterin viel mehr erleben. Dazu gehören die Arbeitsgemeinschaften im Gericht zu Übersetzungen, der neuen Webseite und Filmen, den eigenen Verhaltensleitlinien oder auch den Tagen der offenen Tür – es ist ein selbstverwaltetes Organ. Deshalb gibt es die Treffen aller 16 Richterinnen und Richter der beiden Senate als ein wenig Basisdemokratie im »Verwaltungsplenum«. Hinzu kommen Erfahrungen jenseits der Beratungen, von den Arbeitstreffen mit ausländischen Gerichten bis zum Abendessen im Kanzleramt, vom Gespräch mit einer 10. Klasse bis zu der Angst, als mich jemand feindselig ins Visier nahm, und viele Gespräche zur Resilienz, zur Widerstandskraft von Demokratie und Grundrechten in Deutschland heute. Auch das fließt hier ein.

Damit ist mein Blick auf das Bundesverfassungsgericht natürlich speziell. Ein anderer Richter oder eine andere Richterin hätte andere Themen und eine andere Perspektive, aber Vielfalt gehört auch hier dazu. Wer selbst dabei war, sieht die Dinge zudem immer anders als von außen. Zwar bekam ich als Richterin jeden Morgen einen Pressespiegel auf den Tisch, aus ihm zitiere ich hier. Doch spielen natürlich auch persönliche Eindrücke und Erfahrungen eine Rolle. Damit wird aus diesem Buch keine Autobiografie, aber eine möglichst ehrliche Beschreibung. Weil auch das Bundesverfassungsgericht aus den Menschen besteht, die da arbeiten, gehört es dazu. Wie fühlt es sich an, abends am Schreibtisch im Richterzimmer oder in der roten Robe beim Auftritt im Saal, beim Vortrag oder in der Beratung, eben als *Richterin des Bundesverfassungsgerichts* Teil eines Verfassungsorgans zu sein? Ich erzähle davon, und wer mehr wissen will, findet im Anhang Empfehlungen für Bücher, Filme, Podcasts und Theater.

Für einen Blick hinter die Kulissen des Bundesverfassungsgerichts ist es höchste Zeit. Nicht nur haben mir viele Menschen viele Fragen gestellt, auf die es jenseits der Fachbücher kaum Antworten gibt. Vor allem droht Gefahr, denn im 21. Jahrhundert stehen Gerichte, die Grund- und Menschenrechte schützen und demokratische Verfahren einfordern, weltweit unter Druck. Wer mehr weiß, kann dem entgegentreten. Einfach war die Situation zwar nie: Es ist ja nicht selbstverständlich, dass wenige Menschen nur mit der Verfassung in der Hand den Machthabenden in den Arm fallen. Verfassungsgerichte profitieren deshalb davon, wenn sie kritisch begleitet werden. Aber sie brauchen Respekt, und genau da ist es brenzlig geworden. Heute sind Gerichte, die auf Menschenrechte und Demokratie achten, eine politisch gefährdete Spezies, eine weltweit bedrohte Art. Wer sie retten will, muss gut mit ihnen umgehen, aber sie eben auch kennen, muss wissen, wie da gearbeitet wird. In diesem Buch werden sogar Aktenzeichen genannt, mit denen Sie jede Entscheidung selbst finden können auf www.bverfg.de, mit einer Kurzfassung in den Pressemitteilungen. Die Zeichen sind auch kein geheimer Code: Die 1 vorn steht für den Ersten, die 2 für den Zweiten Senat, die Buchstaben für die Art des Verfahrens, dann kommen eine Nummer und das Jahr, in dem die Sache einging. Das soll nicht abschrecken; ich nenne sie auch, weil das den Alltag im Gericht tatsächlich prägt. Genau um den geht es hier. »Wir müssen um Vertrauen werben«, hat der ehemalige Präsident des Gerichts, Andreas Voßkuhle, 2019 im Gespräch mit den *Kieler Nachrichten* gesagt. Deshalb erzähle ich hier von einer Arbeit, die Ihr Vertrauen verdient.

Kein blindes Vertrauen: von Akten und Beratungen

Was wissen Sie über das Bundesverfassungsgericht? Auf der Website www.bverfg.de finden Sie die Entscheidungen, etwas über das Gericht und die Verfahren, das Hinweisblatt zur Verfassungsbeschwerde und sogar Filme. Aber es ist nicht viel bekannt über die Menschen in den roten Roben. Das Wort Karlsruhe wird in Deutschland trotzdem nicht selten in die politische Debatte geworfen oder in den Nachrichten erwähnt. Das meint dann nicht die Stadt, sondern das Bundesverfassungsgericht. Karlsruhe ist deshalb für alle, die sich für Politik interessieren, selbst Politik machen oder mit Recht umgehen, eine Marke. Die Stadt nennt sich nicht umsonst die *Residenz des Rechts*, denn es gibt da viele juristische Einrichtungen, und der Oberbürgermeister gratulierte im Jahr 2011 dem Bundesverfassungsgericht zum 60. Geburtstag mit den Worten, dies sei »ein Glücksfall für die Stadt«. So sehen es wohl auch die meisten Menschen vor Ort.

Dabei ist das Glasgebäude im Schlossbezirk nicht protzig; schon das Haus selbst soll ein »Bürgergericht« sein (dazu gleich mehr), und es ist mehrfach besonders. Dort arbeiten sechzehn Richterinnen und Richter in zwei Senaten als Sicherheitsgurt der Demokratie, mit wissenschaftlichen Mitarbeitenden und einer eigenen Verwaltung, beschützt von der Bundespolizei. Wie jede andere Institution lebt das Bundesverfassungsgericht von den Menschen, ist also nicht fehlerfrei, nicht perfekt. Aber die Art und Weise, wie es arbeitet, hat großen Anteil an seinem guten Ruf.

Das Gericht hat sehr viel Macht: Es hat viel zu sagen, denn es zieht die roten Linien nicht nur für die Politik. Es wird auch kritisch begleitet – von Medien, Wissenschaft und Politik und von Ihnen, den Bürgerinnen und Bürgern. Vor allem aber arbeitet es so sorgfältig wie unabhängig und schützt damit eine demokratische Gesellschaft, die diese Bezeichnung verdient. Hier wird Macht an Recht gebunden, hier wird gesichert, dass die Regeln für alle gelten. Klingt das formal, abstrakt? Tatsächlich betrifft es Ihr Leben. Die Regeln – das sind Ihre Grundrechte und die Demokratie als das Verfahren, in dem wir alle miteinander aushandeln, wie unsere Gesellschaft funktionieren soll. Und genau das kontrolliert das Bundesverfassungsgericht.

Die Menschen in Deutschland vertrauen dem Gericht. Auch wenn die Zeitschrift *Stern* 2024 »das große Misstrauen« titelte: Nach der alljährlichen großen Studie des Instituts *forsa*, für die 4000 Menschen zum Vertrauen in Institutionen befragt wurden, setzten Ende 2023 über 70 % der Befragten das Bundesverfassungsgericht sehr weit oben an, weit höher als die Bundesregierung und den Bundestag, knapp hinter Ärztinnen und Ärzten und der Polizei. Natürlich wäre es gut, wenn das Vertrauen in die Abgeordneten wachsen würde und auch in die Regierung. Aber die Gerichte und insbesondere das Bundesverfassungsgericht sind darauf besonders angewiesen: Es hat sonst nichts, kein Schwert und keine Geldbörse. Das ist ein alter Spruch: *No influence over either the sword or the purse.* Ein »Gründungsvater« der USA, Alexander Hamilton, schrieb das 1788 in den »Federalist Papers«, die weltweit zitiert werden, wenn über solche Gerichte diskutiert wird. Es gilt auch hier und auch heute: Ein Verfassungsgericht hat keine Armee, kann mit Geld keinen Druck ausüben. Es hat nur

Worte, und diese wirken nur, wenn sie von jenen akzeptiert werden, an die sie sich richten. Die Entscheidungen begeistern nie alle, das zeigen die Kontroversen im zweiten Teil dieses Buches, aber sie müssen überzeugen. Der Institution zu vertrauen, heißt auch nicht, ihr blind zu folgen. Vertrauen lebt von Praxis. Also sollten Sie wissen, wie dort gearbeitet wird.

1964 wurde das erste Mal nach diesem Vertrauen in Institutionen gefragt; schon damals waren die Werte gut. Aber darauf kann und darf sich das Verfassungsgericht nicht ausruhen. So schön die Umfragen sind: Es fällt schon auf, dass heute im Osten nur 60 % und im Westen 77 % der Befragten dem Gericht vertrauen, dabei mehr Männer als Frauen. Mich beunruhigt vor allem, dass nur erschreckende 34 % derjenigen von Ihnen, die sich als AfD-Anhänger bezeichnen, dem Gericht vertrauen, gegenüber sonst 88 %. Auch für Sie ist das hier ein Blick hinter die Kulissen, auch deshalb dieses Buch.

Sie werden sehen, dass der Alltag im Bundesverfassungsgericht nicht nur aus »juristischem Hochreck« besteht (das ist im Gericht ein häufiger Spruch), sondern vor allem aus Akten. Das klingt vielleicht langweilig, ein bisschen muffig und auch mühsam. Aber in den Akten steckt das Leben, denn darin wird sorgfältig festgehalten, womit sich Menschen an das »Bürgergericht« wenden. Manchmal sind das dicke Packen Papier, von großen Kanzleien gestaltet, aber ich habe auch Verfassungsbeschwerden gesehen, die jemand mit der Hand geschrieben hat, ein Brief aus dem Gefühl heraus, völlig ungerecht behandelt worden zu sein. Angeblich begann sogar eine sehr berühmte Entscheidung mit einem zerknitterten Zettel: Ein Strafgefangener wollte nicht, dass seine Briefe durch die Anstalt kontrolliert werden, notierte das auf einem Zettel und legte so 1972 den Grundstein für das moderne Strafvollzugsrecht. Seitdem ist in Deutschland klar, dass die Menschenwürde nicht verliert, wer eine Straftat begangen hat; deshalb muss gesetzlich geregelt sein, was in Gefängnissen passiert; auch die Strafhaft ist kein rechtsfreier Raum.

Im Verfassungsgericht sind Akten der Alltag. Egal wie sich Menschen an das Gericht wenden: Jedes Mal wird eine Akte angelegt, alles geprüft, ein ausführliches Gutachten verfasst – das Votum –, dann beraten und schließlich entschieden. Jede noch so große Entscheidung beginnt also im Kleinen, im Leben, mit Details, die für die Beteiligten wichtig sind. Eben in den Akten. Wären sie nicht erfunden worden, hätte es der Rechtsstaat schwer gehabt. Das hat die Anwältin und Kulturwissenschaftlerin Cornelia Vismann als »Medientechnik des Rechts« beschrieben: Der Leitz-Ordner war wichtig. Die »elektronische Akte«, die in vielen Gerichten schon eingeführt ist, wird also viel verändern. Während meiner Amtszeit sah es aber noch immer gleich aus: ein gelber Pappdeckel, oben rechts mit Bleistift das Aktenzeichen und ansonsten kleine Kästchen mit den Namen derer, die diese Akte nach mir bekommen. Sie rollt auf einem Wagen namens »Hund«, doch dazu später mehr. Wenn es eilt, ist die Pappe nicht gelb, sondern rot, und manchmal ist sie hellblau für Verwaltungssachen. Aber zwischen diesen Pappdeckeln eröffnet sich ein Schicksal, eine eigene Welt. Als Richterin ahnte ich nie, was da kommt, ein Zettel oder ein langer Schriftsatz von Profis, ein dünner Hefter oder viele Ordner, die ein spezieller Gurt mit dem »badischen Aktenknoten« zusammenhält. Was dann zählt, sind die Menschen: Sie wollen und müssen gesehen und gehört werden.

Im Verfassungsgericht sorgt dafür das Verfahren, und das ist aufwendig. Alles wird geprüft, umfassend begutachtet, mehrfach beraten und erst dann entschieden. Das ist die tägliche Aufgabe: viel Aufwand, aber keine bürokratische Zumutung. Vielmehr zeigt sich hier, wie wichtig formale Routine ist. Alles wird abgeheftet, die Seiten nummeriert – denn es soll nichts übersehen und alles ernst genommen werden, was Menschen bewegt, die sich beschweren. Da das Bundesverfassungsgericht mit Wirkung für alle entscheidet, muss noch mehr einbezogen werden – auch dafür sorgt das Verfahren. Viele Schritte sind also notwendig, um umfassend informiert zu sein, und alles nur, um möglichst gut begründet zu entscheiden. So entstehen bestenfalls Urteile, die nicht Vorurteilen folgen, sondern rote Linien ziehen.

In jedem Fall, hinter jeder nach außen auch noch so kurzen, formalen Entscheidung steckt also viel Arbeit hinter den Kulissen. Als Richterin stand ich manchmal vorn auf der Bühne, aber das Stück kann nur gemeinsam und vor allem nur mit denen dahinter aufgeführt werden. Im Gericht gehören dazu das Allgemeine Register und die Geschäftsstellen, die Rechtspflegerinnen und die Kanzlei, die wissenschaftlichen Mitarbeitenden im Dezernat der Richterinnen und Richter, unterstützt von der Bibliothek, auch eine Pressestelle und das Protokoll und für das Ganze eine Verwaltung. Wenn Sie in Karlsruhe im Schlossbezirk spazieren gehen, sehen Sie diese Leute bei der Arbeit, denn das Gebäude ist sehr transparent. Aber auch das ist nur ein Teil. Bis zum Auftritt der Richterinnen und Richter in den roten Roben im Sitzungssaal, bei einer mündlichen Verhandlung oder im Finale der Verkündung eines Urteils, geschieht eine Menge mehr, an vielen Schreibtischen oder auch am Beratungstisch. Und darauf liegen eben Akten, die so bearbeitet werden.

Vor allem die Beratungen sind besonders – und berühmt. Für große Entscheidungen gibt es nicht nur eine, sondern mehrere, als »Votumsberatung« und »Leseberatung«. Im Bundesverfassungsgericht gibt es aber vor allem eine ganz eigene Beratungskultur, je etwas anders im Ersten und Zweiten Senat. Meine Kollegin Gabriele Britz hat darauf ihre Abschiedsrede gehalten, nach zwölf

Jahren im Amt, und eine frühere Richterin, Gertrude Lübbe-Wolff, hat das vergleichend in einem dicken Buch beschrieben: Beratungen sind sehr spezielle Gespräche. Manchmal hat der Senat eine halbe Stunde lang über ein Komma diskutiert, manchmal ging es um Stilfragen, aber immer geht es auch um viel mehr; das werden Sie hier immer wieder sehen. Das Ziel ist, auch bei sehr umstrittenen Fragen zu einer Entscheidung zu kommen, auch bei großen Kontroversen zum Konsens.

Da ist schon der Raum wichtig: Das Beratungszimmer ist eher klein, und schon das macht etwas aus. Immerhin werden die Richterinnen und Richter von verschiedenen politischen Parteien für das Amt vorgeschlagen und unterscheiden sich natürlich auch sonst in ihren Erfahrungen und Persönlichkeiten, aber bei der Beratung sitzt man dicht beieinander, sieht sich aus der Nähe, spürt die Stimmung. Ich habe über Jahre mit dem Kollegen rechts von mir die Kaffeekanne geteilt, mir von links den Stift geliehen, den Gesichtsausdruck mir gegenüber immer vor Augen gehabt – das ist intensiv. Auch hatte ich Glück mit dem Blick in den Botanischen Garten. Und noch dazu war die Geschichte spürbar: Hier hatte schon mein Vorgänger gesessen und dessen Vorgänger und der davor. Ich trat also ein Erbe an; wenn ich mich setzte, spürte ich das.

Im Bundesverfassungsgericht sind die Beratungen tatsächlich Gespräche auf Augenhöhe, auch wenn es hart wird, auch im Streit. Alle Stühle sind gleich hoch, der Tisch ist rechteckig, bietet also allen Beteiligten je gleich viel Platz. In meiner Zeit gab es keine Technik, also keinen Laptop, kein Mobiltelefon und keinen Computer, sondern je einen Bleistift, Radiergummi und Anspitzer, je gleich viel Papier. Auch das macht etwas aus: Niemand blickt auf einen Bildschirm, sondern auf die anderen. Im Regal standen nur die alten Entscheidungen des Gerichts, die grauen

Bände, die auch oft benutzt wurden; manchmal las jemand daraus vor, um alle daran zu erinnern, worauf wir uns gemeinsam beziehen. Alles in diesem Raum ist also gleich. Ist das banal? Spätestens beim Besuch der prächtigen Paläste des französischen oder des amerikanischen Gerichts, des großen Saals in Österreich oder beim Anblick des langen ovalen Tischs in Portugal, dessen Sitzordnung und auch die Reihenfolge der Beiträge zur Beratung jedes Jahr verlost werden, wird klar, dass sich das auswirkt. Sie kennen es sicher: Sich ungesehen oder auf Augenhöhe zu fühlen, eine Vorgeschichte zu spüren oder nicht, sich wirklich zu sehen oder eher aus der Ferne – da spielt auch das Mobiliar eine Rolle.

Im Bundesverfassungsgericht sind alle Richterinnen und Richter gleich; das zeigt sich überall. Die Stimme des Präsidenten oder der Vizepräsidentin hat nicht mehr Gewicht als andere; wer einem Senat vorsitzt oder am längsten dabei ist, führt nur die Redeliste. Ich habe immer noch einen Zettel, auf dem in langen Reihen die Kürzel unserer Namen stehen, fair in der Reihenfolge, in der wir uns gemeldet haben. Wer was bearbeitet und welche Entscheidung entwirft, bestimmen vorab Regeln, nicht der Präsident. Die »Richterzimmer« sind gleich groß, die Möbel mit demselben Budget derselben Firma beschafft, die Bahncard für Heimfahrten identisch, ebenso die Zahl der Mitarbeitenden für jede Richterin und jeden Richter. Nur Präsident und Vizepräsidentin sitzen in etwas größeren Dienstzimmern, denn sie empfangen mehr Besuch; sie nutzen eigene Dienstwagen mit Fahrer, denn sie repräsentieren das Gericht nach außen und sind mehr unterwegs, aber sie sind *primus inter pares*, Erste unter Gleichen. Nicht einer gibt den Ton an, sondern was dieses *Karlsruhe* entscheidet, ist ein Gericht mit vielen Köchinnen und Köchen, ist immer auf Augenhöhe beraten worden. Nicht eine Meinung zählt, sondern das Grundgesetz ist auszulegen, in Anwendung auf den Fall, dann möglichst gut begründet, mit Pressemitteilungen für die Öffentlichkeit, oft auf Englisch und online für die Welt. Das gilt für die vermeintlich einfachen Entscheidungen genauso wie für die großen Kontroversen.

Das Beratungsgeheimnis

All das wird hier geschildert, oder genauer: Sie erfahren hier fast alles, denn es gibt eine Grenze. Ich wurde immer wieder gefragt, ob ich das eigentlich dürfe. Darf ich beschreiben, wie das Verfassungsgericht wirklich funktioniert? Ich darf. Zerstört es die Aura und damit die Autorität? Ich hoffe nicht. Vielmehr glaube ich, dass Sie es verdient haben zu erfahren, wie in Karlsruhe gearbeitet wird: Das versuche ich hier ehrlich. Nur verrate ich nichts; dies ist also auch kein Enthüllungsbuch.

Was ein Verfassungsgericht tut, ist nicht geheim, aber es gibt das Beratungsgeheimnis, und das wird gewahrt. Im Deutschen Richtergesetz steht:

> Der Richter hat über den Hergang bei der Beratung und Abstimmung auch nach Beendigung seines Dienstverhältnisses zu schweigen.

Das gilt auch für mich, und das ist gut so. Das Schweigegebot schützt die richterliche Unabhängigkeit, die sogar im Grundgesetz gesichert ist, in Artikel 97. So richtig verstanden habe ich das erst vor Ort, im Gericht. Denn mit dem Beratungsgeheimnis konnte und kann ich mich darauf verlassen, dass niemand ausplaudert, was ich wann gesagt habe; darauf vertrauen auch meine Kolleginnen und Kollegen. Damit wird das aber keine Geheimniskrämerei. Sondern es macht es vor allem leichter, sich in einer Beratung überzeugen zu lassen. Jede kann die eigene Meinung ändern, ob in einem Verfahren oder im Laufe der Amtszeit, weil das niemand verrät, nie jemand bloßgestellt wird. Auch wenn ich etwas übersehen hatte oder schlicht juristisch falsch prüfte, war es mir persönlich sicher manchmal peinlich, aber es gehört dazu, wird nicht öffentlich, und ich konnte es dann verkraften. Als ich also in einer Beratung verwechselt hatte, wann welche Frage geprüft wird, um zu klären, ob ein Grundrecht verletzt ist, war das ein Anfängerfehler. Eine peinliche Situation. Eine Kollegin wies mich dezent darauf hin, die anderen schwiegen taktvoll. Ich wurde rot. Aber ich darf sicher sein, dass niemand verrät, worum es eigentlich ging. Oder wer wann was gesagt hat. Das tue ich auch nicht.

Das Beratungsgeheimnis wird übrigens auch untereinander im Gericht gewahrt. Wenn ich mit ehemaligen Richterinnen und Richtern über ihre Zeit in Karlsruhe spreche, bringt die Erinnerung an die Beratung zwar oft einen verträumten Ausdruck aufs Gesicht, einen schweifenden Blick in die Vergangenheit. Aber dann folgt Schweigen. Auch wenn ich denen begegne, die heute entscheiden, erfahre ich keine Details. Ich habe dem Kollegen im anderen Senat auch auf seine beiläufige Frage hin nicht erzählt, was wir gerade taten, und er mir auch nicht. Das Beratungsgeheimnis schützt auch intern. Aber jenseits dessen darf ich Ihnen viel darüber erzählen, wie das Gericht arbeitet.

So erfährt niemand, wer wann genau was vertreten hat, von wem welche Idee kam, wer was durchsetzen konnte, und so kann niemand allein für etwas verantwortlich gemacht werden. Egal welcher Senat entscheidet oder welche Kammer, egal wer da was beigetragen hat: Es ist immer das Bundesverfassungsgericht. Zwar haben die Richterinnen und Richter, die das Verfahren als Berichterstattende für den Senat vorbereiten, daran mit ihrem Dezernat, also ihren wissenschaftlichen Mitarbeitenden, den WiMis, länger und intensiver gearbeitet als die anderen. Der eine oder andere ist auch in Versuchung geraten, das nach außen zu betonen, und es gibt immer wieder Journalisten, die behaupten, eine Entscheidung sei »von« X oder Y. Nur stimmt das eigentlich nie. In meiner ersten Beratung im Senat bemerkte ein älterer Richter lächelnd, es komme nichts aus dem Senat so heraus, wie es hineingebracht werde. Das trifft es eher; so war es dann auch.

Tatsächlich ist es für das Bundesverfassungsgericht sogar sehr wichtig – und auch im weltweiten Vergleich sehr besonders –, dass sich alle Richterinnen und Richter und die WiMis, die wissenschaftlichen Mitarbeitenden, über Monate und manchmal sogar Jahre in die Akten vertiefen und dazu beitragen, was dann entschieden wird. Die Richterinnen und Richter unterscheiden sich natürlich auch da, also engagieren sie sich auch mal mehr und mal weniger, aber Entscheidungen des Bundesverfassungsgerichts sind immer ein Gemeinschaftswerk. Mich hat das zwölf Jahre lang beeindruckt. Es geht oft auf Kosten der Sprache. In meinem Senat hieß es dann, dass wir »dafür ganz sicher keinen Preis bekommen«: sprachlich nicht schön, aber für alle tragbar. Der Konsens war und ist wichtiger. Hier wird beschrieben, wie er gelingt, denn darauf kommt es an.

Besondere Gerichte, weltweit

Verfassungsgerichte sind also speziell und überhaupt nicht selbstverständlich. In Deutschland musste das Bundesverfassungsgericht nach 1945 erst einmal installiert und vor allem in den 1950er Jahren gegen die Regierung verteidigt werden, aber auch danach immer wieder. »Ein Wunder wird 60«, schrieb Heribert Prantl in der *Süddeutschen Zeitung* im Jahr 2011, und auch sonst gab es da weithin lobende Worte. Aber das ist keine Selbstverständlichkeit, weltweit: Erkämpft wurde so eine unabhängige Kraft in den USA und Kanada, für leider nur kurze Zeit in Russland, nach den Revolutionen in Spanien und Portugal, mit der Wende zur Demokratie in Polen oder Tschechien, in jungen Demokratien wie Kolumbien oder Ecuador und nach der Befreiung von der Apartheid in Südafrika. Überall dort sind höchste Gerichte dafür da, niemanden je unbegrenzt herrschen zu lassen.

Deshalb geraten Verfassungsgerichte aber auch immer wieder unter Druck: Sie ziehen rote Linien gerade für die Herrschenden. Je autokratischer diese sind, desto weniger mögen sie das. Viele Gerichte sind daher heute akut gefährdet und manche schon gekapert: Sie haben ihre Unabhängigkeit verloren und kontrollieren dann nicht mehr. Die Idee, dass in einer Demokratie, die diese Bezeichnung verdient, politische Macht an Recht gebunden ist und dass dieses Recht vor einem unabhängigen Gericht unparteiisch und in geregelten Verfahren durchsetzbar ist, gibt es in Deutschland, in Europa und der Welt. Ohne den Europäischen Gerichtshof für Menschenrechte in Straßburg wäre die Europäische Menschenrechtskonvention nicht viel wert, ohne den Gerichtshof der Europäischen Union das Europarecht schwach und ohne die internationalen Gerichte das Völkerrecht noch schwächer. Diese Gerichte sind wie ein Muskel; ohne sie fehlt etwas. Aber genau das passt nicht allen.

Wie höchste Gerichte arbeiten, unterscheidet sich natürlich; ich nenne das die »Variationen des Konstitutionalismus«, in der die Macht an Regeln gebunden ist. Die Aufgabe dieser Gerichte ist aber immer, diese Regeln zu sichern, sei es das Völkerrecht, das Recht der EU oder die nationale Verfassung wie in Deutschland das Grundgesetz. In manchen Ländern macht das die oberste Instanz als *Supreme Court* (so ist es in den USA seit 1790 und im zweisprachigen Kanada mit dem *Cour suprême du Canada* als

Grundrechtsgericht seit 1982) oder als *Supremo Tribunal Federal* (Brasilien, seit 1890) oder *Hoge Raad der Nederlanden* (mit Vorläufern schon im 15. Jahrhundert). In wieder anderen Ländern gibt ein besonderes Gericht nur für Verfassungsfragen, als *Verfassungsgerichtshof* (Österreich seit 1820, Liechtenstein seit 1821), als *Cour Constitutionnel* (wie in Belgien oder in Frankreich, dort aber ganz anders konstruiert), nach einer Diktatur das *Tribunal Constitutional* (Spanien seit 1979) oder als »Nie wieder« zum Faschismus die *Corte Costituzionale* (Italien, 1948) oder eben als *Bundesverfassungsgericht* (Deutschland, 1951), neben den Verfassungsgerichten der Länder (2008 wurde das letzte Landesverfassungsgericht auch in Schleswig-Holstein eingerichtet). All diese Gerichte funktionieren nach eigenen Regeln, sie pflegen ihre eigene Kultur und haben unterschiedlich viel Gewicht und Einfluss. Aber alle sollen die Grund- und Menschenrechte und die Demokratie schützen.

Es ist schon beeindruckend, wie unterschiedlich das vor Ort aussehen kann: Mitten in Wien steht der schöne Gerichtshof für Österreich, eher funktional ist das Gericht in Taipeh, in Frankreich gibt es einen Saal im Palais Royal mit Wandteppichen aus Versailles, die italienische Corte residiert direkt neben dem Palast des Präsidenten auf einem Hügel Roms, in Bogotá ist das Gericht gegenüber vom Staatspräsidenten in einem riesigen Regierungsbau untergebracht, und der futuristisch anmutende Bau des brasilianischen Gerichts liegt in der Reißbretthauptstadt Brasilia. Das Bundesverfassungsgericht fühlt sich anders an: ein nüchterner, aber, fand ich zumindest, auch ein schöner Bau aus Glas, Beton und Holz.

Kleider machen Leute – das gilt auch für Gerichte. Über das Bundesverfassungsgericht gibt es einen Fotoband, der zeigt, wie sehr sich die deutsche Idee von anderen unterscheidet. So hat der EuGH, der Gerichtshof der Europäischen Union, einen goldenen

Sitzungssaal ohne Fenster, zu dem eine riesige Treppe nach unten führt. Wieder anders ist der EGMR, der Straßburger Gerichtshof für Menschenrechte in Europa, fast ein Fabrikgebäude, da ganz modern, ein juristischer Thinktank. Wenn Sie heute ein solches Gericht entwerfen dürften: Wie sähe es aus?

Das Bundesverfassungsgericht soll jedenfalls transparent sein, ein Bürgergericht, und eindrücklich, aber nicht spektakulär, erst recht nicht einschüchternd. So habe ich das jeden Morgen empfunden, und so sehen es viele, die stehen bleiben, um einmal genauer hinzusehen, was das eigentlich ist: dieses »Bundesverfassungsgericht«. Tatsächlich sind es vier Bungalows im Karlsruher Schlossbezirk, fast im Botanischen Garten. Der »Richterring« steht ganz rechts, auf Stelzen, mit gläsernen Kreuzgängen rund um einen Innenhof, an dem außen die »Richterzimmer« liegen. In der Mitte und näher an der Stadt, an den Menschen, steht der größere Bau mit dem Sitzungssaal im ersten Stock und einer Eingangshalle, wo ganz schlichte Schwarz-Weiß-Fotos von denen hängen, die hier einmal ein Amt innehatten. Kein Palast also, sondern zurückhaltend, nüchtern. Es sei »die Macht des Unspektakulären«, so titelten die *Badischen Neuen Nachrichten (BNN)* im Jahr 2012. Ich habe zwar auch enttäuschte Gesichter gesehen: So ein berühmtes Gericht – und das soll alles sein? Manche meinten, das sei die Verwaltung, und fragten, wann sie denn nun das Gericht sehen könnten. Doch der Bau hat seinen guten Sinn.

Innen herrscht eine helle, ganz ruhige Arbeitsatmosphäre; mein Richterzimmer hatte hellbraun getäfelte Wände, einen hellbraunen Teppich, beige Vorhänge. Alles Geschmackssache, aber die Nüchternheit passt. Das gilt auch für die Möbel: Sie sind bei allen gleich, bis auf kleine Farbkleckse wie gelbe Sessel, ein grünes Stehpult, bei mir eine Stehlampe in Orange und ein paar blaue Stühle, die ich vor dem Abstellkeller retten konnte. Manche legen einen

Teppich, manche wollen eine Couch, und manche hängen Kunst. Die Zimmer sind aber gleich groß, hinter einer Schiebetür ist ein kleines Waschbecken versteckt, auch ein Spiegel, viele Regale. Ansonsten Ruhe, um zu arbeiten. Bei allen stehen die grauen Bände mit den gesammelten »Entscheidungen des Bundesverfassungsgerichts« hinter dem Schreibtisch, herausgegeben vom Verein der Richterinnen und Richter, wie auch im Beratungszimmer.

Auch die Kunst ist nüchtern. An der Wand im Sitzungssaal des Gerichts hängt ein riesiger Adler aus kanadischem Holz, geschnitzt von Hans Kindermann. Er wiegt mehrere 100 Kilo, ist also groß, aber nicht prächtig. Nahe der Pforte findet sich die leichte Ersatzversion aus LED-Lämpchen, klein und fein: Geschmackssache. Sie kommt aus dem ehemaligen Offizierscasino der umgebauten General-Kammhuber-Kaserne, in dem das Gericht von 2011 bis 2014 provisorisch tagte, weil der Glasbau im Schlossbezirk saniert wurde. In diesen drei Jahren radelte ich jeden Morgen durch den Park in die Waldstadt, so heißt das Viertel. Der Kampfjet in der Einfahrt war entfernt worden, dafür gab es eine Potemkin'sche Pforte aus Holz, die den Bau wenigstens etwas mehr zum Gericht machen sollte, und den Saal für mündliche Verhandlungen eben im Casino. In den Fluren lag grüner Teppich; ich habe ihn nicht ausgesucht, mich aber gefreut, und zwischen den Türen hingen die Porträts der Ehemaligen, die sonst als Galerie unter dem Sitzungssaal zu sehen sind.

Dieses Ersatzgericht fühlte sich natürlich anders an. Aber auch das »Stammhaus« im Schlossbezirk ist eben kein »Justizpalast«, sondern nüchtern, auch da ist es ruhig, aber nicht isoliert, nicht weg von der Stadt, von den Menschen. Es gibt keine hohen Mauern, keinen Zaun, keine ernsthafte Absperrung. Ein Justizpalast wirkt ganz anders – da fühlen sich Menschen eher klein, die eigentlich nur ihr Recht suchen. Genau deshalb wollte der Architekt

Paul Baumgarten, der 1960 mit seinem Entwurf den Wettbewerb gewann, schon baulich etwas anderes: ein Bürgergericht. Hier wird für die Menschen gearbeitet, das können Sie sehen, und die Richterinnen und Richter sehen auch, wem ihre Arbeit dient. Wenn der Senat mündlich verhandelte, sah ich tatsächlich nicht nur die Beteiligten im Saal vor mir an den Tischen, sondern durch die Glaswände auch die Stadt, die Welt draußen. Genauso konnten mir alle, die im Park spazieren gingen, bei der Arbeit zuschauen. Wenn abends Licht brennt, sehen Sie Menschen an Schreibtischen, die lesen oder schreiben oder grübeln, wie eine Sache am besten anzugehen und zu entscheiden ist. Der Maschinenraum liegt hinter den Kulissen. Aber etwas sehen Sie schon.

Gerichte entscheiden selbst, wie sie gesehen werden wollen. Wer Websites vergleicht, erkennt das sofort. Im Bundesverfassungsgericht gab es dafür in meiner Amtszeit eine Arbeitsgruppe. Auch das macht die Unabhängigkeit aus: An eigenen Angelegenheiten ist kein Ministerium beteiligt; die Regierung bleibt außen vor, zwecks Gewaltenteilung wird getrennt. Mit professioneller Hilfe hat das Gericht also lange selbst getüftelt, wie es auftreten soll. Vor allem nutzungsfreundlich sollte es sein und, wieder: nüchtern, funktional. So sind auch die Gastgeschenke, die bei Besuchen übergeben werden: Das Bundesverfassungsgericht bringt Bleistifte mit, einen Becher oder etwas Kunst vom Bau. Da stellen sich andere Gericht ganz anders dar: Vor der Bibliothek des Bundesverfassungsgerichts wird eine kleine Sammlung ausgestellt, mit prächtigen Schmucktellern, auch kleinen Eisbären aus Porzellan.

Gerichte präsentieren sich auch sonst, auch darüber entscheiden die Richterinnen und Richter in Karlsruhe selbst, und auch das sagt etwas über das Selbstverständnis aus. Für alle sichtbar zeigen die Flaggen, die vor den meisten Höchstgerichten hängen, wie national oder eher offen gedacht wird. So hängt vor dem Bundesverfassungsgericht natürlich die Bundesflagge, aber immer auch die blaue Flagge der EU mit den gelben Sternen. Reist eine Delegation aus dem Ausland an, kommt ihre Nationalflagge hinzu. So ist das deutsche Verfassungsgericht sichtbar europäisch und weltweit im Gespräch.

Im Gespräch sein – das ist für die Arbeit wichtig. Es kommt sogar entscheidend darauf an, dass im Gericht miteinander gearbeitet wird, nicht gegeneinander, gerade weil die Einstellungen und Denkweisen politisch unterschiedlich sind und sein sollen. Ob so ein Miteinander gelingt, hängt dann auch an den Umgangsformen. Da gibt es Traditionen, aber sie ändern sich mit jeder neuen Richterin, jedem neuen Richter ein wenig. Schon bei meinem Amtsantritt fand ich das Gericht doch weniger steif als befürchtet. Der Umgang miteinander war immer freundlich – und das zählt auch, weil in der Arbeit alle aufeinander angewiesen sind. Es dauerte allerdings Jahre, bis sich alle duzten, was mir sehr lag, und manche Richter ließen irgendwann auch an Beratungstagen sogar die Krawatte im Schrank – das hat dann einige doch irritiert. Umso überraschter war ich bei einem Besuch im Supreme Court in London, in dem immerhin *Lords* und *Ladys* arbeiten, damals geleitet von Baroness Hale: Da geht es viel lockerer zu. Während der Verhandlung werden Papiere gebracht, alle sind mit ihren Computern online, alles wird live gestreamt, und manchmal scherzen die Richter sogar miteinander: *Is that really so, my dear?* Ich hatte wohl Vorurteile.

Auf der Richterbank des Verfassungsgerichts habe ich immer versucht, dem Ernst der Sache Rechnung zu tragen und doch zugewandt zu sein. Also habe ich wohl mal gelächelt, aber nie gelacht; wir sprachen nur, wenn wir uns gemeldet und der Vorsitzende uns das Wort erteilt hatte; die Akten hatte man besser dabei. Alle gleich, und auch hier geht es sachlich und meistens ganz geordnet zu.

Ein unabhängiges »Bürgergericht«

Gleich und geordnet – dafür sorgen das Verfahren und die Gepflogenheiten im Gericht. Beides ist für ein *Bürgergericht* entscheidend, für das Vertrauen in den Rechtsstaat überhaupt. Es bedeutet vor allem: Jeder und jede, Sie alle können sich gleichermaßen beschweren, wenn Ihre Rechte verletzt sind. Das ist im Grundgesetz heute ausdrücklich geregelt (in Artikel 94 Absatz 1 Nummer 4a); der kreative und Texte liebende Rechtswissenschaftler Peter Häberle hat es die »Königin« der Wege zum Gericht genannt. Ganz neu ist das nicht, aber es war nicht unumstritten: Eine ähnliche Regelung gab es schon in der ersten gesamtdeutschen demokratischen, also umkämpften Paulskirchenverfassung von 1849, genauso wie in Bayern 1919 und wieder 1946. Heute zeigt das kleine »a«, dass auch bei der Entstehung des Grundgesetzes noch umstritten war, wer da was vor Gericht bringen darf. So wurde die Verfassungsbeschwerde 1951 erst einmal nur gesetzlich geregelt und schaffte es erst 1969, eben als Ergänzung »a« ins Grundgesetz: Heute kann, so heißt es da, »jedermann« einfordern, dass das Grundgesetz kein leeres Versprechen bleibt.

Gerade das macht das Bundesverfassungsgericht zum *Bürgergericht;* genau dafür wurde 1951 das Bundesverfassungsgericht gegründet. Diese Möglichkeit, sich selbst mit einer Verfassungsbeschwerde an das höchste Gericht zu wenden, gibt es nicht überall, auch der Gerichtshof der EU ist so nicht erreichbar – ein Grund, warum das deutsche Gericht auch europäische Grundrechte prüft. Vor dem Verfassungsgericht können zwar auch Länder, Parteien oder Abgeordnete klagen, wenn sie den Eindruck haben, die Dinge würden nicht wirklich demokratisch entschieden – da steht Karlsruhe in der Tradition eines »Staatsgerichtshofs«. Aber mit der

Verfassungsbeschwerde kann sich jeder Mensch an das Bundesverfassungsgericht wenden, und gerade damit ist das höchste und spezielle Gericht der Bundesrepublik nicht weit weg, nicht distanziert, sondern nah an den Menschen. Es gibt keinen »Anwaltszwang«, auch wenn die meisten Menschen aus guten Gründen diese Unterstützung wollen, und die Verfassungsbeschwerde kostet keine Gebühr. Die gibt es nur, wenn jemand die Beschwerde missbraucht, also immer wieder dasselbe vorbringt, obwohl wenn es längst entschieden worden ist, und noch dazu nur mehr beleidigend: Dann kann das Gericht eine Missbrauchsgebühr verhängen, bis zu 2600 Euro hoch, aber auch das geschieht nur ganz ausnahmsweise, wenn wirklich nichts anderes hilft.

Die Möglichkeit nutzen Einzelpersonen genauso wie Verbände oder Unternehmen bis zu 10 000-mal im Jahr. Bei 4000 Eingängen sind noch Dinge zu klären, aber 6000 Sachen werden relativ schnell entschieden, davon über 80 % innerhalb eines Jahres und mehr als 10 % spätestens im zweiten Jahr. Rechnen Sie sich das einmal aus: 3000 Entscheidungen pro Senat immer mindestens zu dritt in der Kammer, also etwa 1000 Entscheidungen pro Richter und Richterin. Das sind drei am Tag und davon mindestens eine, die man selbst vorbereitet. Vielleicht war es für mich ganz gut, das vorher nicht so genau zu wissen.

In den zwölf Jahren Amtszeit war also viel zu tun. Ob mir das Spaß gemacht hat? Jedenfalls war es nie langweilig. Und großartig, jedenfalls oft. Vor allem bedeutet es, über spannende und manchmal auch ganz neue Fragen nachdenken zu dürfen, auch zu müssen. Da enttäuscht nur auf den ersten Blick, dass am Ende nur wenige Beschwerden oder Klagen erfolgreich sind, denn eigentlich beruhigt es ja: Wenn eine Verfassungsbeschwerde zurückgewiesen wird, haben die anderen Gerichte, die Behörden und der Gesetzgeber das Grundgesetz beachtet.

Als ich zur Richterin gewählt wurde, erwartete ich trotzdem vor allem die ganz großen Fragen, die übergreifenden Fälle. Das änderte sich schnell. Weil das Gericht so zugänglich ist und weil es einen guten Ruf genießt, kommen Menschen mit allen möglichen Sorgen. Das ist oft rechtlich kompliziert und auch deshalb interessant. Aber noch häufiger sind es tatsächliche Belastungen, also ganz konkrete, ganz reale Erfahrungen. Das Leben war viel näher, als ich dachte, denn in jeder Akte stecken Erfahrungen, auch Gefühle, oft Ärger oder Wut. Gerade im Sozialrecht und im Arbeitsrecht, für die ich zuständig war, aber auch im Familienrecht, über das ich in der zuständigen Kammer mitentscheiden musste, geht es um Jura, klar. Aber es geht auch um verzweifelte Menschen, die auf Gerechtigkeit hoffen. Da wären ein Gespräch und beratende Unterstützung oft sinnvoller. Vermutlich ist es frustrierend, wenn dann nur die kurze Entscheidung kommt, dass »die Sache unzulässig« ist. Aber es gehört dazu: alles prüfen, auch wenn am Ende wenig passiert; die viele Arbeit sieht dann niemand, denn die kurze »Nichtannahme ohne Gründe« ist die Regel. Wer Glamour sucht, ist also im Verfassungsgericht falsch. Wer dagegen das Grundgesetz für einen wunderbaren Text hält, ist dort richtig. Und unverzichtbar ist die Bereitschaft, viel Arbeit auf sich zu nehmen, die oft zu wenig führt, und Verantwortung gemeinsam mit anderen zu tragen.

Ohne die WiMis wäre es nicht zu schaffen. Das sind die vier jungen Richterinnen und Richter von den normalen Gerichten, die als wissenschaftliche Mitarbeitende im Dezernat ein paar Jahre lang die unverzichtbare Arbeit hinter den Kulissen leisten. Sie nennen sich selbstironisch manchmal der »Dritte Senat« und mit all dem Fleiß, den es da braucht, auch die »Eichhörnchen«: Ein Kaffeebecher trägt das Logo. Sie arbeiten also an allem mit größter professioneller Sorgfalt und Geduld, aber sogar sie kamen manchmal an ihre Grenzen, wie in ein paar Coronafällen. Es gab auch eine Anwaltskanzlei, die mit ganz großem Logo und wenig Text auf vielen Seiten ziemlich häufig Beschwerden erhob, die offensichtlich aussichtslos waren. Etwas anders ist es bei Menschen, die selbst schreiben, aber immer dasselbe und immer erfolglos, das macht nur Mühe. Einige wenige Schreiben sind sogar beleidigend; da musste ich mich manchmal auch zwingen, fair zu sein. Dann war es besonders wichtig, die Menschen hinter einer anwaltlichen Show zu erkennen, hinter unglücklichen Formulierungen, hinter Wut und langen Geschichten. Für die Beschwerdeführenden, so heißen die Antragstellenden dann, war das Bundesverfassungsgericht schließlich die letzte Instanz. Spaß an der Arbeit trifft es also im Kern der Sache eher nicht. Aber die Arbeit war im besten Sinne großartig.

Nicht genervt haben Verfahren, die strategisch motiviert waren, wo also nicht nur ein Fall entschieden, sondern mehr erreicht werden soll, aber sie machten vorsichtig. Nicht selten wenden sich Parteien der Opposition gegen die Regierungsmehrheit, einzelne Abgeordnete gegen ein politisches Projekt oder Länder gegen den Bund. Solche Streitigkeiten landen im Zweiten Senat, der immer darauf achten muss, nicht für politische Zwecke benutzt zu werden. Ähnlich ist es in den Musterverfahren, in denen ausprobiert wird, was Erfolg haben kann, die im Ersten Senat ankommen. Da steckt dann in der Akte ein Patient, der ein Medikament braucht, denn sein Grundrecht auf Leben und Gesundheit stehe auf dem Spiel, aber dahinter steht ein Pharmaunternehmen. Auch in Beschwerden gegen eine bestimmte Steuer geht es oft um viel mehr als um den einen Bescheid. Manchmal engagieren sich auch Menschen und Vereine für soziale Gerechtigkeit mit einem »Gang nach Karlsruhe«, oder politisch Engagierte wehren sich gegen eine Verletzung ihrer Grundrechte und verfolgen zugleich größere politische Ziele, wie in der Kontroverse um Freiheit und Sicherheit rund um den Datenschutz. Strategische Prozessführung ist damit zwar immer noch die Ausnahme, aber auch nicht ganz selten.

Das Bundesverfassungsgericht lässt sich jedoch vor keinen Karren spannen. Es profitiert eher von dem Wissen derer, die sich engagieren. So fragt es in den großen Verfahren nach Stellungnahmen von sachkundigen Dritten nicht nur aus der Wissenschaft, sondern auch aus der Gesellschaft; sie werden in den Entscheidungsgründen zumindest genannt und oft beschrieben, was sie beigetragen haben. Manchmal veröffentlichen sie das auch selbst, wie die Vereine Pro Asyl und der Flüchtlingsrat Berlin im Jahr 2022 zum Asylbewerberleistungsgesetz. Oder es entschließen sich viele Menschen, zusammen nach Karlsruhe zu ziehen. Der »Klimabeschluss« als »Paukenschlag« zur ersten Kontroverse, die hier beschrieben wird, entstand auch durch das Engagement der Bewegung Fridays for Future, also der Jugendlichen, die für eine ökologische Zukunft auf die Straße gingen. Damit wird das Gericht aber nicht »funktionalisiert«, sondern es beantwortet auch hier nur, was zulässig gefragt wird.

Funktionalisierung darf nicht sein. Tatsächlich versucht das allerdings die AfD immer wieder. Sie erhebt Klagen, die sie selbst als erfolglos einschätzt, mit denen sie aber das Gericht als Teil des Systems vorführen und es zugleich mit unnötiger Arbeit belasten und so schwächen will. So zog sie 2018 mit einer Organklage vor das Verfassungsgericht, im Verfahren 2 BvE 1/18, um der damaligen Kanzlerin Merkel die angebliche Grenzöffnung für Geflüchtete zu untersagen, auch wenn das ziemlich offensichtlich unzulässig ist: Politik wird im Parlament gemacht, nicht im Gerichtssaal.

Mit den großen Kontroversen, die das Bundesverfassungsgericht dann tatsächlich entscheidet, verbinden allerdings viele Menschen auch politische Wünsche. Da geht es immerhin um Probleme, die viele oder sogar alle betreffen, an das Grundgesetz sind alle gebunden, und die Maßstäbe stehen dann, die roten Linien. Aber *Karlsruhe* mischt sich nur ein, wenn zulässig gefragt wird, ist unparteiisch und hat in aller Regel eine Haltung, die im Zweifel zurückhaltend ist. Entscheidend ist das Grundgesetz. Ich habe auf die Namen auf dem Aktendeckel meist gar nicht geachtet, wusste also nicht, wer da auftritt und warum. Wichtig war nur zu verstehen, um welche Erfahrung, welches Leben und welches Problem es tatsächlich geht. Und dann muss entschieden werden.

Ein weltweit guter Ruf

Das deutsche Bürgergericht hat weltweit einen guten Ruf. Gerade das Bundesverfassungsgericht verkörpert, was heute in einer Demokratie als unverzichtbar gilt und worauf sich die Welt nach dem Zweiten Weltkrieg geeinigt hat, in einem menschenrechtlichen *post WW II-consensus*. Das Motto ist »Nie wieder« und war von Anfang an international gedacht. Heute hat es »Wirkung für die Welt«, so der Präsident des Verfassungsgerichts Österreich, Christoph Grabenwarter, zum Geburtstag des Grundgesetzes (Sonderbeilage der *Frankfurter Allgemeinen Zeitung [FAZ]*, 23.5.2019). Oder Thomas von Danwitz, deutscher Richter am europäischen höchsten Gericht: Er nannte es in der *FAZ* »weltweit ein Referenzmodell«.

Der Entwurf für das Grundgesetz stammt vom Verfassungskonvent, ein von den Ministerpräsidenten der westlichen deutschen Länder beauftragtes Gremium. Es tagte 1948 auf Herrenchiemsee, einer Insel in Bayern; heute zeigt das die Ausstellung »Der Wille zu Freiheit und Demokratie«. Der Entwurf ging damals zum Parlamentarischen Rat in Bonn; das waren 65, einschließlich der Nachrücker 77 von den Länderparlamenten gewählte Abgeordnete, davon 61 Männer und vier Frauen, auch einige mutige, von den Faschisten verfolgte Demokraten – das sind die »Eltern« des Grundgesetzes. Sie alle sagten »Nie wieder« zu menschenverachtender Unrechtsherrschaft, zu Faschismus, zu Vertreibung, zu Massenmord – und Ja zu einem Gericht. Gewollt war, was heute als neuer Konstitutionalismus bezeichnet wird, weil die Konstitution, die Verfassung, nicht nur auf dem Papier steht, sondern vor einem Gericht durchsetzbar ist. Genau dafür ist das Bundesverfassungsgericht dann international bekannt geworden, für manche sogar ein Vorbild.

Ich habe es auch deshalb als große Ehre empfunden, in diesem Gericht zu arbeiten, und war stolz, wenn andere das so sahen. Besonders beeindruckend muss der Arbeitsbesuch des Verfassungsgerichts des »neuen« Südafrika gewesen sein, das sich von der Apartheid, der menschenverachtenden Rassentrennung, befreit und Nelson Mandela zum Staatsoberhaupt gewählt hatte. Die neuen Richterinnen und Richter wollten vor Ort sehen, wie das in einem Land funktioniert, das nach 1945 selbst erst einmal zur Demokratie werden musste. Heute gibt es einen Austausch mit Delegationen aus der ganzen Welt, um auch voneinander zu lernen, was Gerichte für die Demokratie tun können und müssen.

Der international gute Ruf des Bundesverfassungsgerichts hängt aber nicht nur an der Idee, die weltweit dahintersteht. Er hängt auch an Entscheidungen, die Geschichte geschrieben haben, über Deutschland hinaus. Ein Beispiel ist der Datenschutz als »Recht auf informationelle Selbstbestimmung« und auf »Gewährleistung der Vertraulichkeit und Integrität informationstechnischer Systeme«. Das Bundesverfassungsgericht hat beides als Ausdruck der selbstbestimmten Persönlichkeit verstanden und die Menschenwürde und die Freiheit, also Artikel 1 und 2 des Grundgesetzes, kombiniert. Genauso hat das Bundesverfassungsgericht den Klimaschutz als Teil künftiger (das Gericht sagt »intertemporaler«) Freiheit verstanden, was weltweit aufgegriffen worden ist; auch dazu mehr im zweiten Teil. Ein echter Exportschlager ist schließlich die Verhältnismäßigkeit, eine Idee aus dem Polizeirecht, die das Verfassungsgericht auf Grundrechte bezogen hat: Sie wird heute weltweit diskutiert.

Die Entscheidungen sind auch nicht nur Ideen. Sie sind vor allem Ausdruck und Ergebnis einer besonderen Praxis, der Arbeitsweise des Bundesverfassungsgerichts, die deshalb hier im Vordergrund steht. Es ist die Arbeit am Konsens, die Urteile gegen Vorurteile setzt, welche die Delegationen interessiert und wonach ich als Richterin immer wieder gefragt worden bin. Es ist heute wohl wichtiger denn je. Zwar galt der US-amerikanische Supreme Court lange als der weltweit strahlende Leuchtturm des Verfassungsrechtsschutzes. Aber das hat sich dramatisch geändert, seit in Washington polarisiert entschieden wird, mit einer Mehrheit auf der einen Seite, von den Republikanern ernannt, welche die Minderheit, die von den Demokraten ins Amt gebracht wurde, schlicht überstimmt, mit immer wieder 6:3 Stimmen. Wenn das so einseitig wird, leidet das Vertrauen in die Unabhängigkeit der Justiz, leidet die Verfassung, die Demokratie. In Deutschland ist es anders.

Das Bundesverfassungsgericht ist nicht polarisiert, sondern lebt vom Konsens. Es ist die Tradition, die Arbeitskultur, die Haltung: Entscheidungen fallen möglichst mit 8:0 Stimmen. Ich hatte sicher auch Glück in meiner Amtszeit, denn da gab es kein Vertun: Im Senat wurde so lange miteinander gerungen, bis ein gemeinsamer Weg gefunden war. Das hieß manchmal auch, weiter zu beraten, wenn schon fünf von einer Lösung überzeugt waren; wir wollten alle mit ins Boot nehmen, und das war mühsam. Da sind alle manchmal entnervt, aber klar war auch, wie wichtig das ist, genauso wie der Aufwand, um alles auf den Tisch zu bringen. Auch deshalb gilt diese deutsche Variante praktischen Verfassungsrechts als wegweisend.

Ein weiterer Grund für den weltweit guten Ruf des Bundesverfassungsgerichts ist die Internationalität. Das Gericht ist für Deutschland zuständig, aber es hat sich früh international geöffnet. Meinen Amtseid habe ich natürlich auf das deutsche Grundgesetz abgelegt, vor dem Bundespräsidenten, damals Christian Wulff; im Schloss Bellevue, entlassen hat mich Frank-Walter Steinmeier mit einem Orden. Aber aus diesem Jahr 2011 habe ich immer noch einen kleinen Spickzettel für den Eid: *das Grundgesetz zu achten*, also die deutsche Verfassung. Nur hat sie auch eine Präambel und mehrere Artikel (1 Absatz 2, 23 oder 59), die von der Welt und den Menschenrechten und Europa handeln. Mit dem Eid auf das schöne deutsche Grundgesetz sagte ich also auch Ja zu Europa. So formulierte es der frühere Präsident des Gerichts, Andreas Voßkuhle, als er 2009 die Entscheidung zum Vertrag von Lissabon über die EU verkündete. Es war zwar ein »Ja, aber«, aber es ist ein deutliches Ja.

Eine weltoffene Praxis

Das Bundesverfassungsgericht sagt Ja zu Europa und Ja zum Völkerrecht, zu den Menschenrechten. Ganz klar wurde das 2004. Die Eltern eines kleinen Jungen, Christofer, stritten sich um Sorge und Umgang vor dem Familiengericht; der Straßburger Gerichtshof warf den deutschen Gerichten vor, die Menschenrechte zu verletzen. Was nun? Das Bundesverfassungsgericht musste Grundrechte prüfen. Aber es stellte da auch erstmals klar, sie »im Lichte« dessen zu verstehen, was in Europa gilt. Wie so oft ging »die Sache zur erneuten Entscheidung« an die Gerichte vor Ort zurück, aber seitdem wird das Grundgesetz »im Lichte des Völkerrechts« gelesen. Das ist vor allem die Europäische Menschenrechtskonvention, kurz EMRK: Sie gilt in den Ländern des Europarats, also im großen Europa mit 46 Mitgliedstaaten, neben dem kleineren Europa der EU der 27. Immer wichtiger werden auch die Menschenrechte, auf die sich die Vereinten Nationen einigen. Ich nenne sie schlafende Schönheiten, denn sie werden in Entscheidungen des Verfassungsgerichts erst nach und nach geweckt, zum Beispiel zugunsten von Kindern oder von behinderten Menschen. Europa und die Welt gehören aber heute dazu.

Auf Internationalität und Weltoffenheit kommt es immer öfter an. Gerade die großen Kontroversen machen nicht an Staatsgrenzen halt. So ist Globalisierung nicht nur internationaler Handel oder das Internet, sondern auch das Klima, die Pandemie, der Terrorismus. Genauso meint Europäisierung nicht nur die Reise nach Spanien, sondern auch europäisches Recht. Also muss heute juristisch international gedacht werden. Die »Eltern« des Grundgesetzes haben das schon in der Präambel formuliert, dem Leitspruch zu Beginn. Die Deutschen seien

> von dem Willen beseelt, als gleichberechtigtes Glied in einem vereinten Europa dem Frieden der Welt zu dienen.

Im zweiten Absatz des Artikel 1 heißt es außerdem, das deutsche Volk bekenne sich

> zu unverletzlichen und unveräußerlichen Menschenrechten als Grundlage jeder menschlichen Gemeinschaft, des Friedens und der Gerechtigkeit in der Welt.

Internationalität ist also gewollt, von Anfang an. Kein Alleingang, der ja ohnehin sinnlos wäre, denn wir würden nur verlieren. Sondern der europäische und internationale Verbund, eine international »offene Staatlichkeit«. 1992 wurde in Artikel 23 dann auch festgelegt, wie Deutschland in Europa integriert ist, und es gibt Regeln zur weltweiten Kooperation. Das Grundgesetz ist damit in

Europa und der Welt zu Hause. Was immer also das Bundesverfassungsgericht entscheidet: Es soll und will sich mit anderen in der Welt möglichst gut vertragen.

Hier lässt sich voneinander lernen. Deshalb ist es gut, wenn einige Richterinnen und Richter auch im Ausland studiert oder geforscht haben. Für mich war jedenfalls die Arbeit an der internationalen Fallsammlung zu *Comparative Constitutionalism* mit Forschenden aus den USA, Frankreich, Italien und Ungarn und noch dazu im Austausch mit Leuten in Japan und Südkorea, in Südafrika und Nigeria immer wieder hilfreich. Das Bundesverfassungsgericht geht aber auch selbst auf Reisen und bekommt Besuch, mehrmals im Jahr. Allein in meiner Amtszeit gab es Arbeitstreffen mit Delegationen der höchsten Gerichte aus Kroatien, Tschechien, Bulgarien, Rumänien, aus Finnland, Belgien, Irland, Portugal, Spanien und Slowenien, aus Armenien und der Schweiz, Lettland, Kanada und Korea, Kolumbien und Chile. Auch das Gericht Südafrikas besuchte uns erneut; es war jetzt etabliert. Als der Supreme Court aus Israel kam, hat mich das wie viele andere Begegnungen auch persönlich berührt; mit den Kolleginnen und Kollegen aus Österreich, Frankreich und England entstand eine Freundschaft. Der Eindruck war, mit dem Einsatz für die Demokratie im selben Boot zu sitzen. Sie danke *für den intensiven Austausch*, ließ uns eine österreichische Richterin nach dem Besuch wissen; *It is important … that we keep in touch*, schrieb ein Lord des Englischen Supreme Court nach einem Arbeitstreffen 2012. Den Eindruck hatte ich auch. Und die Reisen hatten noch einen anderen kleinen Vorteil: Weil beide Senate teilnahmen, gab es Gespräche innerhalb des Gerichts, die sonst nicht stattfanden, und weil die Kolleginnen und Kollegen einführende Referate hielten, erfuhren wir auch mehr voneinander. So diente sogar das dazu, was das Bundesverfassungsgericht ausmacht: den Konsens zu finden.

Der internationale Austausch ist spannend, aber auch schwieriger geworden. An sich sind es beeindruckende Begegnungen. Wenn Präsident und Vizepräsidentin mit immer zwei Richtern und Richterinnen aus jedem Senat verreisen, kümmert sich das Protokoll mit mehreren Mitarbeitenden um alles; es gibt einen minutiösen Ablaufplan, die Namen der Gäste, die Themen, Informationen über das Land, die dortige Verfassung. Es wurde für alles gesorgt, und wir konnten miteinander arbeiten, eben voneinander lernen. So war es auch bei den europäischen und »Weltkonferenzen« der Verfassungsgerichte: Sie werden wichtiger, weil Gerichte weltweit immer stärker unter Druck geraten, aber auch schwieriger, wenn Konflikte aufbrechen. Auf der Weltkonferenz in Seoul trug der damalige französische Gerichtspräsident vor, seine Rolle sei nicht die Kontrolle der Staatsmacht, sondern deren Stütze – und es war beeindruckend zu sehen, wie die anderen Gerichte dagegenhielten. Aber damals genügte noch die Diskussion. Als 2017 in Georgien entgegen allen Absprachen der Präsident des türkischen Gerichts das Wort erhielt und offensiv erklärte, es sei nicht die Aufgabe, die Exekutive zu kontrollieren, verließ nicht nur die deutsche Delegation den Saal. Hier drohten von autokratischen Regierungen gekaperte Gerichte die Konferenz zu übernehmen. Es ist wichtig, sich dagegenzustellen.

Der Austausch trägt dann nicht nur fachlich. Ich durfte das jedes Jahr im Seminar Global an der Yale-Universität in den USA erleben, das die Gruber-Stiftung ermöglicht, mit Richterinnen und Richtern aus aller Welt; initiiert hat es der international bekannteste ehemalige Richter des Bundesverfassungsgerichts Dieter Grimm mit Kollegen aus Israel und Kanada. Da ging es natürlich um Jura, um Verfassungsrecht, um den Beitrag der Gerichte zur Demokratie. Aber es ging auch um das Menschliche, um die ganz persönlichen Herausforderungen des Amtes. Mit ihnen müssen alle umgehen, ganz unterschiedliche Menschen aus ganz verschiedenen Staaten von den je höchsten Gerichten, aber alle trugen diese spezielle Verantwortung und sprachen darüber, was das wirklich heißt. Mir hat das oft geholfen.

Das Internationale gehört also dazu; der nationale Alleingang trägt einfach nicht. Trotzdem wird er von manchen propagiert. In den USA haben sich dazu vor Jahren zwei Richter des Supreme Court gestritten; der liberale Richter Stephen Breyer plädierte pragmatisch für das »Gericht in der Welt«, so heißt dann sein Buch 2015, schon weil ein nationales Gericht nicht selten über Dinge zu entscheiden hat, die Grenzen überschreiten, aber der 2016 verstorbene Antonin Scalia wandte sich scharf dagegen, mit anderen Gerichten zu vergleichen: Es gelte nur die nationale Tradition. Von Deutschland aus wirkt das befremdlich. Ein nationales Gericht bindet sich nicht ans Ausland, wenn es vergleicht, wie andere mit ähnlichen Problemen umgehen. Es ist gerade kein »Ausverkauf« deutscher Errungenschaften, sondern ganz im Gegenteil ein Beitrag zur weltweiten Diskussion darüber, wie Grund- und Menschenrechte und Demokratie zu schützen sind. Wer nur national denkt, ist schnell allein. In Deutschland steht eben schon das Grundgesetz dafür, auch an die Menschenrechte, europäisch und »in der Welt« zu denken.

Praktisch geht das allerdings nicht nur auf Deutsch. Deshalb werden heute alle großen Entscheidungen des Bundesverfassungsgerichts ins Englische übersetzt, wenn auch gekürzt; als es um die EU ging, gab es auch eine französische Fassung. Auch das ist aufwendig, aber wichtig. In den Treffen mit den ausländischen Gerichten zeigte sich immer wieder, dass unsere Entscheidungen dort gelesen und genutzt werden, und sie betreffen andere im Europarecht, beim Klimaschutz oder zur Migration, auch beim Datenschutz im eben weltweiten Netz. Deshalb muss auch die englische

Fassung der deutschen Entscheidungen genau sein, möglichst unmissverständlich. Das schafft bisher kein Computer, keine KI. Im Bundesverfassungsgericht gibt es dafür das Team Internationales. Es übersetzt und sichert Qualität mit einem deutsch-englischen Glossar für die wichtigsten Begriffe, das heute viele nutzen. Noch dazu erhalten im Verfassungsgericht alle regelmäßig einen Newsletter dazu, was andere Verfassungs- und Höchstgerichte entscheiden, und was *Karlsruhe* entschieden hat, wird an die Venedig-Kommission des Europarates geliefert, die sich international um Rechtsstaatlichkeit kümmert.

Verfassungsgerichte und Verfassungsrecht

Das Bundesverfassungsgericht wurde erfunden, um zu schützen, worauf wir uns in Deutschland im Grundgesetz geeinigt haben. Was steht da drin? Wer sich darauf bezieht, bekräftigt die Inhalte. Der Franzose Ernest Renan dachte schon 1882 über die Nation, aber auch über Europa nach als »tägliches Plebiszit«, die alltägliche Praxis also eine Art Volksabstimmung. Heute wird das oft als »Verfassungskultur« bezeichnet; eine »lebendige Verfassung«. Nach allen Umfragen haben die Menschen in Deutschland tatsächlich ein positives, aber auch nüchternes, vernünftiges Verhältnis zum Grundgesetz und eher selten ganz große »Verfassungsgefühle«, wie die deutsche Historikerin Ute Frevert das beschreibt. Worauf beziehen sie sich?

Die Kurzfassung lautet: Zuallererst ist die Menschenwürde »unantastbar« (nach dem ersten Absatz von Artikel 1 des Grundgesetzes). Dieses Recht findet sich auch in vielen Landesverfassungen und in der Grundrechtecharta für die EU, die im Jahr 2000 proklamiert wurde und seit 2009 gilt. Sie alle, wir alle, jeder und jede hat (nach dem ersten Absatz von Artikel 2 Grundgesetz) das Recht auf die »freie Entfaltung der Persönlichkeit«. Das ist, so habe ich das oft zu verdeutlichen versucht, »kein Ego-Programm«, deshalb heißt es da auch gleich, »soweit er nicht die Rechte anderer verletzt«. Denn »alle Menschen sind vor dem Gesetz gleich«, »Männer und Frauen sind gleichberechtigt«, und niemand darf diskriminiert werden (sagt Artikel 3 in mehreren erkämpften Absätzen). Ein Mindestmaß an Rücksichtnahme ist also vorgesehen. Außerdem ist Deutschland ein »demokratischer und sozialer Bundesstaat« und im Rechtsstaat alle an »Recht und Gesetz gebunden« (Artikel 20), seit 1994 (mit Artikel 20a) auch ein Staat »in Verantwortung für die künftigen Generationen und die natürlichen Lebensgrundlagen«. Ich fand schon immer: Das Grundgesetz ist ein tolles Programm. Als ich vor der Wahl als Richterin von Abgeordneten befragt wurde, habe ich genau das gesagt: Ich kann mich begeistert auf das Grundgesetz stützen. Es hat Platz für Unterschiede, und es ist gut, wenn die auch im Gericht vorhanden sind. Bis heute habe ich auch immer eine kleine Ausgabe dabei: *Never leave home without it.*

Nur was bedeuten die Grundrechte, die Staatsprinzipien, die Regeln für Parlament, Regierung und Justiz konkret? Das ist die große Herausforderung. Verfassungsgerichte sorgen dafür, dass es keine leeren Versprechen sind, und haben damit die Aufgabe, diesen Text zu interpretieren, »auszulegen«. Da gibt es keinen Automatismus, ein Gericht ist kein »Paragraphenautomat«, sondern es gibt Spielräume. Aber das Verfassungsgericht ist genau darauf spezialisiert, aus den wenigen (fast ausnahmslos schönen, gelungenen, wie ich finde) Worten abzuleiten, wie wir mit großen Kontroversen umgehen können. Bestenfalls arbeiten dort bewusst unterschiedliche Menschen, die aus verschiedenen Perspektiven dennoch den Konsens suchen und so klären, was danach verbindlich gilt. So werden dann die roten Linien gezogen, damit sogar gewählte Mehrheiten nicht zu weit gehen oder zu wenig tun. Natürlich sind auch solche Gerichte nicht unfehlbar. Aber sie sind die Unparteiischen, die mit ihrer besonderen Arbeitsweise viel dafür tun, um Ihr Vertrauen zu verdienen.

»Recht bändigt Gewalt«, heißt die Biografie des Richters Helmut Simon von 2011. Das bringt es auf den Punkt. Die Arbeit des Bundesverfassungsgerichts geht über gute Rechtsanwendung, über Jura weit hinaus. Ein Verfassungsgericht betreibt natürlich Verfassungsrecht. Es lebt davon, dass jedes Argument, jede Begründung für eine Entscheidung überzeugend im Grundgesetz verankert wird. Das ist anspruchsvoll und oft auch kompliziert. Aber Verfassungen sind nicht nur eine andere Art von Gesetz, sind nicht nur Jura wie immer. Sie wurden für mehr erfunden, für mehr erkämpft; sie stehen für Gerechtigkeit in der Demokratie.

Eine Verfassung, in Deutschland also das Grundgesetz, wird damit nicht zur Ideologie, zur Glaubenslehre oder Theorie, ist kein Pamphlet und keine Meinung. Oft wird sie eher als der grundlegende Vertrag verstanden, den Menschen in einer Gesellschaft schließen, um friedlich miteinander auszukommen und Probleme zu lösen. Zudem formen moderne Verfassungen den Staat, der so nicht mehr gottgegeben oder in Königsfamilien vererbt wird, sondern nach »Staatsrecht« funktioniert. Alles andere als zuletzt sichern Verfassungen den Menschen gleiche Freiheit als »Konstitutionalismus«, denn das »konstituiert« das Ganze. Deshalb fühlte sich die Arbeit mit dem Grundgesetz, das Amt als Richterin doch auch besonders an.

Das Grundgesetz ist damit nicht nur »Staatsrecht«, nicht nur »etatistisch« zu verstehen. Zwar gibt es die »Vereinigung der Deutschen Staatsrechtslehrer«, heute auch -lehrerinnen. Aber tatsächlich geht es nicht nur um den Staat. Aus der Perspektive der Bürgerinnen und Bürger ist das eher das Recht, in dem sich eine

Gesellschaft »verfasst«. Sie einigt sich darauf, was für alle gilt, wie wir miteinander umgehen und unser Leben gestalten wollen. Diese Perspektive nimmt auch das Grundgesetz ein: Wo andere mit der Flagge, der Hauptstadt und dem Staatsoberhaupt beginnen, beginnt die deutsche Verfassung mit den Menschen: gleiche Freiheit und dass niemand unter die Räder kommt, Mitsprache und Macht immer nur auf Zeit, verteilte Gewalten gegen den Missbrauch. Das bedeutet heute »Konstitutionalismus«; dafür steht das Grundgesetz von 1949 mit dem Update nach der Wiedervereinigung, das 1994 beschlossen wurde; dafür stehen die Verfassungen der Bundesländer seit 1948 und seit 1989, und sie alle sind noch dazu europäisch und weltweit eingebettet. Genau dafür wurden Verfassungsgerichte installiert, im Bund 1951 und nach und nach auch in den Ländern, dann in Europa und mit internationalen Gerichten für die Welt.

Verfassungsgerichte wenden also Verfassungsrecht an; sie kontrollieren damit das Parlament, die Regierung, die Verwaltung und auch andere Gerichte. Im Grundgesetz steht ganz vorn, in Artikel 1 Absatz 3, dass sie alle das Grundgesetz beachten müssen, also nicht »verletzen« dürfen, weil sie gebunden sind. Für die Menschen, die sich beschweren, bedeutet es: Das Verfassungsgericht prüft, ob meine Rechte verletzt worden sind. Juristisch geht es nur darum, aber tatsächlich immer um viel mehr: den Anspruch der Kinder auf Klimaschutz, die Menschenwürde von Geflüchteten, den Datenschutz auch gegen Sicherheitsbehörden, die Gesundheit, Gleichheit, Meinungsfreiheit auch als Chance, politisch mitzureden – die großen Kontroversen.

Karlsruhe ist damit keine weitere Instanz in der Justiz und nicht für alles zuständig; es prüft »spezifisch« nur Verfassungsrecht, kein »einfaches Recht«, nur das Grundgesetz, nicht die Anwendung normaler Gesetze. Daher hat der Senat, in dem ich als

Richterin tätig war, zum Beispiel nicht beraten, ob eine Politikerin online im strafrechtlichen Sinn beleidigt wurde, sondern nur, ob die Entscheidung des Gerichts in ihrem Fall mit den Grundrechten zu vereinbaren ist. Genauso prüft das Bundesverfassungsgericht nicht, wer in einem konkreten Fall das Sorgerecht für ein Kind erhält, sondern nur, ob das Familiengericht bei seiner Entscheidung die Grundrechte beachtet. Das Verfassungsgericht hält sich also bei Details zurück; es klärt damit aber, welche Maßstäbe sich aus dem Grundgesetz ergeben und dann von allen zu beachten sind. Und zugegeben: Das fällt auch manchmal schwer. Ich musste dann stehen lassen, was ich eigentlich anders sah, denn das Grundgesetz war nicht verletzt, sondern es gab »nur« ein »einfachrechtliches Problem«. Da war die Justiz gefragt, aber wir nicht. In den Entscheidungen des Bundesverfassungsgerichts heißt es deshalb oft, der Senat kontrolliere nicht, ob die beste Lösung für ein Problem gefunden wurde, sondern nur, ob das Grundgesetz verletzt sei. So wird der Rahmen markiert, in dem es gelöst werden kann. Alles andere bleibt Ihnen überlassen.

Ob das Grundgesetz wirklich funktioniert, liegt ohnehin nicht am Gericht. Zuallererst liegt es an den Bürgerinnen und Bürgern, ob wir wirklich miteinander so umgehen: als gleichermaßen Freie, alle als Mensch respektiert. Dann liegt es auch an den politischen Parteien, an Parlament, Regierung, Justiz, Verwaltung und auch an Wirtschaft, Medien und Kultur, ob die großen Versprechen halten. Das Bundesverfassungsgericht wird nur als Unparteiischer benötigt, für das faire Spiel; es ist der Sicherheitsgurt zum Schutz vor Schäden. Es sagt als unabhängige Instanz, was in Deutschland verfassungsrechtlich geht und was nicht, und stellt so die Weichen für andere. Also: Wie weit darf die Regierung gehen und auch jede Behörde, von der Polizei bis zum Jobcenter, was darf oder muss das Parlament als Gesetzgeber gestalten, vom Sozialrecht bis zum

Wahlrecht, wie müssen Gerichte entscheiden, vom Amtsgericht bis zum Bundesgerichtshof – damit wir alle gleichermaßen selbstbestimmt handeln können? Ob die Grundrechte und die Regeln der Demokratie gewahrt sind – nur darauf kommt es in *Karlsruhe* an. Deshalb hat der Journalist Rolf Lamprecht das Verfassungsgericht eine »Schutzmacht« genannt (*Der Spiegel*, 28.9.2021), die Richterinnen und Richter sah Heribert Prantl sogar einmal als »Schutzengel in roten Roben« (1999).

Die Entscheidungen reichen aber auch oft weit: Anders als bei anderen Gerichten binden die Beschlüsse und Urteile des Bundesverfassungsgerichts nicht nur die Parteien *des* Rechtsstreits, also *inter pares,* sondern sie gelten *erga omnes*, für alle. Als der Senat über die Grundsteuer entschied, änderte sie sich also nicht nur für einen Hausbesitzer oder in einem Bundesland, sondern überall; wenn ein Beschluss klärt, dass auch im Betrieb Meinungsfreiheit gilt, dies aber kein Freibrief für Rassismus ist, dann ist das für alle Unternehmen wichtig. In anderen Staaten kann das Parlament manchmal einfach anderer Meinung sein und neu auch gegen das Gericht entscheiden; in Deutschland geht das nicht. Das Grundgesetz ist bewusst stärker; sein Kern gilt sogar »ewig«, darf also nicht einfach geändert werden, so steht es in Artikel 79 Absatz 3, und das Bundesverfassungsgericht kann sich nur selbst korrigieren. Dafür muss es aber erst angerufen und wieder zulässig gefragt werden. Daher betont es manchmal auch, dass Dinge verfassungswidrig werden können, wenn sich die Welt verändert, also »in die Verfassungswidrigkeit hineinwachsen« – und dann müssen die Verantwortlichen von sich aus reagieren. Aber sonst bleibt alles wie gehabt, oder verfassungsrechtlich: wie das Gericht entschieden hat.

Tatsächlich hält die Rechtsprechung des Bundesverfassungsgerichts bisher auch ziemlich lang. Als »kritische« Professorin habe ich vor meiner Wahl zur Richterin natürlich manches anders gesehen als das Gericht, und auch als »neue« Richterin sah ich manches anders als Senate vor mir. Das ist im Sinne der Erfinder: Die Vielfalt auf der Richterbank und die begrenzte Amtszeit sorgen dafür. Aber ein Gericht ist kein Ort für Revolutionen. Vielmehr lebt das Vertrauen in ein Gericht auch von Verlässlichkeit. In den Beratungen erinnern sich die Richterinnen und Richter daher oft gegenseitig daran, was bisher der Maßstab war, der sich für eine Frage aus dem Grundgesetz ergibt. Da liegt jedes Wort auf der Goldwaage. Eine Kammer darf dazu zu dritt ohnehin nichts Neues sagen, sondern wendet nur an, was im Senat entschieden wurde, aber im Senat wird lange gegrübelt. Die Hürde liegt sehr hoch, bevor etwas geändert wird. Ganz selten korrigiert sich das Gericht dann selbst, verändert aber eher Schritt für Schritt ganz vorsichtig, was tragen muss, wenn sich die Welt verändert.

Das war am Anfang zwingend. In den ersten Jahrzehnten der Bundesrepublik musste das neue Verfassungsgericht die Spielregeln der jungen Demokratie klären. Schon in den 1950er Jahren ging es um Parteiverbote: Damals wurde beim Gericht beantragt, die rechte Sozialistische Reichspartei SRP zu verbieten, einen Nazi-Nachfolgeverein und die Kommunistische Partei Deutschlands, die KPD. Es war sehr umstritten und auch damals musste das Gericht gut erklären, welche Aufgabe wer hat. Die Akte war schon 1951 angelegt worden, unter dem Aktenzeichen 1 BvB 2/51, das Urteil wurde am 17. August 1956 verkündet. Es dauert eben, bis sich alle auf eine so wichtige Entscheidung einigen. Interessant ist heute noch: Der Senat betont schon im zweiten »Leitsatz«, es sei

> eine Frage »des politischen Ermessens, ob die Bundesregierung nach Abwägung aller Umstände dem Gebot des Verfassungsschutzes folgend einen Antrag« stellt, den das Gericht nur darauf überprüft, ob da ein »Missbrauch« vorliegt.

In der Sache heißt es dann, eine Partei sei

> nicht schon dann verfassungswidrig, wenn sie die obersten Prinzipien einer freiheitlichen demokratischen Grundordnung nicht anerkennt; es muß vielmehr eine aktiv kämpferische, aggressive Haltung gegenüber der bestehenden Ordnung hinzukommen.

Was das genauer bedeutet, wurde dort erstmals erklärt. Das hat Geschichte geschrieben.

Berühmt wurde auch ein frühes Urteil zur Meinungsfreiheit: Da hieß es, ein Hamburger, Erich Lüth, dürfe zum Boykott eines Films aufrufen, den der Naziregisseur Harlan gedreht hatte, und mit »Lüth« erklärte das Gericht gerade einmal sieben Jahre nach der Gründung, also 1958, dass es auch die einfachen Gerichte kontrollieren werde: Die Grundrechte hätten eine »Ausstrahlungswirkung«. Das Bundesverfassungsgericht prüft seitdem auch, ob die normale Justiz im Streit zwischen Privaten das Grundgesetz beachtet. Das steht zwar da: Die Rechtsprechung ist an die Grundrechte gebunden, Artikel 1 Absatz 3. Aber das neue Verfassungsgericht genoss noch keinen Respekt bei den »obersten Gerichtshöfen des Bundes«, vor allem dem Bundesgerichtshof, dem BGH, der auch in Karlsruhe sitzt. Spielte damals eine Rolle, dass mehr NS-Verwickelte am BGH und mehr Verfolgte im Schlossbezirk saßen? Wer das war, wird erst jetzt genauer untersucht, das Bundesverfassungsgericht hat damit Frieder Günther und Eva Balz vom Institut für Zeitgeschichte beauftragt. Dann werden wir über die Anfänge noch mehr erfahren.

Kurz zuvor, 1957, gab es noch eine Entscheidung, die zum Meilenstein geworden ist. Damals wollte ein CDU-Politiker, der die CDU-Regierung scharf kritisierte und enge Kontakte zur DDR unterhielt, seinen Reisepass verlängern, aber die Behörde verweigerte das, weil er die »innere und äußere Sicherheit« gefährde. Die Verwaltungsgerichte fanden es in Ordnung; auch das Bundesverfassungsgericht entschied, es »könne dem nicht entgegentreten«. Warum ist die Entscheidung dann trotzdem berühmt? Nicht nur hier zeigt sich, dass Entscheidungen immer mehrere Seiten haben. So kann es auch ein Gewinn sein, in Karlsruhe zu verlieren. Das junge Verfassungsgericht erklärte damals vor allem, dass im Grundgesetz »die Handlungsfreiheit im umfassenden Sinn« geschützt ist und folglich auch jede Maßnahme gerechtfertigt werden muss, die sie beschränkt. Seitdem ist die »allgemeine Handlungsfreiheit« in Artikel 2 Absatz 1 des Grundgesetzes das »Auffanggrundrecht«: Wenn kein spezielleres Recht greift, hilft das. So hat das Gericht einen Fall nach dem anderen entschieden, die Grundrechte gestärkt und damit Schritt für Schritt auch definiert, welche Rolle es selbst spielt, mit welcher Macht.

Das war auch nötig. Denn das Gericht schwamm gegen den Strom, es zeigte der Regierung die Rote Karte. Besonders eindrücklich war das bei der Gleichberechtigung. Da ging es 1959 um den »Stichentscheid«, so hieß das wirklich: Im Grundgesetz stand, im zweiten Absatz von Artikel 3: »Frauen und Männer sind gleichberechtigt.« Aber das Gesetz regelte: Der Ehemann hat das Sagen. Mich hat immer wieder erstaunt, dass es überhaupt entschieden werden musste: Die Diskriminierung liegt doch auf der Hand. Aber es brauchte immer wieder klare Worte. Die Frage tauchte sogar nochmals auf, in ähnlicher Form 2018. Da mussten wir klarstellen, dass auch die Rente in der Landwirtschaft nicht daran hängen darf, was der Ehegatte will: Eine solche »Hofabgabeklausel« war sogar aus mehreren Gründen verfassungswidrig, so der Senat zum Verfahren 1 BvR 97/14 u.a. Geht es um Gleichheit, ist ein Verfassungs- oder Menschenrechtsgericht immer wieder gefordert, muss Machtworte sprechen, bevor sich etwas bewegt.

Auch hier lässt sich viel und vieles unterschiedlich erzählen. Wichtig scheint mir, dass in den 1950er Jahren das Bundesverfassungsgericht auch die Arbeitswelt bewegte, 1979 vor allem die Mitbestimmung in Unternehmen. Das ist ein ziemlich deutsches Arrangement, gilt aber auch als Baustein für den wirtschaftlichen Erfolg. Trotzdem war es von Anfang an umstritten. Karlsruhe hat die Entscheidung der politischen Mehrheit »gehalten«, wie später auch das von Gerichten anerkannte Recht auf Streik genauso wie die Gegenwehr mit der Aussperrung. Heute sind das Kontroversen um soziale Gerechtigkeit.

Nach der Wiedervereinigung war dann Eigentum Thema, also die Folgen der Enteignung in der Sowjetischen Besatzungszone, der SBZ, die soziale Frage der Renten und auch die Abwicklung von Einrichtungen der DDR. 1972 hatte der Zweite Senat des Bundesverfassungsgerichts entschieden, dass ein »Grundlagenvertrag« zwischen den beiden deutschen Staaten verfassungsgemäß sei: Das war in der Bundesrepublik ein extrem heißes Eisen. Nach 1989 war das Gericht dann gefragt, unparteiisch über die Folgen der Teilung zu entscheiden. Dazu gab es sogar in meiner Amtszeit nach 2011 noch Fälle, und sie bewegten mich besonders. Als Berlinerin war die Mauer vom Westen aus für mich Alltag gewesen, mit der Willkür an der Grenze. Aber ich hatte auch die Nacht des 9. November auf der Mauer vor dem Brandenburger Tor erlebt, den politischen Aufbruch im Osten gespürt und das schwierige Zusammenfinden in der Frauenbewegung und in der Wissenschaft, wo wie in der Justiz und Politik nach wie vor zu wenig Menschen aus den östlichen Bundesländern vertreten sind. Nun trug ich in diesem Amt auch da noch Verantwortung. Aber wieder half das Verfahren: die umfassende Prüfung, jedes Argument im Grundgesetz verankert, die gemeinsame Arbeit am Konsens. Das galt auch für Europa: Es war immer wieder Thema, politisch und auch im Gericht selbst umstritten. Darum geht es gleich noch einmal.

Damit sind wir in der Gegenwart. Da wurde das Bundesverfassungsgericht nicht nur gefragt, was die Regierung tun muss, um das Klima wirklich zu schützen, auch um diejenigen, die heute noch Kinder sind, also den nächsten Generationen, ein gutes Leben auf unserem Planeten zu ermöglichen. Hinzu kam der bis heute oft heftige Streit um die Maßnahmen gegen das Coronavirus in unglaublich vielen Verfahren; allein 240 Eilanträge wurden an das Gericht gestellt. Immer wieder fragen Menschen das Verfassungsgericht auch, ob Sicherheitsgesetze zu weit gehen, ob also die Polizei, die Nachrichtendienste oder der Verfassungsschutz zu weitreichende Befugnisse haben. Hinzu kommen die Herausforderungen der Verteilungsgerechtigkeit, bei Steuer auf Grund und Boden, auf Erbschaften oder auch auf Flugbenzin, bei Sozialleistungen auch für Asylsuchende. Und überhaupt die Migration: Als der damalige Bundespräsident Christian Wulff 2010 sagte, der Islam gehöre zu Deutschland, waren einige empört, auch wenn schon vier Jahre vorher der CDU-Politiker Wolfgang Schäuble dasselbe formuliert hatte. In jeder dieser Kontroversen muss das Bundesverfassungsgericht einen kühlen Kopf bewahren.

Oder genauer: Jedes Mal müssen das acht Köpfe mit dem Grundgesetz in der Hand. Gefragt ist ein unvoreingenommener, aber doch zugewandter Blick; gefragt ist juristische Expertise genauso wie möglichst viel Wissen über das Problem; gefordert ist viel Arbeit und vor allem die Bereitschaft, sich zu einigen, dazu noch Mut und etwas Vorstellungsvermögen, ein bisschen Kreativität. Denn was heißt »Alle Staatsgewalt geht vom Volke aus«, der Ausgangspunkt der Demokratie in Artikel 20 des Grundgesetzes, wenn die deutsche Demokratie auch in der EU verankert ist? Was kann ein Text von 1949 zum Datenschutz sagen, wo damals von Smartphones und Laptops noch keine Rede war? Wie wird aus »Die Menschenwürde ist unantastbar«, dem oft zitierten ersten Satz in Artikel 1 Absatz 1 des Grundgesetzes, ein »Grundrecht auf Gewährleistung der menschenwürdigen Existenz«, das auch »migrationspolitisch nicht relativiert« werden darf, wie es in einer Entscheidung wörtlich heißt? Was bedeutet Freiheit, wie sie Artikel 2 verspricht, in einer sich ständig verändernden Gesellschaft, in der die Menschen je eigene und oft sehr unterschiedliche Vorstellungen und Bedürfnisse haben, aber auch zusammengehören und auf andere angewiesen sind? Und was meint Gleichheit, die das Grundgesetz in Artikel 3 nennt, wenn sich die Menschen, ihre Lebensweise und Bedürfnisse unterscheiden, wir alle in diesem Sinne »divers« sind? Auch dazu mehr im zweiten Teil.

Kein Wunschkonzert

Das Bundesverfassungsgericht sucht sich allerdings nicht aus, wozu es entscheidet. Das wird manchmal verkannt. Als ich zur Richterin gewählt wurde, haben mir Leute gratuliert und meinten, nun könne ich ja endlich meine Vorstellungen zur Geltung bringen, also zur Lohngleichheit von Frauen und Männern, zum Umweltschutz, zur Meinungsfreiheit oder zur Wissenschaft. Aber das Bundesverfassungsgericht spricht nie ungefragt, sondern nur auf Antrag. Es gab dann zwar einmal, so der *Tagesspiegel* im Juni 2016, einen »Equal Pay Day in Karlsruhe«, den Tag, der jedes Jahr zeigt, wie viel weniger Frauen als Männer verdienen; da kam eine Akte auf meinen Tisch als Berichterstatterin im Arbeitsrecht, in der ein Streit um Lohngleichheit steckte. Aber da hatten die Arbeitsgerichte schon Weichen gestellt; die Kammer konnte das nur bestärken. So ist es oft: Zwar werden alle Eingaben geprüft, aber viele nicht in der Sache entschieden, denn das geht nur, wenn die Beschwerde oder Klage nach den Regeln im Bundesverfassungsgerichtsgesetz »zulässig« ist und auch »zur Entscheidung angenommen« wird. Was Sie dafür tun müssen, wird auf der Website des Gerichts erklärt, und ich habe mir oft gewünscht, dass alle Beteiligten das vorher lesen. Die Anforderungen sind aber auch nicht gering; so scheitern die meisten Beschwerden, weil sie »unzulässig« sind.

Manche mögen damit rechnen, aber für andere ist das eine Enttäuschung. Vor allem wird das die frustrieren, welche die formalen Anforderungen erfüllen, also die Frist einhalten und für eine anwaltliche Vertretung die richtige, nämlich unbedingt spezielle Vollmacht erteilen. Häufig wird aber nicht genau genug geschildert (juristisch heißt das: »nicht hinreichend substantiiert«), was das Problem ist; dann kann es auch nicht wirklich geprüft werden. Für die Rolle des Verfassungsgerichts ist dann am wichtigsten, dass »der Rechtsweg erschöpft« sein muss: *Karlsruhe* entscheidet nur, wenn vorher alles versucht wurde, um das Problem vor den normalen Gerichten oder auch schon durch einen Widerspruch bei einer Behörde zu beseitigen. Beide müssen das Grundgesetz beachten; das Bundesverfassungsgericht überprüft nur, dass dies so ist. Der Rechtsstaat muss vor Ort funktionieren; deshalb können Sie erst Verfassungsbeschwerde erheben, wenn alle Instanzen durchlaufen sind.

Die Weichen stellt hier das Verfahrensrecht; der Umgang damit war schon immer ein sensibler Punkt. Als Richterin hat man immer im Kopf, wie viele Akten darauf warten, bearbeitet zu werden; die Regale im Dienstzimmer und bei den Mitarbeitenden sind ständig voll. Da liegt es eigentlich nahe, Dinge schnell loswerden zu wollen. So habe ich es aber nie erlebt. Wie wohl fast alle anderen Richterinnen und Richter habe ich mir eher Sorgen gemacht, wenn es immer wieder nur hieß, die Verfassungsbeschwerde werde »ohne Gründe nicht zur Entscheidung angenommen«. Es fühlte sich jedenfalls etwas besser an, wenigstens eine kurze Erklärung zu geben, also im »Tenor« als der Entscheidungsformel hinzuzufügen, warum das nicht geklappt hat. Mehr Arbeit, weil man sich auch da über jedes Wort einigen muss, aber auch der Mühe wert.

Die Macht des höchsten Gerichts ist also selbst mehrfach begrenzt. Für die Grundrechte ist seit dem Ausreisefall von Elfes geklärt, dass alles, was Menschen tun, als ihre Freiheit angesehen wird. Das bedeutet nicht, dass alle alles dürfen. Aber es bedeutet, dass immer geprüft werden muss, wie weit die Freiheit beschränkt werden darf. Auch das ist weder selbstverständlich noch unumstritten. Als sich 1980 eine Frau beschwerte, weil sie gerne weiter Tauben füttern wollte, was die Stadt verboten hatte, hielt das Gericht es jedoch für ebenso zulässig wie 1989 die Beschwerde des Reiters, der meinte, dass auch »Reiten im Walde« eine Freiheit sei, die der Staat nicht einfach beschränken könne, oder später der Senat, der ein »Recht auf Genuss« prüfte – da wollte jemand die Freiheit zu kiffen, also Haschisch zu rauchen, die der Staat aber zugunsten der Gesundheit beschränken darf. Dem Grundgesetz ist das nicht zu banal, denn der Witz der Grundrechte ist ja gerade, dass Sie selbst entscheiden, was für Sie Freiheit heißt. Nur folgt daraus eben nicht, dass alle tun und lassen können, was sie wollen, sondern der Staat muss rechtfertigen, wenn er etwas verbietet: Es muss, so heißt es im Verfassungsrecht, »von den Schranken gedeckt« und »verhältnismäßig« sein, vor allem »angemessen«, also, das fand ich immer klarer: »zumutbar«. Außerdem zeigt sich im Laufe der Zeit, dass auch Dinge, die »klein« erscheinen, das Gericht dazu bringen können, »große« Maßstäbe zu entwickeln: *Small cases make big law*, heißt es im Englischen treffend. Seit der

Entscheidung im Fall Elfes gilt also: Was irgendwen irgendwie einschränkt, muss vor dem Bundesverfassungsgericht gerechtfertigt werden können, wenn das zulässig gefragt wird.

Ganz praktisch ist das ein wichtiger Unterschied zwischen dem Gericht und der Politik: Politikerinnen können alles auf die Tagesordnung setzen, Richterinnen nicht. Die Politik sucht sich ihre Themen aus, ein Gericht darf nur auf zulässig gestellte Fragen antworten. Meine Gratulanten lagen also falsch. Das Bundesverfassungsgericht hat nicht zu allem etwas zu sagen. Aber Sie haben nach dem Grundgesetz die Freiheit, egal was zu wollen.

Verteilte Macht

»Regieren uns die Rechthaber aus Karlsruhe?« So titelte die *BILD* im Juni 2015. Gezeigt wurde der Erste Senat: achtmal rote Roben. *BILD* fragte, ob sich das Gericht zu sehr in die Politik einmische oder wichtiger sei als die Regierung und der Bundestag. Anlass war die »Aufregung« nach der Entscheidung zum bayerischen Betreuungsgeld, denn CSU-Chef Horst Seehofer warf dem Gericht vor, seine familienfreundliche Haltung aufzugeben: »Man habe sich doch bisher auf Karlsruhe verlassen können.« Ach ja?

Das Wichtigste fehlt. Tatsächlich hatte der Senat nach wie immer ausführlichen und hier auch ziemlich kontroversen Beratungen entschieden, dass Bayern natürlich Familien fördern kann, aber nicht diskriminieren darf. Es war ein bayerischer Alleingang, denn das Land wollte bestimmte Familien vom bundesweit eingeführten Erziehungsgeld und Elterngeld ausschließen. Im Bundesstaat geht das aber so einfach nicht, und für die Ungleichbehandlung gab es auch keinen sachlichen Grund. In Zeitungen hieß es, da komme die »Herdprämie vor Gericht« oder, etwas vorsichtiger, »Die Problemprämie«, so die *Bremer Nachrichten;* der Senat nahm das alles in den Blick. Das Votum zu 1 BvL 14/07 sammelte alle Informationen; die in früherer Rechtsprechung formulierten Maßstäbe wurden Wort für Wort beraten; es wurden so lange Argumente ausgetauscht, bis ein Konsens gefunden war. Der lautete dann nur, dass der »Ausschluss ausländischer Staatsangehöriger mit humanitären Aufenthaltstiteln« von Leistungen für Familien verfassungswidrig ist. Entschieden wurde also wieder einmal nur, was zulässig gefragt und zwingend zu klären war. Das erfuhren Sie aus der *BILD* aber nicht.

Der Bericht irritierte auch sonst. Was bedeutet es, wenn ein Spitzenpolitiker sagt, »man habe sich doch bisher auf das Verfassungsgericht verlassen können«? Die Aufgabe des Gerichts ist es, Politik zu kontrollieren und auch Mehrheiten notfalls in den Arm zu fallen. Das wird sogar in Staaten akzeptiert, die da skeptisch sind, aber auch sie sehen ein solches Höchstgericht als die »ungefährlichste Gewalt«, *The Least Dangerous Branch,* so nannte sie zur Gründung der USA Alexander Hamilton in den »Federalist Papers«, was der Wissenschaftler Alexander Bickel 1962 aktualisierte.

Aber meinte der Bericht das so? Was sollte die Aufmachung? Das Foto in der *BILD* erinnerte an einen Steckbrief; wie so oft wurde nur bei mir auch das Privatleben genannt – wozu? War das ein Pranger? In England druckte die *Daily Mail* nach einer Entscheidung zum Brexit 2016 auf dem Titel ähnliche Fotos von drei Richtern des dortigen Supreme Court, in Roben mit Perücke, und nannte sie »Enemies of the People«, die Volksfeinde. Das ist nicht mehr Kritik, sondern doch eher ein Angriff auf die Institution, und es ist gefährlich, sich auf solch einen Pfad zu begeben.

Tatsächlich sind die Personen, die da entschieden, in ihrer bewussten Unterschiedlichkeit nicht unwichtig, aber der große Aufwand hinter den Kulissen und die Arbeit am Konsens zum

Grundgesetz doch entscheidend. Deshalb heißt es auch im Bundesverfassungsgericht manchmal, die Institution sei stärker als der einzelne Mensch. Die Vielfalt und das Verfahren tragen jedenfalls dazu bei, dass das Gericht keiner politischen Richtung folgt, keiner Ideologie. So kann sich kein Land, keine Partei und auch kein Politiker »darauf verlassen«. Wäre das so, würde ein Verfassungsgericht seine Aufgabe nicht erfüllen, es wäre dann, wie in autokratischen Staaten, nur noch Diener einer anderen Macht.

So hat das Bundesverfassungsgericht nicht alles, aber dennoch eine Menge zu sagen. Das Gericht darf Gesetze verwerfen, also für verfassungswidrig und damit für unwirksam, für »nichtig« erklären. So bindet sich die politische Mehrheit selbst; sie hat im Grundgesetz mit einer Änderung 2024 gerade noch einmal die Möglichkeit gestärkt, gestoppt zu werden. Das ist im besten Sinne modern. Kein »Jüngstes Gericht« wie in der Religion und keine Glaubensfrage, sondern ein höchstes Gericht, das sich der Macht in den Weg stellen darf. So setzt eine Gesellschaft Aufklärung gegen Absolutismus, Unparteilichkeit gegen Allein- und Willkürherrschaft, juristisch begründete Urteile gegen Vorurteile – so schützen Verfassungsgerichte die Demokratie. Zu ihr gehören sie: Es gibt sie weder in Diktaturen noch in heutigen Autokratien. Im NS-Staat waren sie völlig undenkbar, denn das hätte dem Unrecht im Weg gestanden; stattdessen wurde die Justiz »gesäubert« und »gleichgeschaltet«. In der DDR gab es zwar eine Verfassung, aber kein Verfassungsgericht und keine unabhängige Justiz, um Bürgerrechte auch gegen den »Willen der Partei« durchzusetzen. Heute ist das Bundesverfassungsgericht für ganz Deutschland tätig, als entschiedenes Nein zu unfreien Verhältnissen. Und damit ist es in der Welt nicht allein.

Nur ist das eben nicht selbstverständlich. Schon die nach 1945 endlich wieder demokratische Regierung fand es nicht witzig, kontrolliert zu werden, denn das Gericht, so Heinrich Wefing in der *ZEIT* 2021, »wurde rasch mächtiger, als vielen lieb war«. Als das neu erfundene Bundesverfassungsgericht 1951 die Arbeit aufnahm, gab es kaum Ausstattung, nur ein provisorisches Gebäude, die Akten wurden im VW-Bus gefahren, die Flagge musste selbst gehisst werden. »Trostlos« sei es, notierte der damalige Richter Theodor Ritterspach. Hinzu kam die skeptische Nachbarschaft der Richter im Bundesgerichtshof.

Schon damals war Mut gefragt und zu Beginn auch schlicht der Wille, sich als unabhängiges Kontrollorgan zu behaupten. 1952 veröffentlichte das Gericht daher eine eigene Statusdenkschrift, um allen zu erklären, dass es ein Verfassungsorgan sei, gleichberechtigt neben Regierung und Parlament. Ein im Nachhinein »gelungener Traditionsbruch« (Marlene Grunert, *FAZ*, 7.9.2021), aber damals ging es der Regierung deutlich gegen den Strich. Der Justizminister Thomas Dehler meinte, »dieser Geisteshaltung« könne »nicht schroff genug entgegengetreten werden«, wenn »einige Herren des Bundesverfassungsgerichts versuchen, durch diese nebulösen Begriffe«, dem »Gerede vom höchsten Verfassungsorgan«, »dieses Gericht zu einer Überregierung« zu machen. Ein Regierungsersatz ist das Gericht denn auch nicht, aber ein Verfassungsorgan ist es geworden.

Viel wichtiger ist ohnehin, *was* das Gericht entscheidet, und das ist wiederum davon geprägt, *wie* es das tut: sorgsam, unabhängig, auch gegen die Regierung. Das zeigte sich 1961, als die Länder Hamburg und Hessen vor Gericht zogen, weil Bundeskanzler Konrad Adenauer eine Deutschland-Fernsehen GmbH gründete gegen die aus seiner Sicht zu kritischen Berichte in der *ARD*. Das Verfassungsgericht steckte zwar in den Kinderschuhen, war gerade einmal zehn Jahre alt. Aber es hatte den Mut, sich gegen die Regierung zu stellen: Das Deutschland-Fernsehen passe nicht zum föderalen Staat, das Grundgesetz schütze die Rundfunkfreiheit, aber erlaube kein Staatsfernsehen. Also: verfassungswidrig. Für die damaligen Richter war es sicher nicht angenehm, als Adenauer dann im Bundestag sagte: »Das Kabinett war sich darin einig, dass das Urteil des Bundesverfassungsgerichts falsch ist.« Und: Man »könne doch wirklich nicht erwarten, dass ich mich hinstelle und sage: Das ist ein gutes Urteil«. Berühmt wurde dann das Zitat: »So ham wir uns det nich vorjestellt!« Aber so war es. Und so blieb es auch. Seit 2024 wird das Gericht neben den »übrigen« Verfassungsorganen im geänderten Artikel 93 ausdrücklich genannt.

In solchen Auseinandersetzungen stellt sich Verfassungsgerichten die entscheidende, also die Gretchenfrage. Der Dichter Johann Wolfgang von Goethe hat sie der jungen Margarete, dem »Gretchen«, in den Mund gelegt, als sie den Gelehrten Faust direkt nach seinem Glauben fragt: »Nun sag', wie hast du's mit der Religion? Du bist ein herzlich guter Mann. Allein ich glaub', du hältst nicht viel davon.« Kurz vor meiner Wahl zur Richterin wurde ich das tatsächlich gefragt, im Vorgespräch mit der CDU/CSU-Fraktion im Bundestag; solche Gespräche wurden damals üblich. Ein Abgeordneter wollte wissen, wie mein Verhältnis zu Gott sei. In einem Bewerbungsgespräch ist das unzulässig; ich fand es grenzwertig, habe aber geantwortet. Doch es ist nicht zentral. Die eigentliche Gretchenfrage für Verfassungsgerichte müsste lauten: »Nun sag, wie hast du's mit der Demokratie? Du bist ein mächtiges Gericht, was hältst denn du davon?« Und damit geht es um Gewaltenteilung.

Genau genommen ist das Thema nicht die Teilung, sondern die Verteilung der »Gewalten«, also der Macht im Staat. »Alle Staatsgewalt geht vom Volk aus«, sagt Artikel 20 Grundgesetz, es gibt die allgemeine, unmittelbare, freie, gleiche und geheime Wahl, sagt Artikel 38, und die so legitimierte Regierung hat in

Bund und Ländern das Sagen, auch das regelt die Verfassung. Was macht und darf dann das Verfassungsgericht? Es achtet darauf, dass sich alle an das Grundgesetz halten. Da steht eben ganz zu Beginn, im zweiten und dritten Absatz von Artikel 1:

> Das Deutsche Volk bekennt sich darum »zu unverletzlichen und unveräußerlichen Menschenrechten als Grundlage jeder menschlichen Gemeinschaft, des Friedens und der Gerechtigkeit in der Welt«; sie binden Grundrechte »Gesetzgebung, vollziehende Gewalt und Rechtsprechung als unmittelbar geltendes Recht«.

Das Bundesverfassungsgericht überprüft das. Es ist wie im Sport: Die Unparteiischen pfeifen, wenn gefoult wird, ansonsten läuft das Spiel. Das unabhängige Gericht erklärt für verfassungswidrig, wenn das Grundgesetz verletzt wird, sonst gestalten die, die dafür gewählt worden sind. Der Journalist Christan Rath hat sein Buch über das Gericht denn auch »Schiedsrichterstaat« genannt. Tatsächlich steht in den Entscheidungen immer wieder, es liege »im Gestaltungs-, Einschätzungs-, Bewertungs- oder Entscheidungsspielraum des Gesetzgebers«, also der Politik, die Dinge zu gestalten. Das kann hart sein, wenn zum Beispiel der Infektionsschutz gegen Corona sehr streng wird. Ich fand es immer dann fordernd, wenn ich politisch ganz anderer Meinung war als die Mehrheit mit ihren Gesetzen. Aber das gehört dazu, damit die Demokratie funktioniert.

Das Bundesverfassungsgericht muss seine Macht juristisch überzeugend gebrauchen, aber auch klug sein. Nur verfassungsrechtliche Argumente sind erlaubt, und das Gericht folgt keiner Ideologie, aber das allein genügt nicht: Justitia ist besser nicht blind. Also ist das Grundgesetz das Maß aller Dinge, aber als Richterin musste ich immer auch beachten, in welche gesellschaftliche und politische Situation sich das Gericht mit einer Entscheidung einmischt. Juristische Kompetenz ist gefordert, aber auch justizielle Klugheit ist gefragt. Das macht Entscheidungen des Bundesverfassungsgerichts nicht etwa »politisch«. Sie bleiben juristisch, müssen aber realistisch sein, eben insofern klug. Das gehört zur Verantwortung dazu.

Verfassungsrecht »konstituiert« die Demokratie; ein Verfassungsgericht muss sie schützen. Also darf es demokratischen Streit, darf Politik nicht ersticken. Regierung und Parlament müssen die Entscheidungen des Gerichts zwar akzeptieren und umsetzen. Aber sie müssen auch eigenen Vorstellungen folgen dürfen – und damit Ihrem Kreuz bei der Wahl. Genauso müssen die Gerichte vor Ort übernehmen, was das Bundesverfassungsgericht entscheidet, weil sie sonst das Grundgesetz verletzen. Aber auch sie müssen vor Ort verantworten, was im Einzelfall trägt. Das Verfassungsgericht konkretisiert also mit jeder Entscheidung das Grundgesetz, darf aber nicht zu weit gehen. In der Wissenschaft heißt das, eine »Überkonstitutionalisierung« müsse vermieden werden: Zu viel Bindung an die *constitution*, an das Grundgesetz, ist zu viel des Guten. Klingt das abstrakt, zu theoretisch? Im Amt war es mein Alltag: Möglichst klare und auch mutige Entscheidungen sind gefragt, aber diese justizielle Klugheit gehört dazu, und das bedeutet oft, sich doch zurückzuhalten.

Die Gewaltenteilung (oder eben Gewalten*ver*teilung) ist häufig Thema, wenn über das Bundesverfassungsgericht gesprochen wird. Im Gericht selbst ist es immer präsent. Ich würde es nach zwölf Jahren im Grundrechtssenat nur weiter fassen als üblich. Die Macht im Land wird ja nicht nur zwischen Staatsorganen verteilt, also Regierung und Parlament, auch mit der Opposition. Da muss natürlich geklärt werden, wer welche Kompetenz hat, wer was regeln darf, worüber informiert werden muss und wann. Aber es geht nicht nur um die politische Gestaltungsmacht von Institutionen. Das Gericht gibt, wenn es die Grundrechte schützt, auch

Macht an Sie, an die Bürgerinnen und Bürger. Ob privat oder erwerbstätig, in der Freizeit, unternehmerisch oder politisch engagiert – es schützt Ihre gleiche Freiheit, selbst zu entscheiden, wie es in unserer Gesellschaft läuft. Wann immer ein Gesetz »kassiert« wird oder eine Gerichtsentscheidung aufgehoben, wann immer also Grundrechte durchgesetzt werden, entsteht ein Freiraum, den Sie füllen können. Es liegt in Ihrer Hand, daraus etwas zu machen.

Herausforderungen

Wenn Sie eine Richterin oder einen Richter des Bundesverfassungsgerichts treffen und nach dem Amt fragen, werden Sie oft hören, dass es »schlicht großartig« sei oder gewesen sei, im besten Sinne des Wortes. Sehr viel zu tun und sehr viel Verantwortung – und diese ziemlich einzigartige Arbeit am Konsens. Wenn Sie dann weiterfragen, kommt das Gespräch allerdings auch zu den Herausforderungen. Das Verfassungsgericht sei die »folgenreichste Innovation im Grundgesetz«, sagte der ehemalige Richter Dieter Grimm zum 75. Geburtstag der Verfassung (*Aus Politik und Zeitgeschichte* 2024, 5; auch online). Eine »glückliche Innovation« nannte es der sonst oft kritische CDU-Politiker Wolfgang Schäuble. Doch die Innovation ist immer wieder und sogar zunehmend gefordert.

Es wird schwieriger, gehört und verstanden zu werden. Zwar war es noch nie einfach, eine Verfassung überzeugend auszulegen und anzuwenden. Aber nach Jahrzehnten der Rechtsprechung in einem ausgewachsenen Rechtsstaat wird das auch nicht leichter. Da ist nicht nur zu erklären, was die wenigen großen Worte des Grundgesetzes uns heute sagen, also welche »Maßstäbe« gelten. Erklärt werden muss auch, welchen »Linien der Rechtsprechung«

eine Entscheidung folgt (so heißen die Bände, die Mitarbeitende herausgeben), denn »Konsistenz« ist entscheidend für das Vertrauens ins Gericht. Also sind komplizierte juristische Operationen gefragt. Die kleinen feinen Veränderungen erkennen wohl nur Profis (so wird im Original zitiert, also nicht verändert, oder aber mit einem »vgl.« davor, was kleine Verschiebungen zeigt). Aber die Gründe der Entscheidungen müssen auch darüber hinaus überzeugen. Da ist auch, das zeigt sich vor allem bei der Kontroverse um die Gleichheit im zweiten Teil dieses Buches, die Sprache nicht nur eine Frage des Stils.

Das Leben muss also immer in Recht und die juristische Fachsprache in allgemein verständliche Ausführungen übersetzt werden. Für die Medien macht das Gericht selbst Pressemitteilungen. Sie sollen vor allem die journalistische Arbeit erleichtern, also für Meldungen, Nachrichten, Artikel, Radio- oder Filmbeiträge schneller informieren. Vor Ort kennen sich die Mitglieder der Justizpressekonferenz, des Vereins der Fachmedien, auch so gut aus, dass sie das verstehen. Lange durften sie ein Urteil schon am Abend vor der Verkündung an der Pforte abholen, um gleich im Bilde zu sein; das wird heute nicht mehr gemacht. Die Pressemitteilung, die PM, lesen aber auch juristische Profis und Studierende ohnehin. Um noch mehr Menschen zu erreichen, gab es 2021 auch den intern gut geplanten Versuch, in soziale Medien zu gehen, aber er endete schnell, weil solche Daten auf meist amerikanischen Servern nicht geschützt sind; der Datenschutzbeauftragte schritt ein. Immerhin gibt es aber eigene Informationsfilme auf der Website, und einen weiteren Film hat Jakob Preuss mit Vincent Productions für *Arte* und *ZDF* gedreht; ich erinnere aus der »Film AG« als der zuständigen Arbeitsgemeinschaft im Gericht, wie viel Arbeit dahintersteckt. Es wäre sicher gut, weitere Wege zu finden, das Gericht und seine Arbeit zu präsentieren.

Übersetzt wird auch in andere Sprachen, mit dem Team für Internationales und einer internen AG. Ich war stolz, als ich im Ausland hörte, wie gut das aufgenommen wird. Dann ist viel Arbeit in Sammelbände geflossen, die wichtige deutsche Entscheidungen zu einem Thema auf Englisch präsentieren; da kamen Dankesbriefe aus Aserbaidschan, Ungarn, Malta und sogar Österreich. Es wird wohl für alle immer wichtiger, sich auch international zu verstehen.

Und das ist nicht alles. Auch das Gericht trifft die »Wissenskrise«. Heute wissen wir zwar über alles Mögliche mehr denn je aus dem Internet, aber sind auch unsicherer denn je, was wahr ist und was stimmt. Oft sind schon Tatsachen umstritten. Sie erinnern sich vielleicht, als die Pressesprecherin in der ersten Amtszeit des US-Präsidenten Trump 2017 erklärte, sie arbeite auch mit *alternative facts*, mit alternativen Tatsachen. Tatsächlich sind das Falschbehauptungen, also Lügen und gezielte Desinformation. Heute werden sie nicht nur von russischen Trollfirmen gestreut. Wer soziale Medien nutzt, weiß, wie wild es da zugehen kann, und künstliche Intelligenz verändert das weiter. Was ist dann noch »wahr«? Die Wissenskrise nährt so die Zweifelsgesellschaft. Am Ende sind nur noch Meinungen und Glaube gefragt, also »wie ich das finde«. Es ist, so Michael Wolffsohn in »Tacheles« 2020, ein »Kampf um Fakten«; da sprießen keine Theorien, sondern Verschwörungsvermutungen, die Katharina Nocun und Pia Lamberty 2020 in »Fake Facts« beschrieben haben; da gibt es einen »Krieg der Worte«, so Harold James 2024. In der Coronapandemie wurde das besonders deutlich, aber es zeigt sich auch in der Migrationspolitik, zwei Kontroversen im zweiten Teil dieses Buchs. Auch Gerichte müssen jedenfalls damit umgehen.

Für das Bundesverfassungsgericht gilt hier vor allem: keine Besserwisserei. Richterinnen und Richter wissen nicht besser als die

Fachleute, worum es »eigentlich« und »tatsächlich« geht. Wer Jura studiert und juristisch gearbeitet hat, kennt sich mit Epidemiologie nicht aus, nicht mit Klimaforschung, Terrorismus, Volkswirtschaft oder Sozialpolitik, aber das Verfassungsgericht muss damit umgehen. Bei komplizierten Problemen sind acht Richterinnen und Richter nicht sachkundiger als die vielen Ministerien und Abgeordneten, die dazu ein Gesetz gemacht haben. Wenn dann zu entscheiden ist, ob die Regierung das Grundgesetz beachtet hat, sind außerdem meist ein paar Jahre ins Land gegangen – da wissen wir alle mehr, aber das Gericht darf nicht im Nachhinein den Besserwisser geben. Es muss zwar Wahrheit von Lüge unterscheiden und »belastbare« Daten von schlichten Schätzungen »ins Blaue hinein« (so hat ein Senat das genannt, als nur in etwa berechnet worden war, welche Sozialleistungen Kinder brauchen). Auch das ist viel Arbeit hinter den Kulissen. Aber das Verfassungsgericht verteilt auch hier Verantwortung und ersetzt sie nicht. Deshalb heißt es immer wieder, dass der Staat verlässlich genug wissen muss, was er warum tut, bevor er den Bürgerinnen und Bürgern etwas zumuten darf. Auch das verlangt das Grundgesetz.

Für die Richterinnen und Richter ist auch das fordernd. Ich hatte mich, als zum ersten Mal ein riesiger Stapel mit Akten zum Bankenrecht in mein Zimmer rollte, noch nie mit den Feinheiten der Finanzwirtschaft beschäftigt; als wir über die Luftverkehrssteuer entschieden, wusste ich darüber vorher nichts; beim Atomausstieg traf zumindest ich erstmals auf »Restlaufzeiten«; im Zweiten Senat ist es in den Europaverfahren für viele das erste Mal die Währungspolitik usw. Auch wenn das vermutlich nicht alle so sagen würden: Das Unwissen gehört als Richterin dazu. Dem müssen sich da alle stellen.

Stellen muss sich ein Gericht auch der Öffentlichkeit, die immer schneller und diffuser funktioniert. Manchmal ist das selbst das Thema, wie bei der Medienfreiheit und der Finanzierung des Rundfunks oder beim Recht auf Vergessenwerden im Internet, einer auch europäischen Frage. Aber immer muss sich das Gericht als Institution zur Öffentlichkeit verhalten. Es ist dann schon ärgerlich, wenn jemand behauptet zu wissen, was im Gericht wer tut und denkt und was entschieden wird, vor der Verkündung. Mir wurde aber nur von einem Versuch erzählt, uns auszuhorchen, und glücklicherweise treten nur wenige mit angeblich sicheren Prognosen zu gern groß auf. Eher abwegig ist auch die manchmal verbreitete Geschichte, nur ein Mensch halte in einem Verfahren das Heft in der Hand. Vermutlich hätte jeder Richter, jede Richterin gern einmal so viel Einfluss gehabt, aber es läuft anders: Die Entscheidungen sind Gemeinschaftswerke. Sogar in den zwölf Jahren vor Ort konnte ich zwar einiges einschätzen, aber nie sicher sein, was dann in der Beratung passieren würde: Es blieb meist spannend bis zum Schluss. Glauben Sie es also nicht, wenn Ihnen jemand weismachen will, er wisse schon Bescheid, bevor die Sache verkündet ist. Glauben Sie es auch nicht, wenn jemand meint, das habe X oder Y geschrieben. Und glauben Sie es erst recht nicht, es sei doch »ganz einfach« oder »ganz klar«, was Karlsruhe entschieden, »eindeutig übersehen« und »völlig falsch gemacht« oder aber sogar »natürlich richtig entschieden« habe. Gerade für große Entscheidungen hat immer ein Dezernat monatelang alles zusammengetragen, was es dazu zu wissen gibt, und ein Senat hat lange beraten. »Natürlich« und »ganz einfach« ist das nie. Mit dem Aufwand und den vielen verschiedenen Beteiligten ist es allerdings auch unwahrscheinlich, dass das Gericht einmal »völlig« danebenliegt.

Allerdings stimmt auch: Kein Gericht ist nur *la bouche de la loi*, der Mund des Gesetzes. So sah der französische Staatsdenker der Gewaltenteilung Montesquieu die Justiz 1748. Heute ist klar: Justiz hat eine eigene Verantwortung, sie wendet Recht nicht nur an, sondern macht es damit auch, setzt also auf ihre Art selbst Recht und muss sich daher gut erklären. Die meisten Gerichte haben deshalb eine Pressestelle und betreiben, wenn auch zurückhaltend, Öffentlichkeitsarbeit. Wenn die roten Roben auftreten, also mündlich verhandelt oder ein Urteil verkündet wird, kommt vorher eine Mitteilung, seit 2023 gibt es auch für wichtigere Beschlüsse einen »Wochenausblick«. Die Pressestelle im Bundesverfassungsgericht hat die Präsidentin Jutta Limbach 1996 eingeführt; sie reagierte so auf heftige Angriffe nach kontroversen Entscheidungen zur Meinungsfreiheit und zum Kreuz in bayerischen Schulen. Ich habe die Medien zwar nie als »Schutztruppe des Gerichts« angesehen, als die sie der langjährige *Spiegel*-Korrespondent Rolf Lamprecht in der *taz* 2012 sah, aber dass sie wichtig sind, war immer klar. Es ist heute die Regel; die große Ausnahme war der Verfassungsgerichtspräsident aus einem europäischen Land, der beim Arbeitsbesuch sogar eher stolz bemerkte, ihm sei völlig egal, wie sein Gericht gesehen werde. Aber »sein« Gericht war dann auch Teil einer politischen Krise, kein Beitrag zu Lösungen. Das Land nenne ich nicht, weil es für Arbeitstreffen zwar kein Beratungsgeheimnis gibt, aber Vertraulichkeit: Nach den berühmten *Chatham House Rules* aus England 1927 darf über Inhalte später geredet werden, aber nicht über die Person. Allen anderen ist aber klar: Verstanden zu werden, ist wichtig.

Die Entscheidungen des Bundesverfassungsgerichts müssen sogar von möglichst vielen verstanden werden und also für möglichst viele verständlich gefasst werden. Immerhin entscheidet das Gericht mit Wirkung *erga omnes*, mit Gesetzeskraft. Außerdem werden schon vorher oft große Erwartungen bekannt, die das Gericht fast immer enttäuschen muss – es kann nicht das Klima retten, auch wenn es für den Klimaschutz entscheidet, es verpflichtet zur Gleichbehandlung, aber umsetzen müssen das andere, es klärt die Grenzen der Meinungsfreiheit, aber den Respekt voreinander müssen wir selbst haben. Nur ist es gerade dann auch sinnvoll, gut zu erklären, wer da welche Verantwortung trägt.

Es genügt also nicht, sich im Richterzimmer auf die vielen Akten zu konzentrieren. Das Verfassungsgericht muss auch in der Welt sein. Die Frage ist dann immer: Wer soll das machen, wie oft, mit welchen Worten? Das war schon immer nicht nur fordernd, sondern auch im Gericht umstritten. Manche machten da mehr, andere weniger, vieles war gut oder fiel nicht weiter auf, anderes nicht gelungen und ärgerlich. Ich war Teil der Arbeitsgruppe, die das Gericht einsetzte, um dazu »Verhaltensleitlinien« zu entwickeln; ein ziemlich kontroverser Prozess bis zum Beschluss. Heute finden Sie das auf www.bverfg.de online. Einig waren sich die damaligen 16 Beteiligten, dass sich »aus der besonderen Funktion« als Verfassungsorgan auch besondere Anforderungen an die Kommunikation ergeben. Deshalb gehöre es zum Amt, den Menschen zu erklären, was das Gericht warum tut. Ich habe mehrfach erlebt, wie wichtig diese Erklärungen auch für jene sind, die politische Verantwortung tragen, denn wer Richterinnen und Richter wählen und dann mit deren Entscheidungen umgehen soll, muss wissen, wie *Karlsruhe* arbeitet. In der Demokratie haben dieses Wissen aber alle verdient.

Gefahren

Leider muss das Bundesverfassungsgericht nicht nur mit diesen Herausforderungen umgehen, sondern auch mit Gefahren. Diese sind nicht ganz neu, aber drängender denn je.

Dabei kann Gefahr schon von innen drohen. Keine Institution ist unfehlbar, denn jede lebt von den Menschen, die da arbeiten. Zwar hieß es immer, das Bundesverfassungsgericht habe eine ziemlich weiße Weste, aber es gibt auch dunkle Flecken. Welche Personen das betrifft, wird gerade erst erforscht.

Auch die Geschichte der Entscheidungen ist nicht ungetrübt. Zwar sind sich sicher nicht alle Beteiligten darüber einig, was da problematisch war, unklug oder sogar falsch. Doch dürften die meisten wohl zustimmen, dass das Urteil von 1957, mit dem entschieden wurde, dass schwuler Sex weiter strafrechtlich verfolgt werden durfte, alles andere war als Grundrechtsschutz. »Tief im Mief der Fünfzigerjahre«, nannte es der Journalist Rolf Lamprecht (*Der Spiegel* 28.9.2021); tatsächlich setzte das die Verfolgung homosexueller Männer fort, die seit 1872 per Gesetz drohte, viele Leben zerstörte und unter den Nazis grausame Formen annahm. Hier mussten Menschen auf gleiche Rechte lange warten.

Auch war die Pressefreiheit nicht gleich so klar markiert wie heute. So fand sich 1966 im Bundesverfassungsgericht noch keine Mehrheit dafür, die Redaktion des *Spiegel* vor einer Razzia zu schützen, weil angeblich Staatsgeheimnisse verraten worden waren; der Herausgeber Rudolf Augstein saß 103 Tage in Haft. Zum ersten Mal wurde damals auch eine »abweichende Meinung« gedruckt, die damaligen Acht hatten keinen Konsens gefunden.

Schließlich war der Schwangerschaftsabbruch für das Gericht schwierig. Das ist auch heute so umstritten, dass Kandidatinnen für das Richteramt danach beurteilt – und dafür verurteilt – werden, wie sie darüber denken. Die erste Entscheidung dazu stammt von 1975; damals befand eine knappe Mehrheit im zuständigen Senat, die »Abtreibungsreform« sei verfassungswidrig, und forderte sogar Bestrafung. Berühmt wurde allerdings die abweichende Meinung der Richterin Wiltraud Rupp-von Brünneck und des Richters Helmut Simon, die erklärten: »Dies verkehrt die Funktion der Grundrechte in ihr Gegenteil.« Das würde ich unterschreiben. 1993 »kippte« das Verfassungsgericht trotzdem die nächste Reform, erklärte also das neu gemachte Gesetz für verfassungswidrig, diesmal auch zulasten der Frauen, die über einen Schwangerschaftsabbruch in der DDR selbst entscheiden durften. Die Politikerin Regine Hildebrandt nannte es eine »gelinde Katastrophe«. Zum Vertrauen in Gleichberechtigung und Selbstbestimmung trug es eher nicht bei; das mussten andere Entscheidungen tun.

Schwierig ist aber auch die Bewertung des berühmten KPD-Verbots. Nicht nur war die Kommunistische Partei 1956 ziemlich klein. Vor allem litten unter dem Verbot dann auch Menschen, die vorher wegen ihrer politischen Haltung im KZ gesessen hatten. So wird berichtet, dass ein solcher Überlebender, er hieß Erwin Knapp und wohnte in Schwetzingen, ertragen musste, dass seine Wohnung gleich nach der Verkündung des Urteils durchsucht wurde, er also erneut gefährdet unter Beobachtung stand. Zur Idee der Grundrechte passt das nicht; es wurde aber erst sehr viel später korrigiert.

Die wirklichen Gefahren für das Bundesverfassungsgericht kommen allerdings von außen. So hat sich der Umgang mit dem Gericht in der Öffentlichkeit doch stark verändert. Kritik gab es immer, vor allem in der Wissenschaft, und die ist wichtig, sogar unverzichtbar. Aber Angriffe, also auf das Gericht als solches zielende Attacken, sind etwas anderes. Sie sind nicht ganz neu. So urteilte Karlsruhe in den 1990er Jahren klar für mehr Grundrechtsschutz, erntete aber heftigen Gegenwind. Allein 1995 gab es drei Entscheidungen – eine für die Meinungsfreiheit, wonach auch das Zitat »Soldaten sind Mörder« gezeigt werden darf, eine für die Demonstrationsfreiheit, die auch eine Sitzblockade auf der Straße schützen kann, und eine für die Religionsfreiheit der Nicht- oder Andersgläubigen, in der Schule nicht unter dem Kruzifix lernen zu müssen. Aber das ging manchen zu weit. In Bayern rief sogar die Regierung zu Protesten auf: Der damalige Ministerpräsident Edmund Stoiber erklärte: »Diese Kreuze bleiben natürlich hängen«; der CSU-Vorsitzende Hans-Peter Friedrich forderte, die Entscheidung zu ignorieren; andere formulierten noch schärfer. Da war das Bundesverfassungsgericht ein ungeliebter »Vetospieler«, so nennt das die Wissenschaft. Es dauerte ein wenig, bis der Ton wieder sachlich war.

Aber Ärger gibt es immer wieder. In den USA wurden die *Justices of the Supreme Court,* die Richterinnen und Richter des dortigen höchsten Gerichts, von Max Lerner 1994 als »Skorpione« beschrieben – und so nannte die damalige Kanzlerin Angela Merkel das Bundesverfassungsgericht zu seinem Geburtstag 2011 auch: Sein Stich könne die anderen Verfassungsorgane treffen. Nur ist das Bild riskant, denn der Stich mag zwar schmerzen, ist aber für die Demokratie nicht tödlich, sondern im Gegenteil lebenswichtig.

Der Unterschied zwischen Kritik und Attacke ist deshalb entscheidend. Auch auf die Entscheidungen zur Gleichberechtigung in den 1950er Jahren und zur Gleichstellung sexueller Minderheiten in jüngerer Zeit wurde teils heftig reagiert. Damit ist umzugehen. Das Bundesverfassungsgericht darf sich von Gegenwind nur nicht abhalten lassen, seine Aufgabe zu erfüllen; es wurde ja gerade erfunden, um sich notfalls in den Sturm zu stellen. Daher müssen die Richterinnen und Richter auch persönlich willens, in der Lage und mutig genug sein, nicht nur eigene Vorurteile durch im Grundgesetz verankerte Urteile zu ersetzen, sondern auch die Kritik auszuhalten. Für persönliche Anfeindungen gilt das nicht; daher sahen sich alle deutschen Justizministerinnen und -minister im Juni 2025 veranlasst, diese ausdrücklich zu verurteilen. Die Bundesministerin Stefanie Hubig fand deutliche Worte: »Wer Richterinnen und Richter angreift oder bedroht, greift das Herz unseres Rechtsstaats an.« Kritik ist etwas anderes; sie gehört dazu.

Bestenfalls lässt sie sich beim nächsten Mal verarbeiten, also in der nächsten Entscheidung beachten oder im nächsten Gespräch erklären.

Für das Gericht ist lebenswichtig, dass sich alle um Ausgleich bemühen. Eine »Verfassung der Mitte« sei das Grundgesetz, formulierte Andreas Voßkuhle. Ich sehe es als ein Rezept für Konsens auch an den Rändern. Dazu gehört es, dass Menschen sehr unterschiedlich auf die Welt blicken, aber dann gemeinsam abwägend entscheiden, nicht der immer schärfer werdende Ton. Für die Richterinnen und Richter bedeutet das auch nach dem Amt, der einen oder anderen Versuchung zu widerstehen, doch weiter mitzureden, nun sogar endlich allein. Vorträge und Interviews sind gut, wenn sie aufklären, aber schlecht, wenn sie nur die eigene Position stärken sollen, und Gutachten, die bei ehemaligen Verfassungsrichtern in Auftrag gegeben werden, kaum je eine gute Idee. Das sehen auch wieder nicht alle so. Aber zur friedlichen Lösung auch heftiger Kontroversen tragen steile Thesen nicht bei. Die guten Argumente sind wichtig, die Suche nach Ausgleich, eben Arbeit am Konsens.

Diese Arbeit leisten Verfassungsgerichte genauso wie Gerichte für den Menschenrechtsschutz, aber sie sind weltweit unter Druck. Das ist kein Zufall, denn sie sind auch Vetospieler, sie setzen als unabhängige Gerichte der Regierungsmacht Grenzen. Genau deshalb ist so ein Verfassungsgericht für wirklich demokratische Gesellschaften zum Goldstandard geworden, als »neuer Konstitutionalismus«, in vielen unabhängigen Staaten nach dem Ende der Kolonialherrschaft genauso wie nach dem Fall der Berliner Mauer. Genau deshalb wurden in den neuen Demokratien wie in den neuen deutschen Ländern Verfassungen in Kraft gesetzt und Verfassungsgerichte installiert, weltweit bewundert. Auf Begeisterung stieß nach 1989 auch Ungarn mit seinem mutigen

Verfassungsgericht, aber das hat sich dramatisch geändert. Europa ist heute nicht mehr durchweg demokratisch. In der Schweiz gab es 2018 sogar eine Volksinitiative gegen »fremde Richter«, die sich tatsächlich gegen den Europäischen Gerichtshof für Menschenrechte wandte.

Außerhalb Europas ist es noch beängstigender. So waren die USA lange ein leuchtendes Vorbild für Demokratie und Grundrechtsschutz, aber dort ist das höchste Gericht kein Ort des Ausgleichs mehr, und nicht nur dort handeln Regierungen ungebremst, gierig und voller Willkür. Sie folgen einem »autokratischen Skript«, wonach die Demokratie mit fairen Wahlen und Meinungsfreiheit benutzt wird, um an die Macht zu kommen, aber dann die Institutionen gekapert oder ganz zerstört werden, denn so lässt sich allein regieren. Wer sich da an die Spitze setzt, wird also bestenfalls zuerst gewählt, baut dann aber das System um, unterdrückt also die Opposition, »ändert« das Wahlrecht, zerstört unabhängige Medien und kritische Wissenschaft und geht gegen die Justiz vor – vor allem gegen Verfassungsgerichte. Deshalb stört auch das Bundesverfassungsgericht all jene, die keine Rücksicht nehmen wollen und nur eigene Interessen kennen – ihnen steht es im Weg.

In den USA gab es am 6. Januar 2021 den brutalen Sturm aufs Kapitol, wo Menschen starben, und in Deutschland schon 2020 einen Sturm auf den Reichstag, nach Bundespräsident Steinmeier ein »unerträglicher Angriff auf das Herz unserer Demokratie«. Was geschieht, wenn eine Fraktion (der AfD) Personen in den Bundestag einlädt, die Abgeordnete bedrängen und beleidigen? Die Tricks, um insbesondere Gerichte zu kapern, zu lähmen, auch zu zerstören, sind unauffälliger, aber auch gefährlich. Unter dem Deckmantel der Stärkung der Demokratie, die dann gern »Volksnähe« genannt wird, wird dann vorgeschlagen, die Regeln zu Personal und Verfahren zu ändern, auch das von der AfD 2018 im Bundestag. Man solle dem Bundesverfassungsgericht vorschreiben, dass es jede Entscheidung begründen muss. Das klingt plausibel. Aber es wäre zerstörerisch. Die weit über 4000 Verfahren im Jahr ließen sich nicht mehr erledigen, die wichtigen nicht intensiver bearbeiten, und der nicht mehr auflösbare Stau nähme Menschen das Vertrauen in dieses Gericht. Das ist also keine Reform, sondern, so der heutige Richter des Bundesverfassungsgerichts Martin Eifert (*Süddeutsche Zeitung [SZ]*, 27.12.2018), ein »Angriff auf den Rechtsstaat«.

Es ist sogar noch mehr, ist noch gefährlicher. Wenn so ein Gericht gekapert oder zerstört wird, entstehen Scheindemokratien; regiert wird dann auf Kosten derer, die nicht »passen«. Das ist politischer Etikettenschwindel, denn der Rechtsstaat ist, so heißt es in der politischen Theorie manchmal, die »Grammatik der Demokratie«: Ohne ihn geht es nicht. Konkret trifft die Zerstörung der Gerichte dann zuerst die »Fremden«, also Menschen auf der Flucht oder mit sonstiger Migrationsgeschichte; deshalb setzen hier auch in Deutschland die Parteien an, die angeblich das Grundgesetz ernst nehmen, aber gleiche Rechte ablehnen. Getroffen werden auch sexuelle und religiöse Minderheiten, die klein genug sind, um in der Mehrheitsdemokratie nicht viel auszurichten, aber gegen die sich leicht Vorurteile mobilisieren lassen. Danach trifft es alle, die nicht dazugehören sollen, weil sie eigene Ansichten haben, eine eigene Meinung. Schließlich hat jeder und jede, die irgendwie anders leben will, genauso schlechte Karten wie die nicht Privilegierten, die Schwächeren. Die Haltung, die dahintersteht, hat der Soziologe Wilhelm Heitmeyer deshalb als »rohe Bürgerlichkeit« beschrieben: nach außen noch okay, aber eigentlich brutal. Wir hängen dann nur noch von der Laune der Macht ab, und ein Gericht gibt es dann nicht mehr, das helfen kann.

Heute ist das leider kein schlechter Film, keine Horrorvision. Es kann erschreckend schnell gehen. Als Richterin war ich in Polen zu Besuch, als die autokratische Partei Prawo i Sprawiedliwość, kurz PiS (wie zynisch – das heißt auf Deutsch »Recht und Gerechtigkeit«), sogleich das Verfassungsgericht kaperte. Es war eine traditionsreiche Tagung zum Rechtsstaat, aber schlechter besucht als sonst: Es schien »irgendwie sicherer«, da nicht gesehen zu werden, und im Restaurant nach dem Vortrag war die Atmosphäre merkwürdig verhalten. Ein Freund erklärte mir später, dass niemand sie mehr vor Überwachung, Zensur und dann der Kündigung schützen werde, wenn sie nicht mehr »passten«. In Ungarn habe ich dann erlebt, wie Menschen an den Pranger gestellt werden, wenn das der Regierung in die Karten spielt. In den USA begegnete ich vielen Menschen, die wirklich Angst hatten, weil das oberste Gericht, der Supreme Court, ihre Rechte nicht mehr schützt und hart erkämpfte Rechte nimmt, wie wirklich gleiches Wahlrecht, Selbstbestimmung oder Schutz vor Diskriminierung, aber anderen ein Recht auf Waffen, Umweltverschmutzung oder religiöse Ausgrenzung zuspricht. Das zeigt: Unkontrollierte Macht erlaubt autoritäre Verhältnisse. Das läuft zwar nicht überall gleich. Aber ohne funktionierende Verfassungsgerichte fehlt der Demokratie ein Baustein, den sie unbedingt braucht.

Gerichte sind also eine bedrohte Spezies; sie brauchen Schutz. Dazu hat sich Ende 2024 eine große Mehrheit im Deutschen Bundestag gefunden. Sie entschied mit einer Änderung des Grundgesetzes, dass die Prozessregeln für das Bundesverfassungsgericht nicht mehr so leicht geändert werden können. Das Gericht soll »resilient« werden, bevor es zu spät ist. Dafür hatten die ehemalige Richterin Gabriele Britz und der Richter Michael Eichberger geworben: Es brauche »mehr Widerstandskraft« direkt im Grundgesetz. Auch da zeigte sich also, wie am Konsens gearbeitet werden kann, denn die eine hatte die SPD, den anderen die CDU zur Wahl vorgeschlagen.

Die Sache ist damit nicht erledigt, die Gefahr für den demokratischen Verfassungsstaat auch in Deutschland nicht gebannt. Als viele Menschen 2015 hier Zuflucht suchten, im »Sommer der Migration«, wurde die These in die Welt gesetzt, da gebe es eine »Herrschaft des Unrechts«. Als die Maßnahmen gegen die Coronapandemie begannen, wurde behauptet, die Grundrechte seien »außer Kraft gesetzt«. Manchmal werden Richterinnen oder Richter sogar ganz persönlich angegriffen. Das sind dann nicht nur gewagte, sondern auch gefährliche Thesen; schnell wird, so schrieb der *Tagesspiegel* im Dezember 2021, »Geraune zur Gefahr«. Wie das Bundesverfassungsgericht mit den beiden Kontroversen umgegangen ist, schildere ich im zweiten Teil dieses Buches. Wo versucht wird, den Verfassungsstaat zu denunzieren, müssen wir aufmerksam sein.

Auch hier kommt es darauf an, zwischen Kritik und Denunziation oder Angriff zu unterscheiden. Was ist gemeint, wenn Richter als »Halbgötter« bezeichnet werden, die in einer »Blase« eben »überziehen« (Stefan Geiger, *Stuttgarter Zeitung*, 14.4.2014), oder wenn »ein Befangenheitsantrag« als Leitartikel gegen den »Allzumächtigen« präsentiert wird (Hans-Ulrich Jörges, *Stern* 30/2012)? Es gehört zur Demokratie, wenn sich politische Profis zu Entscheidungen äußern, aber es tut ihr nicht gut, wenn das Gericht als solches infrage gestellt wird. Auf den sich wortreich ärgernden CDU-Politiker Norbert Blüm mit »Achtung, Karlsruhe!« (*Frankfurter Allgemeine Sonntagszeitung [FAS]*, 5.1.2014) antwortete ein anderer CDU-Mann, Ole von Beust, denn auch mit »Achtung, Blüm!« (12.1.2014), aber es gab auch den Vorschlag, die Kompetenzen des Bundesverfassungsgerichts gleich ganz zu beschneiden: Der »Einfluss von Karlsruhe soll schrumpfen«, zitierte am 20. April 2015 die *Hannoversche Allgemeine* den Bundestagspräsidenten Norbert Lammert, CDU. Warum genau – und was dann?

Was geschieht schließlich, wenn sich Behörden sogar weigern, die Entscheidungen des Bundesverfassungsgerichts umzusetzen? In Deutschland ist das selten, aber in den letzten Jahren kam es vor. In einer stabilen Demokratie darf das nicht sein, also ist es auch jedes Mal eine Verfassungskrise. »Ohne Rechtsstaatlichkeit gibt es keine Freiheit«, sagte der Gerichtspräsident Stephan Harbarth (*FAZ*, 28.9.2021). Sehen das alle so? Dafür ist heute Einsatz gefragt.

Auf den Konsens kommt es an

Das Bundesverfassungsgericht ist also ein ziemlich spezieller Ort. Mich hat es nicht nur morgens immer irgendwie berührt, mit den freundlich grüßenden Menschen und dem ruhigen Gebäude mit so viel Glas. Mich hat auch immer wieder beeindruckt, wie heftiger Streit um dringende, wichtige, für unsere Zukunft entscheidende Fragen auf diese sehr besondere Art und Weise bearbeitet wird. Damit bin ich nicht allein. Eine Schülerin, die mit ihrer Klasse eine mündliche Verhandlung besuchte, hatte Langeweile befürchtet, war dann aber beeindruckt: »Hier wird ja wirklich miteinander gesprochen!« Der Philosoph Jürgen Habermas sah das ähnlich. Er war einer Einladung gefolgt zu einem der seltenen Abende, an denen Außenstehende ein Thema behandeln und mit den Richterinnen und Richtern darüber im kleinen Kreis sprechen, und ich hatte gehofft, der berühmte Denker der kritischen Frankfurter Schule würde das Gericht eben kritisch betrachten, denn wer viel Macht hat, braucht das ab und zu. Aber er war milde. Ich habe ihm das Gebäude gezeigt und die Beratungskultur geschildert, er hat uns im Gespräch erlebt und war, so sagte er selbst, eben beeindruckt. Es passte auch. Nach der Theorie von Habermas ist es der Kern der Demokratie, miteinander auszuhandeln, wie wir leben wollen – am Ende des Abends bemerkte er vielleicht nicht nur im Scherz, dem Ideal komme das Bundesverfassungsgericht sehr nah.

Das Herz sind die Beratungen, und das beeindruckt immer wieder, auch vor Ort. Denn im Beratungszimmer wird letztlich nicht gegeneinander, sondern miteinander ausgehandelt, was danach für alle gilt. Was ich dort in meiner Amtszeit erlebt habe, waren keine Deals, keine Schachereien, kein Gekungel, sondern extrem intensive Gespräche zu acht. Da gewinnt nicht der Lauteste oder Stärkste, der im Dienst oder an Jahren Älteste, die Vorsitzende oder der Präsident. Sondern alle haben eine Stimme. Entscheidend war tatsächlich das nachdrücklichste und überzeugendste Argument. »So schön sachlich« sei der Stil des Gerichts, schrieb der Verfassungsrechtler Klaus Ferdinand Gärditz einmal in der *FAZ* (8.12.2021), und er konnte natürlich nur beurteilen, was bei mündlichen Verhandlungen und in den Entscheidungstexten sichtbar ist. Aber so ist es auch hinter den Kulissen. Klar: Es sind Menschen, da gibt es auch Gefühle. Aber wirklich heftig ging es jedenfalls in meinem Senat nie zu. Nicht lustig und nicht immer einfach, aber immer miteinander. Auch bluffen funktioniert nicht, denn alle haben alles gelesen, sind gleich gut informiert, und alles wird mehrmals sorgfältig geprüft. Auch deshalb ist es ein spezieller Ort.

Mir wurde erzählt, es habe nicht immer so gut funktioniert – und klar, es sind eben Menschen. Aber in Zeiten scharfen Streits und eines unversöhnlichen »Wir gegen die anderen« ist doch besonders bemerkenswert, wie es funktionieren kann. Im Bundesverfassungsgericht reden unterschiedliche Menschen mit oft ganz gegensätzlichen Positionen, politisch bewusst konservativ und progressiv, eher streng und eher liberal, so lange miteinander, bis sie sich einigen. Zwar ist es möglich, eine »abweichende Meinung« zu einer Entscheidung des Senats zu formulieren, aber die große Ausnahme: Im Ersten Senat gab es 1979 und 1989 gerade einmal fünf und 1995 das Maximum von zwölf Dissents; im Zweiten Senat waren es 2004 einmal vierzehn, aber 1982, 1988, 1991, 1999, 2000, 2001 und 2006 kein einziges Sondervotum, und politische Muster sind nicht zu erkennen.

Wenn Sie also hören oder lesen, dass »Karlsruhe mal wieder entschieden« habe, oder »ein Paukenschlag« habe endlich geklärt, wie weit der Gesetzgeber gehen dürfe, das Gericht habe etwas »gekippt«, dann ist da viel passiert. In der Sache geht es um Kontroversen, um »Triggerpunkte«, wie das Steffen Mau, Thomas Lux und Linus Westheuser 2023 beschrieben haben. Aber sie werden auf besondere Art und Weise geklärt. Tatsächlich ist jede Entscheidung ein mächtiges, aber nicht das einzige oder letzte Wort zur Sache. Auch nach einer Roten Karte wird weitergespielt. Aber mit jeder Entscheidung sorgt das Bundesverfassungsgericht dafür, dass das Grundgesetz kein leeres Versprechen ist, sondern konkret mit Leben gefüllt werden kann.

Die Idee: Ein spezielles Gericht

Verfassungsgerichte sind also eine eher junge Erfindung, weder selbstverständlich noch endlos gesichert, aber dafür da, das Fundament unseres Zusammenlebens zu schützen: die Demokratie. Darauf haben wir uns in Deutschland nach 1945 und auch nach 1989 geeinigt. 1948 stimmten die Länder dem Entwurf eines Grundgesetzes zu, als deutsche Verfassung; nach 1989 wurde kein neues Grundgesetz geschaffen, sondern der Beitritt der DDR zum alten beschlossen, aber in allen neuen Ländern wurden neue Verfassungen gemacht, die im Kern dasselbe und manches aktueller sagen. Nicht zufällig galt Ostdeutschland als »Demokratielabor«. Heute ist das Grundgesetz für ganz Deutschland Programm; es ist dafür weltweit berühmt, und das Bundesverfassungsgericht gehört dazu.

Das Gericht ist ein Verfassungsorgan – so steht es seit 2024 im Grundgesetz. Das folgt der alten Vorstellung, dass der Staat ein Lebewesen ist mit lebenswichtigen »Organen«: Parlament und Länderkammer, Regierung und Präsident, ein besonderes Gericht. Die Verfassung legt also fest, wie Politik funktioniert, und bindet sie zugleich. Demokratie ist also auch nicht nur Mehrheitsherrschaft, sondern ein Mechanismus, in dem die Mehrheit Macht erhält, sie aber auch wieder abgeben muss und gewisse rote Linien nicht überschreiten darf. Das ist leichter gesagt als getan; damit es nicht nur Fassade ist, also kein leeres Versprechen, gibt es ein spezielles Gericht. Es sei »Bürgergericht und Machtfaktor«, so beginnt die ehemalige Präsidentin Jutta Limbach ihr Buch.

Die Idee eines Verfassungsgerichts stammt von Hans Kelsen. Er war in Österreich und später in den USA Jurist und plädierte Anfang des letzten Jahrhunderts für ein besonderes, von der Politik unabhängiges Gericht speziell für Verfassungsfragen, also keinen Obersten Gerichtshof, keinen allgemeinen Supreme Court, sondern eine besondere Einrichtung. In der Zeit der Weimarer Republik stellte sich Kelsen damit auch gegen den berühmt-berüchtigten Kronjuristen der Nationalsozialisten, Carl Schmitt. Der propagierte den allmächtigen »Führerstaat«; aber da wurden Richter am »Volksgerichtshof« auf den Führer eingeschworen, urteilten in seinem Namen und machten Justiz zu einem Willkürinstrument. Dagegen setzte Kelsen das Recht – nicht als das, was der Führer sagt und will, sondern als demokratisch diskutierte und in Kraft gesetzte Regel mit einer wirklich unabhängigen Institution, die darauf achtet, dass es im besten Sinne des Wortes mit rechten Dingen zugeht. Eine gewählte Regierung darf dann viel, aber nicht alles, denn sie muss auch mit ihrer Mehrheit im Parlament die demokratischen Spielregeln und die Grundrechte achten.

Ein starkes »Nie wieder«

Die Idee gibt es weltweit. In Deutschland liegt sie nur besonders nahe. Da geht es weniger um Fortschritt oder sogar Revolution, wie der Jurist Ulrich K. Preuß 1981 schrieb, sondern um ein starkes »Nie wieder« gegen Diktatur und Willkürherrschaft, gegen menschenverachtende Verfolgung und Massenmord. Als das Grundgesetz nach dem Grauen des Holocaust und mit dem Blick auf zerstörte Städte und Dörfer in Deutschland formuliert wurde, hieß es im ersten Entwurf: »Der Staat ist um des Menschen willen da, nicht der Mensch um des Staates willen.« Das ist eine klare

Absage an jede Autokratie, auch wenn sie behauptet, gerade sie sei der »wahre Willen des Volkes«. Der Satz hat es zwar nicht in die Verfassung geschafft, aber die Absage gilt immer noch. Jetzt stehen am Anfang klar und deutlich die Menschenwürde (in Artikel 1), die Freiheit (in Artikel 2) und die Gleichheit (in Artikel 3). Also: keine Menschenverachtung, sondern Selbstbestimmung im Respekt voreinander, eben gleichermaßen frei.

Für die Grundrechte sind Menschen in der DDR auf die Straße gegangen und haben die Wiedervereinigung erkämpft. Es wurde auch über eine neue gemeinsame Verfassung diskutiert, ein runder Tisch präsentierte einen Entwurf. Aber für diesen fehlten die politische Mehrheit und die Geduld. Seit dem Beitritt zur Bundesrepublik gilt daher das Grundgesetz in ganz Deutschland. Eine verpasste Chance? Der US-amerikanische Verfassungsrechtler Bruce Ackerman nennt es einen *constitutional moment*, wenn sich Gesellschaften so grundlegend neu finden. Verfassungen haben dann auch – das ist heute vor allem in Südamerika ein Thema – verändernde Kraft, als »transformativer Konstitutionalismus«. In Deutschland wurde das zwar kaum neuer Text. Aber das Ende der DDR war doch ein weiteres »Nie wieder« zu Unfreiheit, zu gefälschten Wahlen, zu politisierter Justiz. Das zeigen die neuen Verfassungen für Brandenburg, Mecklenburg-Vorpommern, Sachsen, Sachsen-Anhalt und Thüringen: Grundrechte und Demokratie, und Landesverfassungsgerichte, die das »hüten« – so soll es jetzt in Deutschland sein und bleiben.

Die Gerichte hat der Ideengeber Hans Kelsen als »Hüter der Verfassung« angesehen. Dann fragt sich aber sofort auch, wie viel der zu sagen hat. In die Demokratie ist so ein Spannungsverhältnis eingebaut: Immerhin liegt doch die Macht beim »Volke«, von der alle Staatsgewalt ausgeht, durch Wahlen von Parlament und Regierung. Wer gibt dann den Ton an? Besonders bekannt wurde die Erklärung des US-amerikanischen Politikwissenschaftlers John Hart Ely. In seinem Buch über Demokratie und Misstrauen, »Democracy and Distrust«, erklärte er 1980, dass so ein Gericht gerade für die benötigt werde, die politisch nichts zu sagen haben. Wer nicht wählen darf, wird nicht aufgegeben, und wer nie eine Mehrheit erreicht, verdient trotzdem Respekt. Wie wichtig das ist, zeigt sich in der Kontroverse zum Klimaschutz, wo Kinder und Jugendliche ihre Rechte fordern, die noch nicht wählen dürfen, und es zeigt sich in der Kontroverse um Migration, weil Menschen auf der Flucht kein Wahlrecht haben, aber ein Minimum an Schutz benötigen. Es ist ein starkes Argument für den *Judicial Review* auch in Deutschland.

Die Richterinnen und Richter sollen vor allem Politik kontrollieren. Sie handeln aber selbst nicht politisch, sondern juristisch. Auch das wird immer wieder diskutiert und häufig missverstanden: Natürlich mischt sich ein Verfassungsgericht in politische Fragen ein, das ist seine Aufgabe. Aber es tut das nicht von sich aus und folgt nicht politischen Ideen, sondern entscheidet, wenn es gefragt wird, juristisch. Nur dann ist ein Verfassungsgericht kein Problem für die Demokratie, sondern kann sie schützen. Dafür muss das Gericht unabhängig sein; deshalb hängt das Bundesverfassungsgericht anders als die anderen Gerichte in Deutschland nicht an einem Justizministerium, also der Regierung, sondern bekommt seine Ausstattung direkt vom Parlament; ich war nicht Richterin »am« Gericht, zu dem mich jemand schickt, sondern »Richterin des Bundesverfassungsgerichts«, eben unabhängig.

Das Gericht darf und muss sich dafür auch selbst organisieren mit einer eigenen Geschäftsordnung. Stellen Sie sich vor, eine Regierung könnte vorgeben, wie da gearbeitet wird! Das machen Autokraten, um so ein Gericht zu kapern, in Deutschland geht das nicht; auch dafür wurde 2024 die Verfassung ergänzt. Im Bundesverfassungsgericht entscheidet vielmehr das Verwaltungsplenum.

Auf der Tagesordnung stehen vor allem die internen Regeln, aber es gab auch eine Abstimmung über Fahnen im Sitzungssaal, die Kunst im Gebäude und die Tage der offenen Tür. Im Umlauf entscheiden die Richterinnen und Richter auch selbst, welcher Dienstwagen beschafft werden soll, mit knappen Mehrheiten zur Farbe der Polster (es wurde Beige). Meist waren wir uns recht schnell einig, nur hin und wieder gab es Streit, aber es redet niemand anderes mit. Für diese Unabhängigkeit haben sich die Deutschen nach 1945 und auch nach 1989 entschieden – sie ist Aufgabe und Auftrag zugleich.

Wovor das Grundgesetz schützt

Die Rede vom »Hüter der Verfassung« ist allerdings missverständlich. Denn das Grundgesetz »hüten« hoffentlich sehr viele, in der Politik und in der Gesellschaft, nicht nur das Gericht. Es ist zwar wichtig, diesem Gericht zu vertrauen, und das Gericht muss sich Vertrauen verdienen. Aber es ist auch gut, bei Kontroversen nicht nur nach Karlsruhe zu schielen, also schwierige Fragen nicht abzuschieben, sondern selbst Verantwortung zu übernehmen. Das Gericht muss zwar entscheiden, wenn es »zulässig« angerufen wird, aber vor allem muss das Grundgesetz im Alltag mit Leben gefüllt werden: von Regierung und Parlament, von Behörden und Gerichten und an erster Stelle von Bürgerinnen und Bürgern, ob im Verein oder Verband oder einzeln, geschäftlich, auf der Arbeit oder privat. Artikel 1 Absatz 3 der Verfassung sagt zwar: Alle Staatsgewalt ist an die Verfassung gebunden, aber zuerst kommen die Rechte für die Menschen, kommt Ihre gleiche Freiheit, um selbst zu entscheiden, wie wir miteinander auskommen wollen. Das Verfassungsgericht ist vor allem dafür da, diese Möglichkeit zu schützen.

Heute dürfte allerdings klar sein, dass diese gleiche Freiheit nicht nur vom Staat bedroht wird. Mindestens so mächtig sind manche Unternehmen. Dazu gehören die Tech-Giganten, die von den Satelliten bis zum Telefon viel in der Hand haben, was missbraucht werden kann. Deshalb rufen manche nach einem »digitalen Konstitutionalismus«, also nach Regeln, die auch in einer Welt funktionieren, die auf Technologien wie künstliche Intelligenz setzt. Wie geht das Bundesverfassungsgericht mit solchen Herausforderungen um?

Vor über 50 Jahren haben die damals zuständigen Richterinnen und Richter begonnen, die Grundrechte auch in solchen Fällen stark zu machen, wo nicht der Staat zu weit geht, sondern Private. Zuerst waren das Unternehmen als Arbeitgeber und Banken. Die Idee bleibt: Das Grundgesetz schützt die Demokratie als Gesellschaft der gleichermaßen Freien. Ein Verfassungsgericht kann und muss aber ausbuchstabieren, was das unter geänderten Bedingungen bedeutet.

Ein wichtiger Schritt war es dann, Freiheit und Menschenwürde zusammenzudenken – als Selbstbestimmung über persönliche Daten, die vor allem in der Kontroverse um Freiheit und Sicherheit wichtig ist. In den 1990er Jahren hat das Verfassungsgericht zudem begonnen, private, aber sehr mächtige Unternehmen zumindest an ein paar grundlegende Regeln zu binden, eben an das Grundgesetz. Die Idee war zwar zunächst, dass Grundrechte als »Abwehrrechte gegen den Staat« schützen. Nur sitzt Macht heute nicht nur dort. Wir sind zwar alle frei, miteinander Verträge zu schließen; das ist ein Grundrecht. Aber wenn solche Verträge unter extrem ungleichen Bedingungen zustande kommen, wird die Bindung daran ungerecht – das kann das Grundgesetz nicht meinen. Dann ist das Bundesverfassungsgericht gefragt.

Die Antwort fällt vorsichtig, aber deutlich aus: Wenn »die Parität gestört« ist, hat die Freiheit Grenzen. Darüber regen sich manche Juristen bis heute auf: Das Grundgesetz habe zwischen

Privaten nichts verloren. Aber was sind die Grundrechte wert, wenn sie Menschen nicht mehr zur Seite stehen, wo es darauf ankommt? Das Bundesverfassungsgericht musste damals entscheiden, ob ein Arbeitsvertrag mit einer Klausel Bestand haben soll, die einem Handelsvertreter verbot, zwei Jahre nach der Kündigung wieder in der Branche zu arbeiten – und es erklärte, das gehe zu weit. Im zweiten Fall hatte eine Bank eine ungelernte Arbeiterin unterschreiben lassen, dass sie für den Kredit ihres Vaters hafte, obwohl absehbar war, dass sie das nie würde tragen können. Auch da war der zuständige Senat mutig: Es bestehe eine

> Pflicht zur Inhaltskontrolle von Verträgen, die einen der beiden Vertragspartner ungewöhnlich stark belasten und das Ergebnis strukturell ungleicher Verhandlungsstärke sind.

»Strukturelle Ungleichheit«, gestörte Parität – die Grundrechte sollen auch im Alltag keine leeren Versprechen sein.

Die Welt verändert sich, also muss sich auch unser Verständnis der Verfassung ändern, und ein Verfassungsgericht ist dafür da, das zu klären. 2011 ging der Erste Senat noch ein Stück weiter. Der Frankfurter Flughafen hatte verboten, dass dort gegen Abschiebungen demonstriert wird. Das Problem war wieder: Er wird privat betrieben, ist also eigentlich nicht an Grundrechte gebunden. Allerdings präsentiert er sich in seiner Werbung als kleine Stadt für ein Einkaufserlebnis, also eben doch nicht »privat«. Was bedeutet das für die Versammlungsfreiheit? Ich war nicht dabei, als der Erste Senat beraten hat, auch wenn ich das in roter Robe mit verkünden durfte: mein erstes Mal. Aber ich fand und finde es richtig: Wer öffentlich sein will, als »kleine Stadt«, muss auch kritische Öffentlichkeit dulden; die Demonstrationsfreiheit gilt. Die Frage begegnete mir als Richterin später nochmals, in der Akte 1 BvQ 25/15, einem Eilverfahren, in dem es schnell gehen musste. In Passau sollte mit einem »Bierdosen-Flashmob« gegen ein Alkoholverbot auf einem Platz in der Innenstadt protestiert werden. Das Problem auch hier: Der Platz gehörte einer Privatperson. Die Kammer folgt dann zu dritt dem Maßstab des Senats: Wir entschieden, dass da demonstriert werden darf. Denn die Grundrechte schützen auch dort.

Es war nicht die letzte Entscheidung zum Thema. Ein paar Jahre später kam ausgerechnet ein Stadionverbot auf unseren Tisch: Das Bundesverfassungsgericht war wirklich als Schiedsrichterin gefragt. Hinter dem Aktenzeichen 1 BvR 3080/09 steckte ein Fußballfan mit Dauerkarte, der von allen Spielen aller Ligen ausgeschlossen worden war, weil die Staatsanwaltschaft gegen ihn wegen Gewalt einer Gruppe von Hooligans ermittelt hatte. Wir haben im Senat, also zu acht, lange beraten, auch gestritten. Zwar war allen klar: Fußball ist sein Leben. Aber was das verfassungsrechtlich bedeutet, ob und wie sich das Verfassungsgericht da also einmischen soll, sehen nicht alle gleich. Der Konsens lautete: Die Liga ist zumindest an das »Willkürverbot« gebunden, an Artikel 3 Absatz 1 Grundgesetz, der Gleichheit verspricht. Ein paar Jahre später musste das sogar noch weiter ausbuchstabiert werden, im viel dramatischeren Fall der Triage im Krankenhaus, wenn entschieden wird, wessen Leben gerettet werden kann. Wo ein so hohes Risiko besteht, dass Menschen benachteiligt werden, ist das nicht hinzunehmen. Auch da also werden Private, die so viel Verantwortung tragen, an die Grundsätze des Grundgesetzes gebunden.

Geht das zu weit? Das ist die Frage, die ich als Richterin immer im Kopf hatte, und die Frage, die zu großen Entscheidungen aus *Karlsruhe* immer gestellt wird. Manchmal ist das nur die Unzufriedenheit mit dem Ergebnis. Wichtiger ist es, sich immer wieder klarzumachen, welche Idee hinter dem Grundgesetz steckt und damit auch hinter diesem Gericht: Es soll eine wirklich lebendige Demokratie schützen, also nicht durch eine »Juristokratie« ersetzen, eine »Herrschaft der Justiz«. Deshalb bleiben Private freier als »der Staat«. Aber ein Schutz vor allzu Mächtigen macht trotzdem Sinn. Er sorgt für gleiche Freiheit, im Respekt miteinander, selbstbestimmt demokratisch regiert. Zum Stadionverbot haben wir im Senat also nicht die Liga bevormundet, sondern daran erinnert, dass sie dem Fan eine Chance geben muss; erst dann ist er zu Recht »aus der Kurve geflogen« (*SZ*, 28.4.2018).

Europäisch verbunden

Das Bundesverfassungsgericht entscheidet mit dem Grundgesetz in der Hand, aber äußert sich auch zu Europa – warum und wie?

Europa: Das ist die Friedensordnung nach dem Zweiten Weltkrieg, der Zusammenschluss von Ländern, die sich einst spinnefeind waren. Für Menschen ist es die Freiheit, ungehindert zu reisen, zu studieren, zu arbeiten, zu handeln oder sich im Alter niederzulassen; das wollen viele genießen. Aber auch diese Freiheit fällt nicht vom Himmel, auch sie will geschützt sein. Die Mitgliedstaaten der EU haben sich in den europäischen Verträgen darauf geeinigt, dass es demokratisch zugehen muss, im Jahr 2000 eine eigene Grundrechtecharta hinzugefügt und ein eigenes Gericht installiert, den Gerichtshof der Europäischen Union in Luxemburg, kurz EuGH. Was hat das Bundesverfassungsgericht dann noch zu tun? Als ich in Karlsruhe meinen Dienst antrat, hieß es sogar, das Bundesverfassungsgericht werde unwichtig werden, weil es den EuGH gibt. Aber damit lag man falsch. Nach und nach hat das deutsche Gericht Maßstäbe entwickelt, die auch in Europa rote Linien ziehen; heute sieht es sich im »Gerichtsverbund« mit den anderen nationalen Gerichten und dem EuGH.

Die ehemalige Richterin Renate Jaeger, die am Bundesverfassungsgericht und dann in Straßburg am Europäischen Gerichtshof für Menschenrechte gearbeitet hat, fand dafür das schöne Bild des »Mobile«: In Europa hängen nationale und europäische Gerichte miteinander zusammen, stoßen sich gegenseitig an, tänzeln ein wenig, aber schwingen gemeinsam, denn sie alle schützen die Demokratie, die diesen Namen verdient.

Eigentlich ist das auch klar: Europa war von Anfang an im Grundgesetz verankert. Schon der Vorspruch, die Präambel, sagt feierlich, dass wir »in einem vereinten Europa dem Frieden der Welt« dienen wollen. Es war ein Bekenntnis zur deutschen Geschichte; heute ist es ein erschreckend aktueller Appell. Seit 1992 regelt Artikel 23 Grundgesetz genauer, wie sich Deutschland in Europa integriert. Und für mich fühlte sich das normal an: Ich bin im Saarland geboren, wo Europa zur Erfahrung gehört, meine Eltern trafen sich als zwei »junge Europäer« in Brüssel, meinen Amtseid schwor ich auf das Grundgesetz in Schwarz-Rot-Gold, aber europäisch offen. Nur was das genau bedeutet, muss wie alles andere Schritt für Schritt – also Fall für Fall, Akte für Akte – geklärt werden.

Gleich zu Beginn meiner Amtszeit ging es denn auch um italienische Designermöbel der Marke Cassina, die als billige Nachbauten im Internet und damit auch in Deutschland verkauft wurden. Auf der Tagesordnung für Dienstag, den 19. Juli 2011, stand »1 BvR 1916/09, BE: BVR Paulus«. Nur ein Aktenzeichen und der Berichterstatter im Senat. Das Thema war Geld und Urheberrecht, also musste das Verfassungsgericht prüfen, ob Zivilgerichte das Grundgesetz beachtet hatten, aber in der Akte steckte auch Europa. Am Ende stand der Satz, auch »juristische Personen aus Mitgliedstaaten der Europäischen Union« können sich auf Grundrechte berufen, also auch die italienische Firma. Bis dahin war das nicht möglich gewesen.

Ein paar Jahre später ging es um Musik, um Hip-Hop. Wie immer arbeiteten sich alle Richterinnen und Richter durch das lange Gutachten zur Akte 1 BvR 1585/13, das »Votum«, mit dem jede Entscheidung vorbereitet wird, hier sogar mit Musik im Ohr: Wir wollten wirklich verstehen, worum es geht. Die erste Elektroband Kraftwerk hatte in ihrer Garage einen Ton erfunden, »Metall auf Metall«, den nun der Produzent Moses Pelham in einem Song benutzt hatte, ohne vorher zu fragen oder dafür zu zahlen. Geht das einfach so? Wird da nicht Eigentum verletzt, als Urheberrecht an dem Ton, oder geht die Kunstfreiheit vor? Das sind deutsche Grundrechte; ich erinnere mich vor allem an »Elektropop im Gerichtssaal« (*BNN,* 18.11.2015) und die Frage »Ist dieser Beat für alle da?« (*Tagesschau,* 25.11). Der Senat hatte entschieden, das mündlich zu verhandeln, und so stand eines Dienstags um 10 Uhr der Musiker von Kraftwerk vor uns, empört: Man hätte ihn fragen müssen, bevor man seine Werke nutzt! Ein Professor für Popmusik erklärte uns als »sachkundiger Dritter« Hip-Hop. Wir fragten nach, berieten nochmals, brüteten über jedem Satz. Das Urteil vom 31. Mai 2016 gab dann die kurzen Zitate frei, zugunsten der Kunst. Aber es war nur ein »Etappensieg für den Hip-Hop« (*Handelsblatt,* ein »Hip Hop Hooray« laut *Ostseezeitung*), denn auch hier ging es um Europa. Der Fall wurde dem EuGH vorgelegt, um europäische Rechtsfragen zu klären, ging zurück an deutsche Gerichte und dann noch mehrfach hin und her. Das Bundesverfassungsgericht zog nur eine rote Linie, damit »der unabdingbare grundrechtliche Mindeststandard des Grundgesetzes« gewahrt ist; ansonsten sind auch andere gefragt. Die Verkündung war ein besonderer Dienstag, 10 Uhr, mit Robe, Bäffchen und Hut; danach kam gleich das nächste Verfahren.

Ob und wie viel Europa geht, musste das Verfassungsgericht auch sonst immer wieder entscheiden. Manche wollen die EU politisch nicht, andere wenden sich gegen Maßnahmen aus Brüssel. Wer das deutsche Gericht zulässig fragt, erhält darauf eine Antwort; sie lautet grundsätzlich Ja zu Europa. So war es 1998 zum Vertrag von Maastricht, der die Währungsunion begründete, genauso wie 2009 zum Vertrag von Lissabon, der aus der EG die EU machte. Aber es knirschte auch manchmal im Detail.

Besonders schwierig war die Finanzkrise, die in den USA mit einer »Immobilienblase« begann und ab 2009 den Euro erfasste. Die EU ergriff Maßnahmen – einen Rettungsschirm, eine Schuldenbremse und vor allem Programme zum Kauf von Staatsanleihen durch die Europäische Zentralbank –, um »den Euro zu retten«, und das Bundesverfassungsgericht wurde angerufen, um diese zu stoppen. »Sprengt die Eurorettung das Grundgesetz?«, fragte damals die *Stuttgarter Zeitung*. Das tat sie nicht. Aber schwierig war es schon. Mit dem Europäischen Stabilitätsmechanismus, dem ESM, stand immerhin eine der wichtigsten Maßnahmen gegen die Eurokrise auf der Tagesordnung, in einer Zeit, in der lauter denn je gegen Europa mobilgemacht wurde, und vorher hatte das Bundesverfassungsgericht schon mehrfach gemahnt, dass sich auch die EU an das Recht halten müsse. Als nun verhandelt wurde, hieß es, »Märkte zittern vor Verfassungsgericht« *(Die Welt)*. *Die Welt online* meinte sogar: »Noch nie wurde im Vorfeld eines Verfahrens so großer Druck auf die Richter ausgeübt.« Tatsächlich druckten einige Medien »Steckbriefe«: »Diese Richter entscheiden über die Euro-Zukunft« *(Focus)*; »Wer ist das« und »wodurch aufgefallen?« *(FAS)* – das ist nicht gut für ein Gericht. Auch der Bericht, die mündliche Verhandlung sei »verbales Säbelrasseln« gewesen *(Neue Zürcher Zeitung)*, erstaunt, wenn die Richterinnen und Richter eigentlich »leise Zweifel« äußern *(Mannheimer Morgen)*. Tatsächlich wurde wie immer alles geprüft, bedacht, beraten, auch gestritten: Da kosten nüchtern-sachliche Beratungen manchmal große Mühe.

Aber am Ende wurde nichts gestoppt. Es hieß dann »Karlsruhe rettet Eurorettung« *(taz)*, vor allem aber war es wie immer eine Entscheidung mit »Respekt fürs Parlament *(Handelsblatt)*.

In dem Verfahren zur Akte 2 BvR 1390/12 u. a. knirschte es 2015 allerdings lauter. Diesmal ging es darum, wie das europäische Gericht die Europäische Zentralbank, die EZB, kontrolliert, die über den Euro entscheidet; der Zweite Senat war sehr skeptisch. Zunächst war aber »Luxemburg am Zug« *(Frankfurter Rundschau [FR])*; dort hieß es, was die EZB mache, sei in Ordnung; dann entschied wieder *Karlsruhe:* Die *Stuttgarter Zeitung* nannte das ein »Hü und Hott der Gerichte«. Das Bundesverfassungsgericht hielt nun für »gerade noch vertretbar«, was *Luxemburg* entschied; so ging »ein langes und aufwendiges Verfahren zu Ende«, sagte Präsident Voßkuhle vor der Verkündung am 21.6.2016, ein »in ganz besonderer Weise intensiver Dialog«. Die EZB durfte Schuldenländer retten. Aber es war nur gerade noch gelungen.

Im nächsten Verfahren knirschte es noch lauter. Da sah »das oberste deutsche Gericht Anzeichen« für Probleme *(Handelsblatt)*, es »zweifelt« *(Neues Deutschland [ND])*, »hegt Bedenken« *(FAZ)*, erzeugt gar »Gegenwind« (*Osnabrücker Zeitung*, alle 16.8.2017). Diesmal war der Zweite Senat zur Bankenunion angerufen worden, dem einheitlichen Mechanismus zur Steuerung des Finanzmarkts in der EU. Er stellte wieder eine Frage an den EuGH, an *Luxemburg*, hatte aber noch deutlicher Mühe, die Antwort der europäischen Kolleginnen und Kollegen zu akzeptieren. Die Entscheidung 2019 war wieder ein Ja zu Europa: Die »Richter stärken die EU« *(FR)*, denn es gebe »Grünes Licht aus Karlsruhe« *(Südwestpresse)*. Aber es war ein »Warnschuss«, so Wolfgang Janisch in der *SZ*. Das deutsche Gericht habe, so wörtlich das *Handelsblatt* am 31.7., eine »Rote Linie für die EZB«, die Europäische Zentralbank, gezogen.

Beim nächsten Mal ging es dann schief: »Jetzt war es so weit«, erklärte der ehemalige Richter Dieter Grimm (*FAZ*, 18.5.2020). Wieder hatte der Zweite Senat den EuGH zuerst gefragt und der wieder geantwortet, aber diesmal nicht überzeugt. Die »Pressemitteilung des Bundesverfassungsgerichts vom 5. Mai 2020 zu 2 BvR 859/15« fasste zusammen, warum die Europäische Zentralbank mit dem Finanzpaket des Public Sector Purchase Program, kurz PSPP, »kompetenzwidrig« gehandelt habe. Das deutsche Gericht fiel nun also erstmals Europa in den Arm. Nicht nur die Politikwissenschaftlerin Gesine Schwan kritisierte das: »Die Demokratie lebt nicht vom Nationalstaat allein« *(FAZ)*. Es war auch im Gericht umstritten. Die Amtszeit des Gerichtspräsidenten Andreas Voßkuhle fand so jedenfalls »ein unerwartet krawalliges Ende« *(taz)*.

Das war natürlich nicht das Ende Deutschlands in der EU, wie es die Presse teils heraufbeschwor. Es trifft auch nicht zu, wenn es dann heißt, »Höchstes deutsches Gericht watscht die EZB ab« *(BILD)*. Derart markige Sätze passen weder zur Idee noch zu der Art und Weise, wie ein Verfassungsgericht arbeitet. Vielmehr war die Sache »heikel, aber vielleicht heilbar« *(SZ)*. Nicht nur mich trieb die Sorge um, die Idee der nationalen Kontrolle europäischer Politik werde nun doch zum Zauberlehrling, der sich nicht mehr einfangen lässt: »Besen Besen, sei's gewesen«, aber er steht nicht mehr still, wie im Gedicht von Goethe. Denn auch Verfassungsrecht kann missbraucht werden. So versuchte das damals gekaperte polnische Verfassungsgericht, die Entscheidung zum Kronzeugen nationalistischer Ausbrüche zu machen. Das ist allerdings kein Rechtsvergleich, wie er im Bundesverfassungsgericht betrieben wird, sondern sein Missbrauch, denn es zielt nicht darauf ab, die Demokratie zu schützen, sondern sie zu unterlaufen, um sie letztlich zu zerstören. Wer genauer hinsieht, erkennt, dass der Zweite Senat zwar den EuGH kritisiert, aber er soll damit nicht schwächer, sondern stärker werden. Umso mehr kommt es auf gute Begründungen an, die »missbräuchliche Rechtsvergleichung« verhindern.

Umso mehr Zurückhaltung ist auch in der Tonlage geboten; dann sind die Dinge heilbar. Der Zweite Senat hat harsch formuliert: Was der EuGH entschieden habe, sei »völlig unvertretbar«, »nicht mehr nachvollziehbar«, die Lage »krass verkannt«. Das ist nicht nett. Aber das Bundesverfassungsgericht formuliert schon lange so, um zu zeigen, dass es gerade nicht alles detailliert kontrolliert, sondern nur im Extremfall eingreift – eben wenn Grundrechte »krass verkannt« sind. Das ließe sich besser fassen. Aber auch für Europa folgt daraus, dass sich das Bundesverfassungsgericht nicht über den Europäischen Gerichtshof stellt. Es sagt eben Ja zur EU. Im Ton war es also nicht nett, aber in der Sache konsequent.

Die Europäische Kommission leitete damals dennoch ein Verfahren gegen Deutschland ein; das fühlte sich beunruhigend an. Auch ein »Machtkampf der Juristen« *(ND)* ist keine gute Idee, als Kampf der »Rechthaber«, denn, so kommentierte Heinrich Wefing treffend in der *ZEIT*: »Die Populisten wird es freuen.« Nicht nur ich war also erleichtert, als das Verfahren eingestellt wurde. Die EZB gab eine Erklärung ab, die den Anforderungen genügte; im »Gerichtsverbund« half das Gespräch. Als im Oktober 2020 eine Delegation des Europäischen Gerichtshofs zu Besuch kam, gab es ein Abendessen, zwei Arbeitssitzungen und einen Imbiss, und alle waren angespannt. Aber die Gespräche liefen gut. Dort spielt sonst durchaus eine Rolle, wer mit welchem Temperament wie auftritt. So schrieb der damalige Präsident des EuGH Vassilios Skouris dem Verfassungsgericht zum 60. Geburtstag 2011: »Es gibt nicht nur Karlsruhe« *(FAZ)*. Aber der nächste Präsident Koen Lenaerts betonte 2019, »Im offenen Dialog mit Europa« sei das Grundgesetz »europafreundlich« (Sonderbeilage der *FAZ*). Auch Richter des deutschen Gerichts haben sich manchmal unglücklich und manchmal produktiv geäußert. Es sind versöhnliche Stimmen gefragt. Wer miteinander auskommen will und muss, achtet jedenfalls auf den Ton und erinnert sich an die Aufgabe: die Demokratie schützen, auch in der EU.

Der Zweite Senat des Bundesverfassungsgerichts betont da noch mehr: In Europa sei auch die deutsche »Verfassungsidentität« zu wahren. Sie besteht aus dem, was das Grundgesetz auf »ewig« sichert, in Artikel 79 Absatz 3: die Menschenwürde und die Demokratie, Föderalismus, Sozialstaat und Rechtsstaatlichkeit. Sie müssen auch in Europa halten. Aber was daraus folgt, muss immer wieder neu geklärt werden. Das gilt auch für die Befugnisse, die der EU, also der Kommission, dem Parlament oder auch der Zentralbank in den Europäischen Verträgen übertragen werden: Zur Demokratie gehört, dass niemand über die verliehene Macht hinausgehen darf, nicht *ultra vires* handeln, und auch das kontrolliert der EuGH, aber nicht allein. Als das Bundesverfassungsgericht über das EU-Hilfsprogramm zum Wiederaufbau nach der Coronapandemie entscheiden musste, sprachen spanische Zeitungen sogar vom »Damoklesschwert des Karlsruher Gerichts« *(La Stampa)*, denn »die Richter in Karlsruhe haben eine quasi existenzielle Entscheidung für die EU zu treffen« *(El Pais)* – es ging um 750 Milliarden Euro. Das deutsche Gericht darf und kann die EU zwar zu nichts verpflichten. Aber es hat die Aufgabe, die deutsche Regierung zu kontrollieren, auch in der Europapolitik. Die mündliche Verhandlung war wieder ein besonderer Dienstag. Aber im Dezember 2022 hieß es zur Beschwerde 2 BvR 547/21, dass die Coronahilfen möglich sind.

Zum Programm in Europa gehören schließlich auch die Grundrechte, und auch da redet das Bundesverfassungsgericht mit. Die ersten Entscheidungen fielen 1974 und 1986. »Solange« Grundrechte europäisch wirksam geschützt seien, so hieß es da, halte sich das Bundesverfassungsgericht zurück. Im ersten Fall von

1974 klang das sehr skeptisch, aber in »Solange II«, einem Streit um den Handel mit Champignons, erklärte das Gericht, es werde »seine Gerichtsbarkeit nicht mehr ausüben«, »solange« Europa den »wirksamen Schutz der Grundrechte gegenüber der Hoheitsgewalt der Gemeinschaften generell« so wie das Grundgesetz gewährleiste.

Heute gilt die Europäische Grundrechtecharta, verfasst von einem Konvent unter deutschem Vorsitz, 2000 in Nizza verkündet und seit 2009 in Kraft. Das Bundesverfassungsgericht hat 2019 in zwei Grundsatzentscheidungen zum »Recht auf Vergessen« erklärt, es prüfe die Charta sogar selbst mit, wenn es nur um Europarecht geht, nur das letzte Wort habe der Gerichtshof in Luxemburg. In den Akten 1 BvR 16/13 und 276/17 steckte eigentlich die Frage nach dem Schutz davor, im Netz ewig auffindbar zu sein: Eine Unternehmerin wollte schlechte Presse über sich selbst nicht mehr in Onlinearchiven haben, ein aus der Haft entlassener Bürger wollte nicht mehr als der Mörder auf einer Segeljacht online stehen; das war für ihn existenziell. Aber die Beschlüsse sind für Europa berühmt geworden; auch da hat der Senat lange beraten und am Ende sogar betont: »Diese Entscheidung ist einstimmig ergangen.« Der Zweite Senat entschied später zu 2 BvR 1845/18 genauso: Der europäische Haftbefehl ist europäisch geregelt, wird aber auch vom Bundesverfassungsgericht überprüft. Das sind europäisch »freundliche Signale«, so kommentierte *Legal Tribune Online* am 6. Januar 2021. So lassen sich auch europäisch rote Linien ziehen.

Geht es um Europa, wird das Bundesverfassungsgericht dennoch von manchen gefeiert, aber von anderen beschimpft. Es sei »europafeindlich«, hieß es 2014, als der Zweite Senat im Verfahren 2 BvE 2/13 befand, bei Wahlen zum Europäischen Parlament dürften kleine Parteien nicht an der Drei-Prozent-Sperrklausel scheitern, es herrschte »Empörung« *(B. Z.)*. Der CDU-Politiker Norbert Röttgen meinte, das Gericht halte »die Grenzen nicht ein«, ein »weiterer bedauerlicher Fall«; Armin Laschet äußerte, »das Bundesverfassungsgericht hat Europa nicht verstanden« *(Focus)*, und ähnlich wurden der damalige Präsident des Europäischen Parlaments Martin Schulz und EU-Kommissar Günther Oettinger zitiert. Was soll das heißen: »nicht verstanden«? Natürlich lässt sich kritisieren, wenn etwas nicht überzeugt. Aber es ist auch wichtig zu verstehen, was da eigentlich entschieden wurde. Hier waren die Maßstäbe längst klar, denn schon die Fünf-Prozent-Klausel war 2011 für verfassungswidrig erklärt worden. Noch dazu betonte der Senat in der Entscheidung die »gegenwärtigen rechtlichen und tatsächlichen Verhältnisse«, ließ also offen und damit einen Spielraum für die Politik, wie das künftig einzuschätzen ist. Anderen ging das »Gerichts-Bashing« deshalb auch »ziemlich auf die Nerven«, so die Linken-Politikerin Halina Wawzyniak *(Die Welt)*. Eine »europafeindliche« Haltung ist dem Grundgesetz jedenfalls fremd. Deshalb ist auch in Karlsruhe Europa keine Störung, sondern ein Teil des Programms.

Wieso Karlsruhe?

Das Bundesverfassungsgericht ist ein spezielles Gericht, das vor allem die Politik zugunsten der Bürgerinnen und Bürger kontrolliert. Warum sitzt es dann in Karlsruhe, nicht in der Hauptstadt?

Der Standort ist vor allem eine strategische Entscheidung. Als das Bundesverfassungsgericht installiert wurde, war Berlin schlicht keine Option, sondern eine unsichere Insel inmitten der DDR, geteilt in vier Sektoren. Leipzig, wo früher das Reichsgericht residiert hatte und heute das Bundesverwaltungsgericht, kam erst recht nicht in Betracht, weil es erst in der Sowjetischen Zone lag, später in der DDR. Bonn wurde die Hauptstadt der Bundesrepublik, aber man wollte wohl eher keine Kontrolle der Regierung direkt vor der Haustür. Wo dann?

Für Karlsruhe hätte damals sprechen können, dass in Baden schon früh gleiche Rechte gelebt wurden: die Religionsfreiheit für jeden Glauben, das erste Mädchengymnasium. Aber die Wahl fiel auf diese Stadt, weil es dort schon den Bundesgerichtshof gab, also Richter, und angeblich Wohnungen. Heute zeigt eine kleine Ausstellung vor der Bibliothek des Gerichts, dass die ersten 20 Jahre eher schwierig waren: Da essen Richter und (vermutlich) Sekretärinnen auf einer Bank zu Mittag, aber es sieht nicht nach Sommer aus, sondern eher kühl und nicht gemütlich; auf einem Zettel findet sich die Liste eher spartanischer Ausgaben eines Richters. Von Anfang an war wohl wichtiger, dass dieses Gericht ein besonderes ist.

Die Vor- und Entstehungsgeschichte des Bundesverfassungsgerichts hat der ehemalige Richter Hans Hugo Klein 2018 in einem kleinen Band beschrieben. Es kam zunächst in einem alten Adelspalast unter, dem Prinz-Max-Palais; im heutigen Café mit großem Garten gab es manchmal ein Abendessen mit Kollegen oder meinem »Dezernat«, also den wissenschaftlichen Mitarbeitenden. Später wurde dann ganz in der Nähe neu gebaut, zwischen Karlsruher Schloss und Botanischem Garten. Auch das war ein besonderes Gebäude, mit Pavillons aus Glas, Stahl und Beton; sie wurden 1969 bezogen. Der Richterring mit den Richterzimmern und Beratungszimmern der Senate, nicht zufällig im ersten Stock der Erste, im zweiten Stock der Zweite Senat. Im größten »Bauteil« liegt, der Stadt zugewandt, der Sitzungssaal, in dem mündlich verhandelt oder verkündet wird. In weiteren Pavillons sitzen die Mitarbeitenden und die Verwaltung, teils unterirdisch liegt die Bibliothek. Insgesamt gibt es nicht viel Platz; es mussten Räume im Schloss dazugemietet werden. Aber vor allem ist es kein Justizpalast, sondern ein Bürgergericht sollte es ein.

Karlsruhe also. Nach der Wiedervereinigung 1990 wurde diskutiert, ob ein Umzug nach Berlin sinnvoll wäre. Auch diese Entscheidung lag ausschließlich bei den Richterinnen und Richtern: Es ist ein wirklich unabhängiges Gericht. Aber die knappe Mehrheit war dagegen. Auch etwa 600 Kilometer Luftlinie stehen so zumindest symbolisch für die Unabhängigkeit des Verfassungsgerichts. So sieht man sich zwar manchmal, geht aber sonst auf Abstand, weil man sich gegenseitig kontrollieren soll; zumindest ist die Versuchung geringer, sich allzu oft mit Leuten aus der Politik zu treffen. In Ländern, wo das höchste Gericht in der Hauptstadt residiert, kann auch das heikel sein. Für mich bedeutete es zwar, oft nicht zu Hause in Berlin zu sein, aber der Abstand hilft der Aufgabe. Noch dazu hat die Stadt Karlsruhe eine ganz eigene Lebensqualität; es gibt viel Kunst und Theater, eine engagierte Stadtgesellschaft, ein Leben nah an Frankreich. Das ist erst recht für alle wichtig, die am Gericht viel länger arbeiten als eine Richterin mit zwölf Jahren Amtszeit und die hinter den Kulissen unverzichtbar sind, im »Allgemeinen Register« und in den »Geschäftsstellen«, in der Bibliothek, der Verwaltung, als Amtsmeister oder Fahrer. Die meisten lieben das Gebäude, wie ich dann auch; wer mich besuchte, bekam eine begeisterte Führung; die gibt es nach Anmeldung auch sonst für alle, die sich dafür interessieren.

Die roten Roben

Wenn Sie ein Bild mit dem Bundesverfassungsgericht verbinden, sind es vermutlich rote Roben. Scharlachrot tatsächlich. Sie sind das Symbol geworden für die Macht, für die Aufgabe, für das Grundgesetz in der Praxis. Aber warum rot? Wem gehören die Roben, wer macht und pflegt sie? Ich habe das selbst erst erfahren, als ich im Gericht meinen Dienst antrat.

Die Robe ist die »Amtstracht«. Das Bundesverfassungsgericht ist damit das einzige Verfassungsorgan, in dem sich die Menschen ihre Kleidung nicht selbst aussuchen: Sie ist in der Geschäftsordnung geregelt. Es ist allerdings auch das einzige Gericht, das selbst bestimmt, wie es auftritt; für alle anderen macht das der Bundespräsident, oder es gelten alte Regeln wie der »Allerhöchste Erlass zur Amtstracht der Richter des Reichsgerichts« von 1879.

Die rote Robe des Verfassungsgerichts muss allerdings nur selten getragen werden: im Sitzungssaal bei der mündlichen Verhandlung und zur Verkündung eines Urteils. Das ist fast immer ein Dienstag, und da liegt dann im Zimmer hinter dem Sitzungssaal, das nur die Richterinnen und Richter betreten, alles bereit: eine rote Robe, ein weißes Bäffchen, das Jabot, ein rotes Barett. Auf dem Tisch zeigen kleine Platzkärtchen, was zu wem gehört. Und über Farbe, Schnitt und Stoff der Roben hat das Gericht selbst entschieden. Dafür wurde 1957 eine Arbeitsgruppe eingesetzt, es gab mehrere Umfragen unter den Richtern, fünf Entwürfe auch von Theatern, und 1961 fiel die Entscheidung: 18:2 gegen eine Amtskette, aber für die Robe, das Bäffchen als gefältete weiße Halsbinde und den Hut als Barett. Das Vorbild war wohl Florenz. Seitdem gehören die Roben dem Richterverein, also mittlerweile dem »Verein der Richterinnen und Richter des Bundesverfassungsgerichts« (auch das war eine kleine Beratung und dann Konsens).

Als ich meinen Dienst antrat, musste ich zur Anprobe; die Roben werden vererbt. Mir half der Amtsmeister in die Robe meines Vorgängers Brun-Otto Bryde, des ersten Verfassungsrichters auf Vorschlag der Grünen. Schon sein Vorgänger hatte sie getragen und auch dessen Vorgänger: Geschichte in Stoff. Mich hat es beeindruckt. Nach einem prüfenden Blick war entschieden: *Die passt.* Sonst wäre sie von der Karlsruher Schneidermeisterin Kerstin Brandt geändert worden. Dann wurde der Kopfumfang gemessen, denn nur das lederne Hutband wird gewechselt; der Schweiß des Vorgängers muss nicht sein. Im Barett gibt es innen ein kleines Fach für das handgeschriebene Schildchen. Da stand nun zwölf Jahre lang »Baer«, seit 2023 ist es »Eifert«: ein kleines bisschen Individualität im sonst einheitlichen Auftritt.

Die roten Roben sind für *Karlsruhe* zum Symbol geworden. Zwar sehen sie für manche ein wenig nach Kardinälen aus, nach Konklave. Aber ich hatte auch immer wieder den Eindruck, dass sich dann nicht mehr die Kleidung, sondern nur noch die Gesichter unterscheiden, das Sehen, Denken, Sprechen also: Das passte zu dem Gericht. Dann sind alle etwas früher als sonst im Büro, um nochmals zu prüfen, ob die wichtigsten Unterlagen da sind. Oft traf ich den einen oder die andere schon im Gang, und wir gingen gemeinsam zum Saal. Es gibt einen Schlüssel für den kleinen Aufzug, der fast direkt ins Hinterzimmer führt, aber ich nahm meist die Treppen und lief so an all den Menschen vorbei, die in den Sitzungssaal wollten. Die Spannung war jedes Mal spürbar; kaum jemand hat bemerkt, dass ich da gleich in roter Robe sitzen würde.

Im Hinterzimmer kommt dann die Jacke auf den Bügel, es sind weiße Hemden gefragt, langärmlig bitte, die Ärmel der Robe sind weit, man sieht, was darunter ist. Die Amtsmeister helfen beim Anziehen, denn »Duchesse« ist ein schwerer, bei längeren Verhandlungen auch ziemlich warmer Stoff, und das Bäffchen muss sitzen. Für mich blieb das bis zum Ende besonders: Dann heißt es: Mützen auf und nacheinander in den Saal, wenn sich die Türen öffnen. *Daaas Bundesverfassungsgericht!* Das sagen die Amtsmeister an; alle erheben sich. Bei meinem ersten Mal bemerkte mein älterer Kollege Wilhelm Schluckebier, wie angespannt ich war: »Wir sind ein freundliches Gericht! Sie können ruhig lächeln!«, sagte er leise. Das half.

Die Menschen: Vielfalt

Beim Bundesverfassungsgericht kommt es natürlich nicht nur auf die Idee, die Institution und den Ort an, sondern – wie überall – auch auf die Menschen. Auch *Karlsruhe* ist keine KI, keine künstliche Intelligenz, und Gerichte sind keine »Paragraphenautomaten«, eine im vorigen Jahrhundert beliebte Vorstellung, sondern es entscheiden Menschen. Wer also sind die acht in einem Senat, die insgesamt sechzehn in den beiden Senaten des Zwillingsgerichts, die immer wieder wechselnden »New Kids in Karlsruhe« *(FAS)*? Sie bleiben seit 1971 für jeweils zwölf Jahre im Amt. Wie kommen sie hinein, und worauf kommt es an?

Bei mir begann es wie bei vielen anderen mit einem Anruf: Das Büro einer Abgeordneten des Deutschen Bundestags bat um ein Gespräch. Ich sagte zu, war neugierig und vermutete, man suche eine Sachverständige. Dann saß ich im Büro von Renate Künast: Nun ende ja die Amtszeit von Professor Bryde, des ersten Richters auf Vorschlag der Grünen im Bundesverfassungsgericht. Ich nannte drei großartige Kolleginnen, die für eine Nachfolge in Betracht kämen. Mein Gegenüber lachte: Das könne nur von einer Frau kommen! Sie habe eigentlich an mich gedacht. *Ich?!* Ich war überrascht. Das hatte mehrere Gründe.

Auch dieser Wille geht vom Volke aus

Richterinnen und Richter des Bundesverfassungsgerichts werden gewählt; das Verfahren ist seit Ende 2024 im Grundgesetz geregelt, Artikel 93. Bundestag und Bundesrat entscheiden über je die Hälfte der Personen für jeden Senat und abwechselnd darüber, wer im Gericht an der Spitze steht: als Präsidentin und Vizepräsident und damit auch Senatsvorsitzende. Diese haben bei Entscheidungen nicht mehr zu sagen als die anderen, aber sie vertreten das Gericht nach außen, sitzen also beim Staatsakt neben den anderen vier »Verfassungsorganen«. Das Wichtigste ist aber: Alle müssen mit der großen Mehrheit von zwei Dritteln gewählt werden, im Bundestag seit 2014 nicht mehr nur im Richterwahlausschuss, sondern von allen Abgeordnete im Plenum. Wer so viel Macht erhält, soll sich auf breite Zustimmung stützen können. Damit geht auch das Gericht auf den »Willen des Volkes« zurück; es wird so demokratisch legitimiert.

Die große Mehrheit für die Wahl hat wichtige Folgen. Vor allem kann niemand einseitig die »eigenen Leute« durchsetzen. Weil die Stimmen nur einer Partei zumindest bisher nie für die große Mehrheit reichten, hat sich für die Personalvorschläge ein politischer Mix eingespielt. Bei mir waren Bündnis 90/Die Grünen an der Reihe, für die gleichzeitig im Bundesrat gewählte Gabriele Britz die SPD, kurz darauf die CDU mit Peter Müller, zuvor die CSU mit Peter Michael Huber und davor wieder die SPD mit Monika Hermanns, die FDP mit Andreas Paulus, dem Heinrich-Amadeus Wolff nachfolgte, es kamen die konservativen Josef Christ und Henning Radtke, für die SPD Yvonne Ott und so weiter. Die *Badischen Neuen Nachrichten* begrüßten so immer wieder »Neues Personal für die Karlsruher Balance« (6.2.2018) – und das trifft es, denn in den Unterschieden, in der Vielfalt liegt die Quelle für ausgewogene Entscheidungen.

Die Parteien suchen natürlich Leute aus, von denen sie annehmen, dass sie zu ihnen passen. Manche sind formal Parteimitglieder, manche engagiert; einige waren hauptberuflich in der Politik, andere passen eher allgemein, diesen Eindruck machte ich wohl. Aber wer auch immer gewollt ist, muss auch die anderen überzeugen. Das schützt vor Radikalen, und das meint nicht etwa eine starke Auffassung zur Auslegung des Grundgesetzes, sondern eine radikal gegen das Grundgesetz und die Funktion des Verfassungsgerichts gewandte Position.

Auch bei mir wollte man sichergehen. Als ich im April 2010 eingeladen wurde, an einer Konferenz der Verfassungsgerichte in den USA teilzunehmen, dachte ich zwar, als Wissenschaftlerin gefragt zu sein. Aber tatsächlich diente das wohl dazu, bei einigen Konservativen Vorbehalte abzubauen. Jedenfalls sorgte die Tischordnung dafür, beim Abendessen in der schönen Residenz der Deutschen Botschaft neben dem Richter Udo di Fabio und am nächsten Abend neben Rudolf Mellinghoff zu sitzen, beide von der CDU benannt, und beim pompösen Mittagessen im U. S. Supreme Court neben dem erzkonservativen Richter Antonin Scalia. Er stand für alles, wogegen ich aufzuklären suchte, denn er polemisierte gegen den internationalen Vergleich, las die Verfassung wie vor 200 Jahren »strikt« textlich und folgte einer religiösen Mission. Sein Platz war mit einem Whiskey bestückt; meinen konnte ich nicht tauschen. Was also tun? Die Flucht nach vorn. Ich stellte mich ihm als »liberal« vor, in den USA eine Bezeichnung für eher progressive Positionen. Er könne sich gern mit anderen unterhalten, da wir ja vermutlich sehr unterschiedliche Ansichten verträten, nur Smalltalk wolle ich nicht, dazu wären mir die Dinge zu wichtig. Was dann kam, war ein Marathon. Er drehte sich zu mir:

Let's talk!, und dann wurde diskutiert. An die Grilled Shrimp und das Tenderloin Beef erinnere ich mich nicht, habe aber die kleine Menükarte behalten. Gefährlich erschien mir die Selbstwahrnehmung dieses einflussreichen Mannes, er befinde sich in einer Minderheit und müsse kämpfen: Es ist ein für Verschwörungsvermutungen anfälliges Bild, was sich in den USA dann auch so zeigte. Aber der Austausch mit ihm zeigte anderen: Sie spricht auch mit denen, die ganz anderer Meinung sind als sie selbst. Wofür das wichtig war, wusste ich zu diesem Zeitpunkt nur noch nicht.

Die Wahlen

Wer zur Wahl ans Bundesverfassungsgericht vorgeschlagen wird, besprechen die Verantwortlichen zuerst unter sich; darüber gibt es deshalb mehr Gerüchte als Wissen. Wenn sie sich geeinigt haben, wird auch nicht öffentlich angehört, denn in Deutschland sind die »Hearings«, die in den USA im Fernsehen übertragen werden, nicht gewollt. In den USA suchen die politische Opposition, Organisationen und Medien nach allem, was einer Person entgegengehalten werden kann, von früherer Berufstätigkeit bis ins Privatleben. Zwar konnte der Vorwurf sexualisierter Gewalt die Wahl eines Richters nicht verhindern, aber jene Kandidatinnen und Kandidaten, die sich vorher kritisch engagieren und Ecken und Kanten zeigen, haben wenig Chancen. Wer es zur Anhörung schafft, wird gecoacht, um möglichst keine Fehler zu machen. Es ist ein Schaulaufen, das zum Schaukampf wird.

Dieses Verfahren gilt nicht nur in Europa als wenig geeignet, um das Vertrauen ins höchste Gericht zu fördern. In einigen Staaten gibt es sogar Bewerbungsverfahren mit mehreren fachlichen Tests. So soll es möglich bleiben, profilierte Personen zu gewinnen und sie vor persönlichen Beschädigungen zu schützen, wie bei anderen wichtigen Personalentscheidungen auch. Die Findung ist so keine böse Kungelei, sondern schützt das Verfassungsgericht, damit die Menschen ihm vertrauen können. Je mehr auch in Deutschland der Schaukampf einzieht, vor allem in sozialen Medien, desto mehr ist die Balance gefährdet.

Wenn in Deutschland die Wahl einer Nachfolge ansteht, sickern aus den vorher vertraulichen Runden irgendwann Namen durch; dann beginnt die Diskussion in den Medien. Ich machte mir deshalb Sorgen: Wie würde die Presse mit mir umgehen? In der Vergangenheit waren einige Personen, die einflussreichen Akteuren nicht passten, nicht gewählt worden: So wurde ein hervorragender Verfassungsrechtler wie Horst Dreier nicht nur, aber auch deshalb »verhindert«, weil er zu progressiv zum Schwangerschaftsabbruch stand, wogegen Teile der Kirchen hinter den Kulissen Sturm liefen; gegen die Politikerin Herta Däubler-Gmelin gab es auch ohne *Social Media* eine Schmutzkampagne. Bei mir blieb das aus. Soziale Medien sprangen nicht an; die Presse hielt sich zurück. In der *SZ* wurde ich neben anderen Juristinnen porträtiert, damit niemand sagen könne, es gebe keine geeigneten Frauen; ich wirkte so nicht wie ein Sonderfall. Zwar setzte die *FAZ* die »Gender Studies« in Anführungszeichen – das zieht die Wissenschaft in Zweifel, aber triggerte damals nicht. Als die *taz* mich am Abend vor der Sitzung des für die Wahl zuständigen Ausschusses als »radikal feministische lesbische Kandidatin« bezeichnete, dachte ich zwar: Jetzt ist es aus. Ich habe nie gelogen, wenn es um Liebe ging, und radikal bedeutet zwar, die Dinge an der Wurzel zu packen, was in der Wissenschaft eine gute Idee ist, aber beides ist auch negativ besetzt. Also aus der Traum? In einer Zeitung hieß es später, ich sei anders als die Richterinnen vor mir, mit Spezialgebieten, die »viele Juristenkollegen schaudern lassen«. Schaudern? Ich sei auch, wieder in Anführungszeichen, »verpartnert«, was stimmte, heute bin ich verheiratet, aber damals sollte das wohl meine Eignung für das Amt infrage stellen. Das war der Grund für mein Erstaunen auf die Frage, ob ich zur Verfügung stünde, und erst recht, als ich dann tatsächlich gewählt wurde, die erste »offen homosexuelle« Richterin an einem höchsten Gericht weltweit.

Am Abend vorher war das überhaupt nicht klar gewesen: Es war der Termin für das Gespräch mit den Abgeordneten der Fraktionen im Deutschen Bundestag – für mich eine der spannendsten Erfahrungen, die ich überhaupt je machen durfte. Die Treffen waren im Regierungsviertel, manchmal mit wenigen Personen, bei einer Fraktion mit über zwanzig. Ich kannte niemanden persönlich, aber einige Teilnehmende waren auf mich gut vorbereitet. Ein Abgeordneter las ein Zitat aus einem alten Aufsatz vor, mit einer deutlichen Kritik an der Institution der Ehe. Mir hat später jemand erzählt, den habe ein Kollege von der Universität geschickt, um mich zu verhindern, aber es war ein Zitat, keine Unterstellung und kein diffuser Vorwurf, also korrekt. Ich holte tief Luft und erklärte dann, was eine feministische Perspektive auf das Recht zutage fördert. Es blieb Skepsis im Raum. Viel später hat mir einer, der dabei war, aber auch erzählt, dass hängen blieb, wie ehrlich ich war.

So war es auch mit der Frage, was ich denn von der Präambel des Grundgesetzes hielte. Die kannte ich natürlich nicht auswendig, geriet also kurz ins Schwitzen. Aber es fragte ein Konservativer, also ging es wohl um die Verantwortung vor Gott, um den Glauben. Ich legte offen, dass ich die Frage nicht unproblematisch fände, aber erzählte auch, getauft und konfirmiert, dann aus der Kirche ausgetreten zu sein, worauf es aber nicht ankäme, denn ich stünde hinter dem Grundgesetz mit der Religionsfreiheit und dem Verbot, wegen des Glaubens zu diskriminieren. Die Antwort schien in Ordnung. Traditionell wurde großer Wert darauf gelegt, dass am Verfassungsgericht evangelische und katholische Richter tätig waren. Wie wäre es dann in etwa orientiert an der Bevölkerung? Wenn überhaupt, wären dann heute atheistische, muslimische und jüdische Menschen zu berücksichtigen. Schon immer spielte auch keine Migrationserfahrung, aber die regionale Herkunft eine Rolle, zuletzt aus Ostdeutschland, als Ines Härtel und Holger Wöckel ans Gericht gewählt wurden. Vielfalt ist also noch nicht in jeder Hinsicht gegeben, aber insofern gewollt.

Von mir wollte damals ein Abgeordneter noch mehr wissen. Er fragte eher unverblümt, ob meine sexuelle Orientierung Einfluss auf meine Rechtsprechung haben werde. Nun war ich erst recht in der Zwickmühle: Auch das darf bei Bewerbungen natürlich nicht gefragt werden; es ist eine gute Frage, weil auch diese Perspektive zählt; sie ist schwierig, weil daran Vorurteile hängen. Ich antwortete, dass ich ja sehr viel allein zu entscheiden hätte, wenn mich Homosexualität befangen mache, denn dann seien alle Heterosexuellen befangen, wenn es um ihre Lebensweise geht. Erstaunte Stille. Ein wirklich klärendes Gespräch ergab sich damals nicht. Ich dachte wieder: Das war's dann mit der Wahl.

Das gilt auch für das Geschlecht. Ich wurde nicht gefragt, wie ich das »als Frau« machen wolle im Richteramt. Jede feministische Kritik zielt auch gerade darauf, nicht auf ein Geschlecht reduziert zu werden. Aber eine Rolle spielt es doch. Positiv habe ich später oft erlebt, als Vorbild angesehen zu werden; heute sollte es doch selbstverständlich sein, in hohen Positionen keine reinen Männerrunden mehr zu sehen. Aber auch mit dem Amt als Verfassungsrichterin endet das Negative nicht: Manche haben mir schlicht nicht geglaubt, dass ich das Amt bekleide, ich wurde aufgehalten, während mein Kollege weiterging; ich wurde anders als der Richter neben mir nicht in der Reihenfolge begrüßt, die eigentlich zum Amt gehört. Tatsächlich war die überwältigende Mehrheit am Bundesverfassungsgericht bisher ziemlich eindimensional männlich, aber das sahen die meisten nicht kritisch. »Die Geschlechterfrage« wurde erst gestellt, als 2020 erstmals Parität erreicht wurde, also gleich viele Männer und Frauen am Gericht. Das Foto von dieser Vereidigung kam sogar in die Zeitung. Als Gabriele Britz und ich 2011 in den Ersten Senat gewählt wurden, endete die Zeit des »Schneewittchensenats«, mit einer Frau, der Richterin Christine Hohmann-Dennhardt, neben sieben Männern; ich habe erst spät verstanden, dass die ja dann als Zwerge galten. Da ist es doch besser, auf Vielfalt zu setzen.

Heute gibt es in Deutschland viele Richterinnen, aber an höchsten Gerichten nicht genug. Der Deutsche Juristinnenbund, eine überparteiliche Vereinigung, ruft daher schon lange dazu auf, »Frauen in die roten Roben!« zu wählen. Einseitigkeit ist keine gute Idee, gerade wenn verbindlich für alle entschieden werden muss. Da wirkt sich Vielfalt positiv aus, wie auch in der Wirtschaft mit »diversen Teams«, in der Wissenschaft mit gezielt verschiedenen Perspektiven auf ein Problem oder in der Verwaltung, um Probleme vielseitig angehen zu können. Das gilt auch für Gerichte; gerade im Verfassungsgericht ist das wichtig. Je unterschiedlicher die Wahrnehmungen sind, die Erfahrungen, die Weltsicht, desto eher gelingt es, von allen Seiten bedachte und damit auch überzeugend begründete Urteile gegen Vorurteile zu setzen. In Beratungen habe ich das immer wieder erlebt: Wenn alle dasselbe gedacht hätten, wäre vieles nicht bedacht worden.

Heute sind allerdings die Vorbehalte gegen Feminismus und »Gender« und deutlicher noch gegen LGBTIQ+, also lesbische, schwule, bi-, transgender und intergeschlechtliche, queere und andere Menschen, die nicht ihr Leben lang heterosexuell leben, und damit gegen gleiche Rechte für alle heftiger geworden. Wäre ich in einem solchen Klima zur Verfassungsrichterin gewählt worden? Wie steht es um den Respekt voreinander, für den doch gerade das Grundgesetz steht? Im Juli 2025 zeigte sich, dass wir uns Sorgen machen müssen: Eine Kandidatin zur Richterwahl wurde sogar nach der Einigung der Parteien auf die erforderliche Mehrheit im Richterwahlausschuss mit einer Mischung aus Lügen, Unterstellungen und verzerrten Geschichten so heftig überzogen, dass die Wahl abgesagt werden musste, weil die im Bundestag erforderliche Mehrheit von der CDU/CSU-Fraktion nicht mehr sichergestellt war. Viele Fehler, erschreckend fahrlässig. Es wird jetzt noch wichtiger, das Gericht gerade mit der Unterschiedlichkeit derjenigen zu sichern, die dann überzeugend zusammenkommen sollen.

Am Morgen der Sitzung des Richterwahlausschusses 2011 saß ich zu Hause und wartete auf den versprochenen Anruf. Es dauerte allerdings. Aber irgendwann klingelte mein Telefon: Der Ausschuss habe mich gewählt. Ich brauchte eine Weile, um das zu begreifen; ging zur Arbeit und konnte doch nicht normal unterrichten, sondern saß auf dem Tisch und sprach mit den Studierenden über das Bundesverfassungsgericht. Mein Team hatte in der Fakultät die Werbung aufgehängt, die damals Baden-Württemberg benutzte: »Schön hier. Aber waren Sie schon mal in Karlsruhe?« Ich war gerührt. Dann klingelte wieder das Telefon: Die künftigen Kolleginnen und Kollegen gratulierten, die Presse rief an, es ging los.

Angeblich hat mich der Richterwahlausschuss des Bundestages einstimmig gewählt. Das war dort gute Tradition: Die Progressiven werden genauso akzeptiert wie die sehr Konservativen, wenn man sich einmal geeinigt hat. Mir hat das viel bedeutet. Seit 2017 entscheidet nun aber nach dem Ausschuss auch noch das Plenum des Bundestages in geheimer Wahl. Tatsächlich dauert es jetzt oft länger, einen »sicheren Kandidaten« zu finden, denn bei der geheimen Abstimmung können Vorurteile und Motive eine Rolle spielen, die eigentlich nichts mit der Eignung für das Amt zu tun haben. So war es 2025. Es ist noch wichtiger geworden, sich über bewusst unterschiedliche Personen zu verständigen.

Sehr verschiedene »Juristen«

Schon weil sie von unterschiedlichen Parteien vorgeschlagen werden, sind die Richterinnen und Richter des Bundesverfassungsgerichts verschieden, aber geeignet müssen sie alle sein.

Es gibt ein Mindestalter von 40 und ein Höchstalter von 68 Jahren. Das steht seit 2024 sogar im Grundgesetz, um uns davor zu schützen, dass es einfach geändert wird, denn in Ungarn wurde kurzerhand das Pensionsalter abgesenkt, um mutige Richter in den Ruhestand zu schicken und dafür Leute einzusetzen, die sich nicht gegen die Regierung stellen werden.

Dann braucht es die juristische Qualifikation, also das Jurastudium und eine Staatsprüfung. Auch müssen in jedem Senat des Bundesverfassungsgerichts drei »Richter-Richter« arbeiten (das wird immer noch traditionell männlich formuliert), die vorher an den obersten Gerichtshöfen des Bundes tätig waren; da setzt das Bundesverfassungsgericht auf lange richterliche Erfahrung in mehreren Instanzen. Ansonsten sind es »freie Stellen«, was nach 1945 nahelag, denn Justiz und Verwaltung waren ins NS-Regime verstrickt, es gab also nicht allzu viele Kandidaten für das »Nie wieder«. Über die Jahre wurden auf diese Positionen meist »Professoren-Richter« gewählt; daher kommt die »akademische« Prägung, die im Ausland oft als besonders positiv gilt. So verankert das Gericht die Maßstäbe für jede neue Entscheidung nicht nur systematisch in der langen Linie vorheriger Entscheidungen, sondern hat auch Konzepte, Theorien und Ideen im Blick, die das Grundgesetz tragen, kennt internationale Regeln der EU und des Völkerrechts und bleibt im Austausch mit der Wissenschaft, die kritisch begleitet, was man als Richterin tut. Mehr ist nicht zwingend.

Was spielt dann noch eine Rolle, was sollte wichtig sein? In den Anfangsjahren des Bundesverfassungsgerichts sorgte ein »männerbündisches Bamberger Kartell« dafür, dass alte Nazifreunde unterkamen, während ein hessischer »Zinn-Zirkel« versuchte, das Verfassungsgericht möglichst sozialdemokratisch zu machen, berichtet der *Spiegel* (25.9.2021). Das ist eindeutig keine gute Idee, Gerichte so zu politisieren. Heute ist die Zuordnung der Richterinnen und Richter zu Schwarz (für die CDU und CSU), Rot (für die SPD), Gelb (für die FDP) oder Grün (für Bündnis 90/Die Grünen) im Gericht selbst nur begrenzt interessant; das Etikett »links« gab es nicht, und ganz »Rechte« wären kein Beitrag zur Vielfalt, sondern eine Gefahr, weil sie unabhängige Verfassungsgerichte und Gewaltenteilung nicht wollen. Im Gericht wird zwar darauf geachtet, dass in den Kammern, die zu dritt entscheiden, nicht nur Leute sitzen, die von einer Partei vorgeschlagen wurden, aber parteipolitische Etiketten verlieren spätestens in der Beratung ihren Wert. Zwar liegen abweichende Meinungen zu Entscheidungen der Senate meist in etwa auf der Linie der Partei, die den Richter oder die Richterin zur Wahl vorschlug, aber das bedeutet nicht, dass sich das Bundesverfassungsgericht von Parteinähe lenken lässt. Auch nach Jahren wusste ich nicht, wer in einem Fall am Ende was vertreten, wer sich von welchen Argumenten überzeugen lassen würde – und genau deshalb wird ja so intensiv beraten. Ich habe da keine Parteigrenzen erlebt.

Viel zu pauschal ist auch der oft betonte Unterschied zwischen »Richter-Richtern« und »Professoren-Richtern«. Über den Richter-Richter Michael Eichberger hieß es einmal, er sei zurückhaltend, habe aber großen Einfluss, und über den Richter-Richter Michael Gerhardt, er sei unkonventionell, aber wie die Professorin-Richterin Gertrude Lübbe-Wolff, so schrieb die *SZ* 2014, doch »wortgewaltig«, und unabhängig. Das gilt für alle. Es ist tatsächlich wichtiger als der letzte Beruf. Trotzdem ist es eine gute Idee, auch da auf Unterschiede zu setzen. Deshalb wird oft gefordert, dass im Verfassungsgericht unbedingt die Anwaltschaft vertreten sein soll, denn sie sei nah an den Problemen der Menschen vor Ort. Zur Wahrheit gehört aber auch, dass nicht alle »Spitzenjuristen« mit der Besoldung »R10« zufrieden sind, weil in einer Großkanzlei oder mit Gutachten viel mehr Geld verdient werden kann, viele lieber unabhängig von sieben anderen arbeiten und sich auch ungefragt äußern wollen. Tatsächlich gab und gibt es dennoch immer wieder Richterinnen und Richter, die wie der Gerichtspräsident Stephan Harbarth auch anwaltliche Erfahrung haben und sich dennoch für die Tätigkeit am Gericht entscheiden.

Er war allerdings zuletzt Berufspolitiker, und auch das gibt es häufig. Zum Bundesverfassungsgericht wurden immer wieder Menschen mit politischer Erfahrung auch aus Regierungsämtern gewählt. Die daraus entstehende Spannung ist allerdings unübersehbar: Sie kommen aus der Politik, die sie jetzt kontrollieren sollen. Da ist ein deutlicher Rollenwechsel gefragt, sowohl innerlich als auch nach außen. So erklärte der Richter Ernst Benda 1971 beim Wechsel aus der Regierung nach *Karlsruhe*: »Ich kenne keine Partei mehr, ich kenne nur noch Rechtsuchende.« Der Richter Peter Müller, der vorher lange Ministerpräsident des Saarlandes und im Präsidium der CDU war, fand, dass der Wechsel gehe, aber nur ausnahmsweise (*SZ*, 15.12.2012), denn beide Aufgaben seien spannend, aber »völlig unterschiedlich«, die Arbeitsweisen »grundverschieden« (*Focus*, 13.5.2013).

Es wäre schon traurig, wenn das Verfassungsgericht zur Versorgungseinrichtung für »verdiente Leute« würde. Viel wichtiger ist es aber, das Vertrauen in das Gericht nicht zu gefährden, das gerade auf dem Unterschied und dem Abstand zur Politik beruht. Zu wissen, wie Politik funktioniert, ist für das Bundesverfassungsgericht natürlich gut, denn es mischt sich in politische Prozesse ein. Aber es handelt juristisch, und das muss deutlich bleiben. Auch hier gilt also: Die Dosis macht das Gift, und beim Wechsel aus der Politik an ein Verfassungsgericht muss sie klein bleiben.

Praktisch profitiert das Verfassungsgericht von Erfahrungen und vor allem von Fachwissen. Deshalb ist es gut, wenn sich die Beteiligten auf unterschiedlichen Rechtsgebieten gut auskennen, sowohl die Richterinnen und Richter als auch die wissenschaftlichen Mitarbeitenden, und ganz entscheidend ist, dass in jedem Senat mehrere sitzen, die im Verfassungsrecht zu Hause sind. Ich hatte als Professorin im Verfassungsrecht gearbeitet, international vergleichend vor allem zu Grundrechten, aber vorher auch zum allgemeinen Verwaltungsrecht und Polizeirecht und zu Recht gegen Diskriminierung. Das ist ein Ausschnitt dessen, was den Rechtsstaat ausmacht. Im Senat kommt es dann darauf an, dass andere anderes wissen. Ein Richter vom BGH, dem Bundesgerichtshof, kennt das Zivilrecht, eine Richterin das Strafrecht mit seinen Verfahrensregeln, und andere haben andere Schwerpunkte. In meiner Zeit konnte der Erste Senat auf Expertise im Finanzverfassungs- und Steuerrecht, auf Regulierungsrecht und allgemeines Verwaltungsrecht, auf Völkerrecht und Europarecht setzen, auf zivilrechtliche Erfahrung und auf Strafrecht. Auch diese Vielfalt bereichert, und sie hilft.

So haben wohl alle, das erklärte die Richterin Gabriele Britz einmal, gerade wenn es um »emotional stark beladene Themen« ging, »die plurale Zusammensetzung des Senats besonders zu schätzen gelernt« (*forum familienrecht*, 15.1.2018). Aber nicht nur da. Die Fälle kommen aus allen Rechtsgebieten. So rollte gleich zu Beginn meiner Amtszeit ein ganzer Aktenwagen in mein Richterzimmer, in denen es um »faule Kredite« ging, also einen Fall aus dem Bankenrecht; dann kamen Verfahren zur Ausbildungsförderung (zum Aktenzeichen 1 BvR 2057/07) und zum Erziehungsgeld (1 BvL 14/07), also Sozialrecht, zum Rauchverbot in Gaststätten (1 BvL 21/11) und zum erwähnten, für Europa wichtigen Urheberrecht auf Designmöbel. Irgendjemand kannte sich immer gut aus; auch darauf baut das Gericht.

Auch das Persönliche zählt

Die Mischung macht's also. Natürlich steht in einem Gericht das juristische Argument im Zentrum, aber es gibt auch »den subjektiven Faktor« im Umgang mit Recht: Auch das Persönliche zählt, denn niemand lässt sich selbst außen vor. Was Menschen für richtig oder falsch halten, selbst erlebt haben oder noch nie gehört – das spielt auch hier eine Rolle. Was im Gericht als Akte auf dem Tisch landet, ist dann auf Anhieb plausibel oder stimmt skeptisch, erscheint fair oder wirkt ungerecht. Das macht die Sache nicht subjektiv. Aber die Spielräume, die es in der juristischen Arbeit immer gibt, werden unterschiedlich gefüllt. Schon deshalb ist es sogar unverzichtbar, dass im Bundesverfassungsgericht unterschiedliche Menschen entscheiden – mit Lebenserfahrung in der Klein- oder Großstadt, in unterschiedlichen Familien, im Umgang mit Armut oder Wohlstand, mehr oder minder oder überhaupt nicht gläubig, selbst eingeschränkt oder mit der Erfahrung des Handicaps nahestehender Menschen, auch mit der Erfahrung von Erfolg oder Scheitern. All das und mehr hat Einfluss darauf, wie wir auf Probleme reagieren: Das sei »je nach Vorverständnis«, aber auch nach »Temperament vollkommen unterschiedlich«, schreibt der Verfassungsrichter Thomas Dieterich in seiner Biografie »Ein Richterleben«. Da ist, so sagten es die *BNN* 2014, eine »bunte Mischung an Richterpersönlichkeiten« eine gute Idee.

Es ist selten Thema, aber auch die Erfahrung, in aller Regel dazuzugehören oder nicht, macht etwas aus. Ich habe das oft gespürt. Die Vereidigung im Schloss Bellevue durch den Bundespräsidenten, Begegnungen mit dem Kabinett und dem Bundestag, Weihnachtskarten vom Präsidenten des Gerichtshofs der EU und höchsten Richterinnen und Richtern aus anderen Ländern, der Gruß der Bundespolizei beim Gang ins Büro – ich fand das nie normal. Es geht vermutlich vielen so, aber wer schon immer im »Mainstream« zu Hause ist, schwimmt auch in neuen Gewässern leichter, und da kam ich nicht her, sondern auch als *outsider* in diese hohe Position: »Prof. Dr. Ungewöhnlich«, titelte eine Zeitung, und das weckt gemischte Gefühle, auch dann, wenn man »drinnen« ist.

Mir halfen Bücher, das zu verstehen, so wie »Lead from the Outside« der Schwarzen Politikerin Stacey Abrams aus dem Süden der USA, »Covering« des schwulen Asian-American Professors Kenji Yoshino, »Diary of a Law Professor« der afroamerikanischen Professorin Patricia Williams und jüngst »The Trouble of Color« der Juristin und Historikerin Martha S. Jones. Es sind ganz individuelle Geschichten. Was sie gemeinsam haben, ist, nicht Zustimmung, sondern Skepsis gewohnt zu sein: *feministische, kritische Rechtswissenschaft und Gender?* Da gibt es Vorbehalte. *Als Frau, noch dazu lesbisch?* Da schwingen Unterstellungen mit. Nicht selten wurde ich freundlich gefragt, wie es dazu gekommen sei: *Jemand wie Sie* und so ein hohes Amt. Das erlebte ich beim Besuch ausländischer Delegationen ebenso wie nach Vorträgen, wenn junge Leute bemerkten, sie fänden es cool, dass *jemand wie ich* da säße, oder mir erzählt wurde, dass andere genau deshalb die Stirn in Falten legten: *So eine* und *nur deshalb?* Die Frauenbewegung hat doch recht, dass das Private oft politisch ist. Einmal nahm mich allerdings ein Bundesbeamter kurz beiseite: Er sei schwul und wolle mir persönlich danken für den Einsatz auch für ihn. Ich antwortete, der Senat habe die Weichen gestellt, aber gefreut habe ich mich doch. Ich war im Bundesverfassungsgericht dabei, ohne dass die eigene Geschichte verschwindet.

Die Mischung macht etwas aus, aber sie ist erst wirklich produktiv, wenn man umeinander weiß. Vorurteile lassen sich am besten durch Wissen ersetzen, Unterstellungen durch Erfahrung. Oft ändert sich erst etwas, wenn Sie Menschen kennenlernen, die aus der Nähe gar nicht »so« oder nicht nur auf die eine Art »ganz anders« sind. Als ich mit der Frage nach Hause kam, ob ich mich für das Amt einer Richterin zur Wahl stellen solle, besprach ich mit meiner Frau, ob das für uns passe und ob ich das aushalten würde: mit den Risiken der Öffentlichkeit, auch wenn sie damals noch nicht so anfällig war für Schmutzkampagnen wie heute, und dann ein solches Amt für zwölf Jahre. Wir entschieden uns dafür und damit auch, den Vorurteilen möglichst wenig Raum zu geben, also offen zu sein, ein Stück weit auch privat, und auch das anzusprechen, was angeblich nicht dazugehört oder eben »nicht passt«.

Üblich ist das eher nicht. Die Umgangsformen im Bundesverfassungsgericht sind freundlich, aber Nähe ist selten. Wer aus der Politik kommt, hat Vorsicht und Misstrauen gelernt, die Justiz ist traditionell verschwiegen und auch die Staatsrechtslehre keine lockere Veranstaltung. Ich war froh, mit einigen Richtern ab und an zu Abend zu essen, auch wenn das meist vorsichtige Freundschaften sind. Auch ahnte ich nicht, wie ungewöhnlich es war, die Richterinnen und Richter meines Senats zum Grillen in die Karlsruher Wohnung einzuladen und alle aus beiden Senaten in unser Berliner Zuhause. Mir wurde erzählt, dass sich früher nur die »SPD-Richter« und die »CDUler« zum Abendessen trafen und nur aus dem eigenen Senat; da habe ich wohl eine bessere und interessantere Phase erlebt. Mir schien es wichtig, sich zu kennen, wenn man so eng miteinander arbeitet, so oft um Konsens ringt, so aufeinander angewiesen ist, also weder Vorurteile noch Vorbehalte gebrauchen kann. Bevor die gepflegt werden, sollten meine Kolleginnen und Kollegen lieber selbst sehen, woran sie sind. Dafür musste ich ein Stück aus meinem Leben öffnen, auch wenn das so nicht üblich war. Ich verschwieg die sexuelle Orientierung auch sonst nicht – wer soll denn sonst *out* sein, also offen damit umgehen? Vielleicht hat es das eine oder andere Vorurteil beseitigt.

Im Verfassungsgericht sorgen also einige Mechanismen für Vielfalt; sie lässt sich steigern. Das wäre gut so. Ein tiefes Verständnis für unterschiedliche Lebenslagen hilft, und bei allen kommt da immer mehreres zusammen, denn wir alle unterscheiden uns nach Geschlecht und Alter, nach Herkunft, Glaube und mehr. Unsere Eigenschaften treffen sich wie auf einer Kreuzung, weshalb das die US-amerikanische Juristin Kimberlé Crenshaw als »Intersektionalität« beschrieben hat, ein Ereignis an der *intersection*; in Europa ist auch von einer »Mehrdimensionalität« unserer Erfahrungen mit Benachteiligung die Rede. So lässt sich Vielfalt fassen. Allergische Reaktionen sind nicht angesagt, wenn man miteinander ohne Vorbehalte umgehen will und im Gericht auch muss. Wenn Gerichten zudem anzusehen ist, dass sie für alle da sind, weil alle erkennbar die Chance haben, das Richteramt zu bekleiden, trägt das zum Vertrauen in die Justiz bei. Darauf zielt der englische Spruch, es brauche *not just justice seen, but also justice seen to be done*.

Die Unbefangenheit

Vertrauen ist der Eindruck der Verlässlichkeit. Dazu gehört, dass im Bundesverfassungsgericht nur entscheidet, wer keine eigenen Interessen verfolgt. Verschiedene Erfahrungen sind wichtig und hilfreich als »Diversität« im Gericht. Aber »Befangenheit« darf nicht sein.

Das gibt der Gesetzgeber für alle Gerichte im Prozessrecht vor, hier also im Bundesverfassungsgerichtsgesetz. Zuerst regelt § 18, dass von der »Ausübung des Amtes« ausgeschlossen ist, wer selbst an der Sache beteiligt oder mit Beteiligten verwandt ist oder in derselben Sache vorher tätig war. Klargestellt wird aber auch, dass es nicht schadet, vorher am Gesetzgebungsverfahren mitgewirkt zu haben; sonst dürften ehemalige Politikerinnen und Politiker nie ans Gericht gewählt werden. Genauso wenig schadet eine frühere wissenschaftliche Meinung, denn sonst gäbe es auch keine Professorin im Gericht. Eine klare Verwicklung in die Sache ist aber ohnehin selten.

Viel häufiger taucht § 19 auf, die »Besorgnis der Befangenheit«: Da genügt es, wenn nur Zweifel an der Unparteilichkeit bestehen. Es kommt nicht darauf an, ob jemand tatsächlich parteilich ist oder sich selbst für befangen hält, sondern die anderen Richterinnen und Richter entscheiden, »ob bei vernünftiger Würdigung aller Umstände Anlass besteht, an der Unvoreingenommenheit« zu zweifeln. Dieser Maßstab ist geklärt. Um ehrlich zu sein, ist es aber ziemlich schwer, ihn anzuwenden. Es geht um viel. Zwar wird der Vorwurf der Befangenheit manchmal erhoben, um allgemeines Misstrauen zu schüren, oder schlicht aus Ärger; das scheitert. Aber sonst müssen wir über die eigenen Kollegen und Kolleginnen entscheiden; das ist schon menschlich nicht einfach. Es gilt hier, sehr genau zu sein; sonst leidet das Vertrauen.

Der Vorwurf der Befangenheit kann jeden treffen und hat auch mich mehrfach erwischt. Einmal waren es selbsterklärte »Antifeministen«, die Einwände hatten, obwohl ich gar nicht zuständig war; das ist von vornherein unzulässig. Allerdings blies auch die AfD in dieses Horn und beschrieb mich in mehreren Anfragen im Deutschen Bundestag als Teil einer ideologischen »Gender-Clique«, als illegitimes Mitglied des Gerichts. Solche Anwürfe finden sich dann in offiziellen Drucksachen, (wie BTDrs 19/1925 im Jahr 2020); sie sollen das Gericht denunzieren, sind aber substanzlos.

Schwieriger war es nach dem Treffen mit dem Bundeskabinett im Kanzleramt in Berlin im Sommer 2021. Solche Arbeitstreffen gibt es schon sehr lange, wie auch die Treffen mit dem Präsidium und den Fraktionsspitzen im Bundestag oder den obersten Gerichtshöfen, der Bundesrechtsanwaltskammer und dem Anwaltsverein oder auch einer Landesregierung, wenn sie das möchte. So reist das Gericht etwa alle zwei Jahre zum Abendessen nach Berlin oder die Regierung nach Karlsruhe. Das ändert natürlich nichts an der Aufgabe des Bundesverfassungsgerichts, die Regierung zu kontrollieren. Es hilft eher dabei, genauer zu sein und realistisch, denn nach den Treffen sollten alle etwas besser verstehen, wie in einer Demokratie mit Gewaltenteilung die je andere »Gewalt« tickt, wen also gerade was umtreibt.

Die Themen waren entsprechend allgemein, wie 2018 »Die weitere Entwicklung Europas« und »Digitalisierung« oder 2021 »Entscheiden unter Unsicherheit«. Über anhängige Verfahren wird natürlich nicht gesprochen; da hätten alle empört reagiert. Wie immer gab es eine Pressemitteilung, für die sich niemand weiter interessiert, eben bis 2021. Da wurde der Verdacht geschürt, es werde gekungelt; es war ein »Abendessen mit Tücken« (Dietmar Hipp, *Spiegel*) und auch »mit Nebenwirkungen« (Marlene Grunert, *FAZ*). Der Termin lag nicht günstig, denn kurz danach gab es die mündliche Verhandlung in einem Verfahren gegen die Kanzlerin; der frühere Termin war der Pandemie zum Opfer gefallen und wurde nun nachgeholt. Aber auch das Thema »Unsicherheit« klang ungünstig aktuell, denn das Bundesverfassungsgericht beschäftigte sich gerade mit den Maßnahmen gegen die Coronapandemie. Deshalb wünschte sich der *ARD*-Rechtsexperte Frank Bräutigam »in Zukunft mehr Gespür dafür«, »was für ein sensibles Thema das Verhältnis von Justiz und Politik ist« *(tagesschau.de)*. Das stimmt.

Das Abendessen war trotzdem kein Skandal; den wollten nur einige erzeugen. Die *BILD* druckte immer wieder ein Foto mit Stephan Harbarth und der Bundeskanzlerin im Gespräch, wie am 15.7. zum Beitrag im Sammelband »Die hohe Kunst der Politik« und am 6.8. zur Entscheidung zu Rundfunkgebühren. Am 1. Dezember folgte die Schlagzeile »Wie gefährlich ist diese Freundschaft für unsere Demokratie?«, am 25.1.2023 kam ein Artikel zum »Hammer-Urteil gegen Merkels Lieblings-Richter«. Das sollte allzu große Nähe zeigen. Nur war das Foto alt und zeigte ein normales Gespräch im Bundestag; aus dem Kanzleramt gab es keine Bilder. Trotzdem säte auch *Die Welt am Sonntag* Zweifel, denn »Oberster Richter gab Anstoß zu Coronarede bei Kanzlerdinner«, »in beidseitigem Interesse« (9.10.2021). Die AfD griff es auf; ihre Spitzenkandidatin meinte im Gespräch mit Ingo Zamperoni zur Wahl in der *ARD* am 26.9.2021: »Klar, die gehen dann im Kanzleramt zu Abend essen, und dementsprechend haben wir da vielleicht eine gewisse Abhängigkeit, so genau weiß man das nicht.« So werden Vorbehalte geschürt, um Institutionen zu schwächen, aber auch hier fehlt die Substanz.

Die AfD fragte dennoch offiziell im Bundestag, was es denn zu essen gegeben habe, wer dabei gewesen und worüber gesprochen worden sei; das steht nun in der Drucksache 19/31887 vom 5. August 2021. Wenn ich mich recht erinnere: Es gab Geschnetzeltes, zum Schluss etwas Käse, nichts Aufregendes also, wie immer. Ich habe ohnehin nichts gegessen, weil ich den üblichen kurzen Impulsvortrag halten sollte als Auftakt zum Gespräch, und natürlich war ich nervös: Wer erlebt das schon, wer spricht beim Abendessen mit dem Kabinett? Hätte mir das jemand vor Jahren vorausgesagt, hätte ich gelacht: *Unmöglich, ich doch nicht!* Aber nun war ich Richterin des Bundesverfassungsgerichts. Die Justizministerin Christine Lambrecht sprach für das Kabinett, ich für das Gericht, und im Gespräch danach begann die Kanzlerin mit einer Bemerkung zur »Ambiguitätstoleranz«, wie immer allgemein.

In den Coronaverfahren wurde dann trotzdem beantragt, den Präsidenten des Gerichts und mich für befangen zu erklären. Es kam ein förmlicher Brief des Senats: Ich solle eine dienstliche Erklärung abgeben. Dann wurde entschieden, natürlich ohne uns. So saß ich am 12. Oktober 2021 in meinem Richterinnenzimmer, während sich die anderen zur »Beratung zu 1 BvR 781/21 – Richterablehnung –« trafen, und wartete. Niemand machte auch nur eine kleine Andeutung, den Beschluss sah auch ich erst am 18. Oktober: Der Antrag wurde zurückgewiesen. In den »Gründen« schildert der Senat wie in jeder Entscheidung, was vorgefallen ist, dann folgen die Vorwürfe, die Maßstäbe, die Anwendung auf den Fall, als »Subsumtion«. Ein ordentliches Verfahren auch hier. Ich hatte ohne Manuskript gesprochen, sonst hätte ich das vorgelegt; die »Besorgnis der Befangenheit«, so der Senat ohne mich, könne darauf nicht gestützt werden. Der Beschluss sagt, es sei

> im Übrigen auch naheliegend, dass die in einem kurzen Impulsvortrag anzusprechenden Gesichtspunkte einer langjährigen Richterin des Bundesverfassungsgerichts auch ohne Redemanuskript vertraut sind.

Das musste wohl gesagt werden. Ich war erleichtert. Tatsächlich sind die Arbeitstreffen von Kungelei weit entfernt.

Für das Vertrauen ins Bundesverfassungsgericht ist Unbefangenheit fundamental. Deshalb hat es der Gesetzgeber geregelt, deshalb wird es im Gericht sehr förmlich behandelt, sorgfältig geprüft und entschieden. Der »böse Schein« muss vermieden werden, aber Unterstellungen taugen nicht. Befangen ist nur, wenn »berechtigte Zweifel an der notwendigen Objektivität und Unvoreingenommenheit« vorliegen, als »Festlegung auf eine bestimmte Rechtsauffassung«, die sich nicht mehr ändern wird. Es liegt meist auf Messers Schneide und war nicht selten ein Beschluss »mit Gegenstimmen«. Für das Gericht ist es wichtig.

Wichtig ist es auch für die gesamte Justiz. Manchmal muss das Bundesverfassungsgericht daher eingreifen, wenn Richterinnen und Richter an normalen Gerichten befangen sind und das die eigenen Kolleginnen und Kollegen, die es zuerst überprüfen, nicht selbst reparieren. Es ist selten, aber eben wichtig. So hatte ein Richter am Verwaltungsgericht Gießen ein NPD-Plakat als nicht volksverhetzend beurteilt, weil Einwanderung zum »Tod der freiheitlich-demokratischen Grundordnung« führe, und sollte nun über ein Asylgesuch entscheiden. Ein Aktenzeichen, 2 BVR 890/20, aber für den Betroffenen ging es um seine Existenz. Das Bundesverfassungsgericht erklärte also, dass ein »Recht auf den gesetzlichen Richter« bedeute, dass niemand Willkür riskieren muss. Der Richter durfte über diesen Fall nicht entscheiden.

Haltung ist gefragt

Richterinnen und Richter des Bundesverfassungsgerichts müssen unbefangen sein und sind bestenfalls verschieden, aber es gibt noch etwas, was sie eint oder doch einen sollte: die Haltung zum Amt. Das Wort gehörte eigentlich nicht zu meinem Wortschatz: »Haltung«, und autoritär passt einfach nicht: *Nehmen Sie Haltung an!* Aber im Amt als Richterin mit all der Verantwortung ist doch eine innere Einstellung zur Arbeit im Gericht gefragt, die sich auch nach außen zeigt. Und das ist eine Haltung.

Nach innen ist wichtig, was die Justiz auch sonst benötigt, denn der Rechtsstaat lebt davon: neutral, objektiv, gerecht, also wirklich unparteiisch sein, aber auch zugewandt und empathisch. In der deutschen Rechtskultur geht das nicht immer locker zusammen. Oft wird das Juristische eher so verstanden, als müsse »man« die Dinge kühl und distanziert betrachten, um professionell zu sein. So wird das oft studiert; dann gibt es in Übungsfällen keine Namen, sondern Buchstaben, wo A etwas von B auf Kosten von C will, und immer noch finden sich simple Stereotype, die Vorurteile bedienen. Eine kleine Studie zum »Frauenbild im zivilrechtlichen Schulfall« zeigte das schon 1977, die Rechtswissenschaftlerin Daniela Schweigler hat es für die bayerische Justizausbildung 2014 dokumentiert und die Professorin Dana-Sophia Valentiner 2017 in Hamburg ähnlich traurige Zustände vorgefunden: In juristischen Examensklausuren sind es zu 80 % Männer, die in juristischen Berufen arbeiten, auch selbstständig sind fast nur Männer, und Frauen werden nur in Beziehung zu einem Mann genannt. Oder auch: *Der ältere Herr Z, ein Zahnarzt, schenkt der jungen Laborassistentin L Auto, Nerzmantel und goldene Diamantuhr und will die Sachen zurück, als ihre Affäre endet. L sagt Nein. Welche rechtlichen Ansprüche …?* Die Stereotype enden da nicht: Im Strafrecht begeht *Herr Ö die Tat …* Tatsächlich Ö? So werden Vorurteile gemacht. Gerade im Recht ist anderes gefragt.

Trotzdem gilt das Abstrakte, »Kühle« und »nur Rationale« als professionell, steht für die Qualität der Dogmatik, für Logik, für

Schlüssigkeit. All das ist wichtig. Aber es genügt nicht. Wer über Leben entscheidet, muss mehr reflektieren. Nicht nur ich sollte wissen, warum ich wie auf eine Person reagiere, die in einer mündlichen Verhandlung vor mir steht, oder warum ich manche Formulierungen »einfach nicht mag«. Wir sollten nicht so tun, als gäbe es da keine Gefühle, mit denen wir alle auch in unserer Arbeit umgehen müssen. Gerade in einem Gericht, das für alle verbindlich entscheidet, sollte es auch nicht einfach danach gehen, was mir als »normal« erscheint, denn daraus wird der Kurzschluss, *das wird schon so gewesen sein*, genau wie die Vermutung, *wenn das da mal nicht anders war …*, nur weil mir etwas fremd ist. Jura ist nicht abstrakt, und professionell sein geht anders. Auch das Bundesverfassungsgericht muss den Menschen zugewandt sein, nicht zuletzt als »Anwalt der Schwachen«, wie der Richter Helmut Simon 2013 im Nachruf genannt wurde *(SZ)*.

Hier können wir von anderen lernen. Der südafrikanische Verfassungsrichter Albie Sachs betonte die *passionate proximity*, die leidenschaftliche Nähe zu den Nöten der Menschen, um ein solches Amt gut zu füllen. Es sei ganz unsinnig, Erfahrungen auszublenden und so zu tun, als wäre man völlig »neutral«. Er hatte selbst unter dem Apartheidregime gelitten, bei einem Anschlag sogar einen Arm verloren und saß nun im Gericht mit Kollegen, die vorher auf der anderen Seite gestanden hatten, so wie die NS-Verfolgten und die formal oder tatsächlich Belasteten in den 1950er und 1960er Jahren im deutschen Verfassungsgericht. Es sei wichtig, erzählt Sachs in seinen Büchern, die Gefühle nicht auszublenden. Auch die britische Richterin und einstige Präsidentin des Supreme Court in London, Lady Brenda Hale, betonte oft, wie wichtig es sei, sich selbst zu öffnen, damit sich andere öffnen können. Noch eindrücklicher erklärte die Richterin Sonia Sotomayor vom U.S. Supreme Court, die ihr Leben in Hochhäusern voller

Drogenabhängiger, ihre chronische Krankheit und die Einsamkeit in Eliteschulen beschrieben hat, sie könne genau deshalb in einem Gericht »die anderen Fragen« stellen, um dann gemeinsam mehr zu sehen. Ganz ähnlich waren Erfahrungen und Zugewandtheit für die kanadische Richterin Rosalie Abella in ihrer langen Karriere am Supreme Court of Canada überhaupt nicht egal: Ihr Vater durfte bei den Nazis als jüdischer Anwalt nicht praktizieren, die Eltern trafen sich nach der Befreiung aus den Lagern, und sie wurde in einem *Displaced Persons Camp* bei Stuttgart geboren; dann war sie die erste schwangere Frau an einem Familiengericht und die erste jüdische Richterin am Supreme Court. Erfahrungen prägen uns, das muss niemand verstecken. Das ist wohl gerade in einem Gericht wichtig, das für viele Menschen so weitreichend entscheidet.

Es hilft auch im Umgang miteinander, sich etwas besser zu kennen. Im Verfassungsgericht heißt das, sich nicht nur in der Beratung zu erleben, nicht nur im Streit und im Ringen um Konsens, sondern auch jenseits dessen. Dafür hatte ich mich privat entschieden. Dafür gibt es auch die Begegnung mit ehemaligen Richterinnen und Richtern beim »Richterwechsel«, denn auf die Feierstunde um 11 Uhr mit Musik von Jazz und Beatles über Bläser bis zur Percussion-Solistin, offizielle Reden und Ehrengäste folgt ein internes Abendessen, wo auch mit einer kleinen kollegialen und bestenfalls lustigen Rede Abschied genommen wird. Außerdem gibt es die traditionelle »Richterwanderung« für die Mitglieder des Gerichts und die wissenschaftlichen Mitarbeitenden und alle zwei Jahre ein Fest, um diese zu verabschieden. Nicht alle mögen das. Aber es tut der Sache gut.

Auch nach außen hin ist die zugewandte Haltung gefragt. Als ich gewählt worden war, erhielt ich den Rat: »Ab jetzt ist dein Leben anders, für die nächsten zwölf Jahre«. Das schien mir übertrieben. In Brasilien mag das so sein, wo die Richterinnen und Richter sehr bekannt sind, auch weil die Beratungen im Fernsehen übertragen werden. Auch in den USA sind Richterinnen und Richter Personen des öffentlichen Lebens, wo Filme über den Richter Thurgood Marschall oder RBG, die Richterin Ruth Bader Ginsburg, Kassenschlager sind und Biografien üblich. So kann die Richterin Sonia Sotomayor selten auf die Straße gehen, ohne um Selfies gebeten zu werden, und zu ihren Auftritten kommen Tausende. In Deutschland ist das anders; hier sind die Richterinnen und Richter keine Promis. Ich bin viel Zug gefahren, wurde aber nur einmal angesprochen. Trotzdem hatte die Freundin recht: Auf einem Geburtstagsfest machte ein Bekannter des Gastgebers ein harmlos nettes Selfie; später wurde daraus in sozialen Medien ein Vorwurf, zum Glück mit wenig Reichweite. Irgendwann erklärte mir ein Journalist ganz freimütig, sie sammelten Storys über uns, um sie irgendwann zu nutzen. Also ist es besser, vorsichtig zu sein.

Als ich zur Richterin gewählt wurde, wusste ich ohnehin nicht, wie viel mehr dazugehört als die Arbeit an den Akten. Aber das Bundesverfassungsgericht ist als Verfassungsorgan auch bei großen Anlässen gefragt, und nicht alles macht der Präsident allein. Zum Tag der Deutschen Einheit kamen Einladungskarten zum ökumenischen Gottesdienst, zum Festakt und zum Empfang des Bundespräsidenten mit einem kleinen goldenen Adler. In der zweiten oder dritten Reihe der Ehrengäste spürte ich dann auch, wie ungewöhnlich, wie wenig selbstverständlich, wie großartig und wie verantwortungsvoll dieses Amt ist.

Noch deutlicher war das am 13. August 2011, als ich an der Gedenkstätte Berliner Mauer das Verfassungsgericht vertrat. Der detaillierte Ablaufplan, den das Protokoll für solche Veranstaltungen immer erstellt, war auch hier hilfreich, von 9:10 Uhr bis zur »Rückfahrt mit Fahrdienst«, auch mit dem Hinweis auf »Bekleidung: dunkles Kleid/Kostüm/Hosenanzug«, der Witterung angepasst. Für mich war es die erste Kranzniederlegung, auf dem Weg sorgte sogar zufällig die Kanzlerin dafür, dass ich nicht von Polizisten aufgehalten wurde. Ich war ja neu, und die *FAZ* übersah auch gleich, dass das Bundesverfassungsgericht überhaupt da war. Jahre später vertrat ich das Gericht auch beim Besuch des Präsidenten der USA, Barack Obama, saß am Brandenburger Tor in der Hitze und abends beim Festessen im Schloss Charlottenburg. Er freute sich genauso wie Michelle Obama, als ich zu den gerade ernannten Richterinnen im Supreme Court gratulierte, und fragte nach dem »German Court«.

Ähnlich beeindruckt hat mich aber auch der Festakt zum 60. Geburtstag des Verfassungsgerichts selbst. In der Nacht auf den 28. September 2011 hatte das Bundeskriminalamt das Staatstheater durchsucht, denn es kam hoher Besuch: der Bundespräsident, der Bundestagspräsident, die Kanzlerin, der Ministerpräsident von Baden-Württemberg und viele andere. Trotzdem, das war uns wichtig als Bürgergericht, gab es die Hälfte der Karten für Bürgerinnen und Bürger. Als die Theatertruppe Rimini Protokoll im Stück »100 Prozent Karlsruhe« die Scheinwerfer ins Publikum richtete und fragte, wer schon einmal gelogen habe im Leben, und neben mir ein Ehrengast die Hand hob, war das auch speziell. Es fanden manche ungewöhnlich, mit so einer Veranstaltung das Gericht zu feiern. Aber so hatte es die Arbeitsgruppe im Gericht geplant. Es sollte nicht abgehoben sein.

Wie sich Richterinnen und Richter ansonsten verhalten, ist letztlich ihre Sache. Deshalb ist es so wichtig, dass sie unterschiedlich denken, aber persönlich für das Gericht einstehen können. Einmal gewählt, sind sie unabhängig, haben keine Vorgesetzten, und rechtlich gilt nur das Beratungsgeheimnis. Im Ausland haben höchste Gerichte oft strenge Ethikregeln, im Bundesverfassungsgericht gibt es nur »Leitlinien«. Sie entstanden, als sich deutsche Medien für Nebeneinkünfte am Bundesfinanzhof und anderen höchsten Gerichten interessierten. Seitdem wird jährlich veröffentlicht, wer durch Honorare für Aufsätze oder Bücher wie viel verdient, aber die Beträge sind wohl zu niedrig, als dass sie jemanden interessierten. Skandalisiert wurde dagegen, als die Richterin Christine Hohmann-Dennhardt nach dem Amt in der Automobilindustrie die Aufgabe übernahm, für »Compliance« zu sorgen (es sei »Eine Frau für den Höllenjob«, titelte die *ZEIT* am 22.10.2015), aber das hatte mehr mit sexistischem Neid zu tun, denn sie erhielt genauso viel wie andere auch.

Viel wichtiger ist das Verhalten in der Öffentlichkeit, die Haltung also, die da »richterliche Zurückhaltung« sein muss. Das ist ein Dauerbrenner im Gericht, auch weil sich ständig ändert, wie Öffentlichkeit funktioniert. Ich habe darüber vor allem mit denen gesprochen, die selbst lange in der Öffentlichkeit standen; nun klären das die »Benimmregeln« (*Rheinpfalz*, 5.1.2018). Dafür setzte das Verwaltungsplenum des Gerichts eine Arbeitsgruppe ein, wie immer mit gleich vielen Personen aus beiden Senaten. Wir haben uns gestritten, aber auch hier einen Konsens erarbeitet; das musste dann noch moderiert werden, aber schließlich haben alle unterschrieben. Seitdem finden sich die »Verhaltensleitlinien für Richterinnen und Richter des Bundesverfassungsgerichts« auf der Webseite, für alle lesbar. Sie betonen die Zurückhaltung, denn gerade ein Verfassungsgericht muss glaubhaft als das Verfassungsorgan auftreten, das sich nicht von sich aus einmischt und nicht politisch handelt. Wenn Richter dann von der Presse »umtriebig« genannt werden oder ihnen »Gestaltungswillen« attestiert wird, ist das für das Gericht kein Kompliment. Hat das Gericht, so sah es der CDU-Politiker Volker Kauder, »durch seine Öffentlichkeitsarbeit ein wenig übertrieben« (*Generalanzeiger*, 12.7.2013), muss es sich wieder zurückhalten. Der Unterschied zur Politik darf nicht verschwimmen. Das ändert sich nach dem Ende der Amtszeit, aber auch zur Autorität des »Richters a. D.« passen steile Thesen zu politischen Fragen nicht. Das Gericht ist eben kein Ort für Glamour, nichts für eitle Naturen. Im Amt ist es wichtig, der Versuchung des großen Auftritts in der Öffentlichkeit zu widerstehen, aber auf gewisse Weise auch danach.

Die Leitlinien betonen allerdings: Die Richterinnen und Richter sollen erklären, wie das Verfassungsgericht arbeitet, also bei der »Darstellung und Vermittlung, der Stellung, Funktionsweise und Rechtsprechung auf nationaler und internationaler Ebene« mitwirken. Wenn das nicht nur einige wenige, sondern auch hier wieder unterschiedliche Richterinnen und Richter tun, und noch dazu zurückhaltend, aber ehrlich, stärkt das sogar Vertrauen. Ich habe anfangs alle Anfragen für Vorträge oder Interviews zurückgewiesen; ich wollte mich erst in meine Rolle finden. Aber mir wurde immer klarer, wie wichtig es ist zu erläutern, worum es in diesem *Karlsruhe* geht. In vielen Begegnungen habe ich dann auch von anderen viel gelernt. Gewundert hat mich nur, wenn Fraktionen oder Organisationen politisch beraten werden wollten. War ihnen nicht klar, dass das als Richterin nicht geht? Die Antwort muss dann lauten, es »widerspreche der Aufgabe des Gerichts und dem Gebot der richterlichen Zurückhaltung, nach einer Entscheidung zu klären, was daraus politisch folgt«, denn man müsse »in größtmöglicher Unabhängigkeit und auch nach außen plausibel gelebter Neutralität« entscheiden. In den Leitlinien heißt es, dass

> bei jeder Form der Beteiligung an einer Veranstaltung darauf Bedacht [zu nehmen ist], dass sich die Art der Veranstaltung mit der Würde des Amtes und den Allgemeinen Grundsätzen seiner Wahrnehmung sowie dem Ansehen des Gerichts verträgt.

Austausch ist also wichtig, aber nicht in jeder Form.

Vor allem die Medien verdienen Erklärungen, wie das Gericht arbeitet; deshalb ist es gut, im Gespräch zu bleiben. Aber auch da passt nicht alles. Talkshows und Streitgespräche gehen meines Erachtens nicht, denn das Gericht hat keine Meinung neben anderen, sondern legt das Grundgesetz aus und hat eine besondere Funktion. Als also die damalige Präsidentin Jutta Limbach im Fernsehen, bei *drei nach neun*, das Gericht gegen heftige Angriffe verteidigte, war das die Ausnahme von einer sonst guten Regel. Auch da gilt es dann manchmal, einer Versuchung zu widerstehen. Mich hat die Anfrage einer bekannten Sendung durchaus gefreut, und vielleicht war ich auch kurz versucht, der Einladung zu folgen, aber es passt einfach nicht zum Amt. Dasselbe gilt für nicht öffentliche Veranstaltungen, auch für Parteitage oder Ähnliches. So habe ich die Einladung der Fraktion der Grünen im Deutschen Bundestag, eine Grundsatzrede über Grundrechte zu halten, während meiner Amtszeit abgelehnt, aber danach einmal angenommen. Im Amt ist der gelebte Abstand zur Politik existenziell; alles andere, so Heinrich Wefing in der *ZEIT* einmal, sei ein »gefährlicher Flirt« (7.3.2013).

War es also in Ordnung, die Schirmherrschaft zum Christopher Street Day in Karlsruhe zu übernehmen, der Kundgebung für gleiche Rechte unabhängig von der sexuellen Orientierung und Identität, schon lange weltweit als *Pride March* bekannt? Als die Anfrage kam, habe ich gehadert. Schadet das dem Gericht? Ich sprach mit Kollegen. Und sagte dann zu. Eine Wirtin bemerkte nach einem Abendessen, sie finde das richtig gut für die Stadt, für die Menschen, für die Menschenrechte. Das hat mich gefreut und beruhigt. Mehr habe ich auch auf der Bühne nicht gesagt: Grundrechte für alle. Genauso war es beim Grußwort für die Deutsche Aids-Hilfe, zur Eröffnung der Wochen gegen Rassismus oder bei

Reden zur Demokratie heute. Grundrechte und Demokratie – wenn das keine Themen für Verfassungsrichterinnen sind, welche dann? Es kommt nur darauf an, auch da erklärend allgemein zu bleiben.

Nicht nur Stilfragen

Für das Bundesverfassungsgericht ist letztlich entscheidend, wie es entscheidet, wie das Gericht also *Recht spricht* in seiner Rechtsprechung. Alle Entscheidungen müssen juristisch begründet werden, präzise und »sauber subsumiert«. Aber ich war und bin zutiefst überzeugt, dass es nicht genügt, wenn nur Fachleute diese Texte verstehen. Das ist auch im Gericht ein Dauerthema.

Nach dem Stil juristischer Urteile wird zudem schon lange gefragt. Der kommunistische Politiker Karl Liebknecht skandalisierte das 1905 als »Klassenjustiz«; der Jurist Ernst Fraenkel griff es 1927 wieder auf; der liberale Politiker und Wissenschaftler Lord Ralf Dahrendorf beschrieb so 1955 Gesellschaft und Demokratie in (West-)Deutschland; der Journalist Ronen Steinke kritisierte 2024 die Strafjustiz, denn vor dem Gesetz seien »nicht alle gleich«. Sie meinten vor allem den Zugang zu Gerichten, wandten sich aber auch gegen die Distanz zwischen Menschen und Justiz. Kann sich also ein Verfassungsgericht einfacher fassen, lässt sich ein Urteil verständlicher schreiben?

Wie was gesagt werden soll, wird in der »Leseberatung« geklärt, dem Finale der Entscheidung in einem Senat. Manche setzen da auf juristisch feinste Unterscheidungen und akzeptieren komplizierte Sätze, Fachbegriffe und Fremdworte, andere beharren darauf, alles verständlicher zu formulieren und eher zu erklären. Um ehrlich zu sein, waren diese Debatten oft ungemütlich.

Wenn ein Text geändert werden soll, macht das viel Arbeit, und alle haben eigentlich immer schon zu viel zu tun. Wenn ich also sehr viele Vorschläge machte, hat das ganz sicher auch genervt.

Und trotzdem: Manchmal heißt es, »normale Menschen« würden verfassungsgerichtliche Entscheidungen ohnehin nie lesen. Aber Jurastudierende sind normale Menschen, die das lesen und verstehen müssen, genauso wie Anwältinnen und Anwälte oder Leute in der Verwaltung, die fachrechtlich gut sind, aber nicht jeden Tag mit dem Grundgesetz umgehen und doch verstehen müssen, was das Bundesverfassungsgericht für ihre Praxis sagt. Erst recht müssen Gesetzgeber und Regierung verstehen, wo für sie rote Linien verlaufen, die das Gericht zieht. Schon deshalb ist es gut, möglichst verständlich zu sein.

Oft hieß es auch, es gebe ein »Berichterstatter-Prä«: Wer eine Entscheidung entwerfe, habe einen eigenen Stil, der akzeptiert werden müsse. Aber es spricht doch immer das Gericht. Es findet wohl niemand witzig, wenn andere den eigenen Entwurf ändern wollen. So ging es auch mir: Als Berichterstatterin hatte ich genau formuliert, im Sinne des Senats, und nach der umfangreichen Vorbereitung im eigenen Dezernat lag auch die Annahme nahe, man verstehe davon mehr als die anderen. Nun sollte ich trotzdem ändern? Es mag schwerfallen. Aber letztlich spricht alles dafür. Wenn schon im Senat jemand stolpert, dann stolpern andere auch. Kurze Sätze sind verständlicher, Fremdworte lassen sich vermeiden, Fachbegriffe erklären, und die typisch juristische Art, alles in Hauptworte zu packen und verschachtelte Sätze zu bauen, muss nicht sein. Dem Rechtsstaat tut es auch nicht gut, wenn gerichtliche Entscheidungen elitär klingen. Zur Arbeitskultur und zur Haltung im Verfassungsgericht gehört also, die vielen Vorschläge, die die anderen zum eigenen Text machen, mit Fassung zu tragen. Manches ist tatsächlich eine Stilfrage; da ging ich mit meinen Änderungsvorschlägen zu weit. Aber ein verständlicher Stil steht dem Bürgergericht gut zu Gesicht.

Fällt Ihnen da etwas auf? Ein »Bürgergericht«? Das geht schon. Aber genauer und auch freundlicher ist es natürlich, wenn alle Menschen nicht nur mitgemeint sind, sondern auch benannt und angesprochen werden. Also ein Gericht für Bürgerinnen und Bürger, für Menschen? Wie überall ist auch im Verfassungsgericht geschlechtergerechte Sprache gefragt; dafür haben sich viele eingesetzt, wenn auch nicht immer mit Erfolg; ich komme darauf zur Kontroverse Gleichheit zurück. Wenn ein Senat ohnehin Monate und eine Kammer Wochen damit verbringt, jedes Wort auf die Goldwaage zu legen, lässt sich darauf eigentlich achten. Auch in diesem Buch finden Sie keine Sonderzeichen wie Sternchen oder Unterstriche, aber auch keine nur männliche Bezeichnung, wenn es nicht nur um Männer geht.

Und warum acht?

Das Bundesverfassungsgericht profitiert von der Vielfalt der Richterinnen und Richtern, entscheidet aber im Konsens – und das mit acht Personen in jedem Senat. Das ist eigentlich merkwürdig. Wieso eine gerade Zahl, wenn eine Mehrheit genügt, und was passiert bei Gleichstand, 4:4? An Gerichten sind ungerade Besetzungen häufiger: In den USA, Kanada oder auch Ecuador sind es neun, in Portugal 13, in Taiwan 15 *Justices*. Im Straßburger Gerichtshof sitzen zwar 46, doch liegt das nur an der Zahl der Mitgliedstaaten des Europarats, denn jeder darf eine Person entsenden; tatsächlich entscheiden je nach Verfahren eine Person, drei, sieben oder 17. Warum also sind es in Deutschland acht?

Die gerade Zahl steht für Gewaltenteilung, die das Gericht an jeder Ecke prägt: Es kontrolliert den Gesetzgeber, ersetzt ihn aber nicht, also liegt die Hürde, bevor ein Gesetz »gekippt« werden kann, besonders hoch: Weil es acht sind, reicht eine knappe Mehrheit nicht, sondern es muss eine sehr klare Mehrheit – mindestens fünf – dafür sein, dem Gesetzgeber in den Arm zu fallen. Zur Haltung und Arbeitskultur gehört traditionell trotzdem der volle Konsens, also die einstimmige Entscheidung, 8:0. Konkret bedeutet das, weiter zu diskutieren, auch wenn man einfach zu fünft durchentscheiden könnte. Wenn sich ein Senat dann bei besonders wichtigen Kontroversen trotzdem geeinigt hatte, wie beim Klimaschutz, den Polizeibefugnissen oder Vereinsverboten, wird das sogar betont. Am Schluss steht dann: »Die Entscheidung ist einstimmig ergangen.«

Die Praxis: die Pforte, die Akten und der Hund

Als ich das erste Mal an meinem Schreibtisch in Karlsruhe saß, ganz frisch als Richterin, wusste ich über vieles wenig und über manches nichts. Klar, im Verfassungsrecht kannte ich mich aus als Professorin, die das unterrichtet und dazu forscht. Zum Verfahren kannte ich das Prozessrecht (und hatte mir kurzerhand ein aktuelles Lehrbuch gekauft, um noch mal sicherzugehen). Die Geschäftsordnung steht auf der Website des Gerichts. Und das Team an der Humboldt-Universität, wo ich nun für zwölf Jahre kaum mehr sein würde, schenkte mir eine kleine Sammlung für den Start. Es gab da Landkarte, Stadtplan, Zugverbindungen und touristische Tipps, aber vor allem den Auszug aus dem einzigen Buch, das bisher die Arbeit des Gerichts beschreibt: »Hinter dem Schleier des Beratungsgeheimnisses« von Uwe Kranenpohl 2010 – das half beim Einstieg. In den ersten Tagen vor Ort erklärte mir die dienstälteste Mitarbeiterin, wie das Verfahren läuft; in den Monaten danach habe ich manchmal auch den dienstälteren Richter im Zimmer neben mir gefragt, wie man verfährt, und er nahm sich immer Zeit. Von ehemaligen Richterinnen und Richtern wollte ich eher wissen: *Was geben sie mir mit auf diesen Weg? Wo kann ich Fehler machen? Haben sie je etwas bereut?* Auch das war bereichernd. Nur war ich jetzt selbst gefordert.

Tatsächlich läuft es im Bundesverfassungsgericht immer gleich: Die Arbeit besteht aus Fällen, die in Akten stecken. Manchmal gibt es einfache, aber öfter ziemlich komplizierte Fragen, vor allem zu den großen Kontroversen, die auch in diesem Buch behandelt werden. Natürlich habe ich mich darauf gefreut, nun endlich etwas zu Themen sagen zu dürfen, die mir wichtig waren, wie etwa zur Gleichberechtigung. Aber auch dann dominiert die Routine, und sie hat ihren Wert. Oft ist erst nach und nach erkennbar, worum es eigentlich geht; solche Fälle werden wie ein Hefekloß immer größer. Andere Verfahren sind zwar aufwendig, doch wird am Ende nicht in der Sache entschieden. Durch manches musste ich mich auch mühsam hindurcharbeiten, denn nicht alles ist gleich spannend. Nur die Verantwortung ist immer spürbar.

Es sind nur Akten, aber da passiert viel. Das lässt sich auch symbolisch zeigen. Während meiner Amtszeit wurde der Glasbau im Schlossbezirk drei Jahre lang saniert, das Gericht zog in eine ungenutzte Kaserne. Als wir zurückkehrten, mussten 2400 Meter Akten verfrachtet werden, und es gab eine Wiedereinzugsfeier. Das Datum stand: der 26. November 2014, aber das Gericht verwaltet sich selbst, muss also auch organisieren, was da geschehen soll. Im Verwaltungsplenum wurde die Aufgabe an Sibylle Kessal-Wulff und mich übertragen, sie eine konservative Richterin im Zweiten Senat und ich »von der anderen Seite«. Auch da zeigte sich, was das Bundesverfassungsgericht ausmacht: Wir waren sehr verschieden, aber schnell einig und beauftragten drei junge Kunstschaffende – Sascha Erbe, Moritz Hähde und Judith Milz –, etwas für die Feier zu finden. Sie schufen das Werk »Input–Output«: zwei Regale, links viel Papier im Aktendeckel, rot oder gelb, ein paar Ordner, ein paar Bücher – der *Input*; und rechts der *Output* – die Entscheidung, ein kleiner Stapel Papier, geheftet. Mehr nicht. Wer das sieht, kann sich sofort vorstellen, was Entscheiden im Bundesverfassungsgericht bedeutet: alles prüfen, was kommt und dazugehört, dann ein gemeinsamer Text in möglichst klaren Worten – und alles Akten. Die Installation wird seitdem am Tag der Deutschen Einheit in Schaucontainern gezeigt. Auf der Feier war es uns ansonsten wichtig, dass die Gäste nicht nur den Sitzungssaal sahen, sondern auch den Maschinenraum und die anderen »Bauteile«, denn da sitzen all jene, die dazu beitragen, dass hier gut entschieden wird.

Der Alltag

Alles Akten, aber auch viel mehr. Wenn das Bundesverfassungsgericht über große Fragen entscheidet, erfahren Sie das aus den Nachrichten, ob Zeitung, Radio, Fernsehen, Internet oder soziale Medien. Nicht nur beim Klimaschutz hieß es: »Ein Paukenschlag«. In den Sicherheitsfällen ist es oft »eine Klatsche für die Politik«. Manchmal fällt die Presse auch sachlicher aus, wie bei den Entscheidungen zur Pandemie. Immer hat das Bundesverfassungsgericht, hat dieses *Karlsruhe* entschieden. Aber bevor es da zum Schwur kommt, bevor also auch die Auslegungsspielräume eröffnet werden, die die Richterinnen und Richter so überzeugend und klug wie möglich füllen müssen, passiert eine Menge. Wie läuft das also vor Ort?

Die Akten

Vor Ort dreht sich alles um die Akten, aber diese müssen erst einmal entstehen, also »angelegt« werden, und sie wandern, oder genauer: Sie fahren herum. Im Grundgesetz ist geregelt, welche Verfahren es vor dem Bundesverfassungsgericht überhaupt gibt, im

Prozessrecht, dem »Bundesverfassungsgerichtsgesetz«, gibt das Parlament die wichtigsten Schritte im Verfahren vor, und vor Ort gilt die Geschäftsordnung, die das Gericht so wie die jährliche »Geschäftsverteilung« selbst beschließt. Das ist für die Unabhängigkeit wichtig – ein Gericht kann sonst lahmgelegt werden, indem an den Verfahrensschrauben gedreht wird. Vor allem sind diese Regeln ein Beitrag zum Vertrauen in die Unparteilichkeit, denn es steht vorher fest, welches Verfahren in welchem Senat und welcher Kammer behandelt wird und wer darüber Bericht erstattet, also die Akte zuerst bearbeitet.

Für einen Richter oder eine Richterin beginnt jeder Fall mit der ordnungsgemäß zugeteilten Akte auf dem Tisch; und jeder Fall ist erst mit der Unterschrift abgeschlossen, von dreien in der Kammer oder allen acht im Senat, denn niemand entscheidet allein. Aber dazwischen liegen eben viele Schritte. Die Akten bewegen sich, sie rollen, denn die Amtsmeister fahren sie auf dem »Hund« durch die Gänge, einem Rollwagen, der so nach der Firma heißt, die ihn einst gebaut hat. Der Hund fährt ständig im Gebäude herum, denn es ist viel zu tun: Jede Richterin und jeder Richter des Bundesverfassungsgerichts unterschreibt etwa 1000 Entscheidungen im Jahr, leistet also drei Unterschriften pro Tag, und das bedeutet 1000-mal lesen, prüfen, eventuell beraten, verantworten. Egal wie sehr wir uns angestrengt haben: In meinen Regalen und bei den Mitarbeitenden lag immer noch mehr, und mir war ständig bewusst, dass hinter jeder Akte Menschen stehen, die auf die Entscheidung warten. Und jedes Jahr kamen Hunderte neue hinzu.

Man ist so immer mit vielen kleinen und mehreren großen Fragen gleichzeitig beschäftigt. Auf der Tagesordnung im Senat stehen oft drei oder auch mehr Verfahren zu ganz verschiedenen Themen, in der Kammer hängen immer mehrere zugleich, die Mitarbeitenden liefern jeden Tag neue Akten ab, die geprüft werden müssen und weiter zu bearbeiten sind. Ich habe fast immer sofort vergessen, worum es ging, wenn etwas unterschrieben war, denn schon kam der nächste Fall. Es fühlte sich endlos an. Das ist anstrengend. Aber man muss sich auch nie fragen, ob die eigene Arbeit sinnvoll ist. Zumindest für mich wohnte so nicht nur dem Anfang ein Zauber inne. Ein bisschen Zauber blieb die ganze Zeit.

Den Überblick über die Akten und alle weiteren Aufgaben, die mit dem Amt verbunden sind, behält die »Vorzimmerkraft«; sie ist die engste Mitarbeiterin. Ich hatte großes Glück. Die langjährig erfahrene Frau Cruz nahm mich schon am Tag des Dienstantritts an der Pforte in Empfang und brachte mich in den ersten Stock des Richterrings. Ein herzliches Willkommen, die Regale noch weitgehend leer, und dann brachte sie einen Stapel nach dem anderen: gelbe Pappdeckel oder rote, um zu zeigen, dass es eilt, mit allen Unterlagen, die einen Fall ausmachen, mal dünner, mal dick, mal mehrere Bände mit Gurten verschnürt. Das waren also »meine« Verfahren; für sie war ich zuständig nach der Zuteilung im Senat.

Akten mag staubig klingen, aber die Akten im Verfassungsgericht sind dem Leben sehr nah. Es sind große Fragen, ja. Es geht um die Kontrolle der Politik, auch das. Aber die Fragen stellen Menschen. Sie beschweren sich, weil sie sich eingeschränkt oder benachteiligt fühlen, sie finden ein Gesetz oder ein Urteil eines normalen Gerichts ungerecht, sie wollen mitreden, einzeln ihre Meinung äußern oder mit anderen protestieren, sie wollen, dass das Grundgesetz beachtet wird. Da hat nicht nur mich die Nähe der Arbeit zum Alltag der Menschen oft überrascht. Die »großen« Fragen waren zu erwarten, aber vor Ort beginnt auch jede große Entscheidung im Kleinen, und für die Betroffenen sind ihre Anliegen ohnehin nie »klein«, sondern wichtig. Das nimmt das Bundesverfassungsgericht als Bürgergericht ernst. Nach den Regeln kann »jedermann« Verfassungsbeschwerde erheben, also jeder Mensch, jede Eingabe wird geprüft. Da ist anwaltliche Unterstützung hilfreich, aber nicht zwingend, anders als vor dem Bundesgerichtshof als höchstem »ordentlichen Gericht«, und anders als sonst gibt es keine Gebühren. Das öffnet vielen die Tür.

Die echte Tür zum Verfassungsgericht ist die Pforte, aber der »Eingang der Sache« ist meist die Post: Der »elektronische Rechtsverkehr« beginnt gerade erst. Bisher laufen an der Pforte Tag und Nacht zwei Faxgeräte, und wenn etwas wirklich eilig ist, muss jemand auch mal aus dem Bett geholt werden, um das schnell zu bearbeiten. Zwar darf sich das Bundesverfassungsgericht für eine Entscheidung die Zeit nehmen, die es braucht; das ist für die Verlässlichkeit genauso wichtig wie für die Unabhängigkeit. Aber es darf und muss manchmal schnell entscheiden, etwa über Abschiebungen oder eine Demonstration am selben Tag. Ansonsten kommt die Post in gelben Kisten: das Schreiben einer Bürgerin oder der Schriftsatz von Anwälten als Verfassungsbeschwerde, die Klage einer politischen Partei, der Antrag einer Landesregierung oder die »Vorlage« von Fachgerichten, die ein Gesetz für verfassungswidrig halten, und dann noch die Stellungnahmen, um die ein Senat in großen Verfahren bittet. Nur manche geben ihre Beschwerde eigenhändig an der Pforte ab, freundlich begleitet von der Bundespolizei, sicherheitshalber; manchmal wurde die Aktion auch gefilmt und online gestellt. Insgesamt gehen so jedes Jahr viele tausend »Sachen« ein. Wenn Sie die roten Roben in den Nachrichten sehen, ist das die Spitze eines großen Eisbergs.

Das Gericht ähnelt deshalb dem Theater: Die Vorderbühne kann ohne die Hinterbühne nicht; sehr viel läuft hinter den Kulissen. Tatsächlich sitzen im Bundesverfassungsgericht viele erfahrene und beeindruckend engagierte Mitarbeitende, damit alles seinen ordentlichen Gang geht: Im Maschinenraum sorgen sie dafür, dass der Sicherheitsgurt der Demokratie funktioniert. Was eingeht, wird in der Poststelle aufgenommen, mit einem Eingangsstempel, und geht dann ins »Allgemeine Register«. Da wird vorgeprüft und notfalls nachgefragt, in vielen freundlichen Schreiben. Sehr viele Eingaben werden zunächst einmal »geparkt«. Oft ist das Bundesverfassungsgericht einfach die falsche Adresse: Die normalen Gerichte sind zuerst zuständig, denn es muss »der Rechtsweg erschöpft« werden, und sie können das Problem oft schon lösen. Oder es geht um normale Streitigkeiten (nicht »spezifisch« um Verfassungsrecht) oder eigentlich um politische (nicht rechtliche) Forderungen, oder es ist überhaupt nicht erkennbar, was die Menschen belastet (sie müssen »hinreichend substantiiert« vortragen, dass sie »selbst, unmittelbar und gegenwärtig betroffen« sind).

Wenn offensichtlich etwas fehlt, gibt es den freundlichen Brief: juristisch genau, aber auch verständlich, ohne falsche Hoffnungen zu wecken oder abzuschrecken. Darin steckt viel Mühe. Wenn jemand nah an den Menschen ist, dann diese Mitarbeitenden; sie sind für das Bürgergericht eine nicht nur verlässliche, sondern wichtige Bank. Manche Menschen nehmen nach dem freundlichen Brief ihre Beschwerde zurück. Aber wer »eine richterliche Entscheidung begehrt«, bekommt sie.

Im »Verfahrensregister« wird dann entschieden, wer entscheidet. Die Sache bekommt das entsprechende Aktenzeichen und rollt auf dem Hund in den ersten oder zweiten Stock zum zuständigen Senat. Das füllt jeden Tag mindestens eine rote Plastikkiste. In den Senaten sorgen dann die Vorsitzenden dafür, dass die Sache an die zuständigen Richterinnen und Richter verteilt wird, also an die Dezernate geht; das steuert die »Geschäftsverteilung«. Wenn es schwierig ist, eine Sache zuzuordnen, klären das meist die Mitarbeitenden, notfalls gibt es ein Gespräch zwischen den Richterinnen und Richtern; wenn auch das – ganz selten – nicht hilft, entscheidet ein Ausschuss, und nur dort hat der Präsident die entscheidende Stimme. Was ein wenig erstaunt: Obwohl alle eher in Arbeit ertrinken, kommt es kaum vor, dass jemand einen Fall nicht will, sondern allenfalls, dass mehrere Interesse haben: Es gibt nur »positive Zuständigkeitskonflikte«. Es hat mir dann zwar nicht gefallen, wenn andere zuständig waren, denn ich wäre lieber dabei gewesen, nicht nur über den Eilantrag zum Mietendeckel zu befinden (das war 2020 die Kammer zu 1 BvQ 15/20), sondern auch in der »Hauptsache« zu entscheiden (aber das tat 2021 der Zweite Senat), und auch das Arbeitsrecht der Kirchen oder das Kopftuch einer Referendarin in Hessen wanderte »nach oben«, in den zweiten Stock. Aber so sind die Regeln.

Die Geschäftsverteilung ist jedenfalls alles andere als eine Formalität. In anderen Ländern teilt der Präsident oder die Präsidentin die Arbeit zu. Das kann gut gehen, aber wenn eine Regierung jemanden einsetzt, um das Gericht kleinzuhalten oder politisch in eine Richtung zu lenken, kann das schnell missbraucht werden, damit »die Richtigen die Hand drauf« haben. In Deutschland geht das nicht, denn im Bundesverfassungsgericht wird vorher abstrakt entschieden, wer was macht. Das Recht auf den »gesetzlichen Richter«, so heißt es in Artikel 101 Absatz 2 des Grundgesetzes, wird auch intern sehr ernst genommen.

Erst dann rollte also die Akte zu mir, mit allen Dokumenten, die dazu entstanden waren, per Hand nummerierte Blätter, damit nichts verloren geht. Auch nach einer Entscheidung überprüfen die Geschäftsstellen der beiden Senate alles nochmals genau, danach wird der Beschluss oder das Urteil in der eigenen Druckerei gedruckt, mit einem schwarz-rot-goldenen Faden gebunden und mithilfe einer Oblate gesiegelt: So wird es eine Urkunde. Dann folgt die »Zustellung« der Entscheidung an diejenigen, die sie beantragt haben, oder, falls mündlich verhandelt wurde, die

»Verkündung«. Und erst dann erfahren Sie, was das Bundesverfassungsgericht entschieden hat.

Das ist ziemlich viel Aufwand und ziemlich formal. Nicht selten sind auch Profis erstaunt, wie viel hinter den Kulissen getan wird, was von außen niemand sieht. Aber so arbeitet eine rechtsstaatliche Justiz. So wird vor allem sorgfältig behandelt, was Menschen vorbringen. Ganz ordentlich. Damit man sich darauf verlassen kann.

Das Votum

Die Akte kommt nun endlich zum Richter oder zur Richterin. Tatsächlich fährt der Hund ins Vorzimmer, und da wird in Listen eingetragen, was übergeben wird. Manche Richter sehen sich das zuerst selbst kurz an, andere geben es gleich an die Dienstältesten im Dezernat. Diese organisieren wie die »Stubenältesten« bei der Bundeswehr, wer im Team was macht. Das Team sind die wissenschaftlichen Mitarbeitenden, die »WiMis«. Und auch das ist bemerkenswert: In den USA und anderen Ländern gibt es *clerks*, die am Gericht gleich nach dem Studium eine Station absolvieren, ein begehrter Karriereschritt. In Deutschland verleihen dagegen die Bundesländer oder auch der Bund für einige Jahre voll ausgebildete Juristinnen und Juristen aus der Justiz und Staatsanwaltschaft oder aus Ministerien an das Bundesverfassungsgericht, um dort zu arbeiten. Die Stellen werden nicht ausgeschrieben; ich habe versucht, darüber breit zu informieren und Leute zu ermutigen, sich »abordnen« zu lassen. Denn davon haben alle etwas: Die WiMis sitzen hinter den Kulissen, sind aber unverzichtbar, denn ohne sie wäre schon die Menge nicht zu schaffen; sie bringen aber auch Wissen ein, das unbedingt gebraucht wird, auch wenn der »heimliche dritte Senat« nichts zu entscheiden hat. Außerdem gehen sie an ihre Gerichte und in ihre Ämter zurück mit dem Grundgesetz im Kopf, mit aktuellem Wissen um Verfassungsrecht aus erster Hand. Das war in der Vergangenheit wichtig und trägt auch heute dazu bei, den Rechtsstaat überall im Geist von Grundrechten und Demokratie zu verwirklichen.

In Karlsruhe landet jetzt die Akte auf ihrem Tisch, im Mitarbeiterbau halb versenkt im Botanischen Garten. Die WiMis prüfen gründlich, werten aus, recherchieren und diskutieren und schreiben ein Gutachten, das »Votum«. In kleinen klaren Fällen verfassen sie gleich den »Beschlussentwurf« für die Kammer; für den Senat sind die Voten umfangreich und oft von von mehreren erarbeitet. Das Votum fährt dann wieder auf dem Hund zur »Chefin«, zum »Chef«; nun heißt es für die Richterinnen und Richter – also auch für mich –: lesen, prüfen, umarbeiten oder gleich unterschreiben. Dann geht die Akte weiter in die Kammer oder, seltener, in den Senat. Als Berichterstatterin habe ich so um die 300 eigene Verfahren im Jahr geschafft; in der Kammer und im Senat kam dazu, was die anderen vorbereitet hatten, so werden es die etwa 1000 Fälle pro Jahr. Es fühlte sich oft endlos an.

Das war auch die Arbeit am Votum manchmal – endlos, als ginge die Hefe immer weiter auf. Vielleicht sind die Beratungen das Herzstück des Bundesverfassungsgerichts, aber das Votum ist der Herzschrittmacher. Darüber wird auf Augenhöhe beraten, auch gestritten, bis zum Konsens; da muss alles hinein, darf nichts offenbleiben, sondern muss am Ende ein Vorschlag stehen, wie zu entscheiden ist. In diesen Gutachten wird also alles zusammengefasst, was irgendwie dazugehört, um wirklich verantwortlich urteilen zu können: die Beschwerden, Vorlagen oder Klageschriften, je nach Verfahrensart, die Stellungnahmen, die der Senat selbst anfragt, manchmal mit einem Fragenkatalog, und die eigenen Recherchen. Heute sind das oft Hunderte Seiten Text mit unglaublich vielen Anlagen – den Originalquellen, auf die es sich bezieht.

Für eine Wissenschaftlerin ist das traumhaft, aber im Gericht ist die Verantwortung viel größer.

Das Bundesverfassungsgericht ist allerdings kein Amtsgericht, wo aufgeklärt wird, was tatsächlich geschehen ist: Es prüft nur, ob das Grundgesetz verletzt wurde. Die Ausnahme ist der Antrag auf das Verbot einer politischen Partei: Da erhebt das Gericht auch selbst Beweise, denn da ist es die erste und einzige Instanz. Sonst tut es das nicht, muss aber sehr gut verstehen, was für die Menschen auf dem Spiel steht, worum es also in der Sache geht. Zur Arbeit gehört also, die Erwartungen, Befürchtungen und Hoffnungen und die weiteren, auch politischen Zusammenhänge zu kennen, um juristisch überzeugend und möglichst klug zu entscheiden. In einem Votum werden auch dazu Informationen geliefert, soweit die Tatsachen bekannt sind; für Spekulationen und vage Vermutungen ist hier kein Raum.

Im Votum steht natürlich die Rechtslage im Vordergrund, aber hier doppelt. Da das Verfassungsgericht Gesetze und deren Anwendung überprüft, muss nicht nur das Verfassungsrecht umfassend beschrieben werden. Vor allem muss ein Votum die Regelungen erklären. Dazu gehören die »Gesetzesmaterialien« also die Entwürfe, Stellungnahmen und Protokolle der Debatten in Bundestag und Bundesrat, denn das Verfassungsgericht muss wissen, welche Ziele verfolgt werden, was nicht gewollt war und was für die Politik eine Rolle spielte, um das Gesetz zu rechtfertigen. In der Demokratie hat ja im Zweifel die Mehrheit in Parlament und Regierung, die Sie gewählt haben, recht, aber in einer Demokratie, in der sich auch Mehrheiten an Grundrechte und demokratische Verfahren binden, überprüft das ein unabhängiges Gericht. Wenn irgend möglich, wird ein Gesetz gerettet, indem es so verstanden wird, dass sich »Auslegung und Anwendung im Einklang mit dem Grundgesetz« befinden – ob das geht, muss im Votum erklärt werden. Dazu gehört dann auch das, was die zuständigen Gerichte aus dem Gesetz bisher gemacht haben, und die wissenschaftlichen Ansichten dazu.

Schon das ist eine Menge Stoff, aber hier hilft wieder die Vielfalt auf der Richterbank. Ich wusste etwas über Verwaltungsrecht, auch aus der Arbeit in der Umweltverwaltung in Berlin, und über Polizeirecht, auch aus Fortbildungen zu Ermittlungen bei häuslicher Gewalt; die Richterin neben mir kam aus der Strafjustiz und wusste sehr genau, wie Ermittlungsverfahren laufen; ein anderer kannte die Zivilgerichte von innen; ein Richter hatte sich vor allem mit Datenschutz beschäftigt, der Völkerrechtler mit Regeln gegen Terrorismus, die Professorin mit Regulierungs- und Europarecht. Die Mischung macht's. Sie hilft einem Senat, in den bewusst unterschiedliche Personen gewählt werden, auch verschiedene Probleme zu verstehen.

Das Votum leistet allerdings noch mehr. Zur deutschen Tradition des ziemlich »akademischen« Gerichts gehört auch, dass es sich intensiv mit der Wissenschaft vom Verfassungsrecht beschäftigt. Von Professorinnen und Professoren ist das zu erwarten: Da kommen sie her, da kennen sie sich aus. Aber alle beziehen das ein. Die Rechtswissenschaft begleitet *Karlsruhe* zudem eng und kritisch, bestenfalls genau und konstruktiv. Wenn neue Probleme auftauchen, muss ein Senat zwar selbst mutig und hinreichend kreativ sein, sie überzeugend zu adressieren. Aber die Lösungswege sind oft schon gebahnt, eben in der Wissenschaft. So waren das »Grundrecht auf informationelle Selbstbestimmung«, das »allgemeine Persönlichkeitsrecht« oder die Idee zum Klimaschutz, die Freiheit »intertemporal« zu denken, also heute für die Zukunft zu schützen, bereits angelegt; das Bundesverfassungsgericht hat diese Überlegungen dann aufgegriffen, sie in die Linien der Rechtsprechung eingebaut und möglichst klar gefasst. Auch sonst liefert die Wissenschaft eine Menge: Über die Verfassungsgemäßheit der Coronamaßnahmen wurde viel geschrieben, über jede Neuregelung im Sicherheitsrecht, über Gleichstellung und über den Schutz der Demokratie, und im Gericht kommt das alles ins Votum, weil Beteiligte ihre Argumente darauf stützen, durch Richterinnen und Richter selbst, durch »sachkundige Dritte« oder mit den Recherchen im Dezernat.

Was dahintersteckt, ist den Entscheidungen allerdings kaum anzusehen. In meiner Amtszeit war der Erste Senat eher geizig: Die Quellenangaben in den Gründen zeigen selten, wie sehr wir uns womit befasst haben; der Zweite Senat tat das etwas öfter, und vermutlich gibt es eine goldene Mitte. In meinem Senat hatten wir verabredet, die Arbeiten von Mitgliedern des Gerichts nicht herauszustellen, wenn sie nicht wirklich die Einzigen und Eindeutigsten waren, die sich zur Sache geäußert haben: Wir wollten niemanden bevorzugen und uns nicht »Denkschulen« zuordnen. Am Ende muss auch deutlich werden, dass es sich um ein gerichtliches Urteil handelt, keine grübelnde Suche nach Argumenten, die alle gleich viel wiegen. Da sind weder originelle Ideen noch poetische Sätze wichtig, sondern, so formulierte es ein Staatsrechtslehrer einmal, »Überzeugungskraft«. Was die Rechtswissenschaft äußert, wird jedoch im Votum diskutiert.

In das Votum gehört dann noch mehr. Das Grundgesetz sagt Ja zu Europa, und das Bundesverfassungsgericht arbeitet heute im »europäischen Gerichtsverbund«, also ist Europarecht ebenso gefragt wie der vergleichende Blick zu den Nachbarländern; die »Verfassungsvergleichung« wird sogar immer wichtiger. Hinzu kommt das Völkerrecht, denn das Grundgesetz wird »im Lichte des« Völkerrechts verstanden, das in Deutschland gilt. Auch das sagt schon die Präambel und deutlicher noch der zweite Absatz des berühmten Artikel 1; ich habe das oft im Original zitiert:

> Das Deutsche Volk bekennt sich darum zu unverletzlichen und unveräußerlichen Menschenrechten als Grundlage jeder menschlichen Gemeinschaft, des Friedens und der Gerechtigkeit in der Welt.

Die Menschenrechte sind also zu beachten. Beim Klimaschutz wird deshalb auf das Pariser Abkommen, im Schulbeschluss zu Corona auf die Kinderrechtskonvention der Vereinten Nationen und in der Entscheidung zur Gleichbehandlung im Krankenhaus auf die globalen Behindertenrechte Bezug genommen. Wir sind verfassungsrechtlich nicht allein auf der Welt. Das muss das Votum zeigen.

Die Zustellung

Ein weiterer wichtiger Schritt im Verfahren des Bundesverfassungsgerichts ist die »Zustellung«. Auch sie sorgt dafür, dass unterschiedliche Perspektiven berücksichtigt werden, aber sie öffnet das Gericht vor allem für unterschiedliche Stimmen im Original. Manche schicken ungefragt Schriftsätze, was in anderen Ländern sogar üblich ist, wo viele sie als *amici curiae*, als »Freunde des Gerichts«, auftreten. In Deutschland regelt das Prozessrecht die wichtigsten Weichenstellungen; auch über sie entscheidet niemand allein, sondern der ganze Senat, wenn die Sache die erste Hürde genommen hat und zulässig ist.

Mit der Zustellung wird dann nachgefragt: Was dem Gericht vorgelegt wurde, wird verschickt und dazu um Stellungnahme gebeten, amtlich oder ehrenamtlich besteht also die Chance, die eigene Sichtweise einzubringen. Zwingend zu fragen sind immer die Regierung, das Parlament, die Justiz und die Länder; bestenfalls antworten dann die Fachbehörden und können in einer mündlichen Verhandlung befragt werden, denn sie kennen sich aus, aber das Gericht kann das nicht vorgeben und erhält manchmal auch weniger Sachverstand. Für die Stellungnahmen bitten viele häufig um mehr Zeit; das ist ein Grund, warum Verfahren länger dauern können.

Diese Beteiligten stehen allerdings auf der einen Seite, denn sie verteidigen das Gesetz oder die Entscheidung, die das Verfassungsgericht überprüft. Nur sie zu hören, wäre einseitig, und ihr Wissen ersetzt nicht Wissenschaft. Deshalb geht die Zustellung auch an »sachkundige Dritte«, so nennt sie das Prozessrecht, und der Senat entscheidet, wer das ist. Fast nie werden einzelne Personen gefragt, sondern Forschungseinrichtungen, Fachverbände oder Organisationen, denn sie klären untereinander, was der Stand der Dinge ist. Wer das dann ist, schlagen die Berichterstattenden vor, auch das wird beraten und dazu ein Konsens gesucht; die Vielfalt auf der Richterbank sorgt auch hier dafür, die Dinge aus unterschiedlichen Richtungen zu beleuchten. Als »mein Senat« über die Adoption von Kindern durch gleichgeschlechtliche Eltern zu entscheiden hatte, wurden also nicht nur Forschende um Stellungnahme gebeten und erst recht nicht nur Fachverbände, die schon dafür eintraten, sondern auch kirchliche Einrichtungen, von denen manche meinten, dass sie auf der anderen Seite stünden. In den Coronaverfahren wurden anerkannte Forschungseinrichtungen gefragt, aber auch neue Ärztevereine »gegen Impfen«. Zum Datenschutz treten dann nicht nur die Sicherheitsbehörden auf, sondern auch der Chaos Computer Club, der sich dazu kritisch engagiert, oder ein Engländer, der Geheimdienste überwacht und erklären konnte, wie das geht, weil deutsche Behörden oft sagen, es sei unmöglich. Das Gericht will so möglichst viel sehen.

Der Umlauf in den Kammern

Im Verfassungsgericht werden allerdings die meisten Sachen nicht zu acht, sondern zu dritt entschieden, in den Kammern. Sie erledigen den allergrößten Teil der Arbeit schriftlich, »im Umlauf«. Auch hier sind es Akten; die wissenschaftlichen Mitarbeitenden im zuständigen Dezernat prüfen, votieren und schlagen einen Beschluss vor, er wird unterschrieben und »läuft« weiter zu den beiden anderen Richterinnen und Richtern, die zustimmen müssen. Das kann schnell gehen, aber auch dauern. Wenn der »Beschlussentwurf« nicht überzeugt, kommen Rückfragen, aber häufiger sind Änderungen mit Bleistift gleich im Text. Mit Bleistift! Erstaunlich, aber sinnvoll: So kann niemand nur meckern, sondern muss immer etwas Besseres vorschlagen, was die anderen überzeugt; wenn die erste Idee nicht ganz so gut ist, lässt sich radieren und neu schreiben; auf Papier ist gleich erkennbar, ob es so komplizierter oder besser wird.

Wenn es trägt, kommt ein Namenskürzel daneben; wenn nicht, muss in der Kammer beraten werden. So war es in der Coronazeit, als sehr viele Beschwerden gegen die Impfpflicht in Gesundheitseinrichtungen auf meinen Tisch kamen, als Berichterstatterin im Arbeitsrecht. Eine Mitarbeiterin, selbst Arbeitsrichterin mit viel Erfahrung, prüfte und votierte ausführlich. Die Sache war brisant, also trafen wir uns in der Kammer zu dritt. Die Entscheidungen selbst waren wie fast immer kurz. Manchmal gab es eine Tenorbegründung, warum die Sache nichts wird, etwa weil der Rechtsweg nicht erschöpft wurde (da »andere Möglichkeiten zur Verfügung stehen, die behauptete Rechtsverletzung zu beseitigen«) oder weil eine substantiierte Darlegung fehlte (also »die Möglichkeit einer Verletzung in eigenen Rechten nicht hinreichend substantiiert dargelegt worden ist«). Das kostet Mühe, denn alle müssen jedes Wort richtig finden. Aber die Betroffenen erfahren den Grund.

Sehr oft steht da aber »ohne Gründe«. Das klingt autoritär – haben Menschen, die sich an das Bürgergericht wenden, nicht mehr verdient? Fast alle scheitern: Die durchschnittliche Erfolgsquote bei der Verfassungsbeschwerde liegt unter 2 %. Und das ohne Erklärung? Es ist riskant; das kann frustrieren. Allerdings haben viele vorher schon den Brief bekommen, der ihnen erklärt, was fehlt. Hinzu kommen Beschwerden, die immer wieder oder gezielt erfolglos oder offensichtlich unsinnig erhoben werden, wie beim Vorgehen gegen die Sommerzeit; das steckte hinter 1 BvR 2776/12. Auch der Versuch, nach dem Amoklauf an einer Schule in Winnenden ein Waffenverbot zu erzwingen, hat meine Sympathie, aber, so schrieb am 16.2.2013 die *Südwestpresse:* »Der Gesetzgeber sitzt in Berlin, nicht in Karlsruhe.«

Das Bundesverfassungsgericht spricht also oft wenig, denn jedes Wort liegt auf der Goldwaage. Ein älterer Richter warnte mich gleich zu Beginn: *Seien Sie vorsichtig, denn was Sie hier sagen, wird wie die Bibel gelesen!* In Beratungen hieß es dann: *Es ist nicht zwingend, das jetzt zu entscheiden* – ein wichtiger Teil der Haltung, die Zurückhaltung sein muss. Das gelingt nicht immer, aber es ist die Regel.

Trotzdem wird aus kurzen Aussagen oft viel zu viel gemacht. Eine »Nichtannahme ohne Gründe« wird dann fälschlich als Prüfung in der Sache gedeutet: »XY scheitert in Karlsruhe«, auch wenn die Beschwerde unzulässig war, in der Sache also nichts geklärt. Wenn die Kammer mehr klären will, sagt sie das. Soll also ein umstrittenes Gesetz zuerst von den Fachgerichten in der Praxis ausgelegt und angewendet werden, um Probleme vor Ort zu lösen, wird das zu der Nichtannahme kurz ausgeführt. Auch da wird aber aus Respekt vor dem von Ihnen gewählten Gesetzgeber nur der Auftrag erteilt, »verfassungskonform« zu handeln. Manchmal wartet das Verfassungsgericht, wenn es besser geeignete Fälle gibt, um Zweifel zu klären, oder wenn schon bekannt ist, dass ein Gesetz ohnehin geändert werden soll, und das Prozessrecht erlaubt es, Verfahren zu verbinden. Aber »nicht zur Entscheidung angenommen« ohne weitere Gründe bedeutet nur das.

Die Möglichkeit, so kurz zu entscheiden, dass eigentlich nichts entschieden wird, ist für das Bundesverfassungsgericht vielleicht nicht günstig, aber existenziell: Es würde sonst in Verfahren untergehen. Andere Länder machen das anders; auch in Deutschland wird ab und zu das »freie Annahmeverfahren« diskutiert, mit dem das Gericht in den USA arbeitet, aber meist weniger als 100 Fälle im Jahr zur Entscheidung annimmt, alles andere wird nicht behandelt; das riskiert den Eindruck, es sei politisch motiviert. Demgegenüber muss das Verfassungsgericht Kolumbiens alle Fälle in kurzer Frist erledigen; das ist volksnah, aber verhindert die vertiefte Prüfung. Um Verfassungsgerichte zu schwächen, wird auch gern vorgegeben, alles »nach der Reihenfolge des Eingangs« zu bearbeiten. Das klingt plausibel: Wer zuerst kommt, mahlt zuerst. Aber dann lässt sich der Zugang zum Recht leicht verstopfen; dann wird verhindert, dass das Gericht die Rote Karte zieht, sobald gefoult wird. Was funktioniert, hängt natürlich von vielem ab. In Deutschland wird der Mittelweg beschritten: keine freie Annahme, aber auch keine Vorgaben im Detail und auch die »Nichtannahme ohne Gründe«.

Nach außen kurz, aber nach innen wird streng darauf geachtet, dass alles gehört und nichts übersehen wird. Dazu trägt bei, dass die Kammer einstimmig entscheiden muss. Wenn ich Bedenken hatte, hielt ich den Fall an; wer eine Begründung wollte, schrieb sie mit Bleistift in den Entwurf. Der Aufwand wird so größer, aber so wird intern kontrolliert, dass nichts unter den Tisch fällt. Die Besetzung der Kammern wird noch dazu alle ein, zwei Jahre gewechselt, und die Senate achten traditionell darauf, Wissenschaft und Justiz sowie Konservative mit Progressiven zu mischen. Sie passen bestenfalls aufeinander auf. Dann ist auch die Nichtannahme besser verkraftbar.

Die Beratungen

Die großen Verfahren sind aufwendiger. Mit dem Votum ist der Herzschrittmacher da, nun folgt das Herzstück der Arbeit im Bundesverfassungsgericht: die Beratung. Wenn die Senate entscheiden, steht sie im Mittelpunkt und ist ein Höhepunkt.

Tatsächlich gibt es nicht nur eine Beratung, sondern zu jeder Entscheidung mehrere; oft stehen mehrere Fälle auf der Tagesordnung, immer dienstagmorgens um 10 Uhr, meist auch am Mittwoch, oft am Donnerstag, notfalls länger. Das waren in meinen zwölf Jahren immer besondere Tage.

Punkt 10 Uhr – ich habe nie erlebt, dass jemand zu spät kam. Alle haben wochenlang gelesen, selbst recherchiert und Ideen entwickelt; auch da spielt die Haltung zum Amt eine Rolle. Vor allem werden jetzt die Unterschiede spürbar, die so wichtig sind. Man muss sich aufeinander einlassen, gerade in der Unterschiedlichkeit. Im Beratungszimmer, dem quadratischen Raum in der Ecke des Richterrings, haben wir uns dann zumindest bis Corona per Handschlag begrüßt, eine Tradition mit einem Namen: *judicial handshake*. Da spüren alle, dass man zusammengehört. Niemand setzte sich, bevor nicht alle da waren, auf acht gleiche Stühle an den exakt quadratischen Tisch. Auch hier ist alles gleich: Jedes Detail im Gericht atmet diesen Geist.

In der Beratung sind die Richterinnen und Richter dann ganz unter sich. In anderen Ländern sind Mitarbeitende dabei, die Protokoll führen, oder das Fernsehen überträgt live in jede Kneipe, wie in Brasilien. Aber in *Karlsruhe* sollen nicht nur die Menschen dem Gericht vertrauen, sondern es soll auch untereinander im Vertrauen beraten werden. Zwar arbeiten an allen Verfahren vorher und nachher viele mit, und das ist unverzichtbar. Aber in der Beratung saßen nur wir. Die Zimmer haben sogar eine Doppeltür mit viel Luft dazwischen, damit von außen niemand lauschen kann; mich erinnerte das an alte Krimis. Heute setzt es das Beratungsgeheimnis um.

In der Beratung geht es ums Ganze, hier schlägt das Herz. Es gibt nichts zu essen, nur Wasser und Thermoskannen mit Tee und Kaffee, und jemand erzählte mir, der werde extra dünn gekocht, damit wir uns nicht noch mehr aufregen. Und aufregend fand ich das oft. Kein Laptop, kein Tablet, kein Handy, wohl altmodisch, aber wirksam: Alle konzentrieren sich aufeinander, niemand schielt auf Kurznachrichten. Auch müssen alle Richterinnen und Richter ihre Unterlagen selbst mitbringen, das Votum und wichtige Dokumente, Musik wie im Verfahren über Hip-Hop oder eine große Landkarte an der Wand wie im Streit um den Braunkohleabbau in Garzweiler. Dazu noch graue Bände mit Entscheidungen der Senate, mit Klebezetteln an wichtigen Stellen, oder Kopien mit gelb markierten Sätzen. Es gibt kein Sonderwissen, nichts ist geheim. Auch das trägt zur Einigung bei.

Die Beratungen laufen in den Senaten unterschiedlich, aber es gibt Muster. Im Ersten Senat beginnen sie mit einer Einführung durch den Richter oder die Richterin, die den Fall als Berichterstattende im Dezernat gründlich vorbereitet haben. Anschließend wurde Stück für Stück besprochen, worauf es im Detail ankommen soll. Im Zweiten Senat ist es anders: Da sprechen die Dienstjüngsten zuerst, dann folgen die anderen nach dem Dienstalter. Beides ist extrem intensiv. In meiner ersten Beratung zitierte der Richter neben mir sogar wörtlich aus dem Votum, ohne den dicken Ordner überhaupt aufzuschlagen; da wusste ich, wie genau, wie präzise es hier zugeht. Der Vorsitzende führt die Redeliste, gesprochen wird so lange, wie jemand etwas sagen will, und beraten wird möglichst bis zum Konsens. Wir haben uns ausreden lassen, einander wirklich zugehört und diskutiert, miteinander gerungen.

Um auch hier ehrlich zu sein: Nicht nur ich fand das nicht immer einfach. Ruhig bleiben, wenn ich etwas überhaupt nicht richtig fand, gelassen, obwohl es um so viel ging, und geduldig, auch wenn ich den Eindruck hatte, das hatten wir doch schon, warum jetzt noch mal? Es gab den einen oder anderen Zwischenruf, für den man sich sogleich entschuldigte, aber letztlich blieb alles sachlich. So wird nicht gegen-, sondern miteinander diskutiert. Dazu gehörte, sich Notizen zu machen, denn niemand führt ein Protokoll, und die Notizen sichern, worauf man sich geeinigt hat. Dann kann man sich auch besser aufeinander verlassen.

Und wer gewinnt? Das wurde ich oft gefragt. Für mich passte das nie: Sieg und Niederlage, Gewinn und Verlust. Es fühlte sich anders an. Anstrengend, durchaus auch kämpferisch, aber ein gemeinsamer Weg. Berichte in den Medien, die Entscheidung sei von X oder Y, oder die Meldung, Z habe sich durchgesetzt, führen in die Irre. Tatsächlich stellt das Votum der Berichterstattenden auch Weichen, und tatsächlich haben diejenigen, die für ein Rechtsgebiet lange zuständig sind, oft den besten Einblick und die besten Ideen, wie damit verfassungsrechtlich umzugehen ist. Aber ich erinnere mich an viele Verfahren, wo das ganz anders lief. Auch mir wird ab und an ein schöner Satz in einer Entscheidung zugeschrieben, in der ich Berichterstatterin war, aber er stammt nicht von mir. Ich verrate natürlich auch da nichts (das Beratungsgeheimnis!). Tatsächlich ist es ein Kompliment für den Senat.

In der Beratung beeinflussen alle, was das Bundesverfassungsgericht am Ende sagt; niemand ist wichtiger oder weniger wichtig als andere; alles wird besprochen. Ich hatte vor allem nie den Eindruck von »Deals«, als täte irgendwer jemandem einen Gefallen. Viel öfter wurde eine Position verändert, weil Argumente überzeugten. Da stimmen einige dem Vorschlag aus dem Votum zu, andere plädieren für einen anderen Weg, und so geht es weiter bis zur Einigung. Nicht nur mich hat das immer wieder beeindruckt: Es ist ja überhaupt nicht selbstverständlich, zu acht wirklich konstruktiv miteinander zu sprechen, erst recht nicht, wenn alle bewusst unterschiedlich ticken, starke Argumente haben und es um so viel geht. Da spielen Ausdauer und Einsatz eine Rolle, da gibt es auch Gefühle. Nur muss sich auch das engagierteste Argument im Grundgesetz verankern lassen, international eingebettet und bestenfalls, zugunsten der Gewaltenteilung, klug reflektiert.

Dienstag also, auch Mittwoch, oft Donnerstag und notfalls öfter: Beratungstage. Der Erste Senat ging lange »um eins« gemeinsam zum Mittagessen, traditionell ins Schlosscafé nebenan, später in eine benachbarte Kantine, mit zunehmender Kollegialität auch an anderen Tagen; auch das ist nicht unwichtig für den Umgang miteinander. Über Fälle wurde nicht gesprochen. Zurück im Gericht geht es dann kurz ins eigene Büro, falls etwas Eiliges zu entscheiden ist, und dann wieder in das Beratungszimmer. Manchmal gab es – so hieß sie wirklich – eine »Brötchenpause«, und dann ging es weiter bis spät in den Abend. Am nächsten Tag dasselbe, vielleicht noch ein Tag mehr, alle zwei Wochen. So werden in *Karlsruhe* große Entscheidungen gemacht.

Beraten wird mehrfach, aber unterschiedlich intensiv. In der »Votumsberatung« einigt sich der Senat auf eine Linie, die möglichst alle überzeugt. Wer Bericht erstattet hat, muss danach die Entscheidung entwerfen, und zwar auch, wenn man selbst nicht überzeugt worden ist. Ich habe das einmal erlebt, und einfach ist anders. Der Entwurf wird danach an alle geschickt, damit alle die Möglichkeit haben, Änderungen vorzuschlagen, mittlerweile elektronisch direkt im Dokument. Und auch da sind die Menschen verschieden: Die einen wollen wenig, die anderen viel, die einen nur Juristisches, die anderen auch die Darstellung ändern. Hier kommt es nun wirklich zum Schwur. Wer will was sagen, wer wie entscheiden? Dann werden alle Vorschläge zusammengetragen und in eine neue »konsolidierte Fassung« des Entscheidungsentwurfs gebracht: ein Wimmelbild. Auf jeder Seite gibt es fett gesetzte oder geklammerte und im Zweiten Senat mit Fußnoten versehene Worte und Sätze. Es wird wieder an alle geschickt, oft ganz knapp vor dem Dienstag, an dem es weitergeht, dafür bereiten sich wieder alle vor, denn es sind ja neue Ideen hinzugekommen. Und dann folgt die nächste Beratung, wieder 10 Uhr.

Die »Leseberatung« ist das Finale; ich habe zumindest nie etwas Intensiveres erlebt. Seite für Seite wird aufgerufen, Zeile für Zeile durchgesehen, jedes Komma, Wort für Wort. Auch das ist überhaupt nicht selbstverständlich, aber im Bundesverfassungsgericht schon lange so. Wenn schon von uns jemand stolpert, jemand nicht ganz überzeugt ist, dann wird das anderen auch so gehen – also sollte lieber vorher ein besserer Weg gefunden, das Wissen und die Vielfalt der Perspektiven genutzt werden. Obwohl schon einmal beraten worden ist, kommt es auch immer wieder zu längeren Diskussionen: *Geht das so? Kann es missverstanden werden? Passt es zu dem, was das Gericht bisher entschieden hat? Und entspricht das dem, was auch der andere Senat dazu sagt?* Die Fragen gehören bis zum Schluss dazu. Es ist die letzte Chance, um nachzufragen oder weitere Argumente vorzubringen und sich zu einigen; das kann dauern, und manchmal hat es genervt. Aber am Ende steht vielleicht kein schöner, aber ein achtfach durchdachter Text, den möglichst alle tragen.

Der Konsens ist das Besondere, immer als »das Bundesverfassungsgericht«. In anderen Staaten hat sich das Recht als *Common Law* sehr »richterrechtlich« entwickelt; dort sind die *Judges* oder *Justices* als Personen bekannt und berühmt. Sie schreiben als Einzelne *for the majority*, für die Mehrheit, schließen namentlich gezeichnete Ergänzungen an oder verfassen oft scharfe *Dissents* als abweichende Meinungen. Der Stil zielt dort eher darauf, wie der Fall sinnvoll zu verstehen ist. In Deutschland ist das anders. In der europäischen, auf römisches Recht zurückgehenden Tradition des *Civil Law* geht es um Recht und das Gericht, nicht um die Richter. Da findet sich nicht die Meinung von Richterin Baer, sondern »der Senat hat beschlossen« oder die Kammer, und sie alle sprechen für das ganze Gericht. Ich haftete also gewissermaßen auch für die Kolleginnen und Kollegen im anderen Senat, obwohl ich bei den Entscheidungen nicht dabei war, und sie für das, was der Erste Senat tat. Auch hier ganz ehrlich: Das ist nicht immer einfach. Aber Loyalität zum Gericht gehört ebenfalls zu der Haltung, die im Amt gefragt ist. Wenn ein Senat etwas wirklich anders sieht als der andere, muss das formal geklärt werden, im »Plenarverfahren«, aber das ist extrem selten. Ansonsten gilt: erklären, was das Gericht warum tut, mit einer Haltung, die auch Zurückhaltung ist.

Die mündliche Verhandlung: der Auftritt in den roten Roben

Ein weiterer ganz besonderer Tag im Bundesverfassungsgericht ist die mündliche Verhandlung. Morgens steht mehr Bundespolizei an der Pforte, Übertragungswagen vom Fernsehen parken neben dem Sitzungssaal und Autos der Prozessbeteiligten und Presse auf dem sonst gesperrten Weg. Alles ist ein bisschen aufgeregter als sonst; die roten Roben liegen auf den Stühlen im Hinterzimmer bereit. In vielen Verfahren des Zweiten Senats ist die mündliche Verhandlung vorgeschrieben, in den meisten des Ersten Senats nicht, deshalb war das auch für mich die große Ausnahme von der Regel hinter den Kulissen.

Ob mündlich verhandelt wird, entscheiden wieder alle gemeinsam. Gebraucht wird das selten, denn meist genügen die ausführlichen Voten, die Stellungnahmen und intensiven Beratungen, um alles zu berücksichtigen. Aber manchmal erscheint es sinnvoll, etwas öffentlich zu diskutieren, bevor es für alle gilt. *Justice done is also justice seen to be done* – also muss auch das Bundesverfassungsgericht in Erscheinung treten, sichtbar, live und in Farbe. Die mündliche Verhandlung kann so Vertrauen fördern. Sie ist aber auch mit sehr viel Aufwand verbunden.

Spätestens um 9 Uhr treffen sich die Beteiligten zur Vorbesprechung mit den Vorsitzenden und Berichterstattenden des Senats, damit alle wissen, was auf sie zukommt. Nach und nach kommen die Menschen in den Sitzungssaal, die zuschauen wollen. Mit der Zeit wusste ich auch, wer für die Medien da war, vor allem aus der Justizpressekonferenz, dem Verein der Fachjournalisten und -journalistinnen, die sich mit dem Gericht auskennen; sie sitzen auf der für sie reservierten Tribüne. Um kurz vor 10 Uhr erklärt der Verwaltungsdirektor im Saal, dass Handys verboten sind, und bittet alle aufzustehen, wenn »das hohe Gericht« erscheint. Dann öffnet die Amtsmeisterin die Tür mit einem lauten und deutlichen *Daaas Bundesverfassungsgericht!* Alle erheben sich – Auftritt der roten Roben.

Dann muss es laufen. Die Amtsmeister sorgen mit dafür; sie helfen im Hinterzimmer mit der Robe und richten das Bäffchen. Wie gesagt: Es war für mich immer ein bewegender Moment, aber für solche Gedanken bleibt nicht viel Zeit. Noch ein Blick in den kleinen Wandspiegel, von dem es früher nur einen gab, angeblich für die wenigen Frauen, jetzt zwei, dann stellen sich alle in einer Reihe so auf, wie sie später sitzen; das verrät der Plan neben der Tür. Und sie geht auf: *Daaas Bundesverfassungsgericht!* Dann möglichst freundlich blicken.

Beim Ablauf hilft zudem die Bundespolizei; sie weist den Leuten den Weg. Seit einigen Jahren gibt es auch Sicherheitskontrollen, aber alle können sich anmelden, um im Sitzungssaal dabei zu sein. Es waren immer viele Menschen vor Ort, wie auch an den Tagen der offenen Tür, die das Gericht ab und an veranstaltet, und mit Voranmeldung bei einer Führung. Wer formal »geladen« wird, gibt das Prozessrecht vor; im Senat wird noch besprochen, welche sachkundigen Dritten gehört werden, denn Expertise wird immer wichtiger. Mit der Verhandlungsgliederung können sich alle vorbereiten; sie lässt oft erkennen, wo der Hase noch im Pfeffer liegt, und wird auch deshalb im Senat erstellt.

Wer sich dann in der Verhandlung meldet, erhält das Wort und muss das kleine Stehpult ganz vorn nutzen; so sahen wir auch Schweißperlen. Aber es fällt nichts unter den Tisch. Das ist ein Bild aus Zeiten, zu denen der Gerichtstisch noch unter der großen Linde im Dorf stand; in Karlsruhe gibt es den langen Tisch der Richterinnen und Richter und schlichte Tische im Raum, Beschwerdeführende sitzen meist rechts und die Regierung links. Auch hier gibt es (bislang) keine Laptops und erst recht keine Handys, sondern nur Papier; auch hier lenkt nichts ab, sondern wird konzentriert gesprochen und gefragt. Wenn ich etwas sagen wollte, gab ich dem Vorsitzenden ein Zeichen, manchmal auch einen kleinen Zettel; er nahm uns dann der Reihe nach dran, wie in der Schule.

Die mündliche Verhandlung dauert meist den ganzen Tag, manchmal auch zwei, mit einer Mittagspause. Viele sind erstaunt, wenn sie das miterleben: Ein Freund meinte nach seinem ersten Besuch vor Ort, das sei ja wie ein Kolloquium, so nachdenklich, so ruhig; selbst langjährige Abgeordnete des Deutschen Bundestags hat es beeindruckt; ein in der Sache wütend engagierter Bürger sagte danach auf dem Gang, immerhin sei ja nun alles auf dem Tisch; ein Wirtschaftswissenschaftler schrieb mir aber auch enttäuscht, man habe ja völlig aneinander vorbeigeredet. Vor dem Bundesverfassungsgericht ist es jedenfalls anders als in Filmen über amerikanische Strafverfahren: keine »Zeugin der Anklage«, kein Kreuzverhör, sondern auch hier eher nüchtern und sachlich. Bestenfalls ist es ein ernsthaftes Gespräch, ein Austausch aller Argumente.

Am Schluss wünscht der Vorsitzende einen guten Heimweg: Man werde den Termin zur Verkündung mitteilen. Dann verlassen die Gäste das Haus, aber die Richterinnen und Richter sind nicht fertig. Es folgt die »Nachberatung«, manchmal am selben Tag. *Hat sich eine Einschätzung geändert? Was soll im Urteil klarer werden?* Nun helfen die Notizen: *Hat sie das wirklich so gesagt?* Auch das wird dann beraten.

Die Entscheidungen: Beschluss und Urteil, letztes Wort

Was kommt nun dabei heraus, was wird entschieden? In den Akten stecken Fälle, hinter jeder Entscheidung stehen Menschen, dahinter oft große Kontroversen. Es gibt auch spannende Geschichten über Leute, die vor dem Bundesverfassungsgericht ihr Recht erkämpft haben. Hier geht es um die andere Seite, um das Innenleben des Gerichts, um das Entscheiden in der Praxis.

Entscheiden muss das Bundesverfassungsgericht oft, und die meisten Verfahren werden von Bürgerinnen und Bürgern angestoßen, durch Verfassungsbeschwerden oder Beschwerden zur Überprüfung von Wahlen. Häufiger sind im Zweiten Senat die Organstreitigkeiten zwischen Regierung und Opposition, Bund-Länder-Streitigkeiten und abstrakte Normenkontrollen, wo Parteien, Fraktionen und Abgeordnete oder auch die Länder die Initiative ergreifen, um die »Staatsorganisation« zu klären, also die Verteilung von Macht in der Demokratie. Geprüft wird alles, aber nur wenig führt dazu, dass *Karlsruhe* eingreifen muss.

Vermutlich sind alle enttäuscht, die erfolglos klagen. Auch im Verfassungsgericht kann das frustrieren. Aber für den Rechtsstaat und die Demokratie ist es ein gutes Zeichen. Es gibt zwar Probleme, zu denen sich niemand beschwert; so ist bisher vor allem zu Armut und Ausgrenzung noch wenig entschieden worden, denn Menschen, die sich außen vor fühlen, sehen sich seltener im Recht. Aber sonst erreichen die meisten Konflikte, in denen das Grundgesetz wichtig ist, früher oder später auch das Bundesverfassungsgericht. Wenn es sich nicht einmischt, spricht viel dafür, dass die Verfassung nicht verletzt wird – die roten Linien werden nicht überschritten. Das heißt nicht, dass es gut läuft oder sogar perfekt, denn das muss politisch gestaltet werden, und das tun andere. Aber es heißt, dass nichts beanstandet werden muss.

Die (Un-)Zulässigkeit

Die meisten Beschwerden sind erfolglos, weil sie an der »Zulässigkeit« scheitern. Das ist die wichtigste Weiche, die der Gesetzgeber im Bundesverfassungsgerichtsgesetz stellt, dem BVerfGG. Es filtert, worüber das Gericht in der Sache entscheiden darf, und die Anforderungen, die der Bundestag da festlegt, sind nicht niedrig. Zwar muss sich niemand anwaltlich vertreten lassen, und es gibt keine Gebühr, aber schon die Form muss stimmen, und es gibt Fristen: Mehr als ein Monat darf seit der letzten Entscheidung, die angegriffen wird, nicht vergangen sein, und nicht mehr als ein Jahr, nachdem das Gesetz in Kraft getreten ist, gegen das sich die Beschwerde ausnahmsweise direkt wendet.

Außerdem müssen Menschen oder auch Unternehmen, Vereine, Gewerkschaften usw. alles getan haben, um das Problem selbst zu lösen, bevor sie sich ans Bundesverfassungsgericht wenden. »Der Rechtsweg muss erschöpft sein«, also durch alle Instanzen geklagt worden sein, und auch sonst ist die Verfassungsbeschwerde »subsidiär«, also nachrangig, wenn es noch andere Möglichkeiten gibt. So war es, als sich mehrere Fuhrunternehmen beschwerten, weil sie nun Mindestlohn an ihre Fahrer zahlen sollten, die durch Deutschland fuhren, aber in Nachbarländern lebten. Drei Akten, darunter 1 BvR 20/15, zum Mindestlohngesetz, lagen zwar in der Frist. Aber sie kamen doch zu früh, weil die Gerichte vor Ort noch nicht klären konnten, wie das Gesetz genau zu verstehen ist: »Der Rechtsweg war nicht erschöpft«. Dann mischt sich *Karlsruhe* nicht ein.

Noch mehr scheitern an der »Substantiierung«: Wer eine Entscheidung in der Sache will, muss das ausreichend begründen, also Substanz liefern und damit alle wichtigen Informationen, am besten alle Unterlagen schicken. Für die Verfassungsbeschwerde erklärt das ein Merkblatt auf der Website. Es sollte auch in Kanzleien vorher gelesen werden, obwohl es sicher aktueller und verständlicher werden könnte. Der Filter ist wichtig; zur Wahrheit gehört aber auch, dass er verstopfen kann. Wenn hier zu wenig durchkommt, ist das heikel, denn mit der Zulässigkeit wird über die Chance entschieden, überhaupt gehört zu werden. Das Bürgergericht muss sich hier beweisen; die Regeln lassen sich strenger und weniger streng verstehen. Wie die meisten Richterinnen und Richter habe ich mich anfangs dafür eingesetzt, eher großzügig zu sein. Aber im Laufe der Zeit wurde auch ich strenger. Das galt vor allem im Umgang mit den »Vielschreibern« die sich immer wieder erfolglos beschweren, denn es warten ja immer noch andere darauf, dass ihre Sachen endlich entschieden werden, und immer liegen große Fragen im Senat. Im Alltag macht die Unzulässigkeit auch am wenigsten Arbeit. Da ist es schon verführerisch, um die vielen Akten zu bewältigen; ich habe da wie andere auch manchmal gehadert. Aber auch hier entschied ich ja nichts allein, auch hier helfen mehrere Perspektiven und dann der Konsens.

Wenn Sie nun hören, dass *Karlsruhe* entschieden habe, wurde diese erste Hürde meist genommen: Die Sache ist zulässig. In Eilverfahren muss das schnell gehen; das hat der Gesetzgeber vorgesehen, in § 32 des Bundesverfassungsgerichtsgesetzes. Da wird zwar auch alles geprüft, aber nicht in der Tiefe, denn dafür fehlt die Zeit, sondern »summarisch«. In der Kontroverse zur Migration kann das dramatisch sein, wenn es um Abschiebungen geht. Aber eine Kammer muss auch verhindern, dass ein Hund eingeschläfert wird, wenn das nicht zu rechtfertigen ist (wie im Fall 1 BvR 673/19), und wer für Familienrecht zuständig ist, hat oft mit Kindesentführung zu tun, und auch da muss es schnell gehen.

Auch 2013 hatte ich in der Kammer mit Vizepräsident Ferdinand Kirchhof und Richter Johannes Masing nur wenige Stunden, um zu klären, welche Medien im Münchner NSU-Prozess, dem großen Strafverfahren gegen Rechtsradikale, in den Saal durften. »Im Namen des Volkes und unter den Augen der Welt« *(FAZ)*, denn es gab international Interesse, aber viele blieben außen vor. Wir entschieden, so kommentierte dann die *taz*, »drei Minuten vor zwölf«, und ich saß noch am frühen Abend mit der Übersetzerin zusammen, um den Beschluss 1 BvR 990/13 auch auf Englisch verständlich zu machen. Das war schon sehr intensiv.

Erst recht musste schon in der Eilsache tief gebohrt werden, als der »Fiskalpakt« der EU auf der Tagesordnung stand, in den sechs Verfahren 2 BvR 1390/12 u. a. Das war politisch und wirtschaftlich so heikel, dass der damalige Vorsitzende und Präsident Andreas Voßkuhle am 12. September 2012 vor der Verkündung erklärte: »Der Senat sah sich deshalb gezwungen, von seinem normalen Prüfungsprogramm abzuweichen«; er habe »in kürzestmöglicher Zeit eine intensive summarische Prüfung« gemacht, um

»festen Grund« zu gewinnen. Es hieß dann, die »Richter retten Merkels Euro-Kurs« *(Tagesspiegel)*; die große Entscheidung in der Hauptsache folgte 2014.

Wenn Sachen zulässig sind, entscheiden die Senate und setzen dann Maßstäbe; die Kammern machen pro Jahr um die 150 ausführliche Beschlüsse, um zu erklären, wie die zu verstehen sind, vor allem für die juristische Praxis. Die vielen anderen Beschlüsse des Bundesverfassungsgerichts sind Nichtannahmen, bestenfalls mit der kurzen »Tenorbegründung«, aber zu 80 % ganz ohne Gründe. Sie alle wurden als Akte angelegt, geprüft, votiert, entworfen, beraten, mit der Unterschrift mitverantwortet. In der Sache scheitern die meisten, aber dann ist das Grundgesetz in aller Regel nicht verletzt.

Die »Auslegung« des Grundgesetzes

Verantwortung ist im Verfassungsgericht immer spürbar, für die juristische Auslegung der großen Worte: Menschenwürde, Freiheit, Gleichheit und Rechtsstaat, Sozialstaat, Demokratie. Das Gericht muss klären, was das jeweils heißt. Auch dafür gibt es Regeln.

Es sind allerdings ungeschriebene Vorgaben; sie werden in der juristischen Ausbildung über Jahre erlernt. In Deutschland gilt der Jurist Carl Friedrich von Savigny mit einem Text zum römischen Recht von 1840 als Urheber; heute sortieren Auslegungsregeln jede juristische Diskussion darüber, was eine Norm bedeutet. Auch hier liegt ein großer Unterschied zur Politik: Im Bundesverfassungsgericht werden zwar Probleme behandelt, die politisch sind, aber sie werden nicht frei debattiert, sondern juristisch geordnet.

Am Anfang steht immer der Wortlaut; die Regelung wird grammatikalisch oder grammatisch ausgelegt. Das sagt aber noch lange nicht alles über die Bedeutung einer Formulierung im

Grundgesetz: »Menschenwürde«, »Freiheit«, »Gleichheit« – da passt vieles hinein. Der Wortlaut funktioniert eher umgekehrt: Er zeigt, was ausdrücklich nicht gemeint sein kann. So dürfen Gerichte zwar interpretieren, was eine Norm bedeutet, und müssen das sogar, denn es ist ihre Aufgabe, im Einzelfall Recht zu sprechen. Aber sie dürfen nicht die »Wortlautgrenze« überschreiten. Genauso wenig kann das Verfassungsgericht etwas in das Grundgesetz hineinlesen, was die Worte nicht hergeben. So kümmert sich das Grundgesetz zwar um das Klima, denn Artikel 20a verpflichtet den Staat, »in Verantwortung für die künftigen Generationen die natürlichen Lebensgrundlagen« zu schützen. Aber das ist kein Grundrecht auf Umweltschutz, sondern ein Prinzip; der Klimabeschluss erklärt das. Desgleichen gibt es im Grundgesetz keine sozialen Rechte – und so sympathisch mir das wäre, kann auch das Bundesverfassungsgericht sie nicht hineinlesen; aber es gibt soziale Gerechtigkeit. Die Worte sind die Grenze, aber dann gibt es noch mehr.

»Auslegung« bedeutet auch, die Worte nicht isoliert, sondern im Zusammenhang zu sehen. Hier wird das Recht insgesamt als ein System verstanden, deshalb braucht es die »systematische Auslegung«. So wird ernst genommen, dass Menschenwürde, Freiheit und Gleichheit ganz vorn stehen: Es ist ein fundamentales Dreieck, an dem sich alles orientieren kann, darauf folgen nur Aspekte dieser drei. Daher wird die allgemeine Handlungsfreiheit in Artikel 2 des Grundgesetzes als Auffanggrundrecht verstanden; andere Freiheiten sind spezieller. Desgleichen wird im ersten Absatz von Artikel 3 allgemeine Gleichheit garantiert, dann folgen genauere Regeln. Das haben Leitentscheidungen wie »Lüth« oder »Elfes« schon vor Jahren geklärt. Heute ist das systematische Verständnis besonders wichtig, um auf neue Entwicklungen reagieren zu können, wie Technologie oder Pandemien. Das Verfassungsgericht darf natürlich keine neuen Grundrechte erfinden, aber aus dem Zusammenhang systematisch Schlüsse ziehen. So wird die Freiheit »in Verbindung mit« der Würde zum Schutz der Persönlichkeit für unser Innerstes, unsere Identität, was dann auch Datenschutz bedeutet, auch für den Chat auf unserem Telefon; das ist sogar ein Kürzel geworden, das »APR« für Allgemeines Persönlichkeitsrecht, aus »Art. 2 Abs. 1 i. V. m. Art. 1 Abs. 1 GG«. Genauso lässt sich die Menschenwürde im Zusammenhang mit anderen Normen als »Gewährleistung der menschenwürdigen Existenz« verstehen, wie in der Kontroverse um soziale Gerechtigkeit, oder die Regeln zur Schule im Grundgesetz zusammen mit anderen als Recht auf schulische Bildung, wie in der einen großen Coronaentscheidung.

Und damit ist es nicht getan: Es folgt der Blick auf Sinn und Zweck der Normen, auf den *telos*, als »teleologische Auslegung«. Was soll ein Recht, was soll ein Verfassungsprinzip in einer Gesellschaft bedeuten, in der unterschiedliche Menschen miteinander friedlich auskommen und ihre Angelegenheit selbst bestimmen wollen? So hat nach dem Wortlaut des Artikel 5 »jeder … das Recht, seine Meinung … frei zu äußern«, also systematisch eine spezielle Freiheit, aber ihr Sinn und Zweck ist auch die Demokratie, miteinander zu streiten, um miteinander auszukommen. Das Bundesverfassungsgericht hat das deshalb eine für die Demokratie »schlechthin konstituierende« Freiheit genannt, und das hat Folgen. Genauso wichtig ist es zu verstehen, welchen Zweck die Koalitionsfreiheit hat, die in Artikel 9 Absatz 3 als Grundrecht geregelt ist: »Das Recht, zur Wahrung und Förderung der Arbeits- und Wirtschaftsbedingungen Vereinigungen zu bilden«, hat ja in der gesellschaftlichen Wirklichkeit nur Sinn, wenn auch ein Arbeitskampf erlaubt ist, um Tarifverträge zu erreichen, denn sonst wäre es ein leeres Versprechen. Hier zeigt sich aber auch: Das lässt sich unterschiedlich sehen, das muss beraten werden, mit verschiedenen Perspektiven, in einem unabhängigen Gericht.

Schließlich wird im Umgang mit dem Grundgesetz auch die Entstehungsgeschichte nicht ignoriert; es gibt auch die »historische Auslegung«. Das bedeutet nicht, in der Vergangenheit hängen zu bleiben. Es gibt zwar vor allem in den USA die Idee, die Verfassung wie in der Zeit zu verstehen, in der sie verfasst wurde, also »originär« als *originalist*. Doch ist es meist schon unmöglich herauszufinden, wer da wirklich was meinte; das kann auch historische Forschung nicht immer. Zudem entpuppt sich die Position in der Praxis als ideologisch, weil so meist verschleiert wird, welcher Fortschritt gewollt ist und welcher nicht. Die meisten Gerichte nutzen die Entstehungsgeschichte daher nur, um die Verfassung besser zu verstehen, versteinern sie aber nicht. Der Europäische Gerichtshof für Menschenrechte hat dazu das Bild vom »lebenden Baum« geprägt, dem *living tree*: Er wurde gepflanzt, um bei guter Pflege zu wachsen, also Rechte formuliert, um auch in der Gegenwart zu wirken. So sieht es auch das Bundesverfassungsgericht: Es muss auf heutige Fragen antworten, entwickelt den Grundrechtsschutz also durch Auslegung fort.

Verhältnismäßigkeit und praktische Konkordanz

Die Auslegung des Grundgesetzes ist die Kernaufgabe. Auf den Arbeitstreffen mit Gerichten anderer Länder war sie auch immer Thema. Dabei benutzt das Bundesverfassungsgericht zwei Dinge besonders oft, die als Exportschlager gelten: die »Verhältnismäßigkeit« und die »praktische Konkordanz«.

Die Verhältnismäßigkeit steht nicht im Grundgesetz, aber ist der vielleicht wichtigste Grundsatz, in fast jeder Kontroverse. Der Gedanke ist auch allgemein bekannt, denn die »Proportionalität«

spielt beim Hausbau ebenso eine Rolle wie in der Kunst oder der Mode, die »Zumutbarkeit« beschäftigt uns auch im Alltag, und »Angemessenheit« gehört zur Gerechtigkeit schon intuitiv und in der Philosophie ohnehin seit den alten Griechen dazu. In der Rechtsgeschichte wurde der Gedanke dann ein entscheidendes Mittel, um Staatsmacht zu begrenzen, in Deutschland vor allem die der einst allzuständigen preußischen Polizei, wie das Oberverwaltungsgericht 1882 im berühmt gewordenen »Kreuzbergurteil« entschied. Seitdem ist das nicht nur in deutsches Verfassungsrecht eingewandert, sondern auch in Kanada, Südafrika, Israel und vielen anderen Rechtsordnungen prägend. Zu prüfen ist danach immer, ob legitime Ziele verfolgt werden und die Mittel dazu geeignet, erforderlich und eben zumutbar sind. In einer Demokratie beurteilt das vor allem der Gesetzgeber, er hat da einen Einschätzungsspielraum. Aber das Bundesverfassungsgericht muss kontrollieren, wie der gefüllt worden ist.

Die Verhältnismäßigkeit ist nicht nur juristische Technik; hinter ihr steht auch eine ziemlich entscheidende Idee. Manche nennen sie das »Menschenbild« des Grundgesetzes, denn wer Menschen nur als konkurrierende Egoisten sieht, kommt zu anderen Schlüssen als diejenigen, die davon ausgehen, dass wir alle mehr oder weniger aufeinander angewiesen sind. Es leuchtet eigentlich auch auf Anhieb ein, dass niemand die eigene Freiheit auf Kosten anderer verwirklichen darf, ein alter Gedanke in Philosophie, für den in Deutschland vor allem Immanuel Kant steht, der Philosoph der Aufklärung. Sein »kategorischer Imperativ« von 1785 lautet: »Handle nur nach derjenigen Maxime, durch die du zugleich wollen kannst, dass sie ein allgemeines Gesetz werde.« Noch älter ist die im Christentum bekannte »Goldene Regel«: »Was du nicht willst, das man dir tu, das füg auch keinem andern zu.« Denn wir leben nicht allein. Und so erklärte auch das

Bundesverfassungsgericht gleich 1954 in einem Streit über Investitionshilfen, das Grundgesetz habe sich »im Sinne der Gemeinschaftsbezogenheit und Gemeinschaftsgebundenheit der Person entschieden«, deshalb müssten sich alle zumutbare Schranken der Handlungsfreiheit gefallen lassen. Wörtlich heißt es, wir müssten Schranken akzeptieren,

> die der Gesetzgeber zur Pflege und Förderung des sozialen Zusammenlebens in den Grenzen des bei dem gegebenen Sachverhalt allgemein Zumutbaren zieht, vorausgesetzt, daß dabei die Eigenständigkeit der Person gewahrt bleibt.

Der Mensch steht also im Mittelpunkt, aber friedlich miteinander, gleichermaßen selbstbestimmt. Jurastudierende lernen das als »Schranken-Schranke« der Grundrechte, aber es lässt sich auch so sagen: Das Grundgesetz ist kein Ego-Programm. Oder: Eigenverantwortung und Solidarität sind nicht trennbar. Davon geht das Bundesverfassungsgericht aus.

Kein Ego-Programm – das bedeutet auch, dass kein Recht wichtiger ist als ein anderes; auch das ist systematische Auslegung. Eine Theorie, wonach ein Recht ein anderes übertrumpfen kann (auf Englisch heißt das tatsächlich *to trump*), überzeugt nicht. Die Verfassung bringt zum Ausdruck, dass Grundrechte allen zustehen, also muss ein Weg gefunden werden, sie miteinander in Ausgleich zu bringen.

Das ist die zweite Idee. Sie stammt von einem Verfassungsrechtler und -richter, Konrad Hesse: die »praktische Konkordanz«. Heute ist das die letzte Frage bei der Verhältnismäßigkeit.

Darauf stützt sich das Bundesverfassungsgericht immer wieder, genauso wie Gerichte in der Schweiz, Frankreich oder Portugal. Hesse formulierte es in seinen »Grundzügen des Verfassungsrechts« so:

> Verfassungsrechtlich geschützte Rechtsgüter müssen in der Problemlösung einander so zugeordnet werden, daß jedes von ihnen Wirklichkeit gewinnt, [und] beiden Gütern müssen Grenzen gesetzt werden, damit beide zu optimaler Wirksamkeit gelangen können.

Kein Recht auf Kosten eines anderen – auch das ist ein Baustein für Konsens in Kontroversen: Wo Kunstfreiheit auf der einen und Persönlichkeitsrecht auf der anderen Seite stehen, muss dann ein Weg gefunden werden, auf dem sich Kunst entfalten kann, aber nicht rücksichtslos; so hat das Bundesverfassungsgericht 1990 die Sache 1 BvR 402/87 mit dem Streit über einen pornografischen Roman geklärt. Wo Medien berichten, dürfen sie das nicht auf Kosten der Privatsphäre auch berühmter Personen tun, wo Baurecht und Religionsfreiheit kollidieren, weil in einer Kirche Gräber gewollt sind, die eigentlich dort nicht hineindürfen, muss die Behörde beiden Rechnung tragen, so eine Kammer 2016 zu 1 BvR 2202/13. Und das gilt in ganz vielen Fällen so.

Das letzte Wort und ein Verwerfungsmonopol

Das Bundesverfassungsgericht kontrolliert so vor allem, dass Gesetze nicht gegen das Grundgesetz verstoßen, und hat da das »Verwerfungsmonopol«: Nur dieses Gericht darf das entscheiden. Auch das gefährdet nicht etwa, sondern schützt die Demokratie. Denn so darf nicht jedes normale Gericht und schon gar nicht jede Behörde für sich überlegen, ob ein Gesetz angewendet wird oder nicht. Im Zweifel muss alles erst einmal ordentlich geregelt vor sich gehen, also so, wie es die von den Bürgerinnen und Bürgern gewählte Mehrheit will. Wenn ein Gericht dann ausnahmsweise ernsthaft überzeugt ist, die Regelung, die seinen Fall entscheidet, sei verfassungswidrig, kann es das klären mit der »Vorlage zur konkreten Normenkontrolle« an das Bundesverfassungsgericht, so steht es in Artikel 100 Grundgesetz. Dann entscheidet *Karlsruhe*, und das vorlegende Gericht muss sich daran halten. In der Verwaltung ist es ähnlich: Wenn jemand in der Behörde ein Gesetz nicht anwenden will, kann »remonstriert« werden, dann wird »der Dienstweg beschritten«. Aber Willkür und Alleingänge sind im Rechtsstaat untersagt. Wer das ignoriert, begeht Rechtsbeugung, kommt vor das Dienstgericht und kann sogar bestraft werden, was glücklicherweise selten geschieht.

Das Bundesverfassungsgericht wird aber selten von Gerichten, sondern fast immer von Bürgerinnen und Bürgern gefragt, ob das »einfache Recht«, vor allem ein Gesetz oder dessen Anwendung durch ein normales Gericht, mit »höherrangigem Verfassungsrecht«, dem Grundgesetz, vereinbar ist. Dann heißt es oft, nun sei das letzte Wort gesprochen. Aber wer genauer hinsieht, merkt auch: Das stimmt nicht so ganz.

Tatsächlich dienen die ganze Arbeit, das ganze Verfahren und vor allem die Leseberatung dazu, die richtigen Worte zu finden. Aber das Bundesverfassungsgericht entscheidet so nicht nur einen Konflikt, einen Fall *inter pares,* zwischen den Beteiligten, sondern klärt Kontroversen darüber hinaus, verbindlich für alle, *erga omnes,* zieht rote Linien allgemein. So legt § 31 des Bundesverfassungsgerichtsgesetzes fest, dass die Entscheidungen »die Verfassungsorgane des Bundes und der Länder sowie alle Gerichte und Behörden« binden und »Gesetzeskraft« haben ab der Veröffentlichung. Was *Karlsruhe* sagt, ist also ein mächtiges, ein verbindliches Wort. Aber es ist nicht unbedingt das letzte.

Das letzte Wort ist es ohnehin nicht, wenn es schnell gehen muss. Mit der »summarischen Prüfung« wird nicht alles entschieden. Als der Senat um Weihnachten 2021 vorab klären musste, wie es mit den Rundfunkbeiträgen weitergeht, war klar, dass die Akte 1 BvR 2756/20 politischen Sprengstoff enthielt, denn Sachsen-Anhalt weigerte sich, einer bundesweiten Verabredung zuzustimmen. Auch im Senat ging es hin und her; es wurde sogar per Video beraten und gleich gemerkt: Das geht so nicht, denn wer wirklich gut zusammenkommen will, sitzt besser an einem Tisch. Dann scheiterte der Antrag des *ZDF*, die Sache zu stoppen, denn »irreversible Nachteile« waren nicht beschrieben worden. Im Juli 2021 fiel aber die Entscheidung in der Hauptsache: Das Land hatte mit dem Alleingang das Grundgesetz verletzt.

Nur erledigt auch so eine Entscheidung die Kontroverse meist tatsächlich nicht. Das Leben geht weiter, auch die politische Debatte, und früher oder später werden an das Gericht neue Fälle herangetragen und gefragt, was so noch gilt oder das Gesagte bedeutet. Wenn nur zu klären ist, was im Senat bereits entschieden wurde, machen das die Kammern; wenn die sich nicht einigen, wenn ein Gesetz für verfassungswidrig erklärt werden soll oder eine ganz neue Frage zu beantworten ist, entscheidet der Senat. Auch wenn das Verfassungsgericht dann zum »Vetospieler« wird, wird aber danach weitergespielt. Die Maßstäbe klärt Karlsruhe auch deshalb schrittweise, von Fall für Fall. Der Pfad des Grundgesetzes soll nicht verlassen werden, aber auch ein Machtwort hält nur bis zum nächsten Mal.

Die Dinge ändern sich. Wenn sich das Gericht selbst verlaufen hat, erfährt es das meist aus der Wissenschaft oder von einem anderen Gericht aus Europa, aber es muss sich auch selbst korrigieren. Das geschieht selten, aber muss dann sein. So war es bei dem Schmutzfleck auf der weißen Weste, als das Verfassungsgericht 1957 erklärte, schwuler Sex dürfe bestraft werden, was der Senat 2013 in der Entscheidung zur Adoption in Familien mit gleichgeschlechtlichen Eltern korrigiert hat: Es müssen alle gleichbehandelt werden, da habe sich viel geändert in Europa. Ansonsten muss das Gericht die roten Linien nur verschieben, wenn sich die Welt verändert. So ist es im Umgang mit Polizei und Sicherheitsdiensten: Da muss das Bundesverfassungsgericht immer wieder daran erinnern, dass Sicherheit nicht alle Freiheit torpediert, aber auch einbauen, wenn sich Gefahren ändern. Desgleichen muss das Gericht im Umgang mit Familien immer wieder klären, was der wirksame Schutz des Kindeswohls verlangt, oder zur Meinungsfreiheit entscheiden, was sie heute auch im Netz bedeutet. Nicht immer gelingt es sofort, zu überzeugen. Aber auch hier sprechen die Vielfalt der Beteiligten und das Verfahren mit der Arbeit am Konsens dafür, dass gut entschieden wird.

Gut – das muss natürlich juristisch gut im Grundgesetz verankert sein. Aber die Kontroversen sind auch heikel, die Verantwortung groß und Fehler nicht ausgeschlossen. Auch deshalb ist die Haltung gefragt, die zurückhaltend ist, und kluges Entscheiden. Was soll geschehen, was wird von wem verlangt, wozu ist wer verpflichtet? Der Gesetzgeber ist da ziemlich kompromisslos: Was gegen das Grundgesetz verstößt, kommt weg, denn es ist nichtig, sagt er in § 95 Absatz 3 Bundesverfassungsgerichtsgesetz. Das liegt auch nahe: Immerhin sind acht Richterinnen und Richter in einem aufwendigen Verfahren zu dem Ergebnis gekommen, dass der Gesetzgeber so nicht handeln darf; immerhin sind Grundrechte verletzt oder die Regeln der Demokratie – warum sollte das auch nur eine Minute länger so bleiben? Doch ist der Welt damit nicht immer geholfen. Vor allem soll kein Zustand eintreten, der noch problematischer ist. Deshalb hat das Bundesverfassungsgericht selbst Ausnahmen definiert: Ein Gesetz bleibt dann bis zur Neuregelung in Kraft, also bis der Fehler behoben ist, und manchmal gibt es eine Frist, in der das geschehen muss, sonst ist es wirklich aus. Das ist juristisch begründbar. Aber vor allem ist es klug, mit der Gewaltenteilung so umzugehen. Unparteiische haben Rote Karten, aber ziehen sie auch nur ausnahmsweise.

Genauso muss das Bundesverfassungsgericht den Gesetzgeber, die Regierung, die Justiz im Zweifel weiterspielen lassen.

Berichtet wird zwar oft, was »gekippt« worden ist, »verworfen«, als »Klatsche«, »Paukenschlag« und mehr. Aber im Alltag als Richterin ist die Suche nach Lösungen prägend, die nicht selbst gestaltet und »durchregiert« werden, sondern anderen viel Spielraum lassen. So bin ich zwar oft gefragt worden, ob das Verfassungsgericht eigentlich für alles zuständig sei, alles entscheide, alles selbst mache. Aber meine ehrliche Antwort war Nein. Im Gericht war das Motto: im Zweifel für den Gesetzgeber, im Zweifel auch für die Medien, die Meinungs- und die Kunstfreiheit, die Versammlungsfreiheit, die lebendige Demokratie. Deshalb wird dauernd der Spielraum für Entscheidung, Wertung und Gestaltung (auch über solche Nuancen haben wir lange beraten) und für die Rechtsanwendung betont. Immer hat irgendwer davor gewarnt, zu weit zu gehen. Das kann passieren, aber gut ist es nicht und muss dann wieder eingefangen werden.

Die Texte: alles ordentlich sortiert

Möglichst gut begründet, in klaren Worten, bestenfalls klug – das sollen die Entscheidungen sein. Wer wissen will, was das Bundesverfassungsgericht in einem Streit tatsächlich gesagt hat, kommt um das Lesen nicht herum. Als Gemeinschaftswerk findet sich da nicht immer der schönste Stil, aber was gesagt wird, ist umfassend geschildert und belegt und international eingebettet. So sind die Texte mit den Jahren immer länger geworden. Ganz sicher lässt sich manches kürzer fassen, aber viel muss auch erklärt werden, und die Entscheidungen sind lesbar. Nach zwölf Jahren als Richterin bin ich da voreingenommen, ich habe ja einen Anteil daran. Aber versuchen Sie es doch: Da ist eine Menge zu finden.

Manche Urteile und Beschlüsse des Bundesverfassungsgerichts haben ein Inhaltsverzeichnis, alle sind ordentlich gegliedert. Den Anfang macht immer der »Tenor«, also der Urteilsspruch. Dann wird das Problem beschrieben, oft in der geschichtlichen Entwicklung, unter »A.«, im Sachbericht. Es folgen die Beschwerden oder Klagen, die das Verfahren anstoßen, und alles, was andere dazu gesagt haben, als »B.«. Dazu gehören Stellungnahmen – und wir haben oft diskutiert, ob alle geschildert werden sollen, denn da wiederholt sich manches, und nicht alle geben sich gleichermaßen Mühe, aber mir erschien doch wichtig, dass sich alle gehört, alle gesehen fühlen, und über den Kontext der Entscheidung sagt es viel. Dann kommt Teil »C.«, der verfassungsrechtliche Kern, besonders »C. I.«. Da kleben die meisten Zettel in den Entscheidungsbänden, mit denen die Richterinnen und Richter an den Dienstagen in die Beratung gehen. Denn unter »C. I.« formuliert ein Senat die Maßstäbe, die sich aus dem Grundgesetz ergeben, da findet die Auslegung statt. Sie gerinnt irgendwann zur »Dogmatik«: In der Theologie sind das die Glaubenssätze, die nicht mehr hinterfragt werden; im Recht ist es das, worauf sich die meisten einigen, im Gericht und auch in der kritisch begleitenden Rechtswissenschaft. Wird dann »dogmatisch richtig« argumentiert, entspricht es dem, was sonst entschieden wird und wurde, und passt zu allem anderen auch.

Deshalb werden hier vor allem frühere Entscheidungen des Gerichts zitiert. Das sind nicht irgendwelche, sondern nach oft sehr intensiver Beratung nur das, was noch trägt und weitertragen soll. Es ist auch nicht eitel, sich selbst zu zitieren, sondern legt offen, in welchen Linien gedacht wird und was weiter gilt. Wer da abfällig meint, das Gericht beziehe sich ja nur auf sich selbst, verkennt ganz viel, nicht zuletzt den Wert verlässlicher roter Linien. Für diese steht auch das häufige Kürzel »stRspr«: Es meint die ständige Rechtsprechung, die so bestätigt wird. Manches wird wörtlich wiederholt, nicht selten auch etwas verändert; dann heißt es in den Klammern mit den Fundstellen extra »vgl.«. Es kommt eben auf jedes Wort, auf jedes Zeichen, auf jedes Komma an. Das mag penibel wirken, aber ist wichtig, weil dem Gericht vertraut werden soll. Und die Maßstäbe bleiben; sie sind der wichtigste Teil der Gründe. So meinte es der ältere Richter auch zu Beginn: *Es wird gelesen wie die Bibel.* Also muss das Gericht jedes Wort, jede Abkürzung, jeden Verweis auf jede Quelle ernst nehmen. Was wichtig ist, steht außerdem ganz vorn zusammengefasst in den Leitsätzen, auch sie ordentlich nummeriert. Aber in »C. I.« wird erklärt, was sich warum aus dem Grundgesetz ergibt.

In »C. II.« wendet der Senat die Maßstäbe auf den Fall an. Juristisch heißt das: »Der Sachverhalt wird unter die Normen subsumiert.« Die großen Worte des Grundgesetzes werden also ins Leben übersetzt. Gerade da kommt es darauf an, Urteile auch gegen Vorurteile zu setzen. Ob das immer gelingt? Ich war skeptisch; immerhin hatte ich mich als Wissenschaftlerin vor allem mit kritischen Perspektiven auf Recht und Gerichte befasst. Mit waren die Zweifel geläufig, wie juristisch oder »juridisch« tatsächlich entschieden wird oder wie ideologisch es werden kann. Natürlich: Es gibt den subjektiven Faktor. Und klar: Wenn große Kontroversen verhandelt und beraten werden, bleiben auch politische Einschätzungen nicht völlig außen vor. Aber schon die erste Beratung in meinem Senat zeigte mir, was das Verfassungsgericht ausmacht. Ich saß das erste Mal auf dem Stuhl meines Vorgängers am Beratungstisch. Ein Richter argumentierte, die Sache müsse anders gesehen werden, und verwies auf politische Aspekte. Es gab eine ganz kurze Pause; ich holte tief Luft; dann sprachen alle weiter. Aber nicht über das, was er gesagt hatte. Als wären seine Worte sanft entschwebt: Sie gehörten einfach nicht in die Beratung. Was er verfassungsrechtlich vorbrachte, wurde dagegen lange diskutiert. Spätestens jetzt war klar: Was immer ich hier will, es muss im Grundgesetz verankert werden. In der Politik geht es um Interessen, Motive und Ziele; im Verfassungsgericht geht es um Recht.

Dann geht es um die »Rechtsfolgen«; der Abschnitt ist meist »D.«. Er steht am Ende, und er wird unterschätzt, denn da spielt viel Musik. Das Gericht beantwortet verfassungsrechtliche Fragen zwar immer nur mit Ja oder Nein: verfassungswidrig oder nicht, mit dem Grundgesetz vereinbar oder ein Verstoß. Aber was daraus folgt, ist offener und praktisch wichtig; in »D.« wird es erklärt. Manchmal werden Parlament und Regierung verpflichtet, die Maßstäbe aus »C.« umzusetzen; manchmal gibt es eine Übergangsregelung, manchmal mit einer Frist. Manchmal wird die Sache an ein Gericht vor Ort zurückgegeben, damit es »unter Berücksichtigung der Gründe« entscheidet, manchmal eine Entscheidung gleich aufgehoben. Außerdem wird gesagt, wer warum die Kosten des Verfahrens trägt, also keine Gebühren, weil es die nicht gibt, aber der Staat ersetzt den Aufwand, wenn das Grundgesetz verletzt worden ist; sonst zahlen alle für sich selbst.

Das war's dann: eine Entscheidung des Bundesverfassungsgerichts. Viele Fakten und viele Argumente, die viele Seiten füllen. Zum Klimaschutz sind es 270 Randnummern, zum Parteiverbot 1010. Das ist lang, aber auch da unterscheidet sich Recht von Politik. Politisch genügt eine Mehrheit und gute Gründe helfen nur, denn Gesetze müssen nicht begründet werden; es gibt nur Begründungen für Entwürfe, die für eine historische Auslegung des späteren Gesetzes aufschlussreich, aber nicht verbindlich sind. Genauso wenig müssen Sie begründen, was Sie privat tun oder lassen, auch wenn es häufig hilft. Aber das Bundesverfassungsgericht darf das nicht und kann sich das auch nicht leisten. Es muss erklären, warum es wo die roten Linien zieht, und zwar schriftlich, damit das von allen nachvollzogen und auch kritisiert werden kann. So ist das Gericht auch keine autoritäre Institution, sondern, hoffentlich, eine Autorität.

Wenn mündlich verhandelt worden ist, können Sie miterleben, was auf den Tisch kommt und wie das Gericht denkt; die Entscheidung ist dann ein Urteil, und es gibt die Verkündung, wieder der besondere Tag mit roter Robe, Bäffchen, Hut. *Daaas Bundesverfassungsgericht!,* und alle erheben sich, es gibt eine kleine Einführung, und dann wird der Text verlesen, gekürzt, aber manchmal über mehrere Stunden. Wer das Verfahren betrieben oder sich gegen Vorwürfe verteidigt hat, erfährt jetzt das Ergebnis: der Tenor. Alle blicken gespannt auf die Richterbank, die Kameras klicken, die Pressetribüne ist voll besetzt. Und die Richterinnen und Richter? Freundlich und zugewandt, aber neutral. Die Robe wog da nur manchmal noch schwerer als sonst.

Kontroversen konkret

Das Bundesverfassungsgericht entscheidet jedes Jahr über Tausende von Fällen. Oft sind das Probleme, die nicht nur die Beteiligten, sondern viele Menschen bewegen, oft also große Kontroversen. Fast nie werden sie mit einer Entscheidung ein für alle Mal geklärt; das Machtwort aus Karlsruhe ist selten das letzte Wort. Aber jeder Beschluss, jedes Urteil zieht rote Linien: Die Grundrechte müssen beachtet werden, die Demokratie muss funktionieren. Wie gelingt Konsens, gerade bei den Kontroversen, wie einigen sich da drei oder acht so unterschiedliche Menschen? Wie schafft es das Verfassungsgericht, wirklich alles zu beachten, obwohl heute alles immer komplizierter und auch internationaler wird und noch dazu »die Fakten« nicht mehr sicher scheinen? Wie siegen nicht Alltagsannahmen oder gar Vorurteile, sondern fallen möglichst gut begründete Entscheidungen? Konkret also: Vom Klimaschutz über die Migration bis Corona, von der Sicherheit über den Sozialstaat und die Gleichbehandlung mit ihren Diskriminierungsverboten bis zur Meinungsfreiheit in der Demokratie – wie geht dieses *Karlsruhe* mit Kontroversen um?

Ein Verfassungsgericht wird gerade dann gebraucht, wenn Dinge sehr umstritten sind. Niemand benötigt so eine unabhängige Instanz, wenn es allen gut geht, alle zufrieden sind, alle sich als Teil der Mehrheit fühlen. Aber Sie brauchen so ein Gericht, wenn Sie übersehen werden, Ihre Anliegen außen vor bleiben, Sie sich unfair behandelt oder gar diskriminiert fühlen oder wenn der Eindruck entsteht, die Demokratie funktioniere eigentlich nicht mehr. Wie wichtig das Bundesverfassungsgericht ist, zeigt sich zwar nicht erst, wenn es hart wird. Aber gerade dann sind die Unparteiischen wichtig, die Sie anrufen können, um unabhängig zu prüfen, ob alles mit rechten Dingen zugeht. Manchmal ist das für die Betroffenen existenziell, wie bei einer Abschiebung in das Land, aus dem sie geflohen sind, beim Schutz vor einer Kündigung, bei Sozialleistungen oder dem chancengleichen Zugang zu Bildung. Aber eigentlich sind alle auf so ein Gericht angewiesen, das der Macht Grenzen setzen kann und Fairness sichert, also Freiheit, Gleichheit und Menschenwürde in einer Demokratie, die diese Bezeichnung verdient. Die folgenden Kontroversen gehen daher alle etwas an; auch die Themen interessieren Sie vielleicht. Klar gäbe es noch mehr, die Sterbehilfe oder die Schuldenbremse zum Beispiel, und andere hätte auch hier andere Schwerpunkte gesetzt. Aber auch so lässt sich zeigen, was das Bundesverfassungsgericht ausmacht.

Die erste Kontroverse, der erste »Fall« ist der Klimaschutz: dringend, sehr umstritten und kein nur deutsches Problem. 2021 erregte der Erste Senat weltweit Aufsehen mit dem »Klimabeschluss«. Wie immer waren die einen begeistert und andere enttäuscht; es lohnt sich schon deshalb, genauer hinzusehen. Hier lässt sich zeigen, wie das Bundesverfassungsgericht die roten Linien erklärt und klärt: die »Gründe« einer Entscheidung zeigen, dass zwar alles geprüft, aber nicht über alles auch in der Sache entschieden wird, denn dafür muss es zulässig sein. Gerade zum Klimaschutz werden da auch die Tatsachen umfassend geklärt, weil sie ja öffentlich umstritten sind, dann wird der Streit geschildert, die »Maßstäbe« erst entwickelt und dann angewandt, bevor die Rechtsfolgen bestimmt werden, wie immer mit Blick auf die Politik, die ihre Spielräume behalten muss. In der Sache wurde unser Verständnis von Freiheit aktualisiert – sie ist »intertemporal« zu verstehen, als Recht auch in der Zeit – und das Prinzip Generationengerechtigkeit, zudem wird das Grundgesetz in die Welt »eingebettet«, in geltendes internationales Recht.

Der zweite Fall ist gleichfalls international und mindestens so kontrovers: die Migration, vor allem durch Flucht. Was bedeutet es da konkret, dass die Menschenwürde nach dem Grundgesetz »unantastbar« ist? Hier zeigt sich, wie schnell manchmal entschieden werden muss und wie ein Verfassungsgericht mit dem öffentlichen Druck umgeht, der oft entsteht.

Die dritte Kontroverse ist Corona oder Covid-19, also die Pandemie. Es war eine Krise für die Menschen, für die Demokratie und auch für das Gericht; die Entscheidungen hängen nicht nur mir nach. Dazu wurde das Bundesverfassungsgericht sehr oft angerufen, musste selbst Infektionsschutz betreiben und sah Proteste auch vor der eigenen Tür; da zeigte sich, wo das problematisch wird. In der Sache war vor allem mit der Unsicherheit umzugehen, die über allem lag, auch ein Wissensproblem, das nicht nur Corona betrifft: Was tun, um Risiken zu begegnen? Schließlich waren die Erwartungen groß, wir haben uns schwergetan, und am Ende waren viele enttäuscht. Auch deshalb schildere ich das hier.

In der vierten Kontroverse geht es um Sicherheit und Freiheit. Diese Spannung zeigt sich vor allem in der Arbeit von Polizei und Sicherheitsbehörden bei der Bekämpfung des Terrorismus. Das Verfassungsgericht wird dazu immer wieder angerufen, vor allem zum Datenschutz, und auch da ist der Druck groß, aber anders. Wie lässt sich mit der technischen Entwicklung Schritt halten und wie nicht nur deutsch, sondern gerade hier auch europäisch handeln? Wie gelingt es außerdem, nicht das falsche Zeichen zu setzen, wo spätestens nach den Anschlägen auf das World Trade Center in New York am 9. September 2011 klar ist, dass so etwas überall passieren kann? Hier zeigt sich auch, wie das Gericht mit extremen Fragen umgeht, denn es gab das seltene Verfahren eines »Plenums« mit allen 16 Richterinnen und Richtern zu dem Gesetz, das direkt auf »9/11« reagierte: Kann es in Deutschland erlaubt sein, ein Passagierflugzeug abzuschießen, das Terroristen auf eine Großstadt lenken? Wie steht es da um die Menschenwürde, wie um das Leben der vielen? Und wie geht da Konsens, mit allen 16? Die Kontroverse um Freiheit und Sicherheit zeigt außerdem, warum ein Machtwort manchmal nicht genügt, denn engagierte Bürgerinnen und Journalisten, Anwältinnen und Ärzte beschweren sich häufig, weil ihre Freiheit zu kurz komme, wenn die Sicherheit zu weit geht. Wieder enttäuscht das Gericht dann manche, was andere erfreut, aber es ersetzt nicht die politische Diskussion.

Die fünfte Kontroverse ist die soziale Gerechtigkeit. Das mag weniger dramatisch klingen als Terror, ist aber für Menschen alltäglich existenziell. Wieso ist das Bundesverfassungsgericht damit befasst, wo es doch keine sozialen Grundrechte gibt? Wie geht es mit den Sorgen der Menschen um, bei einer unfairen Kündigung, beim Streik gegen Lohndumping, beim Ärger über hohe Steuern oder niedrige Sozialleistungen? Hier lässt sich zeigen, wie belastend allein die Menge an Verfahren ist und dass da manches auch mal nervt, was soziale Gerechtigkeit nach dem Grundgesetz bedeutet und wo ein Verfassungsgericht an Grenzen stößt, wie es auch hier mit Unsicherheit umgehen muss und wo der sonst übliche Konsens nicht gelingt. Die großen Entscheidungen fielen zu (damals) »Hartz IV«, »Sanktionen« und Leistungen für Geflüchtete; sie klären nicht nur, was Menschenwürde konkret bedeutet, sondern stehen auch für Gewaltenteilung, denn *Karlsruhe* gestaltet weder den Arbeitsmarkt noch Löhne, ist nicht das Jobcenter und verteilt kein Geld. Aber das Bundesverfassungsgericht zieht auch hier rote Linien.

Wie fordernd das ist, zeigt auch die Kontroverse um die Gleichheit, um Gleichberechtigung und Diskriminierung. Hier wird deutlich, dass der Schutz der Grundrechte nicht irgendwelche Minderheiten bevorzugt, sondern im Grundgesetz das Individuum die Minderheit ist, es also um jeden und jede geht. Außerdem zeigt sich, wie lange es brauchte, um Gleichberechtigung wirklich ernst zu nehmen, und wie viel für die Gleichheit heute noch zu entscheiden ist, von der Barrierefreiheit bis zum gleichen Umgang mit allen Religionen. Auch lässt sich hier erklären, wann Richterinnen und Richter »befangen« sind und warum die Sprache wichtig ist, gerade für ein Gericht auch geschlechtergerecht. Wie setzt das Verfassungsgericht hier Urteile gegen Vorurteile, erneut im Konsens? In der Sache geht es um, so hieß es oft, ein »drittes Geschlecht«, aber eigentlich wurde etwas anderes entschieden; es geht um schwangere Frauen und schwule Väter, Lehrerinnen mit Kopftuch und Schwerstbehinderte im Krankenhaus. Hier ist alles auf eine besondere Art heikel und eben kontrovers.

Die letzte Kontroverse, die hier behandelt wird und die das Gericht immer wieder klären muss, ist die Demokratie. Das Bundesverfassungsgericht schützt sie mit allem, was es tut, aber manchmal ist sie ganz unmittelbar umstritten. Das reicht vom Wahlrecht über Parteienrecht bis zum Staatshaushalt und der Europapolitik – dafür ist meist der Zweite Senat zuständig –; und es sind ziemlich heiße Eisen, auf die entsprechend reagiert wird. Die Demokratie lebt aber auch von den Grundrechten, über die meist der Erste Senat entscheidet. Zur Meinungsfreiheit klärt das Bundesverfassungsgericht dann, *was man denn überhaupt noch sagen darf*, zur Versammlungsfreiheit, wie weit Protest gehen kann, und zur Vereinigungsfreiheit, wo die Freiheit endet, sich zu organisieren. Auch da arbeitet ein Verfassungsgericht für die Demokratie; hier wird geschildert, wie das geht.

Klimaschutz oder: Auch künftig ein bisschen Freiheit

Im April 2021 titelte die *Badische Zeitung* genauso wie die *Neue Osnabrücker*: »Ein Paukenschlag aus Karlsruhe«. Laut, weithin hörbar, nachhallend. Die *Bremer Nachrichten* nannten es »bahnbrechend«, die *Berliner Zeitung* ein »radikales Urteil«; der damalige Wirtschaftsminister Peter Altmaier (CDU) nannte es »epochal«; die *SZ* historisch«. Was war passiert?

Der Erste Senat des Bundesverfassungsgerichts hatte über das Bundesklimaschutzgesetz entschieden. Mehrere Umweltvereine und Jugendliche und Erwachsener aus dem In- und Ausland hatten sich beschwert. Sie waren überzeugt, dass die Ziele und Maßnahmen Deutschlands nicht ausreichten, um sie vor den Folgen der Klimakrise zu schützen. Deutschland sei aus dem Pariser Klimaschutzabkommen verpflichtet, da mehr zu tun, auch für ihre Zukunft. Nun gab *Karlsruhe* ihnen recht: Das Gesetz war verfassungswidrig. Oder so: Der Klimabeschluss war raus; die Familie von der Nordseeinsel hatte gewonnen, der Bauer aus Nepal verloren, die Klimaaktivistin gesiegt. Oder eher: Menschen haben ihr Recht erkämpft; es seien, so schon im Januar 2020 die *Berliner Zeitung*, »Klagen fürs Klima«, oder mit der *FAZ*: »Junge Aktivisten klagen gegen Klimapolitik«. Wie alle Fälle vor dem Bundesverfassungsgericht lässt sich das unterschiedlich erzählen; im Anhang finden Sie Hinweise auf mehr. Nur wie war es im Gericht selbst? Was passiert da, um die Pauke so zu schlagen?

In der Sache geht es um eine große Kontroverse, wie so oft. Die Frage lautet: Was sollen und was müssen wir tun, um die Klimakatastrophe zu verhindern? Da gibt es viele verschiedene Antworten; schon die Tatsachen sind umstritten. Zwar müsste eigentlich klar sein: Wenn wir so weitermachen wie bisher, werden Menschen immer öfter unter Überschwemmungen ebenso wie Wassermangel leiden, unter Stürmen und Dürre, Kälteeinbrüchen und Hitzewellen. Das erleben wir schon jetzt in Deutschland. Weltweit riskieren wir sogar Kipppunkte. Wenn sie erreicht werden, sind die Entwicklungen nicht mehr aufzuhalten, die unsere Welt zerstören, dann ist alles zu spät. Es muss also etwas geschehen. Nur was genau? Es ist eine riesige Herausforderung. Auch sie wird nach Karlsruhe vor das Bundesverfassungsgericht getragen. Und dann?

Akten. Votum. Beratungen. Beschluss. Und Pressemitteilung. Es ist immer dasselbe, aber auch immer etwas Besonderes. Hier war ziemlich schnell klar, dass wir an einer großen Sache arbeiten. Im Verfassungsgericht ist »der« Klimabeschluss zwar nur einer von vielen. Aber es war der Auftakt, eine »Leitentscheidung«, und an ihm hingen hohe und – wie so oft – ganz gegensätzliche Erwartungen. Schon deshalb lohnt der etwas genauere Blick auf die Entscheidung und die Pressemitteilung, auf den Tenor und die Gründe: Der Senat hat die Freiheit in die Zukunft gedacht und Artikel 20a wachgeküsst, der 1994 ins Grundgesetz kam zwecks »Verantwortung für die künftigen Generationen«, seit 2002 auch für die »natürlichen Lebensgrundlagen« und die Tiere, und weil es beim Klimaschutz ganz offensichtlich nicht nur um Deutschland geht, ist das international eingebettet. Die Arbeit am Beschluss fühlte sich also schon juristisch fordernd an, und vorsichtig betraten wir Neuland. Der Paukenschlag war deshalb wirklich laut, wenn auch nicht der einzige oder allein entscheidende Ton in diesem Konzert.

Erwartungen – Enttäuschungen

Vom Bundesverfassungsgericht wird oft viel erwartet, so auch beim Klimaschutz. Wie immer darf das Gericht die Erwartungen aber nicht erfüllen, sondern muss gut mit ihnen umgehen, also möglichst klug entscheiden und das überzeugend begründen. Was erwartet wird, durfte mich nie in die eine oder andere Richtung lenken, aber es war wichtig zu wissen. In den Gründen lässt sich dann auf das eine oder andere Argument näher eingehen; die Rechtsfolgen können realistischer ausfallen. Es ändert die juristische Bewertung nicht, gehört aber dazu.

Manche haben dennoch grundsätzlich kritisch reagiert. Das Gericht »droht sich zu übernehmen, wenn es komplexe künftige Vorgänge mit regeln will«, kommentierte der Jurist und Journalist Reinhard Müller im April in der *FAZ*. Nur: Das will es nicht. Die Unterstellung, das Bundesverfassungsgericht wolle selbst gestalten, ist so häufig wie falsch. Es darf nur entscheiden, was zulässig gefragt wird, und es regelt nicht, sondern setzt Grenzen. Auch die Reaktion, es sei ein »fragwürdiges Urteil«, »geradezu besorgniserregend falsch«, »unpräzise« und »oberflächlich«, viel »willkürlich gepickt« (Daniel Wetzel, *Die Welt*), erstaunt, denn gerade im Klimabeschluss geht der ausführliche »Sachbericht« besonders sorgfältig mit den Fakten um, also nicht nur im Votum hinter den Kulissen, sondern auch nachlesbar im Text. Es lohnt sich, da etwas genauer hinzusehen.

Deutlich wird hier allerdings: Die Aufgabe dieses Bürgergerichts ist riesig, aber – Gewaltenteilung! – sie ist beschränkt. Beim Klimaschutz meinten einige sogar, das müsse man der Politik überlassen, denn ein Gericht habe hier gar nichts zu sagen: Die Sache sei nicht »justiziabel«. Dahinter steht aber meist nur der Wunsch, ungestört weiter tun zu können, was den eigenen Interessen dient, denn Gerichte sorgen dafür, dass nicht nur das zählt. Auch deshalb sind Gerichte weltweit mit Klimaklagen befasst und gehen oft viel weiter als in Deutschland. Vor allem aber sind gerade Verfassungsgerichte dafür geschaffen worden, gerade in existenziellen Fragen die roten Linien zu ziehen, die der Gesetzgeber, also die von Ihnen gewählte Mehrheit in der Politik, nicht überschreiten darf. Sie dürfen Rechtsschutz nicht verweigern, wenn es schwierig wird, denn das ist Ihr gutes Recht.

Der Klimaschutz ist für Verfassungsgerichte sogar ein geradezu klassisches Thema. So ein Gericht ist ja gerade nicht nur für die da, die politisch mitreden, also auch wählen dürfen, sondern schützt genau diejenigen, die politisch nichts zu sagen haben, also Minderheiten oder diejenigen, die noch nicht mitreden dürfen, weil sie zu jung sind: Kinder und Jugendliche. Genau die haben sich hier beschwert. Sie können sich bei Fridays for Future engagieren, also aus der Schule auf der Straße für mehr Klimaschutz, aber sie dürfen nicht wählen und gewählt werden: Politische Entscheidungen über ihre Zukunft treffen andere. Wer wahrt ihre Interessen? Die Eltern hoffentlich und andere aus Solidarität, Mitgefühl, Verantwortung. Aber die Idee des Grundgesetzes ist, dass wir nicht auf Gnade angewiesen sind, sondern eigene Rechte haben. So ist der Klimabeschluss entstanden. Vor allem junge Menschen haben gefordert, dass die heute Tonangebenden sie nicht übersehen, dass ihr Leben nicht außen vor bleibt. Genau dafür sind Verfassungsgerichte genau wie Menschenrechtsgerichte da; sie stoppen notfalls die Mehrheit. Der Journalist Wolfgang Janisch kommentierte das am 29. April 2021 in der *SZ* unter der Überschrift »Richter und Retter«: »Letztlich setzt das Gericht genau dort an, wo Klimapolitik seit jeher ihr strukturelles Defizit hat.« Gemeint ist: Das Gericht schützt die, die sonst keine Stimme haben. Ein Robin Hood für die Entrechteten oder wie auch immer Sie das nennen wollen: Dafür wird das Bundesverfassungsgericht gebraucht.

Das Verfassungsgericht entscheidet dann nicht ideologisch, nicht nach Weltanschauungen, politischer Vorliebe oder gar eigenen Interessen, sondern juristisch und auf der Grundlage möglichst gesicherten Wissens. Auch das ist gerade in so einer Kontroverse ungemein wichtig und ein wichtiger Unterschied zur Politik.

Das Gericht ist so gebaut, dass die Richterinnen und Richter wirklich unabhängig sind; einmal zwölf Jahre im Amt bedeutet auch, nicht in Legislaturperioden und nicht mit Blick auf eine Wiederwahl, sondern längerfristig denken zu können; entschieden wird mit dem Grundgesetz in der Hand, in dem nicht nur ein Recht verankert ist, sondern viele; das wird »im Lichte« internationaler Regeln ausgelegt. Und das Verfahren sorgt dafür, dass alles auf den Tisch kommt, hier auf den Beratungstisch, mit der Zustellung die Stellungnahmen, mit dem Votum die Fachliteratur und Rechtsprechung auch vergleichend, mit der Beratung acht verschiedene Perspektiven. So begegnet das Gericht der Wissenskrise, die nicht nur die Klimakontroverse belastet, und juristisch werden alle Interessen und Belange zusammen gesehen, denn ein Gesetz muss »verhältnismäßig« sein, also auch allen zumutbar, und die Rechte »in Ausgleich gebracht«. So wird im Bundesverfassungsgericht an einem Konsens gearbeitet, der möglichst weit trägt.

Die Entscheidung ist dann mehr als ein Machtwort im Streit. Tatsächlich wollen die Beschwerdeführenden natürlich gewinnen und meist noch mehr erreichen; sie kämpfen oft nicht nur für sich, sondern für eine Sache, hinter der viele stehen. Genauso ist die Partei auf der anderen Seite im Verfassungsgericht nicht einfach Beklagte, sondern politisch verantwortlich, also der Gesetzgeber als die gewählte Mehrheit. Hier treten Menschen auf, die in Ministerien arbeiten und die »ihr Gesetz« verteidigen, aber auch sie stehen für mehr. In solchen Verfahren tauchen zudem alle irgendwie auf, die das etwas angeht: die Energiewirtschaft und die Biobauernhöfe, die deutschen Autobauer und die grüne Energie, Menschen mit Ölheizung im Eigenheim und einem Auto mit Verbrennermotor und jene mit einem Lastenrad. Alle Rechte müssen beachtet werden, alle gehört. Den Klimabeschluss gibt es zwar, weil Kinder und Jugendliche for future, Reisbauern aus Nepal und

Bangladesch und Umweltverbände nach Karlsruhe zogen. Aber alles andere bleibt deshalb nicht außen vor.

Das Bundesverfassungsgericht muss so mit vielen Erwartungen umgehen: Sie stehen in den Schriftsätzen und Stellungnahmen, werden in der Wissenschaft diskutiert, in den Medien veröffentlicht. Als Richterin ist es wichtig, das zu verstehen, aber dem nicht zu folgen. Eventuell muss aber besser erklärt werden, warum etwas nach dem Grundgesetz anders zu sehen ist. Der »Paukenschlag« zum Klimaschutz zeigt das: Einige haben gefeiert, aber niemand hat auf ganzer Linie gewonnen, und einige waren enttäuscht, aber niemand hat komplett verloren. So ist es meistens, denn prägend ist der Ausgleich, der Konsens.

Das Bundesverfassungsgericht beantwortet aber nur juristische Fragen, die zulässig gestellt werden: Es ist kein Wunschkonzert, die Fälle sind nicht bestellt. Das Gericht »entpolitisiert« Konflikte auch nicht, sondern klärt, in welchem Rahmen politisch gehandelt werden darf und muss. Es zieht rote Linien, aber danach geht es weiter, auch nach dem Klimabeschluss mit der Klimapolitik: Sehr schnell wurde ein neues Gesetz verabschiedet, nun längerfristig angelegt für Klimaneutralität bis 2045; dann wechseln politische Mehrheiten, und es wird wieder geändert. So kann es auch sein, dass ein Gesetz nochmals vor dem Verfassungsgericht landet, über das in einer alten Fassung schon einmal entschieden wurde.

Die Entscheidung

Für die Öffentlichkeit war es ein »Paukenschlag« – oder so ähnlich, je nachdem, woher Sie Ihre Nachrichten beziehen. Auch so eine große Entscheidung wird erst kurz vorher angekündigt, und hier gab es keine mündliche Verhandlung, denn sie ist bei Verfassungsbeschwerden nicht vorgeschrieben. Wir hatten zwar beraten, juristisch sogar Neuland zu betreten, und hätten darüber gern mit den Beteiligten gesprochen, aber Deutschland befand sich mitten in der Pandemie. Die vielen Beschwerdeführenden und weiteren Beteiligten passten nicht mit dem nötigen Abstand in den Sitzungssaal, die interessierte Öffentlichkeit schon gar nicht. Also gab es keinen Auftritt in roten Roben, keinen großen Tag im Gericht, keine Kameras, kein Publikum im Saal. Aber so oder so sind alle extrem gut vorbereitet, alles liegt schriftlich vor, alles wurde beraten. Hier hatte das Dezernat der Berichterstatterin Gabriele Britz im ausführlichen Votum auch die naturwissenschaftlichen Fakten sorgfältig aufbereitet, es gab die Stellungnahmen, die Ideen aus der Wissenschaft – es gab die Arbeit hinter den Kulissen. Uns fehlte also nichts. Was aber kam dabei heraus?

Der Tenor

Eigentlich ist das der Klimabeschluss:

> Der Erste Senat hat am 24. März 2021 beschlossen:
>
> 1. Die Verfassungsbeschwerde der Beschwerdeführer zu 12) und 13) im Verfahren 1 BvR 2656/18 wird verworfen.
> 2. § 3 Absatz 1 Satz 2 und § 4 Absatz 1 Satz 3 Bundes-Klimaschutzgesetz vom 12. Dezember 2019 (Bundesgesetzblatt I Seite 2513) in Verbindung mit Anlage 2 sind mit den Grundrechten unvereinbar, soweit eine den verfassungsrechtlichen Anforderungen nach Maßgabe der Gründe genügende Regelung über die Fortschreibung der Minderungsziele für Zeiträume ab dem Jahr 2031 fehlt.
> 3. Im Übrigen werden die Verfassungsbeschwerden zurückgewiesen.
> 4. Der Gesetzgeber ist verpflichtet, spätestens bis zum 31. Dezember 2022 die Fortschreibung der Minderungsziele für Zeiträume ab dem Jahr 2031 nach Maßgabe der Gründe zu regeln. § 3 Absatz 1 Satz 2 und § 4 Absatz 1 Satz 3 Bundes-Klimaschutzgesetz vom 12. Dezember 2019 (Bundesgesetzblatt I Seite 2513) in Verbindung mit Anlage 2 bleiben anwendbar.

5. Die Bundesrepublik Deutschland hat den Beschwerdeführenden in den Verfahren 1 BvR 96/20 und 1 BvR 288/20 sowie den Beschwerdeführenden zu 1) bis 11) in dem Verfahren 1 BvR 2656/18 die Hälfte ihrer notwendigen Auslagen zu erstatten. In dem Verfahren 1 BvR 78/20 hat die Bundesrepublik Deutschland den Beschwerdeführenden ein Viertel ihrer notwendigen Auslagen zu erstatten.

Mich würde nicht wundern, wenn Sie das jetzt nicht so ganz genau gelesen haben. Der Tenor des Beschlusses ist sehr formal, sehr detailliert. Das mag abschrecken, aber es muss so sein, denn das wirkt wie ein Gesetz, nach § 31 Bundesverfassungsgerichtsgesetz. Also muss der Tenor eindeutig benennen, was nun gilt; das ist genauso kompliziert wie die Gesetze, die überprüft wurden. Immerhin müssen alle wissen, welche Regelung verfassungswidrig ist, also ein Paragraf mit Absatz, Satz und Nummer, mit der genauen »Fundstelle« im Bundesgesetzblatt, wo sie veröffentlicht wurde. Verfassungswidrig kann noch dazu zweierlei bedeuten: Die Regel ist »nichtig«, oder, wie das Bundesverfassungsgericht ziemlich oft und auch hier tenoriert, das Gesetz »verstößt gegen das Grundgesetz« und ist »mit der Verfassung unvereinbar«. Dann gilt es erst einmal weiter, bis der Gesetzgeber es repariert, aber dafür setzt das Gericht oft eine Frist. Hier musste der Klimaschutz »spätestens bis zum 31. Dezember 2022« neu geregelt werden.

Das ist alles andere als formal, sondern praktische Gewaltenteilung. Wie so oft war ohnehin nur ein Teil des Klimaschutzgesetzes verfassungswidrig und nur insofern »der Gesetzgeber verpflichtet«, die Sache »nach Maßgabe der Gründe neu zu regeln«. Da zeigt es sich: Nicht das Gericht gestaltet Klimaschutz, sondern der Ball geht zurück ins Feld der Politik; das Bundesverfassungsgericht regelt nicht »mit«, sondern wacht darüber, dass fair gespielt wird. Gestaltung bleibt die Aufgabe der politisch Verantwortlichen, die Sie wählen. Das ist Gewalten*ver*teilung.

Entscheidungen müssen dann im Tenor zwingend genau, aber auch klug sein. Das heißt vor allem: Rechtsfolgen mit Augenmaß. Dieser Teil der Entscheidung wird in der Wissenschaft unterschätzt, aber ausführlich beraten: Wenn das Gesetz jetzt verfassungswidrig ist, was geschieht dann? Wie viel Zeit braucht die Regierung, also die Mehrheit im Bundestag, um neue Regeln zu machen? Was ist für wen verkraftbar? Hier sind Erwartungen und politischer Kontext wichtig; da helfen die Begegnungen mit der Regierung und dem Bundestag genauso wie der Pressespiegel jeden Morgen und die Gespräche nach Vorträgen, um das einschätzen zu können. Im Klimaschutzverfahren war klar: »Nichtig« sollte das Gesetz nicht sein, denn ohne das wäre es noch schlimmer. Also war es klüger, das Gesetz weiterhin gelten zu lassen, aber den Gesetzgeber zu verpflichten, es schnellstens zu reparieren, nun nicht auf Kosten der künftigen Freiheit der Kinder und Jugendlichen. Es gibt also eine Schonfrist. So ist es auch im Sozialrecht, wenn Leute sonst keine Leistungen mehr bekommen würden, oder im Steuerrecht, weil der Staat sonst kein Geld mehr hätte: Verfassungswidriges Recht kann nicht immer einfach nichtig sein und wegfallen. Dann macht das Verfassungsgericht manchmal selbst eine »Übergangsregelung«, möglichst nah an dem, was der Gesetzgeber will, oder es gibt dem Gesetzgeber wie hier etwas Zeit.

Die Pressemitteilung

Der Klimaschutzbeschluss war trotzdem sofort für alle bindend. Um zu verstehen, was er sagt, soll nicht nur den Medien die Pressemitteilung helfen, die PM:

Verfassungsbeschwerden gegen das Klimaschutzgesetz teilweise erfolgreich.

Das ist die Überschrift; dann wird erklärt, worüber wer gestritten hat und was entschieden wurde, in welchen Verfahren und aus welchen Gründen. Es soll möglichst kurz und möglichst allgemein verständlich sein. 2021 hieß es, dass

> die Regelungen des Klimaschutzgesetzes vom 12. Dezember 2019 über die nationalen Klimaschutzziele und die bis zum Jahr 2030 zulässigen Jahresemissionsmengen insofern mit Grundrechten unvereinbar sind, als hinreichende Maßgaben für die weitere Emissionsreduktion ab dem Jahr 2031 fehlen.

Es klingt immer noch kompliziert, weil es tatsächlich schwierig ist. Auch da unterscheidet sich das Verfassungsgericht von der Politik, denn die darf Slogans benutzen, auch Phrasen und Allgemeinplätze, das Gericht aber nicht. Die Pressemitteilung ist allerdings viel kürzer als die Entscheidung: Sie hat nur fünf Seiten, der Beschluss 270 Absätze. Sie liefert auch hier vor allem für journalistische Arbeit, also für Meldungen, Nachrichten, Artikel, Radio- oder Filmbeiträge, schneller, was geschehen ist, vor Ort für die »Justizpressekonferenz«, die sich auskennt und das versteht, so wie die juristischen Profis, die sich schnell orientieren wollen. Es bleibt aber alle Mühe wert, von möglichst vielen Menschen verstanden zu werden.

Die Gründe

Die PM ist die ganz kurze Version der »Gründe«, des Kerns jeder Entscheidung. Warum genau war »die angegriffene Regelung mit dem Grundgesetz unvereinbar«? Auch in den Gründen zählt jedes Wort und jedes Komma, hier kommt es zum Schwur, hier müssen die großen Worte der Verfassung konkret werden. Also wird ganz konkret geklärt und erklärt, was das Grundgesetz zum Klimaschutz sagt, in Deutschland ordentlich sortiert und im Klimabeschluss sogar mit einem Inhaltsverzeichnis, damit Sie finden, was Sie suchen.

Es beginnt wie immer mit »A.«, dem Sachbericht. Randnummer 1 fasst zusammen, worum es insgesamt geht, dann folgen Tatsachen. Das beginnt hier so:

> Das Klimaschutzgesetz vom 12. Dezember 2019 reagiert auf die vom Gesetzgeber gesehene Notwendigkeit verstärkter Klimaschutzanstrengungen (vgl. BTDrucks 19/14337, S. 17).
>
> a) Zweck des Gesetzes ist es, zum Schutz vor den Auswirkungen des weltweiten Klimawandels die Erfüllung der nationalen Klimaschutzziele sowie die Einhaltung der europäischen Zielvorgaben zu gewährleisten (§ 1 Satz 1 KSG).

Es liest sich wieder kompliziert, weil sofort mit angegeben wird, wo sich etwas findet (die Fundstelle) und was geregelt ist. Aber hier wird auch erklärt, welche sozialen, ökonomischen und hier vor allem ökologischen Fakten und welche juristischen Tatsachen, die Rechtslage, wichtig sind. Also wird geschildert, welche Gesetze seit wann in Kraft sind, wie sie entstanden und welche Ziele sie verfolgen. Der Sachbericht ist also keine Fleißarbeit, sondern liefert den Zusammenhang, in den sich die Entscheidung fügen muss. Hier steht gleich im nächsten Satz:

> Grundlagen sind nach § 1 Satz 3 KSG zum einen die Verpflichtung nach dem Übereinkommen von Paris (vgl. Gesetz zu dem Übereinkommen von Paris vom 12. Dezember 2015, vom 28. September 2016, BGBl II S. 1082, UNTS No. 54113, im Folgenden: Pariser Übereinkommen <PA>), wonach der Anstieg der globalen Durchschnittstemperatur auf deutlich unter 2 °C und möglichst auf 1,5 °C gegenüber dem vorindustriellen Niveau zu begrenzen ist, um die Auswirkungen des weltweiten Klimawandels so gering wie möglich zu halten, sowie zum anderen das Bekenntnis der Bundesrepublik Deutschland, Treibhausgasneutralität bis 2050 als langfristiges Ziel zu verfolgen.

Das klingt technisch, zeigt aber: Das Bundesverfassungsgericht nimmt ernst, wozu sich Deutschland international verpflichtet hat, und auch, was die Regierung selbst will.

Darauf folgt die hier noch längere Beschreibung der Fakten zum Klima und zum Klimaschutz, Randnummern 16 bis 37. Auch daran hat das Dezernat der Berichterstatterin intensiv gearbeitet. Der Senat fragt mit der Zustellung ja nicht nur nach Stellungnahmen der zuständigen Ministerien und Fachgerichte, sondern auch die Wissenschaft, also vor allem Fachgesellschaften, die im *Peer Review* der kollegialen Diskussion den Stand der Forschung sichern. Uns war auch hier klar, dass wir nichts besser wissen. Aber das Verfahren im Gericht ermöglicht es, sich Wissen zu erschließen. Das ist alles andere als oberflächlich; es gibt auch keine willkürlich gewählten Daten. In der *FAZ* befand Joachim Müller-Jung im Mai 2021 sogar, es sei ein »Füllhorn klimatologischer Expertise« hinzugezogen worden, und die Zeitung druckte 19 Absätze aus der Entscheidung. Das habe ich nur einmal erlebt, aber es zeigt, wie wichtig es hier war, dass der Senat auf die Wissenskrise reagiert: Die Entscheidung belegt genau, worum es geht, und beschreibt das Problem mit empirischen Fakten. Wenn ich gefragt wurde, ob es das Gericht und mich als Richterin nicht eher überfordert, über Dinge zu entscheiden, die man nicht studiert hat, lautete die Antwort daher Nein. Wir haben über das Klimaschutzgesetz nicht nur mit dem Grundgesetz in der Hand entschieden, sondern uns monatelang mit Forschung befasst, zum Treibhauseffekt, zur Erderwärmung und zu Emissionen sowie zum Klimaschutz in jeder Variante. Das Verfahren im Gericht ermöglicht es, auch komplexe Themen zu bewältigen.

Worüber eigentlich gestritten wird

In den Gründen der Entscheidung folgt nun (unter »A. IV.«) der eigentliche Streit. Hier werden die Verfassungsbeschwerden – nicht eine, sondern vier – als »Vorbringen der Beteiligten« zusammengefasst; darauf folgen die Stellungnahmen, in denen sich vor allem die Regierung verteidigt.

> Mit ihren Verfassungsbeschwerden beanstanden die Beschwerdeführenden in erster Linie, dass der Staat keine ausreichenden Regelungen zur Reduktion von Treibhausgasen, vor allem von CO_2, geschaffen habe. Mit der im Klimaschutzgesetz geregelten Reduktion von CO_2-Emissionen könne das einer Temperaturschwelle von 1,5 °C entsprechende CO_2-Restbudget nicht eingehalten werden. Im Zentrum der Verfassungsbeschwerden stehen grundrechtliche Schutzpflichten aus Art. 2 Abs. 2 Satz 1 und aus Art. 14 Abs. 1 GG, ein Grundrecht auf menschenwürdige Zukunft und ein Grundrecht auf das ökologische Existenzminimum, die die Beschwerdeführenden aus Art. 2 Abs. 1 in Verbindung mit Art. 20a GG und aus Art. 2 Abs. 1 in Verbindung mit Art. 1 Abs. 1 Satz 1 GG herleiten, der Grundsatz des Gesetzesvorbehalts sowie von den Beschwerdeführenden als »Rationalitätspflichten« bezeichnete Ermittlungs- und Darlegungspflichten des Gesetzgebers.

Hier findet sich also, worum es den Beschwerdeführenden geht – den Jugendlichen, den Bauern, den Verbänden –, welche Erfahrungen sie gemacht haben – das Grundstück geht unter, das sie erben sollen, ihre Zukunft ist kaum mehr frei zu gestalten – und warum sie meinen, dass ihre Grundrechte verletzt sind – wir leben unzumutbar auf Kosten ihrer Generation. Ist das so?

Zuerst wird noch geklärt, warum das Gericht dazu überhaupt etwas sagt: Es spricht ja nur, wenn es zulässig gefragt wird. Also kommt zuerst »B.«, die »Zulässigkeit«, der Filter des Prozessrechts. Wie meist war auch hier manches nicht plausibel, »nicht hinreichend substantiiert« und daher unzulässig. Wie meist wurde auch hier möglichst viel gerügt, also möglichst viele Grundrechte als verletzt beschrieben: Aus allen Rohren schießen ist die Devise, aber nicht alles trifft. Entschieden wird daher »insoweit«, selten »völlig« oder »ganz«. Und wieder war nicht entscheidend, was ich persönlich davon hielt, aus Sympathie oder Mitleid. So finde ich die Idee, es gebe ein »ökologisches Existenzminimum«, gut; das ähnelt der »menschenwürdigen Existenz« als Teil sozialer Gerechtigkeit. Aber darauf kommt es nicht an. Der Senat spricht eben nur, wozu er, so muss der Konsens lauten, zulässig gefragt wird.

Für mehr Klimaschutz konnten sich »die Beschwerdeführenden« hier auf ihr Grundrecht auf Leben und körperliche Unversehrtheit berufen (Art. 2 Abs. 2 Satz 1 GG) und auf den Schutz ihres Eigentums (Art. 14 GG). Beides war nicht abwegig: Unter Hitze leiden Menschen, und auch die deutschen Inseln in der Nordsee verschwinden, wenn der Meeresspiegel steigt. Aber wir mussten klären, ob sie dem Staat dann auch vorwerfen können, nichts oder ganz offensichtlich das Falsche oder klar zu wenig getan zu haben – nur dann hat er seine »Schutzpflicht« verletzt. Das ist die große Ausnahme von der Regel; auch hier ist die Haltung des Gerichts Zurückhaltung zugunsten der Politik. Die Antwort lautete Nein: Es war ja etwas geschehen; es gab das 2019 beschlossene Klimaschutzgesetz. In den Gründen wird also erklärt, dass es zwar Pflichten gibt, aber der Spielraum der politisch Verantwortlichen sehr groß ist, sie zu erfüllen. Das Bundesverfassungsgericht soll die Politik nicht vor sich hertreiben, auch hier geht die Gewaltenteilung vor.

Ein bisschen anders, aber im Ergebnis genauso war es für die Bauern in Bangladesch und Nepal. Zwar sagt der Senat:

> Insoweit sind auch die in Bangladesch und Nepal lebenden Beschwerdeführenden beschwerdebefugt, weil nicht von vornherein auszuschließen ist, dass die Grundrechte des Grundgesetzes den deutschen Staat auch zu ihrem Schutz vor den Folgen des globalen Klimawandels verpflichten.

Das hat so manche überrascht, aber das Grundgesetz enthält ja Menschenrechte, auf die sich auch ausländische Staatsangehörige berufen können. Die deutsche Verfassung gilt also auch im wahrsten Sinne des Wortes dann, wenn Grenzen überschritten werden. Deshalb öffnet der Senat hier die Tür für Klagen von Menschen, die zwar nicht in Deutschland leben, aber unter den Folgen dessen leiden, was wir hier tun. Nur war es am Ende nicht erfolgreich:

> Es erscheint prinzipiell denkbar, bedarf hier aber letztlich keiner Entscheidung, dass grundrechtliche Schutzpflichten den Staat auch gegenüber den in Bangladesch und in Nepal lebenden Beschwerdeführenden verpflichten, gegen Beeinträchtigungen durch den globalen Klimawandel vorzugehen.

Dann wird in neun langen Absätzen erklärt, dass Deutschland sich bereits international engagiert, aber vor Ort, in ihren Ländern, nichts tun kann.

Erfolg hatten vor allem die Kinder und Jugendlichen als künftige Generationen. Auch da hat aber nicht jedes Argument überzeugt. Sie wollten sich direkt auf Artikel 20a des Grundgesetzes stützen, in dem der Staat die Verantwortung für die natürlichen Lebensgrundlagen trägt, aber das ist nicht möglich. Bei der Grundgesetzreform nach der Wiedervereinigung 1994 war die Mehrheit ausdrücklich dagegen, ein Grundrecht auf Umweltschutz zu schaffen; jetzt ist es ein »Staatsziel«. Das ist nicht wertlos, aber eine Verfassungsbeschwerde trägt es nicht, weil es sich nicht individuell einklagen lässt. Dafür wird ein Grundrecht gebraucht.

Auch Kinder haben Grundrechte, das ist schon lange klar. Es gibt keine Altersgrenze, weder nach oben noch nach unten. »Insoweit« war das hier also zulässig. Erst unter »C.« wird das dann wirklich geklärt: Der Clou ist, dass nicht einfach die Freiheit gefährdet ist, sondern die »intertemporale Freiheit« – das klassische Recht bekommt ein Update. Die Freiheit, *liberté, liberty* oder *free-*

dom gehört schon immer dazu: Sie wurde in der Französischen und Amerikanischen Revolution in den großen Erklärungen der Menschenrechte, in Verfassungen vieler Staaten nach 1945 und in Deutschland besonders nach 1989 erkämpft, wenn auch oft noch nicht für alle. Im Grundgesetz ist es das Menschenrecht auf Selbstbestimmung in Artikel 2 Grundgesetz. Das haben die Kinder benutzt. Sie haben »hinreichend dargelegt«, dass es ihnen darum geht; daher heißt es unter »B.«: »Die Rüge ist zulässig.« Aber vor allem haben sie den Senat überzeugt, dass Freiheit nicht nur schützt, was wir heute wollen, sondern auch das, was wir künftig tun oder lassen möchten. Darum geht es bei »C.«. Ich war selbst erst skeptisch: Die Freiheit, so hatte ich das gelernt, ist eine Freiheit im Hier und Jetzt. Aber als das Votum den letzten Winkel ausleuchtete, wir uns in alle Argumente, Aspekte und Perspektiven vertieft hatten, darüber lange im Beratungszimmer brüteten – da wurde doch klar, was hier gemeint ist. Mehr als einmal lasen wir uns vor, was die Kinder und Jugendlichen in ihren Verfassungsbeschwerden schrieben. Um der Klimakrise gerecht zu werden, also Demokratie und Grundrechte auch hier zu schützen, mussten auch wir die Freiheit in der Zeit und für die Zukunft verstehen. Am Ende war nicht nur ich überzeugt. Der Senat hatte einen Konsens erreicht, auch hier. Die Sache war zulässig, die erste große Hürde genommen.

Erst dann kommt eigentlich der Paukenschlag: Die Beschwerden der Kinder und Jugendlichen waren nicht nur zulässig, sondern »insoweit« auch »begründet«. Der wichtigste Teil der Gründe sind die »Maßstäbe«, »C. I.«; hier ist die Beratung fast immer besonders intensiv, denn das bleibt. Nur zählen wieder nicht die Einstellungen oder Meinungen zum Klimaschutz; die unterschieden sich im Senat sehr. Es braucht Argumente, die sich im Grundgesetz verankern lassen. Dazu heißt es in Randnummer 183:

> Das Grundgesetz verpflichtet unter bestimmten Voraussetzungen zur Sicherung grundrechtsgeschützter Freiheit über die Zeit und zur verhältnismäßigen Verteilung von Freiheitschancen über die Generationen. Als intertemporale Freiheitssicherung schützen die Grundrechte die Beschwerdeführenden hier vor einer einseitigen Verlagerung der durch Art. 20a GG aufgegebenen Treibhausgasminderungslast in die Zukunft.

Das ist der Maßstab: die Freiheit, das Grundrecht aus Artikel 2 Absatz 1 GG. Konkret heißt das: Wenn wir heute so »frei« weitermachen wie bisher, ist absehbar: kein Auto mehr, ohnehin keine Flugreise, überhaupt viel weniger Freiheit, zu tun und zu lassen, was wir selbst für richtig halten. Wir »verlagern ... in die Zukunft«. Dann ist diese Freiheit berührt, Artikel 2 ist anwendbar, verfassungsrechtlich heißt das: »Der Schutzbereich ist eröffnet.«

Nur ist das nicht alles. Das Grundrecht muss nicht nur berührt, sondern auch »beeinträchtigt« sein, die Freiheit verletzt. Es genügt also nicht, dass ein »Eingriff« vorliegt – davon gibt es viele, weil Interessen auszugleichen sind, denn wir sind nicht allein auf der Welt. Entscheidend ist, ob sich so ein Eingriff auch »rechtfertigen« lässt. Deshalb ist es mit dem Ruf nach Freiheit auch in der Zeit allein nicht getan: Wir sind ja alle frei, über unser Leben selbst zu bestimmen, aber halten uns an Regeln, damit das auch für alle klappt. Das Bundesverfassungsgericht kontrolliert dann nur, ob die Regeln zu weit gehen; es zieht auch hier die rote Linie, die auch eine gewählte Mehrheit in der Regierung und im Parlament nicht überschreiten darf. Juristisch formuliert: Es muss »unverhältnismäßig« sein, »unangemessen«, konkret »unzumutbar«, wenn wir weiter so auf Kosten der Kinder leben – dann werden Grundrechte verletzt. Das ist Randnummer 192:

> Weitere Anforderungen an die verfassungsrechtliche Rechtfertigung ergeben sich aus dem Gebot der Verhältnismäßigkeit. Die Grundrechte verpflichten

den Gesetzgeber, die nach Art. 20a GG verfassungsrechtlich notwendigen Reduktionen von CO_2-Emissionen bis hin zur Klimaneutralität vorausschauend so zu gestalten, dass die damit verbundenen Freiheitseinbußen trotz steigender Klimaschutzanforderungen weiterhin zumutbar ausfallen und die Reduktionslasten über die Zeit und zwischen den Generationen nicht einseitig zulasten der Zukunft verteilt sind.

Dort folgen Hinweise auf die Fachwissenschaft: Wir haben uns das nicht am grünen Tisch ausgedacht, sondern, wie immer, umfangreich recherchiert, zugehört, von anderen gelernt. Das Verfassungsgericht belegt, dass es nicht alles besser weiß und worauf es sich stützt. Oberflächlich? Eher nicht. Es werden alle Quellen angegeben.

Und hier zeigt sich die Schönheit des Verfassungsrechts: Es strukturiert, wie sich Kontroversen klären lassen. Erst wird gefragt, welches Recht überhaupt berührt ist (die Freiheit, Artikel 2 Absatz 1 Grundgesetz), wodurch in das Recht eingegriffen wird (das Klimaschutzgesetz) und wie das zu rechtfertigen ist. Aber es wird nicht pauschal gegeneinandergestellt, was dafür- und was dagegenspricht. Sondern hier hat die Verhältnismäßigkeit ihren Platz: Sie zwingt dazu, Schritt für Schritt zu prüfen und zu entscheiden, ob das, was der Staat tut, überhaupt hilft (»geeignet« ist), ob es ein milderes Mittel gäbe (oder so »erforderlich«) und ob das alles angemessen ist (also »zumutbar«). Das könnte der deutlichste Unterschied zu einer Diskussion oder einem Streitgespräch sein: Natürlich haben wir uns im Senat gestritten, aber nur Fakten und Argumente galten, und zwar richtig sortiert. Wer Fakten behauptet, muss sie noch dazu belegen; wer juristisch eine Auffassung vertritt, muss sie im Grundgesetz verankern; was geeignet und erforderlich ist, um das Klima zu retten, sagt zuerst der Gesetzgeber, also die Politik, und das Gericht kontrolliert, ob es trägt; was zumutbar ist, muss mit allen »Grundrechtspositionen« und allen »Belangen« zu vereinbaren sein, nicht nur mit einigen wenigen. So kann Konsens gelingen.

Die Subsumtion

Die vielen Schritte machen Entscheiden nicht einfacher, gerade in Senatsverfahren. Aber das sortierte Vorgehen sorgt dafür, dass die Richterinnen und Richter möglichst alles sehen. Juristisch folgt nun die »Subsumtion«: Die Maßstäbe des Grundgesetzes sind auf den Sachverhalt anzuwenden, meist in »C. II.« oder, hier, »III.«. Da heißt es im Original:

> Die in § 3 Abs. 1 Satz 2 und § 4 Abs. 1 Satz 3 KSG in Verbindung mit Anlage 2 getroffene Regelung der bis zum Jahr 2030 zulässigen Emissionsmengen ist mit Blick auf die hierdurch in späteren Reduktionsphasen erheblich gefährdete Freiheit verfassungsrechtlich nicht ohne weitere Vorkehrungen verfassungsgemäß. Die Grundrechtsvorwirkung dieser Emissionsmengenregelungen ist verfassungsrechtlich nicht vollständig zu rechtfertigen.

Das ist Randnummer 195; auch sie ist ganz genau, denn was hier steht, muss den Tenor tragen. In über 50 Absätzen wird nun erklärt, wie genau die Freiheit in Zukunft betroffen ist, was genau das Prinzip des Artikel 20a Grundgesetz dazu sagt und wo genau die Anforderungen nicht eingehalten sind.

> § 3 Abs. 1 Satz 2 KSG und § 4 Abs. 1 Satz 3 KSG in Verbindung mit Anlage 2 sind insoweit verfassungswidrig, als sie die derzeit nicht hinreichend eingedämmte Gefahr künftiger Grundrechtsbeeinträchtigungen begründen; damit verletzen sie die sich aus dem Gebot der Verhältnismäßigkeit ergebende Pflicht des Gesetzgebers, die nach Art. 20a GG verfassungsrechtlich notwendigen Reduktionen von CO_2-Emissionen bis hin zur Klimaneutralität vorausschauend in grundrechtsschonender Weise über die Zeit zu verteilen.

Es heißt »insoweit verfassungswidrig«, wie so oft. Auch wenn das manchmal anders wirken mag: Das fiel mir nie leicht und wohl auch allen anderen Richterinnen und Richtern nicht. Klar, der Senat muss rote Linien ziehen. Aber zu entscheiden, dass sie überschritten sind, ist doch noch etwas anderes. Hinter den Gesetzen, die das Gericht überprüft, steht eine gewählte Mehrheit, so auch hinter dem Klimaschutzgesetz. Da sind gute und auch gut sortierte Argumente gefragt, um ihr in den Arm zu fallen, und auch Mut. Das ist der Job, aber die Verantwortung ist spürbar. In den Gründen wird also möglichst alles erklärt; es geht um technischen Klimaschutz, um die »Regelungstechnik«, für die sich das Parlament entscheiden kann, und es gibt eine Warnung, dass es alles »Wesentliche« per Gesetz selbst machen muss, also nicht zu viel an die Ministerien abgeben darf, die per Verordnung regeln. Es kommt eben möglichst alles auf den Tisch.

Am Ende steht dann wieder Gewaltenverteilung. Wir sind bei »D.«, dem Ergebnis. Der Konsens im Senat soll möglichst deutlich sagen, was das Grundgesetz den Verantwortlichen aufgibt. Hier sagt Randnummer 266, was daraus folgt:

> Im Ergebnis sind § 3 Abs. 1 Satz 2 und § 4 Abs. 1 Satz 3 KSG in Verbindung mit Anlage 2 verfassungswidrig, soweit eine den grundrechtlichen Anforderungen genügende (oben Rn. 251 ff.) Regelung über die Fortschreibung der Minderungsziele für den Zeitraum ab 2031 bis zum Zeitpunkt der durch Art. 20a GG geforderten Klimaneutralität fehlt. In diesem Umfang haben die Verfassungsbeschwerde im Verfahren 1 BvR 2656/18, soweit sie zulässig ist, und die Verfassungsbeschwerden in den Verfahren 1 BvR 96/20 und 1 BvR 288/20 Erfolg, während die Verfassungsbeschwerde im Verfahren 1 BvR 78/20 unbegründet ist.

Das klingt wieder technisch, fast so wie der noch genauere Tenor; er wird hier erklärt: Die Regelung ist verfassungswidrig, aber es wäre noch schlimmer ohne das Gesetz, deshalb bleibt sie anwendbar; der Gesetzgeber muss die Sache nur spätestens bis Ende 2022 neu regeln. Einige haben mit Ihren Beschwerden teils gewonnen, andere verloren. Tatsächlich ging es dann schnell, und das muss auch so sein. Würde sich die politische Mehrheit weigern, könnte das Verfassungsgericht zwar selbst eine Anordnung treffen; die sieht das Prozessrecht vor. Aber das will es nicht. Die Politik soll gestalten. Außerdem müsste auch die Anordnung umgesetzt werden, sonst hätten wir eine echte Verfassungskrise. Das darf nicht geschehen. Zwar wird manchmal gegrummelt. Beim Wahlrecht und bei der Gleichstellung homosexueller Paare im Steuerrecht wurde sogar extrem lang gewartet, bis der verfassungsrechtliche Schaden behoben war. Aber am Ende ist es gut gegangen. Wir alle werden darauf achten müssen, dass das so bleibt.

Globale Probleme – eingebettete Antworten

Der Klimabeschluss hat so Geschichte geschrieben. Das liegt vor allem an dem Update zum Klassiker – der nun auch »intertemporalen« Freiheit – und an der Klarheit zur Staatsaufgabe Umweltschutz. Es liegt aber auch an der Antwort des deutschen Gerichts auf eine globale Frage. In dieser Kontroverse wird besonders deutlich: Das Grundgesetz ist in die Welt eingebettet, es ist europäisch und international offen. Ein ehemaliger Verfassungsrichter bemerkte in einem Gespräch einmal, die Aufgaben seien so völlig anders als in seiner Amtszeit: Er habe nur deutsches Verfassungsrecht kennen müssen; ich müsse viel mehr beachten. Und das stimmt: Europäische und globale Regeln sind dazugekommen, also »Unions- und Völkerrecht«, und auch »rechtsvergleichend«, was andere Gerichte tun. Umso besser, wenn sich die eine oder der andere am Bundesverfassungsgericht auch dort gut auskennt. Für die Richterwahlen gilt umso mehr: Die Mischung macht's. Intern ist die Arbeit des Teams für Internationales gefragt, und es helfen die internationalen Kontakte. Das zeigt sich auch hier.

Im Klimafall war ich nicht Berichterstatterin, also kam die Akte als Votum mit allen Anlagen für die erste Beratung irgendwann in mein Büro gerollt. Ich wusste aber schon, dass wir mit den Klimaklagen als Verfassungsgericht nicht allein waren. Verfassungsvergleichende Forschung, die Arbeitstreffen, der internationale Austausch – all das war jetzt hilfreich. 2019 hatte das höchste Gericht der Niederlande, der Hoge Raad, die Regierung verurteilt, die Treibhausgasemissionen massiv zu senken. Genauso hatte der irische High Court 2020 entschieden. In Kolumbien wurde die Regierung sogar mehrfach verpflichtet, mehr für den Klimaschutz zu tun; die Richterin Natalia Angel Cabo erklärte mir die Schlagzeilen von 2021, als es hieß, das Gericht habe einem Fluss Grundrechte zugesprochen, um die Menschen zu schützen, die von dem Fluss abhängig sind. Der Supreme Court der USA schränkte 2022 zwar die Befugnisse der nationalen Klimaschutzbehörde ein, wie nun so oft gespalten mit 6:3 Stimmen, aber ein Gericht im US-Bundesstaat Montana verurteilte 2023 die dortige Landesregierung zu handeln. Und in Europa entschied 2021 der sonst oft zurückhaltende Verfassungsrat Frankreichs für Klimaschutz (dort werden die Richterinnen und Richter die *sages* genannt, die Weisen). Der Rechtsvergleich zeigte also: Gerichte haben hier zu tun.

Beim Klima ist auch klar, dass nationales Denken nicht genügt. Die Erderwärmung kümmert sich nicht um Grenzen, auch nicht das Hochwasser oder die Stürme. Wer vernünftig ist, arbeitet schon lange international zusammen, im Völkerrecht mit Abkommen, Pakten, Konventionen und Verträgen, auch für den Klimaschutz. Besonders wichtig ist das Pariser Abkommen von 2015, das im Beschluss deshalb sofort genannt wird: Es gilt für alle, die es miteinander aushandeln und dann unterschreiben. In einer Demokratie muss auch das an den »Willen des Volkes« gebunden werden, deshalb wird es in Deutschland politisch diskutiert, im Bundestag »ratifiziert« und im Bundesgesetzblatt veröffentlicht, all das im Rahmen des Grundgesetzes. Was wir unter Freiheit verstehen, muss sich dann mit dem vertragen, was wir auch so vereinbaren.

Was folgt daraus konkret? Auch das muss das Bundesverfassungsgericht notfalls klären. Das Pariser Übereinkommen verpflichtet zur Zusammenarbeit, um ein gemeinsames Ziel zu erreichen, und jeder Staat hat sich zu einem Beitrag verpflichtet. Wir können also nicht auf andere zeigen und selbst nichts tun. Tatsächlich verantworten China oder Russland extreme Emissionen und damit Erderwärmung, also lässt sich fragen, warum Deutschland so viel machen muss. Aber juristisch trägt das nicht. Wir haben uns in Paris verpflichtet, und das Grundgesetz nimmt internationale Regeln ernst. Was andere tun, ist also für uns kein Freibrief fürs Nichtstun. Weil das nicht selbstverständlich ist, war es dem Senat wichtig, das zu klären. Er hat daraus sogar einen »Leitsatz« gemacht, mit dem die wichtigsten Aussagen vorab zusammengefasst werden. Hier ist es Nr. 2 c:

> Als Klimaschutzgebot hat Art. 20a GG eine internationale Dimension. Der nationalen Klimaschutzverpflichtung steht nicht entgegen, dass der globale Charakter von Klima und Erderwärmung eine Lösung der Probleme des Klimawandels durch einen Staat allein ausschließt. Das Klimaschutzgebot verlangt vom Staat international ausgerichtetes Handeln zum globalen Schutz des Klimas und verpflichtet, im Rahmen internationaler Abstimmung auf Klimaschutz hinzuwirken. Der Staat kann sich seiner Verantwortung nicht durch den Hinweis auf die Treibhausgasemissionen in anderen Staaten entziehen.

Der Paukenschlag wurde wohl auch damit über Deutschland hinaus gehört.

Ein mächtiges, aber nie das einzige Wort

Eine Entscheidung des Bundesverfassungsgerichts löst große Kontroversen allerdings nie ganz. Den Klimaschutz tragen viele Menschen weiter in Demonstrationen auf die Straße, als Abgeordnete und Parteien in Parlamente und als gefährdete Inselstaaten in die Vereinten Nationen und vor den Internationalen Gerichtshof, der 2025 ein Gutachten erstellte, in dem der Klimaschutz als Menschenrecht anerkannt wird. Wenn es konkret wird, tragen das Menschen auch immer wieder vor Gerichte.

In den Datenbanken finden sich heute Tausende Verfahren, die einen für, die anderen sogar zunehmend gegen mehr Klimaschutz; im Bundesverfassungsgericht ist es immer eine Akte. Nach außen wird es dann ein Machtwort, ein Text, der von allen unterschrieben, mehrfach streng überprüft, zur Pressemitteilung gekürzt und ins Englische übersetzt wird, an die Beteiligten geschickt und schließlich auf der Website für alle zu lesen. Dann kommt der nächste Fall. Auch eine »große« Entscheidung ist daher nie das völlig umfassende, einzige oder das letzte Wort. »Die Entscheidung ist unanfechtbar«, so enden die Beschlüsse der Kammern. Aber tatsächlich kann es weitergehen. So wird auch im Verfassungsgericht immer wieder über Umweltfragen entschieden; die Kontroverse um das Klima steckte allein in meiner Amtszeit noch in vielen Akten. Auch diese neuen Beschwerden müssen jedoch zulässig sein, bevor sich das Verfassungsgericht einmischen darf. So war es bei der spätestens mit dem Überfall Russlands auf die Ukraine viel diskutierten Pipeline Nord Stream 2 in der Akte 1 BvR 1401/08: Naturschutzverbände wollten, dass wir den Bau aufhalten. Aber es war unzulässig, also kein Baustopp. Privat hätte ich da Sympathien gehabt, politisch erscheint das heute sinnvoll, aber im Verfassungsgericht kommt es nur auf das Grundgesetz an.

Eine andere Akte betraf den Atomausstieg. Diesmal kam die Beschwerde nicht von Bürgerinnen und Bürgern, sondern von Energiekonzernen. Der Unterschied war deutlich. Die Schriftsätze der Kanzleien füllten über 10 000 Seiten, berichtete im März 2015 sogar die *taz*. Die Konzerne sahen ihr Recht auf Eigentum verletzt, und tatsächlich ging es um sehr viel Geld, konkret um Steuergelder, also um Geld der Bürgerinnen und Bürger. Das Bundesverfassungsgericht ist aber wieder nur für die Grundsätze da, die roten Linien. Wir mussten vor allem klären, wie viel Wankelmut das Grundgesetz der Politik erlaubt: Erst hieß es, die Atomkraftwerke sollen abgeschaltet werden, dann wurde der Betrieb verlängert, dann kam 2011 die Reaktorkatastrophe in Fukushima, und die Bundesregierung ordnete wieder den Atomausstieg an. Darf sie das? Auch hier war überhaupt nicht wichtig, was ich oder andere Richter von Atomkraft halten. In den Voten fand sich wie immer auch viel mehr als nur die Sicht der Konzerne; es ging nicht nur um Eigentum, Vertrauensschutz und Entschädigung, sondern um alle Belange von allen. Im März 2016 verhandelten wir das noch dazu zwei Tage mündlich: ein »Streit um strahlendes Erbe«, titelte die *Südwestpresse* dazu. Im Saal stand die geballte Kraft der Konzerne und Kanzleien; sie hatten vom Vorstand bis zum Pressesprecher Leute geschickt, jeweils von vier Topanwälten gestützt, die Regierung erschien mit 19 Personen aus den Ministerien, unterstützt von einem Professor und drei Anwälten, die Bundestagsfraktion Bündnis 90/Die Grünen zu dritt mit einer Professorin, dann sieben Landesregierungen und mehrere Verbände – einen »Showdown« nannte es die *Welt*.

Die Pressemitteilung zum Urteil vom 6. Dezember 2016 fällt dennoch nüchtern aus:

> Die Dreizehnte Novelle des Atomgesetzes ist im Wesentlichen mit dem Grundgesetz vereinbar.

Das war's. Der Senat erklärte in den Gründen, dass Politik auch den Ängsten folgen darf, die eine Katastrophe auslöst. Aber das war nicht alles. Es muss auch entschädigt werden, was im Vertrauen auf vorherige Signale getan wurde. So bekamen die Konzerne etwas, aber nicht alles, wieder einmal hatte niemand ganz gewonnen, ganz verloren. Eher schon: »Verfassungsgericht befriedet Atomstreit« *(Stuttgarter Zeitung)*. Ich hatte wieder einmal nicht das Gefühl, eine »Klatsche aus Karlsruhe« auszuteilen *(FR)* oder eine »Ohrfeige« für die Politik (so eine Ökonomin in der *FAZ*). Vielmehr hatten wir uns in technische Details vertieft, mit bunten Tabellen zur »Nettoerzeugung in TWh« aller Kraftwerke, hatten alle möglichen Aspekte besprochen, lange um Konsens gerungen. Und dann die Entscheidung gemeinsam formuliert.

Der Klimaschutz bewegt so immer wieder. Er steckte auch im Verfahren 1 BvF 3/11 gegen das Gesetz über die Luftverkehrssteuer. Das klingt vielleicht nicht nach Klima, betrifft es aber genauso wie die Kernbrennstoffsteuer, über die der Zweite Senat 2017 zu entscheiden hatte – sie wurde für nichtig erklärt. Zwar verfechten manche Juristen, bei Steuerrecht gehe es »nur um Geld«, aber mit Steuerrecht wird auch gesteuert. So wirkt sich die Luftverkehrssteuer auf Emissionen aus, die zur Erderwärmung beitragen, also auf das Klima. Die Mehrheit im Parlament und die Regierung sagen so, was gewollt und deshalb steuerfrei ist und was belastet wird; im Bundesverfassungsgericht wird das auf Antrag überprüft.

In anderen Akten gab es andere Interessen, aber dieselbe Arbeitsweise. So ging es in 1 BvR 1679/17 und 2190/17 um Windräder auf See, also vor den Küsten. Wieder hatten Wirtschaftsunternehmen Verfassungsbeschwerden erhoben; sie erregten diesmal wenig Aufsehen. Sie hatten in Windparks viel Geld investiert, dann wurden die Regeln geändert, die Projekte wurden teurer, teils verloren die Firmen viel Geld. Die Pressemitteilung Nr. 78/2000 vom 20. August 2020 sagt wieder nüchtern;

> Verfassungsbeschwerden gegen Windenergie-auf-See-Gesetz wegen fehlender Ausgleichsregelung für bereits geplante Offshore-Windparks zu einem Teil erfolgreich.

Das bedeutet: Die Wirtschaft hatte gewonnen, aber das Klima eigentlich auch; vor allem wussten die politisch Verantwortlichen nun, in welchem Rahmen sie weiter gestalten können.

Genauso ging es nach dem »Paukenschlag« des Klimabeschlusses weiter. Es beschwerten sich Unternehmen gegen ein Gesetz in Mecklenburg-Vorpommern: Danach sollten die Dörfer etwas von den Windparks haben, die bei ihnen vor der Tür errichtet werden, also die Unternehmen verpflichtet, die Gemeinden zu beteiligen. Ist das mit dem Grundgesetz vereinbar? Das sind schwierige Situationen, aber im Gericht war es nur ein Aktenzeichen, 1 BvR 1187/17, und das wurde wieder geprüft, votiert, mehrfach beraten. Wie steht es um die Kompetenz des Landes, so ein Gesetz zu machen? Welche »Gemeinwohlbelange« haben welches Gewicht? Im März 2022 war Konsens erreicht: Wir entschieden zugunsten der Gemeinden, also der Leute vor Ort. Die PM schaffte es aber nur ganz knapp in die Nachrichten. So ist es oft. Wer Glamour will, ist in *Karlsruhe* falsch, aber für die sachlich umfassende Klärung auch großer Kontroversen ist das Bundesverfassungsgericht ein guter Ort.

Manchmal wird ein Machtwort gebraucht. So war es auch, als Thüringen im Waldgesetz regelte, dass dort keine Windräder gebaut werden dürfen. Die Mehrheit im Bundestag hatte das für ganz Deutschland anders entschieden: Die Windenergie soll ausgebaut werden. Was nun? Auch hier schützt ein Verfassungsgericht die Demokratie, indem es sich Alleingängen entgegenstellt. »Gericht kassiert Windradverbot im Wald«, titelte die *FR* im November 2022, also »Windräder im Wald möglich« *(Stuttgarter Zeitung)*. Auch hier war nicht wichtig, was die Richterinnen und Richter davon persönlich hielten; für uns war es die Akte 1 BvR 2661/21 und entscheidend nur Verfassungsrecht, hier die Vorgaben zur »Gesetzgebungskompetenz«: Wenn der Bund entscheidet, dürfen die Länder nicht querschießen.

Das Bundesverfassungsgericht erfreut und enttäuscht damit fast immer gleichzeitig. Kurz nach dem Klimabeschluss haben junge Menschen versucht, mehr zu erreichen, und klagten mit der Deutschen Umwelthilfe gegen acht Landesregierungen, weil diese aus ihrer Sicht zu wenig unternahmen. Aber sie scheiterten. Wer sich wünscht, dass das Gericht nichts tut, verkennt die Aufgabe, aber wer erwartet, dass es ein Problem ganz löst, erwartet zu viel. Die zuständige Kammer erklärte auch da ausführlich, zu 1 BvR 1565/21 u. a., dass Klimaschutz zwar eine Verfassungsfrage ist, das Gericht aber nur eingreift, wenn zum Beispiel die Freiheit in Zukunft »zwangsläufig« unzumutbar beschränkt wird – und das war so nicht. »Erfolglose Verfassungsbeschwerde«, besagte die PM Anfang 2022. Der Klimaschutz blieb auch hier eine zuerst politische Aufgabe.

Das Gericht entscheidet nicht politisch, sondern tickt unabhängig juristisch und muss in einer Gesellschaft der Gewaltenteilung klare Ansagen machen. Das kann dramatisch sein, wie im Beschluss des Zweiten Senats vom 15. November 2023 zu 2 BvF 1/22: Danach war das Haushaltsgesetz 2021 verfassungswidrig. Auch das ein Paukenschlag, nun aber auch gegen die Klimapolitik der Ampelregierung. Klimaschutz muss sein, aber nicht mit jedem Mittel. An die künftigen Generationen müssen weiter alle denken und Gesundheit und Leben und auch Eigentum schützen. Aber wie das dann genau aussieht – diese Weichen stellen Sie bei den Wahlen. Die Richterinnen und Richter markieren nur, wie weitergespielt wird, auch der Klimabeschluss kickt den Ball zurück ins Feld der politisch Verantwortlichen, zum Bundestag, zur Regierung. Der Paukenschlag ist eben nur ein Teil eines Konzerts, das länger dauert, mit einem größeren Orchester.

Migration oder: Tatsächlich Menschenrechte

In Deutschland, Europa und der Welt ist Migration nicht nur eine Tatsache, sondern auch überall umstritten: noch eine große Kontroverse, in der Verfassungsgerichte gefragt sind. In den Akten des Bundesverfassungsgerichts stecken Zuwanderung und Flucht, Einwanderung und Asyl, Familiennachzug und Abschiebung, Sammelunterkünfte und Sozialleistungen, Sprachkurse, Ausbildungsplätze und Arbeit. Auch hier darf sich das Gericht nicht für irgendeine Seite einspannen lassen, sondern muss den Mut und die Kraft haben, sich notfalls gegen eine laute Mehrheitsmeinung zu stellen. Fragen kommen allerdings von allen Seiten. Wie geht das Verfassungsgericht damit um?

Die Antwort lautet: wie immer. Die Sorgfalt ordentlicher Verfahren, die Anstrengung, möglichst alle und alles zu hören, intensive Beratungen mit unterschiedlichen Perspektiven in Kammern und Senat, das Ringen um jedes Wort. Ich picke hier wenige Fälle heraus; es gäbe viel mehr. Sehr viele Probleme gelangen aber gerade hier nicht durch den Filter des Prozessrechts, obwohl viel auf dem Spiel steht. Auch deshalb haben mich die Verfahren zum menschenwürdigen Existenzminimum für Geflüchtete belastet, aber auch sonst zeigen sich hier einige Besonderheiten der Arbeit des Bundesverfassungsgerichts. Oft gibt es einen hohen Zeitdruck, das deutsche Gericht muss grenzüberschreitend handeln, und nicht nur, aber gerade beim Thema Migration sind Vorurteile sehr präsent.

Last Minute

Manchmal muss es schnell gehen; so war es 2018 in der Schweiz. Das deutsche Verfassungsgericht besuchte das oberste »Bundesgericht« in Lausanne, als meine Kollegen plötzlich verschwunden waren. Wie immer begann das Arbeitstreffen mit einem kurzen Referat von beiden Seiten, dann folgte die Diskussion zu Verfassungsrechtsproblemen. Mitten im Gespräch verließen plötzlich drei von uns den Raum und kamen auch zum Mittagessen nicht zurück. Die leeren Plätze waren mir etwas peinlich. Doch das klärte sich auf. Die drei Richter waren in einer Kammer für Abschiebungsfälle zuständig; es war eine Verfassungsbeschwerde eingegangen, aber auch ein Eilantrag gestellt worden, zum Aktenzeichen 2 BvR 2557/16: Darf das Flugzeug mit dem Beschwerdeführer nach Afghanistan abheben oder nicht? Das konnte nicht warten; hier ging es für einen Menschen um die Existenz. Da kann der Rechtsvergleich mit den Schweizer Kolleginnen und Kollegen noch so interessant sein – das geht klar vor. Also zogen sich die drei zurück, berieten und entschieden. »BVerfG stoppt Abschiebung«, hieß es in den *BNN* am nächsten Morgen. Schnell und dramatisch; es wurde später vollständig geklärt.

Eilverfahren sind ordentliche Verfahren, und auch hier müssen die Anträge zulässig sein, aber sie werden nur »summarisch geprüft«, und die Hürden liegen hoch, bevor das Gericht eingreift. Auch das hat der Gesetzgeber geregelt, also die gewählte Mehrheit entschieden, in § 32 des Bundesverfassungsgerichtsgesetzes. Das Gericht könne

> im Streitfall einen Zustand durch einstweilige Anordnung vorläufig regeln, wenn dies zur Abwehr schwerer Nachteile, zur Verhinderung drohender Gewalt oder aus einem anderen wichtigen Grund zum gemeinen Wohl dringend geboten ist.

Wenn ein Eilantrag also zulässig ist, fragt sich, was wirklich auf dem Spiel steht: Das Kind darf nicht in den Brunnen fallen. Was sich nie mehr korrigieren lässt, muss deshalb angehalten werden, aber was weiterlaufen kann, nicht. Juristisch ist das eine »doppelte Folgenabwägung«, in der beide Varianten durchgespielt werden: Was passiert, wenn eine Maßnahme oder ein Gesetz gestoppt wird, aber eigentlich doch in Ordnung war, und was, wenn es erst einmal gilt, aber eigentlich Fehler hatte? In Lausanne folgte daraus für meine Kollegen: Eine Abschiebung kann Leben oder Tod bedeuten, das lässt sich nicht mehr korrigieren, also wird sie gestoppt. Als die drei zurückkamen, wirkten sie ein wenig erschöpft, aber auch erleichtert. Sie hatten gearbeitet wie sonst, nur eben schnell. Der Beschluss wurde dann per Anruf und Fax verschickt. Die Schweizer hatten dafür Verständnis.

Der schnelle Stopp ist die Ausnahme. Im Fall eines islamistischen Gefährders (es war das Aktenzeichen 2 BvR 1487/17) hieß es 2017 in der *taz*: »Karlsruhe billigt Abschiebung«, aber so wie andere Entscheidungen war das natürlich kein »Urteil im Sinne Seehofers« (so aber das *Handelsblatt* im Mai 2018), denn das Gericht folgt keiner politischen Linie. Sondern es war ein Beschluss im Sinne des Grundgesetzes, an das auch ein Minister gebunden ist. Als dagegen in der Türkei zu befürchten war, dass dort gefoltert wird, entschied die Kammer, dass die Behörde zuerst prüfen muss, verordnete also Verantwortung vor Ort mit grundrechtlichen Maßgaben. 2020 musste auch eine Auslieferung nach Polen gestoppt werden, weil dort der Rechtsstaat gekapert worden war. Der zuständige Richter Ulrich Maidowski erklärte das: »Wir dürfen nicht dem Verwaltungsgericht reinreden. Aber die verfassungsrechtlichen Verfahrensgarantien der Fairness überprüfen wir, und da sind wir auch streng.« Manchmal also müssen »wir bitten, noch eine Stunde zu warten«, aber immer »ernsthaft und ergebnisoffen prüfen« (*Stuttgarter Zeitung*, 23.11.2017). »Dass wir Leute aus dem Flugzeug rausgeholt haben, ja, das ist schon passiert« (*Radio-ReportRecht*, 26.11.2019); das Gericht muss notfalls »die Schaffung vollendeter Tatsachen verhindern«. Konkret bedeutet das: »Um 16 oder 17 Uhr kommt dann der Antrag«; »bis zum Boarding der Maschine müssen wir entschieden haben«. Bis dahin müssen die Behörden warten, sonst wäre der Rechtsschutz eine Farce.

Der Rechtsstaat muss auch Krise können, im Verfassungsstaat müssen Grundrechte beachtet werden. Doch gibt die Migrationspolitik Anlass zur Sorge. Viele hat daher die Abschiebung des salafistischen Predigers Sami A. nach Tunesien 2018 beunruhigt. Es ist richtig und auch wichtig, gesetzliche Vorgaben durchzusetzen. Aber hier hatte ein Verwaltungsgericht die Abschiebung überprüft, für rechtswidrig erklärt und verboten, und trotzdem setzte die Behörde Sami A. in das von der Bundespolizei gecharterte Kleinflugzeug. Ein höheres Gericht erklärte das später für rechtmäßig. Aber darauf müssen Behörden warten. Zur Abschiebung hieß es daher im Juli 2018 auch in der konservativen Presse, da werde der »Rechtsstaat vorgeführt« *(FAS)*. Noch problematischer: Der damalige CSU-Bundesminister Seehofer hatte sich nicht nur öffentlich empört, warum Sami A. nicht schneller verschwinde, sondern auch gesagt: »Wir müssen erreichen, dass diese Abschiebeverbote durch Gerichte aufhören« (»Die Spirale der Gerichtsentscheidungen durchbrechen«, *FAZ*). Das ist gefährlich. Auch wenn der NRW-Innenminister Reul in der *FR* zitiert wird mit »Die Richter sollten immer auch im Blick haben, dass ihre Entscheidungen dem Rechtsempfinden der Bevölkerung entsprechen«, ist das so plausibel wie falsch. Das Verfassungsgericht hat ganz im Gegenteil gerade die Aufgabe, sich einem »Rechtsempfinden« in den Weg zu stellen, wenn es Menschen nicht gerecht wird. Manchmal bittet das Bundesverfassungsgericht sogar den Bundespräsidenten, mit der Unterschrift unter ein Gesetz zu warten, damit es überprüft werden kann, und der wartet dann notfalls sogar mehrfach. Gesicherter Rechtsschutz macht den Rechtsstaat aus.

Andere Eilanträge scheitern, wenn so nur versucht wird, das Verfassungsgericht politisch zu benutzen. So war es im Streit um den Migrationspakt der Vereinten Nationen 2018: nicht bindend, sondern der Rahmen für die internationale Zusammenarbeit, um Migration besser zu steuern. Trotzdem wollte die AfD das Verfassungsgericht dazu bringen, der damaligen Bundeskanzlerin Merkel zu verbieten, für Deutschland zu unterzeichnen. Den Eilantrag wies der Beschluss zu 2 BvQ 105/18 u.a. ganz klar zurück: Es ist nur ein Pakt, kein zulässiger »Beschwerdegegenstand«. Auch ein »Recht auf Widerstand«, das von Rechtsradikalen oft reklamiert wird, »liegt fern«. Zwar steht in Artikel 20 des Grundgesetzes, dass so ein Recht »gegen jeden, der es unternimmt, diese Ordnung zu beseitigen«, besteht. Aber das hat nichts damit zu tun, wenn demokratisch Politik gemacht wird, die man selbst nicht gut findet. Die Verfahren sind nicht für allgemeine Beanstandungen da; eine Eilanordnung gegen die Bundesregierung gibt es da nicht.

Wenn es schnell gehen muss, haben die roten Aktendeckel manchmal den Aufkleber »EILT SEHR!« oder die Bitte »von Hand zu Hand«, sie also selbst zum nächsten Kollegen in der Kammer zu bringen. Wer damit als Berichterstatter rechnen muss, organisiert einen Notdienst; dann ist immer jemand vor Ort und bereitet sich schon vor, wenn in den Nachrichten gemeldet wird, wo Streit entsteht. Dann ruft die Anwältin an, faxt kurz danach den Antrag und die Entscheidungen der Verwaltungsgerichte, die überprüft werden sollen, ob im Migrationsrecht oder auch bei Demonstrationen oder im Kinderschutz. Das wird wieder »summarisch« geprüft, dann der Beschluss gemacht. Auch diese roten Linien dürfen die Behörden vor Ort nicht überschreiten. Und die Eile ist die Ausnahme, die Ruhe die Regel. Nur wenn es unbedingt sein muss, geht es auch schnell.

Dem Unrecht nicht die Hand reichen

Die Kontroverse um die Migration ist kein deutsches Problem, sondern von vornherein international. Schon beim Klima und auch in einer Pandemie muss grenzüberschreitend gehandelt werden; bei der Migration ist das noch deutlicher. Es geht auch nicht um eine »Flut« oder »Welle«, sondern um Menschen, die keine sicheren Wege aus der Not haben; sie laufen etwa auf der »Balkanroute« aus Syrien, dem Irak oder Afghanistan durch die Türkei, Griechenland, Slowenien, Bosnien, Kroatien und Ungarn zu Fuß; es sind sehr viele Menschen, auch viele Kinder. Wie Deutschland damit umgeht, wird intensiv diskutiert und politisch gestaltet; der offene Streit gehört zur Demokratie dazu. Aber auch hier gilt das Recht. Also entscheiden Gerichte im Notfall, was geht, wer zurückmuss oder bleiben darf und unter welchen Umständen, und auch da ist das Grundgesetz nicht isoliert, sondern international zu verstehen, auch hier wird die deutsche Verfassung »im Lichte« der internationalen Regeln ausgelegt, eingebettet in Europa und in Völkerrecht, und hinzu kommt die notwendige Zusammenarbeit mit anderen Staaten.

Im Grundgesetz sagt gleich nach dem Verbot in Artikel 16, Deutsche auszubürgern oder auszuliefern, der ergänzte Artikel 16a: »Politisch Verfolgte genießen Asylrecht.« Das gehört zum »Nie wieder« gegen die Unrechtsherrschaft der Nazis, wo vor der Ermordung die Vertreibung stand; darauf haben sich demokratische Staaten 1951 in der Genfer Flüchtlingskonvention weltweit verständigt: Menschen müssen Zuflucht finden, dürfen also an der Grenze nicht einfach weggeschickt werden. Die Konvention wird im Grundgesetz sogar genannt. Eine große Mehrheit im Bundestag hat dann 1993 den »Asylkompromiss« beschlossen; seitdem darf nicht bleiben, wer aus einem »sicheren Drittstaat« einreist, und bei einem »sicheren Herkunftsstaat« wird vermutet, dass keine Verfolgung droht, aber es kann das Gegenteil bewiesen werden. Das ist heute auch europaweit geregelt; dazu entscheidet der Gerichtshof der EU wie ein Verfassungsgericht. Und das ist nicht alles.

Auch hier gelten die Grund- und Menschenrechte; das Bundesverfassungsgericht muss sie konkretisieren. Schon 1983 hat es klargestellt, was der Zweite Senat 2015 im Fall 2 BvR 2735/14 so formulierte: Keinesfalls darf Deutschland »seine Hand zu Verletzungen der Menschenwürde durch andere Staaten reichen«. Ein Machtwort und ein großes noch dazu. Damals sollte ein Österreicher an Italien ausgeliefert werden, das Oberlandesgericht stimmte zu, das Verfassungsgericht musste es stoppen: Der Mann war in Abwesenheit zu lebenslanger Haft verurteilt worden, was in Deutschland klar verboten ist – das verletzt Grund- und Menschenrechte. Also dürfen es deutsche Gerichte, Behörden oder Gesetze auch im Ausland nicht erlauben. Seitdem erinnert das Verfassungsgericht immer wieder daran: Es gilt, dem Unrecht »nicht die Hand zu reichen«.

Urteile gegen Vorurteile

Die politische Kontroverse lässt das Bundesverfassungsgericht nicht unberührt. In so einem hohen Amt liegt zwar immer Gewicht auf den Schultern, aber je intensiver politisch gestritten wird und je mehr darunter Menschen leiden, desto schwerer wiegt das. Nicht nur hier, aber gerade hier müssen Gerichte ihre Urteile auch gegen Vorurteile setzen. Wo polarisiert wird, ist es besonders wichtig, juristisch möglichst überzeugend zu begründen und klug zu entscheiden, auch weil politisch Verantwortliche, die das umsetzen müssen, unter großem Druck stehen. Wie geht das dann?

Auch hier ist die Antwort: wie immer. Das Bundesverfassungsgericht prüft wieder nicht, ob alles richtig oder gar perfekt ist, sondern nur, ob Verfassungsrecht verletzt ist; es stützt sich auf die eigene Rechtsprechung nicht aus Eitelkeit, sondern um verlässlich zu sein, und nimmt Kritik auf, um etwaige Unklarheiten zu beseitigen; es bettet die Auslegung des Grundgesetzes international ein. Und doch sind diese Verfahren besonders fordernd.

Es gibt auch hier ein Wissensproblem, aber ein spezielles. Wie lässt sich wirklich verstehen, was von der eigenen Erfahrung weit entfernt ist? Das Leben in einer Flüchtlingsunterkunft kennen Verfassungsrichterinnen und -richter normalerweise nicht, genauso wenig wie ein Arbeitsverbot, dem Geflüchtete unterliegen. Wer musste bislang mit Sozialleistungen auskommen, wer war in Sorge um eine ferne Heimat und Familie, wer kennt die Angst, dorthin zurückzumüssen? Anders als in der Klimakatastrophe oder der Coronapandemie wird hier nicht geleugnet, dass es Migration gibt, sondern die Lebenssituationen sind weithin nicht bekannt und werden durch Vermutungen ersetzt, ein Einfallstor für Vorurteile, und dazu kommen gezielt verbreitete Lügen. Deshalb ist gerade hier die innere Haltung gefragt: zugewandt und offen, fragend und fair, auf Konsens orientiert. Acht bewusst verschiedene Personen sind da keine schlechte Idee, denn sie stellen jeweils eigene Fragen und sich gegenseitig infrage: *Erscheint das plausibel? Gibt es dazu Daten? Ist das wirklich so oder ein Vorurteil?* Bestenfalls ist das schon die Arbeit am Votum, aber es geschieht spätestens in der Beratung und in der mündlichen Verhandlung, wenn es eine gibt. Auf sachliche Aufklärung muss gerade hier viel Wert gelegt werden.

Acht verschiedene Köpfe und die Bindung an das Grundgesetz, an Auslegungsregeln mit einer bestimmten Art der Prüfung – das wirkt sich aus. Die »Grundrechtsberechtigten«, die ihre Rechte verletzt sahen, haben da ebenso ihren Platz wie alle, die eine Willkommenskultur feiern, oder jene, die Bedenken haben oder gegen zu viel Migration demonstrieren. Bilder wie auf dem

Video vom August 2015, als wütende Männer in einer sächsischen Kleinstadt den Bus mit verängstigten Kindern auf der Flucht vor Krieg blockierten, erreichen auch das Bundesverfassungsgericht, und die Sorgen der Menschen um ihre Heimat, weil dort Krieg herrscht oder weil sich Neues fremd anfühlt, weil das eigene Leben in Gefahr ist oder etwas Fremdes beunruhigt – das ist keine andere Welt. Auch damit muss das Gericht umgehen.

So kontrovers das aber ist: *Karlsruhe* greift selten ein. Auch Migration gestalten die, denen Sie Ihre Stimme bei den Wahlen geben, die Verwaltung setzt das um, und Gerichte klären Streit vor Ort: Gewaltenteilung, verschiedene Zuständigkeiten und Befugnisse. Nur manchmal werden rote Linien gebraucht, die alle beachten müssen. Wo sie besonders schwer zu ziehen sind, betonen die Senate, dass »die Entscheidung einstimmig ergangen« ist. Ich hatte das immer im Kopf: *Wenn wir uns im Senat nicht überzeugen, wird es auch draußen schwer* – und dann folgt noch ein Versuch, ein Argument, noch eine Diskussion.

Den Konsens braucht jedes Wort, und gerade Urteile gegen Vorurteile beginnen bei der Sprache. Wie formuliert wird, zeigt ja immer, wie Probleme gesehen werden; das gilt auch für Entscheidungen des Bundesverfassungsgerichts. Im Senat wurde also beraten, ob »die Flüchtlinge« nicht besser als »Geflüchtete« oder »Menschen auf der Flucht« beschrieben werden und ob es nicht sachlicher ist, über Leistungen für »Asylsuchende« nachzudenken, denn sie »bewerben« sich ja nicht wie auf einen Job, sondern suchen Schutz. Da wurde auch geprüft, was es ausmacht, über »Deutsche und Ausländer« zu schreiben oder aber über »deutsche und ausländische Staatsangehörige«. Natürlich gibt es hier keine Sprachpolizei, aber es ist auch keine Stilfrage. Sollte nicht gerade das Verfassungsgericht schon sprachlich zeigen, dass es wirklich alle hört? Wenn es sich so viel Mühe gibt, mit jedem Wort auf der

Goldwaage, dann geht das auch hier. Bei der Sprache fängt Gerechtigkeit oft an.

Ein Klassiker

Verfassungsrechtlich ist Migration ein Klassiker. So haben Menschen schon immer dafür gekämpft, auf Reisen nicht rechtlos zu sein. Im 20. Jahrhundert wurde erschütternd deutlich, dass vor allem die Staatenlosigkeit ein fundamentales Unrecht ist: Es traf die aus religiösen, rassistischen, nationalen oder politischen Gründen »Ausgebürgerten«. Heute leiden Vertriebene weltweit. Nach 1945 hieß es auch dazu »Nie wieder«. Das Grundgesetz schützt Menschen – egal woher – in ihrer gleichen, selbstbestimmten Würde und wendet sich gegen das Unrecht einer Diktatur. Unrecht, Verfolgung, Vertreibung – und das soll das Bundesverfassungsgericht schützen.

Das passt also. Dann stellt sich wie immer die Frage, was das Grundgesetz konkret bedeutet, wie also die großen Worte »auszulegen« sind. Da ausländische Staatsangehörige immer Gefahr laufen, von der nationalen Mehrheit übersehen und ausgegrenzt zu werden – und darauf setzen populistische Kampagnen mit ihrem »Wir gegen die anderen« –, braucht es eine unabhängige Instanz, die darauf achtet, dass wir menschlich miteinander umgehen. In Deutschland sind das Verfassungsgerichte, daneben die Gerichte für Europa und die Welt. Wer als das »Wir« regiert, braucht keinen Schutz, aber die »anderen« sind auf sie angewiesen.

... migrationspolitisch nicht zu relativieren

Ein Fall kann das verdeutlichen, der gleich zu Beginn meiner Amtszeit auf meinem Tisch landete. Hinter den Aktenzeichen 1 BvL 10/10 und 2/11 steckte das »Asylbewerberleistungsgesetz«, also im Zuge des »Asylkompromisses« eingeführte, bewusst niedrige Sozialleistungen für Geflüchtete. Das Verfassungsgericht sollte Regelungen überprüfen, aber es geht um Schicksale, um Leben. Was steht Menschen zu? Eine klare Frage, aber viel mehr zu klären. Die politische Debatte kreist darum, mit wem »wir«, also alle, die Steuern und Sozialabgaben zahlen, solidarisch oder mitfühlend teilen müssen oder ob wir damit zu viele Menschen nach Deutschland locken; in Diskussionen wird es nicht nur kontrovers, sondern oft auch hitzig, oft emotional – und genau da hat ein Verfassungsgericht eine Aufgabe.

Als der Senat über den Fall zu entscheiden hatte, gab es vor dem Gericht Demonstrationen mit Schildern wie »Stoppt die Diskriminierung per Gesetz!« und »Gleiche Rechte für Flüchtlingskinder«, aber auch »Märsche« gegen »den Islam« oder alle »Ausländer« und gegen ein offenes Europa. Wie so oft in der Geschichte wurden hier »Fremde« zum Sündenbock gemacht: »Sie sind an allem schuld« – das hat schreckliche Folgen. Der Pressespiegel war voller Berichte darüber; im Gericht wurde intensiv gearbeitet. Da waren wir nicht nur gefordert, wir fühlten uns auch so.

Nach den Regeln war ich die zuständige Berichterstatterin. Die Mitarbeitenden hatten umfangreich begutachtet, das Votum mit 193 Anlagen wurde am 8. Mai verschickt. Dann kam der Dienstag, 22. Mai 2012, 10 Uhr. Auf der Tagesordnung des Senats stand: »Konkrete Normenkontrolle 1 BvL 10/10 – Votum – BE Baer«, zwei Wochen später »Verhandlungsablauf«, wieder zwei Wochen später die mündliche Verhandlung mit einer genehmigten »kleinen Kundgebung« vor der Tür. Ich war nervös. Wie immer gab es einen Zeitplan, intern, um zu moderieren, und extern für die Vorbesprechung. Aber für die Bundesregierung waren 17 Personen angereist, für die Länder zehn, für Organisationen zwölf, es gab Zuschauende im Saal und die Presse auf der Tribüne. *Hatte ich zur Vorbereitung wirklich alles verarbeitet, hatten wir alle gehört?* Eingegangen waren ausführliche Stellungnahmen von den Vereinten Nationen bis zum Kommissariat der deutschen Bischöfe. Wir hatten herausgefunden, dass Asylsuchende in Frankreich, den Niederlanden, Dänemark und Belgien deutlich mehr erhalten als hier. Aber hatten wir jedes Argument geprüft? *War ich, waren wir in der Lage, wirklich ohne Vorurteile zu urteilen?*

Das Verfahren lief dann anders als gedacht. Die Richterinnen und Richter hatten auch hier verschiedene Haltungen, Erfahrungen und Kenntnisse, bewusst und vielfach gemixt. Ich machte mir Sorgen, wohin das führen würde. Aber wir mussten gar nicht ins Detail, denn die Lage war überraschend schnell klar: In der mündlichen Verhandlung meinten alle, dass es so nicht geht. Das ist sonst anders. Aber hier waren die Maßstäbe gerade erst geklärt worden, denn der Senat hatte 2010 entschieden, dass ein Grundrecht auf Menschenwürde nichts Abstraktes ist, sondern konkret verlangt, ein menschenwürdiges Leben führen zu können, also die politische Mehrheit verpflichtet, auch für eine kleine Minderheit das Existenzminimum zu sichern. Für Asylsuchende waren die Sozialleistungen von Anfang an gezielt niedrig gehalten und über Jahrzehnte trotz Inflation nicht erhöht worden. Nicht einmal die Bundesregierung verteidigte das wirklich; sie erklärte im November 2010, man prüfe das gerade, und erläuterte mit einem Schreiben im Juni 2012 den Sachverhalt, betonte aber selbst, es gebe keine »Menschenwürde zweiter Klasse«. Das stimmt: So muss Artikel 1 im Grundgesetz verstanden werden. Und damit war auch sonnenklar: Die Leistungen waren offensichtlich, also »evident«, unzureichend. »Richter machen Asylbewerbern Hoffnung«, titelte das *Hamburger Abendblatt* am 21. Juni, aber so fühlte es sich nicht an. Es ging schlicht um die Menschenwürde, um Artikel 1 des Grundgesetzes. Ein Richter war schon in der mündlichen Verhandlung deutlich: »Ein bisschen hungern, dann gehen die schon – das kann es ja wohl nicht sein.« Im Senat wurde wie immer nachberaten, ich entwarf das Urteil, alle machten Vorschläge zur Änderung, aus der konsolidierten Fassung wurde in der Leseberatung dann Zeile für Zeile ein Konsens. Wie so oft waren die Rechtsfolgen streitig, denn wir wollten nicht selbst gestalten, aber sicherstellen, dass etwas passiert. Die Entscheidung fiel mit 6:2 Stimmen. Am 18. Juli um 10 Uhr verlas Vizepräsident Kirchhof in der Verkündung den Tenor und aus den Gründen, ich übernahm als Berichterstatterin den Rest. Das erste Mal. Aufregend. Anstrengend. Geschafft. Die Betroffenen bekamen ab sofort, aber nur bis zur neuen Regelung, so viel wie andere Bedürftige auch.

Gemeldet wurde dann wie so oft, das Gesetz sei »gekippt« worden. Gekippt? Das Bundesverfassungsgericht ordnete an, dass der Gesetzgeber die Leistungshöhe neu festsetzen muss; nur bis dahin hatte das Gericht die Anordnung erstreckt. Das wurde wie immer ausführlich begründet, es gab eine Pressemitteilung und die Übersetzung ins Englische. Damals ahnte der Senat nicht, wie groß das Interesse später im Ausland sein, und genauso wenig, wie stark das unter Druck geraten würde, was Randnummer 95 sagt:

> Die in Art. 1 Abs. 1 GG garantierte Menschenwürde ist migrationspolitisch nicht zu relativieren.

Das wird seitdem zitiert, wenn über die Versorgung von Geflüchteten gestritten wird. In der Presse hieß es damals, das sei ein »Urteil gegen Ausgrenzung«, so Christian Rath in der *taz* am 18. Juli; es gebe nun, so schrieb der *Tagesspiegel*, »Mehr Menschenwürde im Asyl«. Eine Freundin schickte mir den Post des Liedermachers Konstantin Wecker: Die Richter hätten eine »mutige Haltung« gezeigt, sich Zeit für diese Entscheidung zu nehmen: »Man wird ja auch mal loben dürfen …« So etwas gab es selten; ich habe mich gefreut. Viel wichtiger aber war: Das zuständige Ministerium erklärte, die Vorgaben zur Neuregelung zügig umsetzen zu wollen. Gut so. Demokratie heißt eben, das Grundgesetz nicht zu ignorieren.

Kurz vor Ende meiner Amtszeit kam 2021 die Frage nach den Leistungen nochmals auf meinen Tisch, diesmal für alleinstehende Erwachsene in Sammelunterkünften; das steckte hinter dem Aktenzeichen 1 BvL 3/21. Ein Sozialgericht war überzeugt, die Existenz werde durch die geltenden Gesetze nicht gesichert; vor ihm standen Geflüchtete ohne Geld. Der Senat entschied erst einmal, dass die Betroffenen Prozesskostenhilfe und eine Anwältin erhalten; das sichert den Zugang zum Recht. Aber in der Sache? Ich fand das extrem fordernd. Die Stimmung im Land war noch aufgeladener als 2012, es gab lautstarke Fremdenfeindlichkeit, also eigentlich: Rassismus, die Staatskassen leer, die Wahlen vor der Tür. Besonders beunruhigend war, dass im Wahlkampf der Satz kursierte, dass »Bett, Brot und Seife« doch genügen würden – denn das verstößt ganz eindeutig gegen die Verfassung, die eben nicht nur das Leben schützt, sondern ein würdiges Leben, wozu auch soziale Teilhabe gehört, »untrennbar« – so sagen das ausdrücklich mehrere Entscheidungen, auch vor meiner Amtszeit. Was nun?

Die Antwort ist auch hier: wie immer. Die Akte wurde angelegt, es folgte die sorgfältige Prüfung durch eine Mitarbeiterin, das aufwendige Verfahren wurde vom ganzen Dezernat unterstützt. »Der Senat hat bereits verfassungsrechtliche Maßstäbe entwickelt, auf die wir uns wohl auch in diesem Verfahren stützen können«, schrieb ich meinen Kolleginnen und Kollegen im Mai 2022, als sie das Votum erhielten, auch zum Völkerrecht, also den Menschenrechten, der Text über 200 Seiten mit knapp 100 Anlagen. Vor allem mussten wir hier verstehen, was wir nicht aus dem eigenen Leben kennen: Erwachsene, die sich völlig fremd sind, aber zusammenwohnen müssen, oft ohne gemeinsame Sprache, die nicht arbeiten dürfen, also Sozialleistungen brauchen, die nicht ausreisen können, weil ihr Leben sonst in Gefahr wäre, und nicht selten traumatische Erfahrungen machen mussten, die jederzeit verlegt werden dürfen, weshalb gemeinsame Vorräte keinen Sinn ergeben. Ich komme aus einer großen Familie und habe in Wohngemeinschaften gelebt – das ist meine Sparerfahrung, und andere haben andere, aber das Leben, über das wir zu befinden hatten, war für uns alle weit weg.

Das Gesetz ging davon aus, dass diese Menschen weniger benötigen als Leute, die alleine leben. Klingt plausibel? Ist es aber nicht. Diese Beratung war nicht nur kühl; es gab Ärger und Frustration, aber auch Erleichterung. Alle mussten die eigenen Vorstellungen hinterfragen, um Dinge weit weg von uns realistisch zu sehen. Es gab keine Daten dazu, wie viel Geld tatsächlich gespart wird und gespart werden kann; das hatte der Gesetzgeber nur unterstellt. So trug das Gericht zusammen, was man weiß und wissen müsste. Die Unterkünfte sind keine WGs und auch keine Jugendherberge mit Herbergseltern und Begegnungen, die man sich entspannt aussuchen kann. Sie sind etwas völlig anderes. Was ist da zumutbar?

Beraten wurde im Juni, tagelang und ziemlich streitig, der Entwurf war im September fertig, im Oktober die Leseberatung, wie immer Seite für Seite, Wort für Wort. Der Maßstab war klar: Die Existenz muss realistisch menschenwürdig gesichert sein, sie verkraftet Vermutungen nicht. Am Ende heißt es: Die »niedrigere Sonderbedarfsstufe« verstößt gegen das Grundgesetz, so die Pressemitteilung vom 24. November 2022. Es gab »keine belastbaren Erkenntnisse«, um pauschal niedrigere Leistungen zu begründen. Also: verfassungswidrig. Die angegriffene Regelung, so heißt es wörtlich,

> ist mit Artikel 1 Absatz 1 des Grundgesetzes in Verbindung mit dem Sozialstaatsprinzip aus Artikel 20 Absatz 1 des Grundgesetzes unvereinbar, soweit für eine alleinstehende erwachsene Person ein Regelbedarf lediglich in Höhe der Regelbedarfsstufe 2 anerkannt wird.

Der Tenor muss genau sein. In den 99 Absätzen der Gründe wird dann erklärt, worum es geht und wer was will und für richtig hält, was das Grundgesetz sagt und was das hier konkret bedeutet. Verfassungsrechtlich sei entscheidend, dass Sozialleistungen »fortlaufend realitätsgerecht bemessen« werden und damit »tatsächlich für eine menschenwürdige Existenz Sorge getragen wird«; der Gesetzgeber darf das ausgestalten, aber nicht pauschal nach dem Aufenthaltsstatus unterscheiden; das stand schon in früheren Entscheidungen, die nun zitiert wurden. Der Staat muss auch nur leisten, was Menschen nicht selbst erlangen können; das ist der »Nachranggrundsatz«. Er kann also fordern, dass Menschen zuerst selbst etwas tun, als »Obliegenheit«. Nur muss die wie jede Einschränkung, die der Staat Ihnen zumutet, »verhältnismäßig« sein, also geeignet, erforderlich und zumutbar. Das war sie nicht. Der Gesetzgeber wusste einfach nicht genug. Es gab keine »hinreichend tragfähigen Anhaltspunkte für die Annahme, dass in den Sammelunterkünften tatsächlich typischerweise« gespart werden könne. Daher war die Existenz nicht »realistisch gesichert«. Das war im Senat der Konsens. Mit der Menschenwürde im Grundgesetz gibt es, so kommentierten die *BNN*, »keine Menschen zweiter Klasse«. Das Gericht spielt wieder nicht den Besserwisser, berechnet selbst nicht, wie hoch die Leistungen sein müssen. Auch hier geht der Ball zurück aufs Feld der Politik.

Im Verfassungsgericht ahnten wir, dass das nicht alle begeistert, gerade weil es um Geflüchtete und ihre Existenz ging. Aber das »Nie wieder« liegt hier so nah. Nach 1945 kamen Tausende Vertriebene, die versorgt werden mussten, oft gegen starke Vorbehalte der Bevölkerung vor Ort; auch damals stand die Menschenwürde auf dem Spiel, waren Solidarität und Mitgefühl gefragt. Das ist das »Recht auf Gewährleistung einer menschenwürdigen Existenz«, damals wie heute »auch migrationspolitisch nicht zu relativieren«. Das Bundesverfassungsgericht muss diesen Grundkonsens sichern, wenn es hart wird. Es nimmt die Stimmung ernst, es muss die Nöte sehen, aber es muss unabhängig entscheiden und notfalls auch unpopulär, mit dem Grundgesetz in der Hand.

Überleben oder: Die Coronakrise auch für das Grundgesetz

Unpopulär – den Mut dazu muss ein Verfassungsgericht haben. Unpopulär – das war sicher die Pressemitteilung 42/2021 vom 20. Mai 2021 zur Coronapandemie. Da hieß es:

> Mehrere Eilanträge und eine Verfassungsbeschwerde gegen Vorschriften des Vierten Bevölkerungsschutzgesetzes erfolglos.

Also schützt das Verfassungsgericht doch nicht? Die damals ergriffenen Maßnahmen zum Infektionsschutz werden noch immer kontrovers diskutiert. Die Bundeskanzlerin Merkel nannte sie eine »Zumutung für die Demokratie«; das *Handelsblatt* sah eine »Zäsur für den Rechtsstaat«; die Vizepräsidentin der EU-Kommission Vera Jourova betonte im April 2020, man dürfe »im Kampf gegen das Virus nicht die Demokratie töten« *(SZ)*. Die Ausnahmesituation belastete und forderte auch das Bundesverfassungsgericht.

Das Grundgesetz war in aller Munde. Eigentlich ist das ein gutes Zeichen. Aber nun wurde lautstark gefragt, ob Grundrechte »überhaupt noch gelten«, und sogar behauptet, sie seien »außer Kraft gesetzt«. Das war zwar irreführend falsch. »Die Krise ist kein rechtsfreier Zustand«, betonte der Präsident des Bundesverfassungsgerichts Stephan Harbarth in einem Interview mit der *Stuttgarter Zeitung*. Aber viele hatten doch den Eindruck, der Staat verbiete flächendeckend zu viel und das Bundesverfassungsgericht tue zu wenig: »Keine Klärung in Karlsruhe«, meinte die *FAZ*, und »Karlsruhe schweigt zu Corona-Regeln«, hieß es im *Tagesspiegel* im November 2020. Aber das stimmt nicht.

Tatsächlich stellten sich Verfassungsfragen. Kaum war ein Gesetz verabschiedet, kündigten sogar Abgeordnete sofort Verfassungsbeschwerden an. Die Bedenken waren breit gestreut; auch die zivilgesellschaftlich engagierte Gesellschaft für Freiheitsrechte, die GFF, wollte sich zwar »nicht ins Lager der Schwurbler und Coronaleugner geschlagen« haben, bereitete aber Klagen vor. In Zeitungen hieß es schnell, die sogenannte Bundesnotbremse verstoße gegen das Grundgesetz, also das Gesetz, nach dem vor Ort strengere Maßnahmen griffen, wenn die Inzidenz stieg, also mehr Menschen erkrankten. Als dann die ersten Entscheidungen in Karlsruhe fielen, kam der Vorwurf auf, das Bundesverfassungsgericht habe versagt: Der Jurist und Journalist Heribert Prantl hatte das Grundgesetz 2011 als ein »Wunder« beschrieben und das Bundesverfassungsgericht als die »letzte Instanz«, ohne die Deutschland eine andere Republik wäre, beklagte aber im Dezember 2021, den Richterinnen und Richtern fehle der Mut: »Karlsruhe traut sich nicht, die Coronamaßnahmen einzeln zu prüfen und der Politik klare Vorgaben zu machen. Es stiehlt sich aus der Verantwortung.« Das sei die »kleine Abdankung eines großen Gerichts«, das Grundgesetz werde »unter Pandemievorbehalt gestellt«. Was sollte das heißen? Mutlos fühlte ich mich nicht. Aber gefordert.

Auch Verfassungsrechtler fanden in den Medien scharfe Worte. Zwar gab es auch andere Stimmen aus der Staatsrechtslehre, die wie Franz Reimer im Magazin *F.A.Z PRO Einspruch* im Dezember 2021 die »groteske Kritik an Karlsruhe« zurückwiesen. Der Journalist Christian Rath hatte in der *taz* schon im April vor zu hohen Erwartungen gewarnt, denn das Gericht sei »kein Ersatzgesetzgeber«. Auch ehemalige Bundesverfassungsrichter meldeten sich, wie Udo Steiner (»Grundgesetz funktioniert«, *Mitteldeutsche Zeitung*, 14.5.), Udo di Fabio (*FAZ*, 6.10.) oder Paul Kirchhof (»Grundrechtsschutz in der Pandemie: Karlsruhe trägt ein Stück Rechtssicherheit in einen Prozess der Ungewissheiten«, *FAZ*, 30.12.2020).

Aber das half nur begrenzt. Die Unruhe blieb; wir mussten einen kühlen Kopf bewahren.

Was zeigt der genauere Blick? Gerade hier ist es wichtig, kritisch und auch selbstkritisch zu sein, denn diese Zeit hat die Demokratie, den Rechtsstaat und auch das Bundesverfassungsgericht erschüttert. Wenn ich gefragt werde, ob ich als Richterin je falsch entschieden hätte oder gar etwas bereue, zielt das fast immer auf die Coronaverfahren. Ja, ich habe gehadert und immer wieder gegrübelt, wie die anderen auch. *Haben wir alles gesehen, die Dinge richtig eingeschätzt? Was hätten wir besser machen können?* Sie haben hier eine ehrliche Antwort verdient. Am Ende steht auf die Frage nach Fehlern zwar ein Nein, aber es ist nachdenklich und zögernd. Warum hat das Bundesverfassungsgericht so selten eingegriffen, so wenig gestoppt? Es hat mehrere Gründe. Aber es liegt vor allem daran, dass das Bundesverfassungsgericht kein Besserwisser ist.

Was geschah

Im März 2020 starben im italienischen Ort Bergamo die Menschen. Lastwagen brachten nachts Leichen aus dem Ort, später auch in New York. Ein neues Virus verbreitete sich rasant über die Grenzen hinweg, von Österreich beim Après-Ski nach Frankreich, England, Spanien, überallhin. In Deutschland traf es zuerst die Pflegeheime, und eine ganze Gemeinde infizierte sich beim Karneval. Dann wurde reagiert. In vielen Ländern gab es echte Ausgangssperren, etwa in Italien, wo die Leute ihre Wohnungen nicht mehr verlassen durften; in Paris durften alle nur einmal täglich eine Stunde vor die Tür, in Spanien nach Hausnummern abwechselnd kurz. In Deutschland war das anders, auch unterschiedlich streng. Auch hier musste eine Weile lang Ruhe herrschen, zumindest nachts von 22 bis 5 Uhr. Viele Geschäfte mussten schließen, ebenso Restaurants, Kinos, Theater. Das bedeutete: keine Konzerte, Fußball vor leeren Rängen, kein Besuch im Krankenhaus, nicht einmal bei sterbenden Verwandten. Im April 2020 galt fast deutschlandweit die Maskenpflicht. Die Mehrheit der Bevölkerung hielt sich an diese Vorgaben. Ging das trotzdem zu weit?

In der Pandemie haben Menschen auf Infektionsschutz sehr unterschiedlich reagiert: von Coronapartys bis zu umsichtiger Rücksichtnahme, von egoistischen Hamsterkäufen bis zur Nachbarschaftshilfe. Genauso durchwachsen waren die Akten im Gericht. In vielen Verfahren beschwerten sich Menschen, das ginge alles zu weit, aber manche fanden auch, dass zu wenig getan werde, und hatten Angst um ihr Leben. Nicht alles kam nach Karlsruhe, aber es gab Hunderte Verfahren. Alle waren irgendwie betroffen, für alle änderte sich das Leben. Dann tauchte auch die Krankheit Long Covid auf, eine schwere chronische Erschöpfung, die alles unmöglich werden lässt. Und es starben Menschen. Plötzlich kannten auch alle die Abkürzung FFP2. Und alle kannten Geschichten, wie schlimm es wo ist, wer worunter leidet, was ansteckend ist oder auch nicht, was hilft oder schadet, von der Maske bis zur Impfung. Manche hielten alles für Quatsch, manche studierten Infektionszahlen, manche litten unter Corona, andere nicht. Genau so kam »Corona« auch ins Verfassungsgericht: sehr unterschiedlich und ganz unmittelbar.

Die allgemeinen Regeln galten natürlich auch für Richterinnen und Richter, und sie waren zeitweise unübersichtlich. Die Regeln kamen zwar nicht nur von »der Regierung«, denn Parlamente in Bund und Ländern haben sich in Tausenden von Sitzungen mit der Pandemie befasst. Auch hatte »der Staat« nicht etwa zu viel Macht, sondern eher zu wenig, weil Gesundheitsämter schlecht ausgestattet waren, die Notaufnahmen und Intensivstationen der Krankenhäuser voll, das Personal wurde knapp. Viele haben ihr

Bestes gegeben. Aber viele kamen auch an ihre Grenzen, und die Vorgaben änderten sich schnell.

Das Bundesverfassungsgericht sitzt nicht auf einem anderen Stern. Im Gericht machten sich alle große Sorgen um Angehörige, Bekannte oder Verwandte, die eine Infektion nicht einfach wegstecken würden. Einige Richterinnen und Richter erkrankten selbst, viele litten wie andere auch unter der Quarantäne. Wir alle erlebten Diskussionen, die schärfer wurden. Da ging es um die Freiheit und eben oft ausdrücklich um das Grundgesetz, aber auch hier war Zurückhaltung gefragt. Das Virus veränderte aber das Leben im Gericht. Die Verfahrensregeln galten weiter, aber die Arbeitsbedingungen nicht. Im März 2020 kam »Sondermitteilung 1«, zunächst befristet: keine Besuchsgruppen mehr, keine Delegationen, keine Dienstreisen, möglichst wenige Besprechungen, schon einen Husten ernst nehmen und besser allein zu Hause bleiben; außerdem informierte die Verwaltung mit einer »Mitteilung im Hause« über das Virus, die Krankheit, Reisen, Quarantäne. Das Coronaregime am Bundesverfassungsgericht war so streng, dass ein Anwalt sogar dagegen klagte, erfolglos.

In der Krise wollte das Gericht auf keinen Fall ausfallen; gerade da wird es gebraucht. Also gab es eine Pflicht zum Homeoffice in Wechselschichten für die Verwaltung, strenge Quarantäne, vor Beratungen für alle einen PCR-Test und keine Kontakte bis Dienstag morgens um 10 Uhr. Wir haben einmal versucht, online zu beraten, aber Bildschirmkacheln eignen sich nicht für intensive Arbeit am Konsens. Spätestens jetzt war wieder klar, wie sehr das Bundesverfassungsgericht vom Gespräch lebt, auch im Vertrauen auf das Beratungsgeheimnis. Online funktionierte das nicht. Wir trafen uns also im Senat während der Pandemie weiter live, nur nicht in dem kleinen Eckzimmer, sondern im großen Sitzungssaal mit viel Abstand, Masken und Raumluftmessgerät. Das war nicht optimal, denn die Feinheiten in der Mimik und im Ton fallen eher weg; es war anstrengender. Aber wir hatten keine Alternative.

Die großen Coronaverfahren hätte der Senat auch sehr gern mündlich verhandelt. Was der Staat in so einer Situation darf, wie weit der Gesetzgeber gehen kann, was Menschen zumutbar ist, wovor also Grundrechte schützen: Es wäre gut gewesen zu zeigen, dass all diese Fragen zur Sprache kamen. Dafür wurden auf der Richterbank große Trennscheiben eingebaut, und die Verwaltung berechnete, wie viele Menschen im Saal mit Abstand und Maske Platz finden würden. Aber schweren Herzens mussten wir trotzdem verzichten, wenn eine Verhandlung nicht zwingend vorgeschrieben war. Auf einem Zettel notierte ich in der Beratung die lange Liste des Pro und Kontra; wir rangen auch hier. »Ein grober Fehler« sei das, befand die *SZ*, aber es war schlicht unmöglich. Die vielen Beschwerdeführenden in den Coronafällen ließen sich nicht einmal in den extra gemieteten Messehallen einigermaßen verantwortungsvoll unterbringen. Es blieb die Arbeit hinter den Kulissen. Es fehlte Sichtbarkeit, aber Wissen fehlte nicht. Die Zustellung und die Stellungnahmen, die Recherchen im Votum und die Beratungen mit den acht verschiedenen Perspektiven sorgten dafür.

»Widerstand« vor Ort

Corona in *Karlsruhe* war also persönlich spürbar und veränderte das Gericht. Darüber hinaus gab es viel Wut. Zwar beschweren sich immer einmal Menschen heftig, aber unzulässig. Nur wurde es hier aggressiver. Damals stellten sich als »Querdenker« neue »Montagsspaziergänge« in die Tradition der friedlichen Revolution in der DDR, gingen aber mit Leuten auf die Straße, die demokratische Spielregeln verachten. *Der Spiegel* berichtete am 19. April 2021 über »Querkläger«: Ein »Netzwerk kritischer Richter und Staatsanwälte« verbreite Mustervorlagen, um gegen Coronaregeln vorzugehen. Das hat mich beunruhigt: Es passt nicht zu einer unabhängigen Justiz. Anfang 2022 wurde auch immer häufiger über eine Radikalisierung der »Querdenker« berichtet, denn die Gewalt nahm auf den Demonstrationen zu, auch weil – so hieß es aus Baden-Württemberg genauso wie aus Sachsen-Anhalt – rechtsradikale politische Kräfte nun gezielt Einfluss nahmen. Schon früh gab es die Warnung: »Radikale nutzen das Virus als Chance« *(Bremer Nachrichten)*; nun hieß es in mehreren Bundesländern: »Corona-Gegner bedrohen Politiker vor ihren Privathäusern« *(FAZ)*, teils angeführt von bekannten rechtsextremen Organisationen.

Auch im Verfassungsgericht kamen häufiger als sonst Eingaben an, die sich im Ton vergriffen. Immer wieder mussten die Kammern auch Befangenheitsanträge als unzulässig zurückweisen: Sie waren wütend, aber haltlos. Im Coronaprotest mischten sich allerdings sehr unterschiedliche Menschen und Motive. In den ungewöhnlich vielen Briefen direkt an mich als Richterin gab es besorgte Eltern und naturverbundene Medizinskeptiker, Selbstständige mit geschlossenen Geschäften und fundamentalistische Gläubige, grundsätzlich antistaatliche und ganz demokratische, persönlich mutige und nur in der Gruppe lautstarke Bürgerinnen und Bürger. Ein langer Brief von einer Pianistin bat mich, ihre Zeilen ernst zu nehmen; sie war Enkelin eines Widerstandskämpfers und von Deutschland enttäuscht. Andere applaudierten, wenn politisch Verantwortliche persönlich attackiert oder »die« Wissenschaft und »die« Medien denunziert wurden; in den USA prägte das eine Präsidentschaft und in Deutschland gab es das jetzt auch.

Die Angriffe auf demokratische Institutionen nahmen Fahrt auf und zielten nun auch auf das Bundesverfassungsgericht. Damit meine ich nicht den Autokorso im Februar 2021 unter dem Titel

»Für Grundrechte. Für das Grundgesetz« und gegen Schutzmaßnahmen. Zwar hat mich das Hupkonzert nicht erfreut. Aber es ist legitim, nicht nur der Politik zu zeigen, was man denkt. Ich meine auch nicht die Posts in den sozialen Medien. Das Gericht ist dort nach einem kurzen, zwecks Datenschutzes aber schnell beendeten Besuchs auf Instagram nicht selbst aktiv, also fern der Häme und Hetze, die dort verbreitet wird, der *Shitstorms*. Aber es gab während der Coronapandemie doch eine neue, andere Art von »Widerstand«.

Da ging es nicht um Kritik. Jeden Donnerstag standen anfangs etwa 30, später meist nur noch zehn Coronaprotestierende vor der Pforte des Bundesverfassungsgerichts. Sie sangen das Lied »Die Gedanken sind frei« und erklärten per Megafon, was sie für falsch hielten. Die Versammlungsfreiheit ist ein Grundrecht; das ist erlaubt. Doch wurde eine Veranstaltung offiziell damit angemeldet, dass man feststellen wolle, es sei ein »schwarzer Tag für Andreas Paulus, Susanne Baer, Gabriele Britz« und die anderen namentlich genannten Richterinnen und Richter des Ersten Senats. Da beruhigt es schon, dass die Bundespolizei so freundlich wie bestimmt danebensteht. Schließlich kam eine kleine Bühne dazu. Davor standen ein paar Männer in schwarzen Roben, die als »Anwälte« in ihre Kameras sprachen. Ich habe das erst auf den zweiten Blick verstanden: Das war jetzt kein Protest mehr, den wir hören sollten, sondern das Gericht war ihre Kulisse, sie seien die »wahren Hüter des Grundgesetzes«. Per Video gekapert. Auf dem Weg ins Büro blieb ich stehen und hörte zu, bis es hieß, sie würden uns »beseitigen«, kämen sie erst einmal an die Macht.

Das ist nicht kritisch, sondern gefährlich. Es gibt immer einmal Proteste, auch vor dem Gericht: 2017 rief eine Mahnwache mit 15 Personen im Schlosspark »Spaßparteien verbieten!«, drei Tage später demonstrierten etwa 50 Personen »für die Ehe zwischen Mann und Frau« und einige wenige ihnen gegenüber mit dem Schild »Familie kann so viel sein«; an einem Samstag fuhren an die 100 Rocker am Gericht vorbei, um ihrer Verfassungsbeschwerde gegen das »Kuttenverbot« Nachdruck zu verleihen. Aber diese Bühne der Coronagegner war anders. Sie stellte das Gericht als solches infrage, nämlich als unabhängige Einrichtung, die allen dient. Was da als »beseitigen« angekündigt wurde, haben Autokraten in Russland, Ungarn oder Polen unter der PiS vorgemacht: Sie behalten das Deckmäntelchen »Demokratie«, aber der Rechtsstaat ist tot; dann regieren »Rechtshaber«, so Paul Middelhoff und Markus Sehl in der *ZEIT* (4.6.2020). Wir alle, auch Sie, hätten dann keine Grundrechte mehr, keine Demokratie.

Der Protest in Karlsruhe war nicht riesig und es wurde niemand attackiert. Aber er war neu und kein Ausreißer, kein Einzelfall. In Berlin drückte mir am Brandenburger Tor kurz darauf jemand ein kleines Grundgesetz in die Hand; ich war wie immer erfreut, die Verfassung auf so einer Kundgebung bei den Menschen zu sehen. Aber genau besehen geschah auch da das Gegenteil: Im Vorwort hieß es, die Verfassung werde nur von denen geschützt, die mit »Querdenkern« während der Pandemie zum Widerstand aufriefen und den Amtsmissbrauch einiger Amtsgerichte feierten, die Parlamente beschimpften und vom Verfassungsschutz beobachtet wurden, weil sie sich aggressiv gegen das richteten, wofür das Grundgesetz steht. Auf den zweiten Blick sah ich es auch hier: Diese Ausgabe der Verfassung hatte einen schmalen hellblauen Rand, herausgegeben von der AfD. Das Grundgesetz gehört allen, ganz klar, aber so wird es gekapert und für Botschaften missbraucht, die damit nicht vereinbar sind. Die Freude war weg, es war doch eher ein Grund zu großer Sorge.

Noch beunruhigender waren die weißen Rosen. Sie lagen eines Tages vor dem Bundesverfassungsgericht, auch vor dem Amtsgericht nebenan und vor vielen anderen Gerichten in Deutschland.

Die weiße Rose ist das Zeichen des studentischen Widerstands 1942/43 um die Geschwister Scholl gegen die Nazis in München. Während der Pandemie hatte sich nun eine junge Frau auf einer »Querdenker«-Kundgebung als »Sophie Scholl« bezeichnet, im »Widerstand gegen Coronamaßnahmen«. Da haben viele protestiert: *Wie infam, das gleichzusetzen!* Aber nun lagen weiße Rosen vor Gerichten. Sie feierten einen Richter in Weimar, der die Maskenpflicht an zwei Schulen ausgesetzt hatte: Er sei ein »Held«, eben im »Widerstand«. Tatsächlich missbrauchte er sein Amt, denn er hatte eigenmächtig Dinge entschieden, für die er nicht zuständig war. Ein Dienstgericht hat ihn später wegen Rechtsbeugung verurteilt, und er stand vor dem Strafgericht, aber auch dort kamen Leute mit weißen Rosen für ihn. Wie können sie Richter als Helden feiern, die sich nicht an Recht halten? Das ist beängstigend.

Klagewellen

In der Justiz bedeutete Corona sehr viel belastende Arbeit: »Auf den Lockdown folgt die Klagewelle«, hieß es im *Hamburger Abendblatt* am 9. Mai 2020, und diese Welle erreichte auch das Bundesverfassungsgericht. Im August 2020 erschien sogar eine Pressemitteilung, Nr. 78/2021: Es seien bereits 301 Verfahren eingegangen, davon über 200 Eilanträge, und weitere 151 Eingaben. Normalerweise sagt das Gericht nicht, wie viel es arbeitet. Aber hier schien es wichtig, weil so laut nach dem Grundgesetz gerufen und auch das Gericht so scharf kritisiert wurde. Der Jahresbericht 2020 wies dann 880 Coronaverfahren aus, die interne Statistik zeigte im Oktober 2021 sogar 1822 Eingänge zu Corona, von denen 879 bereits als Akten in unsere Büros gerollt waren, an die wissenschaftlichen Mitarbeitenden verteilt oder gleich selbst bearbeitet. Es wurde unter Hochdruck votiert, beschäftigte alle Kammern, in Leitentscheidungen auch den Senat. Von »wegducken«, was dem Gericht vorgeworfen worden war, gab es keine Spur.

Es lagen eher besonders viele Sachen auf dem Tisch. Allerdings kamen nicht alle Probleme im Verfassungsgericht an. So fand nicht nur ich die Regeln zum Besuch bei Sterbenskranken besonders hart, genauso wie die Vorgaben für Beerdigungen, doch dazu kam keine Akte. Im Gericht gab es auch viel Sympathie für Kleinbetriebe, die unter den Schließungen litten, aber keine zulässige Beschwerde. Doch blieb genug. Egal wie lange ich da saß: Es fühlte sich endlos an und fiel mir auch zunehmend schwer. Nur ob man sich ärgert oder nicht, Beschwerden richtig oder für übertrieben hält – sie werden alle sorgfältig geprüft.

Der Filter des Prozessrechts

Die Pandemie hat das Bundesverfassungsgericht also intensiv beschäftigt. Wie sonst auch waren die meisten Coronaverfahren erfolglos, und zwar von vornherein, also unzulässig: »Nichtannahme«. Auch als es in der Presse 2020 hieß, »Karlsruhe schweigt zu Corona-Regeln« *(Tagesspiegel)*, betraf das eine unzulässige Vorlage aus Thüringen: Das Gericht durfte da nichts sagen. Es war zwar klar, wie wichtig das für viele ist. Nur müssen Gerichte gerade in der Krise verlässlich sein, sich also an die Regeln halten. Das Schweigen fiel auch schwer. Es war aber zwingend.

Viele Menschen kamen vor allem zu schnell, zu früh nach *Karlsruhe*: Sie hatten nicht versucht, ihr Problem bei den Gerichten vor Ort zu klären, bevor sie sich ans Bundesverfassungsgericht wandten, also nicht »den Rechtsweg erschöpft« und »die Subsidiarität nicht beachtet«. So hätte sich die Hamburger Kleinfamilie, die campen fahren wollte, endlich aus der Wohnung raus, im eigenen Auto ans Meer, im eigenen Wohnwagen mit Abstand zu anderen, erst an die Gerichte vor Ort wenden müssen. Mir taten sie leid, aber das Land erlaubte nur Dauercamper. Ihr Eilantrag 1 BvQ 39/21 hatte keinen Erfolg. Dasselbe galt für den Antrag des Tübingers, der seine Ferienwohnung auf Sylt nutzen wollte; auch das war unzulässig, aber es gab sogar eine Pressemitteilung zu 1 BvQ 116/20, denn das Gericht wollte nicht missverstanden werden. Einige Verwaltungsgerichte haben dann später entschieden, dass die Beherbergungsverbote verfassungswidrig waren, genauso wie das Münchner Alkoholverbot unverhältnismäßig war und zu strikte Ausgangssperren aufgehoben wurden. Aber das Bundesverfassungsgericht darf nicht vorgreifen. So hatte auch der ältere Mann mit dem einzigen Hobby, nachts allein zu angeln, keinen Erfolg, denn er hätte zuerst vor Ort klagen müssen. Ich fand es auch hier hart, das nicht in der Sache zu überprüfen, aber so wichtig die zugewandte Haltung ist, so entscheidend ist das Recht. So war es auch bei den Akten, in denen sich kranke und deshalb gefährdete Menschen nicht mehr Freiheit, sondern mehr Schutz wünschten. Was ich da gut fand oder nicht: Ob es verfassungswidrig ist, bemisst sich nach dem Grundgesetz, und das Verfassungsgericht entscheidet nur darüber und nur, wenn es zulässig gefragt wird.

Dieses Gefühl, zwar sorgfältig zu arbeiten und auch Skepsis zu teilen, aber dann in der Sache nichts entscheiden zu dürfen, gab es oft. In fünf Verfahren – 1 BvR 968/11 u. a. – scheiterten Modegeschäfte, Schuhläden und Elektromärkte mit dem Antrag, wieder öffnen zu dürfen, aber die Kammer erklärte zumindest, trotz offensichtlicher Zweifel an der Zulässigkeit (»es könne dahinstehen …« und »offenbleiben«) würden »gewichtige Interessen geltend« gemacht, und es gebe »erhebliche Belastungen«. Wir wollten zeigen, dass wir das sehen. Nur müssen in Eilverfahren »die Nachteile, die einträten«, ganz eindeutig sehr viel schwerer wiegen als hier die Gefahr für Leben und Gesundheit vieler Menschen. Das mag man heute anders einschätzen, aber damals trug das nicht.

So war es auch bei der Kunst. Uns stand vor Augen, wie die Kultur litt; dafür gab es viel Verständnis. Aber auch prominente Künstlerinnen und Künstler hatten vor dem Bundesverfassungsgericht keinen Erfolg: Sie hielten die Kunstfreiheit für verletzt, das leuchtete ein. Aber die Musikerinnen und Musiker gaben mit Abstandsregeln und online weiter Konzerte. Es war also nicht erkennbar, dass sie persönlich unerträglich litten, und erst dann darf sich das Gericht per Eilentscheidung einmischen. Genauso war es bei dem Kino, das zumindest privat weiter Filme zeigen wollte: Der Eilantrag 1 BvR 2530/20 scheiterte als unzulässig, wurde aber ausführlich begründet. Verständnis und Sympathie genügen nicht, um der politisch verantwortlichen Mehrheit in den Arm zu fallen.

Auch in der Coronazeit gab es also im wahren Sinne des Wortes kein Wunschkonzert, auch nicht für jene, die nur politisch unzufrieden sind, denn da ist das Bundesverfassungsgericht die falsche Adresse. So scheiterten alle, die nur ihren Ärger loswerden wollten, ebenso die organisierte Beschwerde von Abgeordneten, die bei uns ihre politischen Vorstellungen durchsetzen wollten. Das war angeblich »privat«, aber sie schrieben mit dem Briefkopf des Parlaments, also amtlich, aber dafür gibt es andere Verfahren, das geht so also nicht.

Nicht nur Ärger

Zum Umgang mit der Coronakontroverse gehört, um ehrlich zu sein, auch Ärger. Er kam vor allem im Streit um die Impfpflicht auf. Die gab es als solche nicht. Doch der Bundestag hatte mehrheitlich entschieden, dass Menschen in Gesundheitsberufen nicht arbeiten dürfen, wenn sie nicht geimpft sind. Wer Alte und Kranke als »besonders vulnerable Gruppen« verarztet oder pflegt, sollte sie nicht gefährden. Das sahen viele ein; die Krankenhäuser und Pflegeeinrichtungen begrüßten die Regelung. So gut wie alle Fachleute hielten eine Impfung auch für sinnvoll und zumutbar; auch der Ethikrat hatte sie als unabhängiges Gremium im Dezember 2021 mehrheitlich bejaht, mit 20:4 Stimmen. Wer schon immun war oder die Impfung nicht vertrug, war ohnehin ausgenommen. Aber beunruhigend viele Menschen glaubten der Forschung nicht, andere liefen schlicht wütend Sturm. Dem Vertrauen in den Rechtsstaat half es auch nicht, dass der bayerische Ministerpräsident Markus Söder »großzügige Übergangsregelungen« ankündigte. Das lief, so die Presse am 8. Februar, »de facto erst einmal auf ein Aussetzen des Vollzugs hinaus« (*SZ* und *FAZ*); es war »Söders Pieks-Putsch«, so typisch *BILD*. Das Bundesverfassungsgericht war gefragt, um den Streit sachlich zu klären.

Wieder war viel »unzulässig«, also nicht in der Sache zu entscheiden. Tatsächlich kamen über hundert Pakete allein auf meinen Tisch und sahen alle auffallend gleich aus; die Website war schnell gefunden, auf der zwei »Corona-Anwälte« anboten, für 998 Euro eine Verfassungsbeschwerde zu erheben. Ihnen schenkten leider viele Menschen Vertrauen – vom Arzt über die Pflegedienstleitung bis zu den Pflegekräften. Die Anwälte schickten je zwei dicke Ordner mit immer denselben Dokumenten, demselben langen Text, weitgehend *copy & paste*. Davor saß ich nun im Bürgergericht, wo doch so wichtig ist, dass »jedermann« eine Verfassungsbeschwerde erheben kann. Und musste aufpassen, nicht genervt zu sein.

In der Kammer waren wir schnell einig: Ein Beschluss stellte klar, dass allgemeine Erläuterungen nicht genügen und erst recht keine Eilentscheidung möglich ist, wenn nicht »dargelegt« wird, was die konkreten Belastungen sind. Auch angehängte Daten aus dem Internet nutzen nichts, vor allem nicht, wenn es nur einseitige Zusammenstellungen aus dubiosen Quellen sind, die wissenschaftlich wirken, aber nicht Forschung sind. Das ist unzulässig; die Kammer hat das begründet. Trotzdem versuchten die Anwälte es weiter, immer erfolglos. Also gab es viele lange Abende im Büro. Diese Zeit hätten alle gut für andere Verfahren gebrauchen können. Wenn ich dann noch hörte, wir täten nichts, fand ich das nicht mehr lustig. Aber es gehört zum Amt, die Menschen im Blick zu behalten, Ärger hin oder her. Der Tenor sagt in einem solchen Fall auch, dass »Darlegungen fehlten«. Bestenfalls sehen so Betroffene, dass der Anwalt schlecht gearbeitet hat.

In der Sache hat der Senat über die »einrichtungsbezogene« Impfpflicht in einem anderen Fall entschieden, zum Aktenzeichen 1 BvR 2649/21. Zwar war auch da nicht alles zulässig, denn gerügt waren 16 Grundrechte, aber nur drei überzeugend. Es ging um die Berufsfreiheit, also war Berichterstatterin die Richterin Yvonne Ott. Sie verarbeitete mit ihrem Dezernat so unerschütterlich wie schnell auch das, was die Anwälte dauernd nachlegten. Mit der »Zustellung« wurden nicht nur die Regierungen in Bund und Ländern befragt, sondern auch elf Fachgesellschaften, darunter erklärte Impfgegner – wir wollten wieder alle Seiten hören.

Da ein Eilantrag gestellt worden war, geschah alles unter Hochdruck, aber am Ende griff das Verfassungsgericht nicht ein: »Im Zweifel für die Kranken«, hieß es in der *SZ*. Der Eilbeschluss vom 10. Februar 2022 erklärte in 23 Absätzen, warum das Gesetz nicht sofort außer Kraft gesetzt werden konnte; auch hier zeigte die »Folgenabwägung«, dass die Nachteile nicht die Gefahren überwogen für Alte und Kranke als »vulnerable Personen«. Für die Hauptsache vertieften wir uns nochmals in über 200 Seiten Votum und in all den Anlagen, also die Entscheidungen anderer Gerichte, die Fachliteratur und die verfügbaren Daten. In der »Leseberatung« nahmen vor allem die Maßstäbe viel Zeit in Anspruch, denn da liegt jedes Wort auf der Goldwaage; noch in der Pause wurden ganze Sätze neu gefasst, bis zum Konsens. Bei der Anwendung auf den Fall, der »Subsumtion«, war uns besonders wichtig, zu erklären, was der Gesetzgeber über die Fakten wissen musste und wusste und wir nicht besser wussten. Es gab keinen Impfzwang, aber auch keine unzumutbaren Impfrisiken – das wird ausführlich erklärt und auch die Skepsis diskutiert zu Impfstoffwirksamkeit, Gefährdungslage und Impfrisiken. Am Ende musste der Senat auch nicht nur ein Grundrecht, nicht nur einen Aspekt beachten, sondern die Gesundheit, die Berufsfreiheit und die allgemeine Handlungsfreiheit derer, die sich nicht impfen lassen wollten, genauso wie alle Rechte anderer Menschen, die hier betroffen waren. Genauso war es bei der Entscheidung zur Masernimpfpflicht, die – ein historischer Zufall – nur ein Jahr später fiel, im Juli 2022. Dort geht der Kinderschutz vor. Man ist als Richterin dann auch erleichtert, wenn das in der Presse als »ein Sieg der Vernunft« aufgenommen wird, wie vom *Hamburger Abendblatt*.

Auch in Sachen Corona war die Regelung zum Impfen in Ordnung; die »Impfpflicht-Gegner scheitern«, berichtete die *Rheinpfalz* am 19. Mai 2020. In einer weiteren Entscheidung hieß es:

> Unzulässige Verfassungsbeschwerden gegen Lockerungen und gegen Verlängerungen der Eindämmungsmaßnahmen zur Covid-19-Pandemie.

Das mochte alle enttäuschen, die weniger Infektionsschutz wollten, aber erfreute auch alle, die Einschränkungen für richtig hielten; vor allem aber wird es begründet und damit erklärt. In dem einen Fall verlor ein Mensch, der meinte, die Grundschulen würden zu früh wieder geöffnet, denn das bedrohe sein Recht auf Leben und körperliche Unversehrtheit; das andere Mal verlor ein junger Mann, der nicht einsah, warum er nicht wieder ins Fitnessstudio gehen könne, und die Meinung vertrat, nur Risikogruppen sollten sich einschränken. Beide Seiten gab es; beide Verfassungsbeschwerden waren »nicht hinreichend substantiiert«. Vor allem sahen viele nicht, dass die politisch Verantwortlichen gerade in einer Krise nicht nur gestalten müssen, sondern dafür nach dem Grundgesetz auch einen Spielraum haben. Es gibt die Grundrechte, aber das Verfassungsgericht schützt die Demokratie auch, indem sie der Politik ihren Spielraum erhält. Gewaltenteilung ist auch hier verteilte Verantwortung. Gefragt war, so Bubrowski und Grunert in der *FAZ* im Dezember 2021, »eine Richtschnur für die Corona-Politik«, nicht mehr. Das Gericht erklärt dann, was zu beachten ist.

Rote Linien

Die Coronapandemie war eine Zumutung, das Bundesverfassungsgericht hat nur selten etwas gestoppt und damit auch enttäuscht; ich hatte den Eindruck, es gebe mehr Kritik als sonst. Wer mehr über das Gericht weiß, dürfte nicht überrascht sein, denn das Prozessrecht filtert streng, und Zurückhaltung ist Alltag. Das wird hier nur besonders deutlich: im Zweifel für den Gesetzgeber, denn im Zweifel haben die gewählten Abgeordneten recht, und das Verfassungsgericht greift nicht ein. Es fiel hier besonders schwer, aber es bedeutet nicht, nichts zu tun. Zu Corona gab es viele Verfahren, die alle sorgfältig bearbeitet wurden. Es war auch nicht zu verkennen, wie flächendeckend die Maßnahmen das Leben veränderten und wie viele darunter litten. Deshalb gibt es auch zu Corona rote Linien.

Sie finden sich in frühen Beschlüssen, einem Fragenkatalog und zwei großen Entscheidungen. Das Bundesverfassungsgericht war so vor allem »Impulsgeber«, konstatierte Christian Rath in der *LTO* am 22. Februar 2021, für den Umgang mit der nächsten Infektionswelle, der nächsten Pandemie. Das begann im April 2020. Eine Kammer stellte klar, dass Grundrechte natürlich auch in der Krise gelten, und markierte, wie weit die Behörden gehen dürfen. Das schützte hier deutlich die Demokratie, denn zu ihr gehört Protest, daher das Grundrecht auf Versammlungsfreiheit auch gegen Infektionsschutz. Doch Gießen und Stuttgart verboten die Demonstrationen pauschal. Das Verwaltungsgericht bestätigte das; es war also »der Rechtsweg erschöpft«; das wurde blitzschnell die Akte 1 BvQ 37/20. Zu Stuttgart hieß es dann:

> Der Antrag auf Erlass einer einstweiligen Anordnung hat Erfolg.

Die *Südwestpresse* titelte: »Richter kippen Demoverbot«, das *Neue Deutschland* meinte, sie seien »Nicht mehr ganz verboten«. Tatsächlich sagte der »Tenor« als verbindliche Entscheidungsformel, dass die Stadt neu entscheiden müsse; in den Gründen erklärte die Kammer, was zu beachten sei: Es komme auf den Einzelfall an, es brauche »weitere Überlegungen zur Minimierung von Infektionsrisiken« und vor allem eine »kooperative, einvernehmliche Lösung«. Das Verfassungsgericht wendet sich hier also an die Praxis; auch radikale Demos können erlaubt sein. Oder anders: »Wir müssen auch aushalten, was uns nervt.« Damit zitierte mich später die *Stuttgarter Zeitung*; ich hatte im Gespräch erläutert, was Versammlungsfreiheit heißt, auch in der Pandemie. Es bedeutete allerdings genauso, dass eine Dauermahnwache in Berlin verboten werden durfte – die steckte in der Akte 1 BvQ 94/20 –, denn auf den Einzelfall kam es an.

Auch der zweite Beschluss fiel schnell. Ein Moscheeverein aus Niedersachsen wollte den Gottesdienst mit einem guten Hygienekonzept durchführen. Ein kurzer Beschluss, aber in solchen Zeiten auch eine Pressemitteilung zu 1 BvQ 44/20:

> Vorläufige Eröffnung der Möglichkeit, auf Antrag im Einzelfall Ausnahmen vom generellen Verbot von Gottesdiensten in Kirchen, Moscheen und Synagogen zuzulassen.

Nur »vorläufig« gab es die »Möglichkeit«, aber in den Gründen erklärte die Kammer auch hier: Die Religionsfreiheit sei viel wert, das dürfe so nicht pauschal verboten werden, es gelte für alle Religionen. Dagegen waren die Eilanträge 1 BvQ 31/20 aus Berlin und 1 BvQ 28/20 aus Hessen vor Ostern, einen katholischen Gottesdienst zu erlauben, unzulässig; Die Kammer signalisierte aber in den Gründen, dass eine Verlängerung des generellen Verbots sehr kritisch sei; die Botschaft war also, nun besser zu entscheiden. Damit öffnete das Verfassungsgericht keine Moschee und keine Kirche, aber erinnerte an das Grundgesetz und sorgte für bessere Entscheidungen vor Ort.

Noch eine Botschaft zur Pandemie betraf den Umgang mit Menschen, die gegen eine Ansteckung geimpft waren. Dafür brauchte es nicht einmal eine formale Entscheidung; es ist aber ein Beispiel für eine gute Verfassungskultur, wenn Regierung und Parlament das Grundgesetz von sich aus ernst nehmen. Damals wurde in der Öffentlichkeit bereits heftig gestritten, ob Geimpfte und Genesene genauso behandelt werden dürften wie Ungeimpfte. Der Senat arbeitete an einem großen Verfahren, in dem die Zustellung anstand. Wie so oft verschickte das Gericht dazu auch einen Fragenkatalog, und da wollten wir mehr dazu wissen, ob die Bundesregierung für Geimpfte und Genesene Ausnahmen vorsah von den Belastungen. Kurz darauf trat eine Verordnung in Kraft, die das Problem löste. Entscheiden musste *Karlsruhe* das also diesmal nicht.

Entscheidungen über das Entscheiden

Dann gab es auch noch zwei große Entscheidungen im Senat zur »Bundesnotbremse« und zu den Schulschließungen. Das waren zulässige Verfassungsbeschwerden, und es waren vor allem Entscheidungen darüber, wie eigentlich entschieden werden darf, wenn alles unsicher ist. Hier zeigte sich besonders deutlich, was Gewaltenteilung auch bedeutet: Das Bundesverfassungsgericht ist kein Besserwisser.

Es ging um viel und sollte schnell gehen, also stürzten sich ein Richter und eine Richterin voll und ganz in die Berichterstattung, unterstützt von anderen. Es wurde zugestellt, recherchiert, gelesen, geprüft. »Schauen Sie auf diese Kurven, hohes Gericht!«, forderte die *BILD* – auch das haben wir getan. Die Voten waren lange Gutachten zu Medizin, Epidemiologie und natürlich Verfassungsrecht, die Beratungen lang und intensiv. Wir brüteten über den Beschlüssen, Wort für Wort. Das begann schon damit, nicht von »Ausgangssperren« zu reden, denn die gab es nicht. Am Ende stand der Beschluss: Dem Gesetzgeber war verfassungsrechtlich nichts vorzuwerfen. Dann haben alle unterschrieben.

Ganz eindeutig war: Der Staat hat zum Infektionsschutz massiv und flächendeckend in Grundrechte eingegriffen. Ganz eindeutig wogen viele, aber nicht alle Belastungen schwer. Aber überhaupt nicht eindeutig war damals, wie gefährlich das Coronavirus war, wie genau die Ansteckungswege, der Krankheitsverlauf, der Schutz der Kinder, der Alten und Kranken. Der Senat durfte aber nicht von dem ausgehen, was wir nun vielleicht besser wussten, sondern musste beurteilen, ob damals so gehandelt werden durfte, was damals klar war, worauf man sich damals stützen konnte. In den Beschlüssen hieß es daher deutlich, dass sich die Regierung um dieses Wissen kümmern müsse und anders zu entscheiden habe, wenn sich etwas ändere. Aber damals lag sie nicht falsch; das sind Maßstäbe für die Zukunft. Das Gericht kann dann nicht so tun, als hätten wir es besser gewusst. Also war das Grundgesetz nicht verletzt, denn die Belastungen, die »Eingriffe«, waren zu rechtfertigen. Das erklärten die Gründe.

Enttäuschend? Mag sein. Aber diese Zurückhaltung gehört dazu. Das Verfassungsgericht schützt auch damit die Demokratie. Es akzeptiert, dass Bundestag und Landtage, Bundes- und Landesregierungen zuerst Verantwortung tragen, dass dort die Expertise sitzt und öffentlich diskutiert wird, was daraus folgt. Wenn das Bundesverfassungsgericht das dann akzeptiert, bedeutet das auch nicht automatisch »Weiter so!«. Die Coronabeschlüsse ziehen durchaus rote Linien. Sie waren nur nicht überschritten worden. Wer genauer hinsieht, erkennt, dass künftig nicht alles wieder so in Ordnung wäre. Aber damals war das Grundgesetz nicht verletzt.

Auch in der Sache überrascht das eigentlich nicht. Schon früher musste das Bundesverfassungsgericht entscheiden, wie der Staat mit Unsicherheit umgehen darf und auf Risiken reagieren muss. In den 1970er Jahren war das der Beschluss zu »Kalkar«, dem »Schnellen Brüter« der Atomkraft, eine damals ganz neue Risikotechnologie. Sie müssen die Menschen im demokratischen Verfassungsstaat nicht einfach hinnehmen, sondern können Bedenken auf die Straße, ins Parlament und auch vor Gericht bringen. Der Zweite Senat entschied im August 1978, mit »Leitsatz 4« zu 2 BvL 8/77:

> In einer notwendigerweise mit Ungewißheit belasteten Situation liegt es zuvorderst in der politischen Verantwortung des Gesetzgebers und der Regierung, im Rahmen ihrer jeweiligen Kompetenzen die von ihnen für zweckmäßig erachteten Entscheidungen zu treffen. Bei dieser Sachlage ist es nicht Aufgabe der Gerichte, mit ihrer Einschätzung an die Stelle der dazu berufenen politischen Organe zu treten. Denn insoweit ermangelt es rechtlicher Maßstäbe.

Das war geklärt: Wenn es gefährlich wird, darf nicht die Verwaltung, sondern muss der Gesetzgeber entscheiden; es gibt keine Besserwisserei der Justiz. Der Senat betonte auch, der Gesetzgeber könne nicht mehr als vernünftig sein:

> Vom Gesetzgeber... eine Regelung zu fordern, die mit absoluter Sicherheit Grundrechtsgefährdungen ausschließt, ... hieße die Grenzen menschlichen Erkenntnisvermögens verkennen und würde weithin jede staatliche Zulassung der Nutzung von Technik verbannen.

Gefragt sind seitdem »Abschätzungen anhand praktischer Vernunft«, denn »Ungewißheiten jenseits dieser Schwelle« seien »unentrinnbar und insofern als sozialadäquate Lasten von allen Bürgern zu tragen«. Das ist der »Einschätzungs- und Prognosespielraum des Gesetzgebers«, auch hier, denn wer sonst soll entscheiden.

Was damals zur Kernkraft gesagt wurde, war auch zu Corona der Ausgangspunkt, nur aktualisiert. Auch hier wurde das ein Leitsatz:

> Bei einer lange andauernden Gefahrenlage wie der Coronapandemie muss der Gesetzgeber seinen Entscheidungen umso fundiertere Einschätzungen zugrunde legen, je länger die ... belastenden Maßnahmen anhalten.

Zeit spielt eine Rolle, denn je länger die Zumutungen dauern, desto besser muss der Staat wissen, was er tut. Aber die Regierung, das Parlament, die politisch Verantwortlichen, die wir wählen, müssen auch nur so viel wissen, wie gewusst werden kann. Dabei dürfen »Gefahren für Leib und Leben« nicht hingenommen werden, weil noch zu wenig geforscht worden ist«, denn Unwissen schützt vor Untätigkeit nicht, Wissen ist Staatsaufgabe. Das Bundesverfassungsgericht beurteilt nur, ob die Verantwortlichen genug getan haben. Der Wink mit dem grundgesetzlichen Zaunpfahl war aber: Künftig müsst ihr mehr wissen, müsst sicherer sein.

Ein Recht auf schulische Bildung

In *Karlsruhe* verlieren kann so auch bedeuten, auf Dauer etwas zu gewinnen. So lässt sich der zweite große Coronabeschluss verstehen. Es ging in der Akte 1 BvR 971/21 um die Schulschließungen, und wieder wurde unter Hochdruck geprüft, zugestellt, recherchiert, votiert, beraten, entworfen, geändert, beraten, dann endlich unterschrieben. Auch hier wurden die Regeln nicht »gekippt«. Aber nun heißt es:

> Aus Art. 2 Abs. 1 in Verbindung mit Art. 7 Abs. 1 GG folgt ein Recht der Kinder und Jugendlichen gegenüber dem Staat, ihre Entwicklung zu einer eigenverantwortlichen Persönlichkeit auch in der Gemeinschaft durch schulische Bildung zu unterstützen und zu fördern (Recht auf schulische Bildung).

Das gab es vorher nicht. Das Bundesverfassungsgericht erfindet so kein neues Grundrecht, aber es ist für die Auslegung des Grundgesetzes da, und da werden Rechte systematisch zusammen verstanden. So entstand beim Klimaschutz die »intertemporale Freiheit«, beim Datenschutz die »Integrität informationstechnischer Systeme« und für die soziale Gerechtigkeit der »Anspruch auf Gewährleistung einer menschenwürdigen Existenz«. Genauso wurden nun die freie Entfaltung der Persönlichkeit (in Artikel 2 Absatz 1) und das Recht der Schule (Artikel 7) zusammen gesehen – das ist ein »Recht auf schulische Bildung«. So ähnlich gibt es das auch in Nordrhein-Westfalens Verfassung in Artikel 8, in Baden-Württembergs Verfassung in Artikel 11 und in Bayern als Artikel 128, und das Grundgesetz wird auch hier »im Lichte des Völkerrechts« verstanden, wo Deutschland solche Menschenrechte ausgehandelt und selbst übernommen hat. Das stellte das Gericht klar.

Die rote Linie dient vor allem dem Schutz der Kinder. Auch das ist bemerkenswert. Politisch wird öfter diskutiert, ob »Kinderrechte im Grundgesetz« verankert werden sollten, aber es gibt sie schon. Menschenwürde, Freiheit und Gleichheit haben keine Altersgrenze, weder nach oben noch nach unten. Das Bundesverfassungsgericht hat das hier geklärt, und auch das ist ein Wink mit dem Zaunpfahl. Der Senat schreibt so den politisch Verantwortlichen ins Stammbuch, dass sie Kinder und ihre Chancen, in der Schule zu lernen, ernst nehmen müssen. Im nächsten Leitsatz heißt es also noch etwas genauer, das Grundrecht auf schulische Bildung

> … vermittelt den Kindern und Jugendlichen einen Anspruch auf Einhaltung eines für ihre chancengleiche Entwicklung zu eigenverantwortlichen Persönlichkeiten unverzichtbaren Mindeststandards von Bildungsangeboten … zudem ein Recht auf gleichen Zugang zu staatlichen Bildungsangeboten im Rahmen des vorhandenen Schulsystems [und] auch ein Abwehrrecht gegen Maßnahmen, welche das aktuell eröffnete und auch wahrgenommene Bildungsangebot einer Schule einschränken …

So viel bedeuten also Grundrechte: Mindeststandard, Zugang, Abwehr. Damit ist der Streit um die Schulschließungen nicht erledigt; der Beschluss ist kein Patentrezept. Aber er setzt Maßstäbe: kein unbedingtes Recht auf Schule, denn auch für die schönste Freiheit kann der Staat nur realistisch sorgen; die Freiheiten des Grundgesetzes stehen nicht für Rücksichtslosigkeit auf Kosten anderer; sie sind kein Ego-Programm. Der Verfassungsrechtler Hinnerk Wißmann brachte es in der *FAZ* im März 2022 auf den Punkt: »Impfgegner möchten die körperliche Unversehrtheit als Supergrundrecht behandelt wissen. Damit liegen sie falsch.« Vielmehr muss Gesellschaft für alle gestaltet werden. Das war der mühsam erarbeitete Konsens.

Keine Besserwisserei, sondern Gewaltenverteilung

Die Coronakrise belastete die Menschen, den Zusammenhalt in der Gesellschaft und die Demokratie. Im Bundesverfassungsgericht stellte sie die Gewaltenteilung auf die Probe, eben als Gewalten*ver*teilung: Es geht nicht um halbierte Macht, sondern um sinnvoll verteilte Verantwortung. Regierungen und Parlamente mussten die Lage einschätzen, das verfügbare Wissen bewerten und handeln – und das Bundesverfassungsgericht überprüfte das, konnte und wusste es aber nicht besser. Es klärte, wo Politik Grenzen hat, vermaß also den »Spielraum in der Gefahrenlage«, so die *SZ* im Dezember 2021; für die Regierung also »Rückenwind, aber kein Freibrief« *(FAZ)*.

So war es in anderen Ländern auch. Das Schweizerische Bundesgericht hielt das Handeln der Regierung für verhältnismäßig, und viele andere Gerichte in anderen Ländern auch. Aber die Politik kann trotzdem in einer Pandemie nicht tun und lassen, was sie möchte. Da führt eher in die Irre, wenn noch dazu ein Bundesrichter einen »Rückzug der Verfassungshüter« beklagt (*ZEIT online*). Die »Grundsatzentscheidungen« sind, so Dietmar Hipp auf *spiegel.de,* gerade »kein Freifahrtschein«. Konkreter noch: Kinder und ihre schulische Bildung sind zwingend wichtig, der Gottesdienst und der Protestmarsch dürfen nicht einfach verboten und die Ausgangsbeschränkungen nicht unzumutbare Sperren werden. Sonst ist der Ball im Aus. Das Spiel machen weiterhin alle, die wir, die Sie bei den Wahlen in Bund und Ländern auf den Platz gestellt haben; das Verfassungsgericht ist nur die Schiedsrichterin. Es spielt nicht selbst, aber zur Pandemie gab es die Gelbe Karte: Beim nächsten Mal gelten strengere Vorgaben.

Auf die kritische Nachfrage, ob ich Entscheidungen bereue, lautet meine Antwort wohl auch deshalb Nein. Das Bundesverfassungsgericht ist eine mächtige Institution, aber als Richterin waren mir oft die Hände gebunden. Wir sahen die Verzweiflung der Menschen, die sich an uns wandten, konnten aber nur selten etwas tun. Als meine Amtszeit im Bundesverfassungsgericht begann, sah niemand diese Pandemie und diese Krise kommen, auch wenn es in der Forschung Warnungen gab, die man doch ernster hätte nehmen sollen. Als meine Amtszeit endete, blieb gerade zu Corona ein Grübeln, ein Hadern. In einem anderen Fall, der Sterbehilfe, sagte der damalige Präsident Andreas Voßkuhle vor der Urteilsverkündung am 26. Februar 2020 sogar öffentlich: »Die Entscheidung in den vorliegenden Verfahren ist uns nicht leichtgefallen.« So war es auch hier. Aber wieder spielte keine Rolle, was wir persönlich richtig fanden oder für klug hielten und wie uns die Pandemie persönlich betraf. Wieder sorgten das Verfahren und die Zusammensetzung im Bundesverfassungsgericht dafür, dass sachbezogen, juristisch und möglichst im Konsens entschieden wurde und hoffentlich, bei genauerem Hinsehen, auch überzeugend.

Nicht einzugreifen – das war im Verfassungsgericht oft frustrierend: immer nur antworten zu müssen mit der »Nichtannahme ohne Gründe«, ganz kurz, und die ganze Arbeit bleibt unsichtbar. Leidet das Vertrauen, wenn das Bürgergericht so wenig spricht? Es wird in Kauf genommen, denn der Aufwand ist groß, sich auf mehr zu einigen, aber manchmal ist mehr gefragt. So gab es in der Coronapandemie viele Beschlüsse zur Nichtannahme, aber mit Gründen, und öfter als sonst eine Pressemitteilung: Das Gericht wollte verstanden werden. Es lässt die Menschen nicht im Stich.

Das Bundesverfassungsgericht war also nicht tatenlos. Es wird sonst gerne kritisiert, dass es zu »aktivistisch« sei, hier war es vielen zu wenig aktiv. Aber das trifft es beides nicht. Vorsichtig – das schon, zurückhaltend, wie immer, denn das ist die Idee. Aber ansonsten: verlässlich. Die Maßstäbe waren gesetzt: Die Politik muss sich kümmern, darf aber über Risiken entscheiden.

Vor allem hat *Karlsruhe* nicht den Besserwisser gespielt, sondern überprüft, was gewusst werden konnte, als die Regelungen in Kraft traten. Der Umgang mit unsicherem Wissen, auch mit *Fake Science* als Daten, die wie Wissenschaft aussehen, aber Ideologie sind – das wird künftig aber wohl alle noch mehr beschäftigen.

Sicherheit und Freiheit oder: Was zumutbar erscheint

Eine Gefahr für Leib und Leben, die viel älter ist als das Coronavirus, aber auch alle treffen kann, ist die Gewalt, ob in den eigenen vier Wänden, als organisierte Kriminalität oder durch Terrorismus. Um keinen »Krieg aller gegen alle« zuzulassen – so hat es der englische Philosoph Thomas Hobbes im 17. Jahrhundert formuliert –, wird dem Staat das »Gewaltmonopol« übertragen – so nannte es der Begründer der deutschen Soziologie Max Weber 1919: Danach darf nur die eben sogenannte »Staatsgewalt« Gewalt ausüben, um Gewalt zu verhindern. In einer Demokratie ist sie von Ihnen, den Bürgerinnen und Bürgern, durch Wahlen legitimiert, und sie ist rechtlich gebunden. Tatsächlich wehren sich nicht wenige mit der Verfassungsbeschwerde dagegen, dass Polizei und Sicherheitsbehörden im Einsatz gegen Gewalt immer mehr dürfen, mehr »Befugnisse« haben. Sie fragen, ob die Sicherheit zu hoch gewichtet werde und zu viel Freiheit verloren gehe. Was macht da das Bundesverfassungsgericht?

Wie immer antwortet das Gericht auch hier nur, wenn es zulässig gefragt wird. Aber dann wird es schwierig: Was darf, was muss vielleicht sogar der Staat für unsere Sicherheit tun, ohne Deutschland in einen Überwachungsstaat zu verwandeln? Wann geht ein Polizeieinsatz zu weit? Wo brauchen die Behörden mehr, um neuen Gefahren wie der Cyberkriminalität zu begegnen? In den Akten des Bundesverfassungsgerichts sind das keine abstrakten Fragen, in den Beratungen ist das kein ideologisches Thema, sondern auch hier wird jeweils sorgfältig geprüft und hart am Konsens gearbeitet. Das Gericht muss klären, wie weit eine politische Mehrheit gehen darf, wenn sie Grundrechte beschränken will, wo also Straf- und

Sicherheitsgesetze auf Grenzen stoßen, wo hier die roten Linien verlaufen.

Ein doppeltes Programm

Sicherheit gegen Freiheit, das Gewaltmonopol des Staates gegen ein selbstbestimmtes, nicht überwachtes Leben – es ist das doppelte historische Programm des Grundgesetzes. Das »Nie wieder« nach der Naziherrschaft und der Ruf nach Freiheit am Ende der DDR richteten sich auch gegen Bespitzelung und Überwachung, auch gegen diese Unfreiheit. Was immer also heute an »Befugnissen« gefordert wird, muss sich rechtfertigen lassen, vor allem mit der »Verhältnismäßigkeit«. Das verlangen meist Einzelpersonen, aber manchmal auch, so der *Tagesspiegel* 2018, eine »ungewöhnliche Allianz«, wenn sich beispielsweise Linke, Grüne und FDP »zusammenraufen« *(ND)*, um gegen das bayerische Polizeiaufgabengesetz vorzugehen.

Die Kontroverse um die Sicherheit ist verfassungsrechtlich ein Dauerbrenner. Im Zweiten Senat kommen viele Eingaben zum Strafrecht. Da hieß es im Februar 2021, »Die Fußfessel bleibt dran« *(FR)*; tatsächlich entschied der Senat zu 2 BvR 916/11 und 636/12, eine elektronische Fußfessel greife tief in Grundrechte ein und sei nur unter bestimmten Bedingungen zumutbar, also verhältnismäßig. Auch hier kein Freibrief für die Regierung, denn: »Gleichzeitig stecken die Richter die Grenzen technischer Überwachung ab« *(SZ)*, und der Gesetzgeber wurde zur Evaluierung verpflichtet. Es hatte wie so oft niemand ganz gewonnen, aber es wurde ein Ausgleich gesucht.

Der Erste Senat ist immer wieder mit den Sicherheitsbehörden befasst, der Polizei vor Ort, dem Bundeskriminalamt, Verfassungsschutz, Bundesnachrichtendienst und Militärischen Abschirmdienst. Sie sollen uns schützen, aber was geht zu weit? Dazu gibt es eine »ständige Rechtsprechung«, denn es haben schon viele Entscheidungen lang und breit erklärt, welche »Rechtsgüter« wie geschützt werden dürfen, welche »Schwellen« eingezogen sein müssen, bevor ein Grundrecht beeinträchtigt wird, und welche »Verfahrenssicherungen« gebraucht werden, damit nichts schiefgeht. Trotzdem rollen weiter Akten durch den Bau am Karlsruher Schlossplatz, die solche Fragen aufwerfen.

In meiner Amtszeit war sogar mehrfach zu entscheiden, ob, wie und welche persönlich eindeutigen Informationen die Behörden als »Bestandsdaten« von Telefonanbietenden oder Internetprovidern abrufen dürfen, wie Name, Adresse oder Kontonummern. Wenn solche Daten im falschen Zusammenhang auftauchen, kann das Menschen schnell in große Schwierigkeiten bringen, und die meisten wollen solche Angaben ohnehin für sich behalten. Das »Auskunftsverfahren« greift also ins Private ein. Als dazu im Dezember 2019 das Votum 1 BvR 1873/123 auf meinen Tisch kam, konnte der Senat allerdings auf große Sachkunde bauen, denn die Berichterstatterin Yvonne Ott war jahrelang Ermittlungsrichterin, wo solche Maßnahmen überprüft werden – da zeigte sich erneut, wie viel die Vielfalt im Gericht wert ist. Aber wie immer arbeiteten sich alle durch das Votum, hier über 400 Seiten, und durch die Anlagen. Für die Beratung lag dann noch eine Tabelle vor, um alle Kriterien ganz genau zu sortieren. Am Ende hieß es: Sicherheit ja, aber nicht unbegrenzt auf Kosten der Grundrechte, nicht auf Kosten der Demokratie.

Das wurde wie immer detailliert erklärt, und auch hier fällt einiges besonders auf. Weil sich die Sicherheitstechnologie rasend schnell entwickelt, müssen gerade hier aus dem alten Text des Grundgesetzes überzeugende Antworten auf ständig neue Probleme entwickelt werden. Weil sich das Sicherheitsgefühl der Menschen ändert, erhöht das die Erwartungen und den Druck auf das Gericht; und hier waren sogar alle 16 Richterinnen und Richter gefragt, im seltenen »Plenum«. Zudem hat sich das Gericht in der Sache sehr deutlich dagegen gewandt, einen »Ausnahmezustand« zu bejahen. Schließlich ist auch die Sicherheit heute keine nur nationale, sondern eine grenzüberschreitende Frage.

Alter Text und neue Fragen

Das Grundgesetz wurde zu einer Zeit geschrieben, als von Computern noch keine Rede war, aber das Bundesverfassungsgericht hat zum Datenschutz Weichen gestellt. Auch dazu hat es kein »neues Grundrecht erfunden«, sondern das Grundgesetz ausgelegt und auf den konkreten Fall angewandt, also die Maßstäbe, die sich aus dem Grundgesetz ergeben, in einer neuen Situation subsumiert. So erhält die Freiheit ein Update. Bei einer Festnahme durch die Polizei oder auch nur der Überprüfung der Personalien ist ja ziemlich klar, dass der Staat sein Vorgehen rechtfertigen muss, denn er greift in die Freiheit ein, die als Grundrecht geschützt ist. Deutschland ist, so hieß es einmal ganz klassisch zu einer Entscheidung, »kein Polizeistaat« (*Südwestpresse*, 1.12.2015). Aber wie ist es, wenn Sie nicht angehalten oder gar verhaftet werden, sondern ohne Ihr Wissen nur beobachtet? Ist auch das ein »Eingriff«? Sind Sie nach dem Grundgesetz davor geschützt, wenn der Staat die Informationen speichert, nutzt oder weitergibt, auch das geheim? Es geschieht oft im Vorfeld, wenn Behörden noch nicht genug wissen, um zuzugreifen, als präventive Maßnahme zu Ihrer Sicherheit. Können Sie sich zulässig beschweren, obwohl Sie gar nicht wissen, was im Geheimen läuft? Und wie ist es, wenn nicht der Staat Sie überwacht, sondern die Tech-Industrie mit den Internetplattformen und künstlicher Intelligenz? Kann Ihnen das Grundgesetz da überhaupt helfen? Was hat das Bundesverfassungsgericht hier zu tun?

Die erste große Entscheidung zum Thema betraf die Volkszählung in der damaligen Bundesrepublik. Sie sollte 1983 stattfinden, wurde aber erst 1987 durchgeführt. Bei vielen Menschen weckte die breite »Datenerhebung« Ängste vor dem Überwachungsstaat; deshalb gab es Proteste, und manche zerrissen die Fragebögen öffentlich, obwohl dafür ein Bußgeld drohte. Ein Student und zwei Anwältinnen stellten an das Verfassungsgericht den Eilantrag, die Zählung zu stoppen. Erst müsse geklärt werden, ob das überhaupt alles so gehe unter dem Grundgesetz. Sie hatten Erfolg – die Ausnahme von der Regel. In der schnell anberaumten mündlichen Verhandlung verteidigten die Bundesregierung und mehrere Länder den Zensus, aber der Senat war nicht überzeugt: Vorerst durfte keine Zählung stattfinden; man müsse auf die Entscheidung in der Hauptsache warten. Die Verfahren 1 BvR 209 u. a./83 wurden also geprüft, nach der Zustellung kam das Votum, die Beratungen, noch eine mündliche Verhandlung über zwei Tage, und am 15. Dezember 1983 wurde das »Volkszählungsurteil« verkündet. Auch das war ein Paukenschlag: Es ging in die (Verfassungs-)Geschichte ein.

Wie beim Klimaschutz mussten die Richterinnen und Richter ein ganz neues Problem, die Datenverarbeitung, mit dem alten Text des Grundgesetzes lösen. Der Senat besann sich auch hier auf die Ausgangspunkte, die Menschenwürde und die Freiheit. Zusammen schützten sie die Bürgerinnen und Bürger davor, ein »Objekt des Staates« zu werden. Seitdem gibt es das »Recht auf informationelle Selbstbestimmung«. Denn, so heißt es wörtlich,

> wer nicht mehr wissen könne, wer was wann und bei welcher Gelegenheit über sie weiß …, wer unsicher ist, ob abweichende Verhaltensweisen je-

> derzeit notiert und als Information dauerhaft gespeichert, verwendet oder weitergegeben werden, wird versuchen, nicht durch solche Verhaltensweisen aufzufallen.

Der Überwachungsstaat soll »nie wieder« sein. Er würde, so fügte der Senat hinzu, »nicht nur die individuellen Entfaltungschancen« verringern, sondern auch die Demokratie schwächen, denn sie ist auf »Handlungsfähigkeit und Mitwirkungsfähigkeit seiner Bürger« gegründet, die Bürgerinnen waren sicher mitgemeint. Daraus folge:

> Freie Entfaltung der Persönlichkeit setzt unter den modernen Bedingungen der Datenverarbeitung den Schutz des Einzelnen gegen unbegrenzte Erhebung, Speicherung, Verwendung und Weitergabe seiner persönlichen Daten voraus.

Auch hier wird kein neues Grundrecht erfunden, sondern das ist eine »systematische Auslegung« des Grundgesetzes: Zwei Artikel werden zusammengelesen und gelten so »in Verbindung mit«. Das gewährleiste

> die Befugnis des Einzelnen, grundsätzlich selbst über die Preisgabe und Verwendung seiner persönlichen Daten zu bestimmen.

»Grundsätzlich«, denn wir sind alle selbstbestimmt, aber das hat Grenzen, weil wir nicht allein auf der Welt leben, sondern miteinander. Mit diesen Schranken ist in die Grundrechte Rücksichtnahme eingebaut – auch das ein Beitrag zur funktionierenden Demokratie. Seitdem ist die informationelle Selbstbestimmung grund- und menschenrechtlich anerkannt, vor allem in Europa. Daneben spielen auch andere Grundrechte wie die Gleichheit gegen Diskriminierung eine Rolle, aber prägend ist hier dieses Recht.

Mit einem Machtwort ist es nur wieder nicht getan. Allerdings irritierte nicht nur mich, dass zu dieser Kontroverse immer wieder entschieden werden musste. Weiß der Gesetzgeber nicht irgendwann, wie groß sein Spielfeld ist? Hat das Bundesverfassungsgericht nicht schon alles gesagt? Aber politische Mehrheiten wechseln, und was das Gericht entschieden hat, wird auch infrage gestellt. So waren 2016 in der Entscheidung zum »Gesetz über die Aufgaben des Bundeskriminalamts« nicht nur 14 Paragraphen mit 49 langen Absätzen zu überprüfen, sondern mit dem Urteil zu den Aktenzeichen 1 BvR 966 und 1140/09 auch neue Fragen zu beantworten, die sich sogar 2024 nochmals neu stellten. Es war fast alles Thema, was polizeiliche Ermittlungen ausmachen kann. In den *BNN* hieß es im April 2016, der Senat habe das Gesetz »zerpflückt«, laut *Stuttgarter Zeitung* sogar »mit dem Skalpell«; tatsächlich war es sorgfältige, aber zurückhaltende Kontrolle. Beanstandet wird hier nur in Maßen, weil diese Kontroverse auch im Gericht selbst nicht einfach zu lösen ist; am Ende gab es keinen vollen Konsens, sondern zwei abweichende Meinungen.

Hier versucht die Politik manchmal, den »Schiri« erneut zu fordern; die *SZ* fragte im Februar 2017 denn auch, ob sie »Pingpong« mit uns spiele. Ich bekam zwar weiterhin eher zu hören, der Erste Senat gehe zu weit und zu sehr ins Detail. Im *Handelsblatt* hieß es im April 2016 auch, es sei »ein fragwürdiges Urteil«, wenn das Gericht »die Bekämpfung des Terrors erschwert«. Aber das Verfassungsgericht sucht den Ausgleich: Ohne Anlass darf die Freiheit nicht beschränkt werden, da muss das Gericht genau sein. Manchen Einwand hätte ich auch gern an die politisch Verantwortlichen gegeben, wenn zum Beispiel nur ein Satz aus der letzten Entscheidung des Gerichts in das nächste Gesetz kopiert worden war, denn das genügt natürlich nicht. Aber es gehört zum Amt, auch da ganz sachlich zu bleiben.

Nur notfalls zieht das Bundesverfassungsgericht rote Linien. Auch die Arbeit an der Akte 1 BvR 2354/13 war aufwendig; in ihr steckte eine Verfassungsbeschwerde dagegen, mit nachrichtendienstlichen Mitteln erhobene personenbezogene Daten an andere Behörden zu übermitteln. 2022 kam die Entscheidung zwar nicht als »neue Bibel für den Verfassungsschutz«, aber mit bundesweiter Bedeutung als »regelrechter Rundumschlag, mit dem die Richter der Überwachung durch die Geheimdienste Grenzen setzen« *(SZ)*, ein »Grundsatzurteil über die deutsche Sicherheitsarchitektur« *(FAZ)*. Ich hätte das als Richterin nie »Schranken für Schlapphüte« genannt (so aber die *BNN*), sondern habe mich gefreut, als es hieß, »dieser Dienstag war ein guter Tag für die Freiheitsrechte in Deutschland« *(Hannoversche Allgemeine)*.

Das Bundesverfassungsgericht ist wieder gefragt, wenn sich Tatsachen ändern; auch das wird hier besonders deutlich. 1983 ging es bei der Volkszählung um Statistik, heute geht es um Algorithmen und um KI, die künstliche Intelligenz. Im November 2020 fiel also der Beschluss 1 BvR 3214/15 zu den Prozessen, mit denen auch die Polizei große Datenmengen analysiert, um Muster zu finden, die sonst kaum aufzudecken sind, dem »Data-Mining«. Die Maßstäbe waren gesetzt, aber der Senat musste sie auf die neue Technik anwenden. Er kam zu dem Schluss, das sei teils verfassungswidrig geregelt. Genauso war es in der Akte 1 BvR 2771/18 zu »IT-Sicherheitslücken«, also Stellen in Programmen, die sinnvoll genutzt, aber auch gehackt werden können. Da entschied der Senat zwar 2021, dass die Beschwerden unzulässig sind, denn sie hatten nur behauptet, aber nicht gut genug belegt, dass der Staat eine »Schutzpflicht« verletzt habe, und auch die Fachgerichte vorher nicht gefragt. Aber das Gericht erklärte auch, dass der Staat seine IT vor Infiltration schützen muss. Wieder einmal hatte niemand ganz gewonnen, denn der zuständige baden-württembergische Innenminister Strobl nahm das »mit Zufriedenheit zur Kenntnis«, aber die Gesellschaft für Freiheitsrechte feierte laut *BNN* »neue Standards für die IT-Sicherheit«. Das Gericht wird wohl noch häufiger eine »Klage gegen Kommissar Computer« verarbeiten *(ND)*.

Was mit Daten für staatliche Planung begann, muss heute für das Smartphone taugen; wer damals nicht wollte, dass der Staat zu viel weiß, muss heute auch an Cyberkriminelle und politische Manipulation denken. Aber vieles ist geheim. Wenn Behörden erklären, dass technischer Datenschutz nicht gehe, oder »die Dienste« beteuern, immer alle Regeln zu beachten – stimmt das? Es ist kein gutes Gefühl, nicht selbst überprüfen zu können, was geschieht und möglich ist. Einmal wurde dem Senat angeboten, sich ein Programm selbst anzusehen, aber die Behörden wollten es nur uns zeigen, nicht den Beschwerdeführenden. Das wäre kein fairer Prozess, also haben wir abgelehnt. Ein andermal fragte ich nach, welche internen Vorschriften dafür sorgten, dass immer rechtmäßig gehandelt wird. Sie wurden nachgereicht, wenn auch geschwärzt und mit erkennbarem Widerwillen; wir konnten das verwerten. Zudem haben Expertinnen wie Constanze Kurz vom Chaos Computer Club mehrfach viel erklärt, als »sachkundige Dritte«. Auch hier ist das geregelte Verfahren hilfreich und gut, wenn sich die Richterinnen und Richter mit unterschiedlichen Dingen gut auskennen.

Der Terror und die Menschenwürde: Im Plenum

In einem der vielen Verfahren zu Sicherheit und Freiheit kam es zu etwas, was im Bundesverfassungsgericht selten geschieht: einem Plenum. Gemeint ist nicht das regelmäßige Treffen zur Selbstverwaltung des Gerichts, sondern ein echtes Plenum, in § 16 des Bundesverfassungsgerichtsgesetzes und in §§ 47 und 48 der Geschäftsordnung mit Details geregelt. Danach müssen, wenn sich die Zwillingssenate nicht einig sind, alle 16 Richterinnen und

Richter zusammen entscheiden. Zwar gibt es für jeden Fall nach der Geschäftsordnung klare Zuständigkeiten, aber dieselbe grundrechtliche Frage kann in beiden Senaten auftauchen; im Zwillingsgericht sind sich beide meist einig oder folgen zumindest dem, was die anderen acht vor ihnen als Konsens formuliert haben; aber ein Senat kann auch anders entscheiden wollen. Dann muss er fragen, ob die roten Linien noch so gezogen werden, und sonst das Plenum anrufen mit allen 16 Richterinnen und Richtern. Es muss klären, was gilt. So war es da.

In über 70 Jahren Bundesverfassungsgericht ist das nur vier Mal passiert. Im Gericht geht sogar das Sprichwort um, es gebe einen *horror pleni*, eine Angst vor dem Plenum. Ich teile sie nicht. Natürlich ist es anstrengender, sich nicht nur mit sieben, sondern mit 15 anderen zu einigen. Aber es ist auch noch interessanter, weitere Perspektiven kennenzulernen, kann eigentlich nur besser werden, wenn so viel einfließt, und für die Gesellschaft vielleicht eindrücklicher, wenn es so viele sind. Ich durfte das zu Beginn meiner Amtszeit erleben, genau so: als anstrengend und interessant. Und es war fordernd, denn es ging wirklich um Leben und Tod.

Vielleicht kennen Sie den Fall: Er wurde 2019 nach dem Theaterstück »Terror« von Ferdinand von Schirach verfilmt und in der *ARD* gezeigt; danach gab es »Ihr Urteil«, eine multimediale Abstimmung der Zuschauenden. Sie durften die Frage beantworten: Darf die deutsche Luftwaffe ein Passagierflugzeug abschießen, wenn es von Terroristen gekapert wird und als Waffe für einen Anschlag missbraucht wird? Wer dazu abstimmt, kann vielleicht nachempfinden, wie schwierig das aus moralischer Sicht ist. Aber für alle verbindlich kann nicht abends auf der Couch entschieden werden. Dafür wurde das Bundesverfassungsgericht eingerichtet. Im Hintergrund stand der Anschlag auf das World Trade Center in New York am 9. September 2001, also »9/11«; in Deutschland war daraufhin das Luftsicherheitsgesetz verabschiedet worden. Damit war der Erste Senat schon 2006 befasst und hatte entschieden, dass dies mit der Menschenwürde unvereinbar ist: Leben gegen Leben, das geht nach dem Grundgesetz nicht. Ein paar Jahre später lag das Gesetz aber beim Zweiten Senat in einem anderen Verfahren, und der sah den »Unglücksfall« anders, der den Einsatz der Bundeswehr im Inland erlaubt. Er rief also das Plenum an. So rollte diesmal ein grüner Pappdeckel in die Büros, mit einem schlichten Zettel:

> Anfrage des Zweiten Senats nach § 48 Abs. 2 GOBVerfG im Verfahren 2 BvF 1/05.

Es ist die Ausnahme von der Regel; sie bekommt ein eigenes Aktenzeichen: 2 PBvU 1/11. Die Art und Weise, wie das Gericht arbeitet, bleibt aber gleich: Der Herzschrittmacher ist das Votum, hier nur von zwei Dezernaten, aus jedem Senat eines. Dann kommen die Beratungen, hier an einem riesigen Tisch, auch sie waren intensiv und streitig. Dann folgt der Entwurf, auch wieder ein Gemeinschaftswerk, und der Beschluss vom 3. Juli 2012 hat nicht acht, sondern 16 Unterschriften. Aber auch diese Entscheidung war ein Konsens, nur diesmal sogar mit 15 Stimmen und einer abweichenden Meinung. Der Zweite Senat nahm das dann mit, um 2013 die ihm gestellte Frage zu beantworten. So wurde im Plenum nur noch deutlicher, wie aufwendig das Verfassungsgericht arbeitet und wie wichtig die Vielfalt der Beteiligten ist. Ganz anders als im Fernsehen. Die Menschenwürde und alle anderen Aspekte kann niemand mal eben so einschätzen. Wenn es ernst wird, wird mehr gebraucht.

Kein Ausnahmezustand

Wenn Terrorismus droht, droht allen Gefahr; das setzte auch das Verfassungsgericht in solchen Verfahren unter Druck. Natürlich war auch der Klimabeschluss eine schwierige Entscheidung, weltweit wichtig. Unmittelbar drückender waren die Coronaverfahren, als Menschen starben, aber viele erwarteten, dass *Karlsruhe* den Maßnahmen ein Ende bereite; das war belastend. In den Verfahren rund um die Sicherheit standen nun die Anschläge in New York und auf die U-Bahnen in Madrid und London vor Augen, mir auch die Brandsätze auf Asylunterkünfte in Hoyerswerda, Rostock, Mölln, Solingen und Lübeck, wie dann die Morde in Hanau und Halle und die Mordserie des NSU. Ist das ein »Ausnahmezustand«, in dem andere Regeln gelten als sonst?

Terror verbreitet Angst, und Terroristen verüben gezielt extreme Straftaten, um diese Angst zu schüren. Der Staat reagiert darauf, also die von Ihnen gewählte politische Mehrheit. So folgte in Deutschland ein gesetzliches »Sicherheitspaket« dem anderen. In den USA erklärte der damalige Präsident George W. Bush nach 9/11 im Jahr 2001 den »Krieg gegen den Terrorismus«, und viele Staaten erklärten offiziell den Ausnahmezustand; dann gelten einige Grundrechte eine Zeit lang nicht, damit Sicherheitsbehörden mehr tun können, also Leute abhören, festnehmen und in Haft halten. In Frankreich geschah das nach einer Anschlagsserie 2016, mit weniger Versammlungsrecht, schnellerem Hausarrest und mehr Hausdurchsuchungen, und wurde immer wieder verlängert. Brauchen wir das auch?

Dieser Gedanke stand im Raum, als über das Sicherheitspaket von 2002 zu entscheiden war: mehr Überprüfungen beim Fliegen, vor allem mehr Befugnisse für Sicherheitsbehörden und eine »Antiterrordatei« für Informationen aus allen möglichen Vorgängen, die auf Vorrat gespeichert Bund und Ländern zur Verfügung stehen sollte. Ist das mit den Grundrechten vereinbar? Die Regeln sollten im Juni 2011 verlängert werden, aber im Justizministerium landete ein Protestbrief mit fast 60 000 Unterschriften und im Bundesverfassungsgericht Verfassungsbeschwerden: Der Senat solle den »Ausnahmezustand beenden«. Was tun?

Terrorismus lässt niemanden kalt, auch nicht Richterinnen und Richter. Was, wenn die eigene Entscheidung Einsätze verhindert und ein Anschlag Menschen tötet? Das war schon beim Luftsicherheitsgesetz so: Wenn ein entführtes Flugzeug auf Frankfurt gelenkt wird und Tausende sterben – *wären wir da mitverantwortlich?* Hätten die »Schläfer« in Hamburg, die den Anschlag in New York verübten, gefunden werden können, wenn die Behörden mehr Befugnisse gehabt hätten? Oder ist eher Skepsis geboten, auch nach den problematischen Ermittlungen zur Mordserie des NSU? Darüber denken auch Richterinnen und Richter nach. Aber im Gericht geht alles seinen ordentlichen Gang. Sicherheit und Freiheit, Polizeiarbeit und Datenschutz, gezielte Einsätze und Schutz vor Diskriminierung – im Bundesverfassungsgericht heißt das, die Akten durcharbeiten, die Beschwerden verstehen, prüfen, was zulässig ist, die Sache zustellen, um möglichst viele zu hören, das Votum durcharbeiten, mehrmals beraten, auch mündlich verhandeln, die Entscheidung entwerfen, Änderungen einbauen, um Konsens ringen – und dann die Unterschriften. Am Mittwoch, den 24. April 2013, um 10 Uhr, war die Verkündung: Eine Antiterrordatei ist »in den Grundstrukturen« mit der Verfassung vereinbar. Das hieß also: Auch in der Krise gelten Grundrechte, sie sind immer zu achten, und einen »Ausnahmezustand« gibt es ausdrücklich nicht. Ganz nüchtern heißt es da, solche Regeln

> unterliegen hinsichtlich des Grundrechts auf informationelle Selbstbestimmung gesteigerten verfassungsrechtlichen Anforderungen.

Die mündliche Verhandlung ließ erkennen, dass der Senat die neue Datei »skeptisch« sah *(B.Z.)*, er habe »deutliche Zweifel« *(Mannheimer Morgen)*, aber »der Teufel liegt im Detail« *(Neue Osnabrücker Zeitung)*. Im Urteil wurde dann erklärt, dass Polizei und Sicherheitsdienste in Deutschland aus guten Gründen getrennt seien, anders als in Diktaturen, und daraus folge für Daten ein »informationelles Trennungsprinzip«: Der Austausch zwischen den Behörden ist nur ausnahmsweise erlaubt und muss wie immer im Rechtsstaat gesetzlich genau geregelt werden. Wer »uneingeschränkt« Daten nutzen wolle, die unter strengen Voraussetzungen erhoben worden sind, weil das Brief- und Fernmeldegeheimnis (das schützt Artikel 10 des Grundgesetzes) und das Recht auf Unverletzlichkeit der Wohnung (das sagt Artikel 13) gelten, verletze diese speziellen Grundrechte. Oder anders: Ein Rest Privatsphäre muss sein, und gleiche Freiheit darf auch der Angst nicht geopfert werden. »Pragmatismus« sei das, kommentierte Theo Westermann im April 2013 in den *BNN*. Im Gericht war es einmal mehr die harte Arbeit am Konsens.

Das Verfassungsgericht muss auch bei dieser Kontroverse Ruhe in den Sturm bringen. Gerade der Ausnahmezustand hat in Deutschland seine ganz eigene Geschichte. Der Nazikronjurist Carl Schmitt steht dafür, und die Nazis setzten mit dem Ermächtigungsgesetz 1933 tatsächlich Teile der Weimarer Verfassung aus und ebneten so den Weg in die Diktatur. Das Bundesverfassungsgericht ist dagegen der Idee verpflichtet, die hinter dem Grundgesetz steht und auch hinter so einem unabhängigen Gericht: kein »Krieg gegen den Terror«, kein Ausnahmezustand, in dem die Grundrechte nur teilweise gelten. Der Senat formulierte dazu 2013:

> Es ist Gebot unserer verfassungsrechtlichen Ordnung, solche Angriffe nicht als Krieg oder als Ausnahmezustand aufzufassen, die von der Beachtung

> rechtsstaatlicher Anforderungen dispensieren [ausnehmen], sondern sie als Straftaten mit den Mitteln des Rechtsstaats zu bekämpfen.

Das bedeutet: Auch im Einsatz gegen Terrorismus braucht es klare Regeln, die Behörden »verhältnismäßig« zum Schutz der Grundrechte und der Demokratie anwenden müssen. Das Grundgesetz kann auch hier Krise.

International und europäisch integriert, in grundrechtlichen Grenzen

Schließlich ist auch diese Kontroverse kein nur deutsches Problem, sondern überschreitet Grenzen. So arbeitet Deutschland gegen den Terrorismus mit den »Five Eyes« zusammen, einem nach dem Zweiten Weltkrieg gegründeten Bündnis der Nachrichtendienste von Australien, Kanada, Neuseeland, Großbritannien und den USA. Sie sind natürlich nicht an die deutsche Verfassung gebunden. Aber was dürfen die deutschen Behörden in diesem Verbund? Die Frage hatte das Verfassungsgericht noch nie beantwortet; nun kam sie mit einer Akte zu 1 BvR 2835/17 auf den Tisch. Zur mündlichen Verhandlung lud der Senat einen Experten aus England ein.

Die Aufgabe war aber wie immer: Werden hier Grundrechte verletzt? Die allgemeinen Maßstäbe sind klar, und gerade hier hilft die Verhältnismäßigkeit. So hieß es, nur mit den Daten der »Partner« habe man Terrorzellen ausheben können, nur so seien Anschläge zu verhindern gewesen. Das ist juristisch ein »legitimer Zweck«, aber er heiligt nicht jedes Mittel. Die Bürgerinnen und Bürger, die mit ihren Verfassungsbeschwerden vor dem Senat standen, hielten es für unzumutbar: Ihre journalistische und wissenschaftliche Arbeit, ihr politisches Engagement und ihre religiöse Praxis seien gefährdet, wenn ausländische Regime von Deutschland Informationen erhielten, denn es sei nicht gesichert, dass sie die Menschenrechte achten. Das Urteil wurde am 20. April 2016 verkündet: ein formaler Tenor, ein paar Leitsätze und die Gründe. Der Senat erklärte, dass das Bundeskriminalamt gegen den Terrorismus viele Mittel einsetzen dürfe, wenn es verhältnismäßig sei. Je tiefer also Behörden in das Privatleben eindringen, desto gewichtiger müssen die Gründe sein, um das zu rechtfertigen. So klar, so komplex im Detail.

Da die Freiheit auf dem Spiel steht, als Selbstentfaltung ohne Angst, dürfen Menschen nur überwacht werden, wenn »Rechtsgüter gewichtig« und ihre Gefährdung »hinreichend konkret absehbar« ist, erst recht für Leute »aus dem Umfeld der Zielperson«. Benötigt werden besondere Regeln »zum Schutz des Kernbereichs privater Lebensgestaltung« und von »Berufsgeheimnisträgern«, auch Transparenz, Rechtsschutz, Aufsicht und Löschungspflichten. An den 360 Absätzen des Textes wurde lange gearbeitet, aber nur eine Mehrheit überzeugt. Zwei Richter schrieben abweichende Meinungen, teils wurde fünf zu drei entschieden. Ein knapper Konsens, die Ausnahme von der Regel.

Trotzdem hat der Senat da eine rote Linie gezogen. Für deutsche Behörden ist das die »informationelle Selbstbestimmung« und ganz basal die Menschenwürde; nun musste für den Fall der »Auslands-Auslands-Fernmeldeaufklärung« erklärt werden, was das bedeutet. Deutschland kann niemandem die eigenen Werte aufzwingen. Aber deutsche Behörden dürfen elementare rechtsstaatliche Grundsätze auch dann nicht verletzen, wenn sie grenzüberschreitend handeln, und die Menschenwürde ist auch dann unantastbar. Also darf Deutschland keine Daten übermitteln, wenn danach gefoltert oder in sonstiger Weise menschenrechtswidrig gehandelt wird.

Im Mai 2020 wurde das Urteil veröffentlicht; der Senat erklärte auf 141 Seiten, dass es mehr Kontrolle braucht. Verkündet wurde in »Coronaaufstellung« vor der Richterbank, im Saal mit viel Abstand und wenig Publikum. Der Text war wie immer gekürzt; die Verlesung dauerte trotzdem zwei Stunden. Am nächsten Tag lag ein »Sonderpressespiegel« auf meinem Tisch: Es gibt kein »Lauschen im rechtsfreien Raum« *(SZ)*, das ist eigentlich klar. Hatten wir dem Bundesnachrichtendienst trotzdem »zu enge Fesseln angelegt?« *(FAZ)*, oder lag er nur »an der Leine« *(BNN)*, war »in die Schranken gewiesen« geworden *(ND)*, nämlich an das Grundgesetz gebunden? Der Präsident der Behörde war »zuversichtlich« *(FAZ)*, aber einer seiner Vorgänger sprach in der *BILD* von einem »schwarzen Tag«; es gab wie so oft keine Begeisterung. Auch diese Entscheidung fühlte sich nicht wie eine »Ohrfeige« an *(Bremer Nachrichten)*, nicht wie ein »Paukenschlag«, mal wieder *(Stuttgarter Zeitung)*, und nicht wie eine »Niederlage« für die Regierung *(Mannheimer Morgen)*. Wir hatten nur hart gerungen für einen Konsens, der alle Seiten sah.

Seitdem ist geklärt: Die Menschenwürde ist unantastbar – das gilt auch international, und es braucht rechtsstaatliche Verfahren. Daher kann Deutschland nicht unbegrenzt Daten tauschen und erst recht niemanden an Länder ausliefern, die sich an die Grundregeln nicht halten. Das musste der Zweite Senat auch für europäische Nachbarn klarstellen, so als in Polen der Rechtsstaat gekapert war. Die gleiche Freiheit darf der Sicherheit auch grenzüberschreitend nicht geopfert werden.

Der Sozialstaat oder: Menschenwürde konkret

Jede große Entscheidung des Bundesverfassungsgerichts beginnt im Kleinen, bei den Menschen. Das hat mich als Richterin am Anfang überrascht und überrascht auch viele andere: Ist dieses *Karlsruhe* nicht das höchste Gericht für das letzte Wort in großen Kontroversen? Dafür ist die Institution eingerichtet worden, aber in den meisten Akten steckt ein Schicksal. Das Grundgesetz mit seinen großen Worten steht im Mittelpunkt, aber das Leben ist ganz nah. Das zeigt sich gerade im Streit um soziale Gerechtigkeit.

Auch das ist eine Kontroverse, die bei vielen Menschen starke Gefühle auslöst: Wem steht was zu und wem nicht, wem helfen wir in der Not, und was verlangen wir von Menschen, um sich selbst zu helfen? Manchmal mischt sich das mit der Kontroverse um die Migration, wie bei den »Asylbewerberleistungen« in der Entscheidung von 2012: »Die Menschenwürde ist migrationspolitisch nicht zu relativieren.« Aber was bedeutet die Menschenwürde konkret, in Euro, wie wird in Deutschland Wohlstand verteilt? Es ist die klassische »soziale Frage« nach Armut und Reichtum, die mit dem Grundgesetz in der Hand beantwortet werden muss. Was macht das Verfassungsgericht damit? Oder: Wie sozial ist das Grundgesetz?

Doch eine »soziale« Verfassung

Wer sich für Grund- und Menschenrechte interessiert, hört zu Deutschland oft, da gebe es keine »sozialen Rechte«. Das ist aber nur ein Teil der Wahrheit.

Tatsächlich haben sich die Eltern des Grundgesetzes, die Männer und Frauen im Parlamentarischen Rat, bewusst entschieden: Sie wollten nichts versprechen, was das Verfassungsgericht nicht erfüllen kann. So sah es auch die Kommission aus Bund und Ländern im Zuge der Wiedervereinigung 1989/90: keine sozialen Rechte, kein Anspruch direkt aus dem Grundgesetz. Aber von Anfang an war klar, dass die Menschenwürde unantastbar ist (Artikel 1), alle Menschen vor dem Gesetz gleich sind (Artikel 3) und dass – doch sehr konkret – jede Mutter »den Schutz und die Fürsorge der Gemeinschaft« beanspruchen kann und – so heißt es nur noch im Grundgesetz – »uneheliche Kinder« dieselben Bedingungen für ihr Leben haben müssen wie diejenigen, deren Eltern verheiratet sind (Artikel 6). Noch dazu gibt es ein – auch das hat eine soziale Seite – Recht auf Eigentum (Artikel 14) und die Möglichkeit der »Vergesellschaftung« (Artikel 15). Schon 1954 hat das Verfassungsgericht auch erklärt, dass der Mensch »gemeinschaftsgebunden und gemeinschaftsbezogen« lebt, die Verfassung eben kein Ego-Programm. Eine soziale Dimension hat das Grundgesetz also doch.

Sie sieht nur etwas anders aus als in Bayern, Berlin, Hessen oder Thüringen und anders als in einigen Verfassungen in anderen Teilen der Welt. Dort sind zwar Rechte festgelegt, aber sie werden als Prinzipien verstanden, sind also nicht direkt als Anspruch einklagbar. So sagt die Verfassung von Berlin zwar in Artikel 18: »Alle haben das Recht auf Arbeit«, aber das ist kein Anspruch auf einen Job, genauso wenig wie nach Thüringens Artikel 36 und Bayerns Artikel 166. In Hessen gibt es sogar ein ganzes Kapitel zu sozialen Rechten, einschließlich des Achtstundentags bei der Erwerbsarbeit, aber auch das lässt sich nicht einklagen. Wertlos ist es trotzdem nicht. An solche Prinzipien sind Politik, Verwaltung und Gerichte gebunden. So wie das Prinzip des Umweltschutzes aus Artikel 20a des Grundgesetzes für den Klimaschutz wichtig ist, zieht auch die Sozialstaatlichkeit eine rote Linie.

»Der Sozialstaat« ist also die Antwort auf die »soziale Frage«, die der politisch engagierte Dichter Heinrich Heine angesichts des Elends in europäischen Städten 1840 stellte. Seitdem versuchen Arbeitsmarkt- und Sozialpolitik darauf zu antworten; weltweit haben sich so viele Varianten des »Wohlfahrtsstaats« entwickelt. Das Grundgesetz sagt dazu, dass Deutschland ein »sozialer Bundesstaat« ist (Artikel 20) und nach Artikel 28 jedes Bundesland ein »sozialer Rechtsstaat« sein muss. Auch das sind große Worte; auch hier hat das Bundesverfassungsgericht die Aufgabe, sie durch »Auslegung und Anwendung« konkret werden zu lassen. Klar ist: Es gibt kein Grundrecht auf soziale Sicherheit oder Geld. Klar ist aber auch: Prinzipiell muss es den Sozialstaat geben. Noch dazu müssen auch die Grundrechte eine soziale Seite haben, damit sie tatsächlich keine leeren Versprechen sind. Das Verfassungsgericht hat beides kombiniert. Auch dafür ist es heute weltweit bekannt und auch damit ist es nicht allein.

Berühmt ist vor allem das Grundrecht auf ein Existenzminimum. Der Erste Senat erklärte in der »Hartz IV«-Entscheidung (so wurde damals das Sozialgesetz genannt) von 2010:

> Das Grundgesetz garantiert mit Art. 1 Abs. 1 in Verbindung mit Art. 20 Abs. 1 GG ein Grundrecht auf Gewährleistung eines menschenwürdigen Existenzminimums. Art. 1 Abs. 1 GG begründet diesen Anspruch; das Sozialstaatsgebot des Art. 20 Abs. 1 GG erteilt dem Gesetzgeber den Auftrag, ein menschenwürdiges Existenzminimum tatsächlich zu sichern.

Jedes Wort liegt auf der Goldwaage, und alles ist im Grundgesetz verankert. Dabei wird die Verfassung auch hier, »systematisch ausgelegt«, als Ganzes verstanden, also nicht jeder Artikel isoliert für sich: Die Menschenwürde aus Artikel 1 ist mit dem Sozialstaatsprinzip aus Artikel 20 verbunden. Auf dieser Grundlage erklärte der Senat die Regeln 2010 für verfassungswidrig, denn der Gesetzgeber hatte unter anderem die Bedürfnisse von Kindern nicht wirklich berücksichtigt.

Im Grundgesetz gibt es also keine »sozialen Rechte«, aber ein Minimum sozialer Gerechtigkeit. Später sind Betroffene nochmals gegen das Sozialrecht vorgegangen und waren enttäuscht, als das Gericht sie für »gerade noch« mit dem Grundgesetz vereinbar erklärte. Aber mehr kann und soll ein Gericht nicht schützen – alles andere muss politisch gestaltet und verantwortet werden. Deshalb scheiterte auch der Versuch, den Staat per Verfassungsbeschwerde zu zwingen, alle Kosten für Unterkunft und Heizung zu übernehmen; 2017 stellte eine Kammer zu 1 BvR 617/14 klar, dass das Grundgesetz dazu nur zu »angemessener Höhe« verpflichtet. Es ist eine minimale soziale rote Linie, aber auch das ist ein Beitrag zum Schutz der Demokratie, denn ohne so ein »Minimum« ist keine Teilhabe möglich.

Damit ist Deutschland nicht allein. Auch der Verfassungsgerichtshof in Österreich hat 2018 entschieden, dass Sozialleistungen »realistisch die Existenz sichern« sollen und sachlich berechnet werden müssen. In der EU gibt es in der Grundrechtecharta, die Deutschland stark beeinflusst hat, ein ganzes Kapitel zu »Solidarität« und sozialen Rechten für die Gesundheit, die Umwelt und zum Verbraucherschutz. Außerdem ist die soziale Gerechtigkeit international anerkannt; wir haben uns in den Vereinten Nationen und in der Europäischen Sozialcharta auf soziale Menschenrechte verpflichtet. Daran erinnert das Bundesverfassungsgericht, wenn es die Grundrechte »im Lichte des Völkerrechts« interpretiert. In den Verfahren erinnern daran vor allem engagierte Organisationen in den Stellungnahmen, die im »Sachbericht« zumindest erwähnt werden, und auch sie werden nicht nur einbezogen, sondern intensiv und durchaus streitig beraten. Für den Senat ist es dann gut, wenn ein Mitglied über Expertise im Völkerrecht verfügt; es ist oft jünger als das Grundgesetz und auch deshalb genauer, wie etwa die Kinderrechtskonvention oder die Konvention gegen die Benachteiligung von Behinderten. Im Grundgesetz sind diese Rechte zwar angelegt, aber das Bundesverfassungsgericht kann mit ihnen noch besser begründen, dass soziale Leistungen zum Beispiel nicht einfach für »kleine Erwachsene« berechnet werden dürfen, sondern Kindern tatsächlich gerecht werden müssen oder dass Behinderte nicht schlechter behandelt werden dürfen, wenn es knapp wird.

Vom Arbeits- bis zum Steuerrecht

Viele Menschen fordern soziale Gerechtigkeit, und viele tun das auch vor dem Bundesverfassungsgericht. In den Akten stecken Streits mit dem Jobcenter und mit der Krankenkasse, um die Rente, die Ausbildungsförderung und die »Deputatkohle« als Rente für Bergleute. Es ging um die Mietpreisbremse und die Vermittlungsprovision bei Wohnungsmieten, »um sozialen und wirtschaftlichen Ungleichgewichten entgegenzuwirken«, so der Leitsatz zur Akte 1 BvR 1515/15. Es geht um Gewerkschaften und Streiks und sehr oft um Steuern. Nicht selten gibt es auch Beschlüsse in der Kammer, die dafür sorgen, dass Menschen finanziell unterstützt werden, die ihre Rechte einklagen wollen, also »Prozesskostenhilfe« erhalten. Das ist zu unspektakulär für die Nachrichten, auch keine Pressemitteilung wert, aber das Bürgergericht sichert Menschen so den Zugang zum Recht.

Verfahren zur sozialen Frage sind wie die meisten Beschwerden aber doch erfolglos. *Karlsruhe* mischt sich auch hier nur ausnahmsweise ein, die normalen Gerichte klären Konflikte bereits. Auch sie müssen aber das Grundgesetz beachten; auch das wird vom Bundesverfassungsgericht überprüft. So befand es der Senat 2018 für verfassungswidrig, als das höchste deutsche Arbeitsgericht befristet Beschäftigten zwar helfen wollte, aber dazu einfach selbst änderte, was der Gesetzgeber anders entschieden hatte. Der Beschluss zu 1 BvL 7/14 erklärt in den Gründen, dass Gerichte zwar entscheiden müssen, also Rechtsschutz nicht verweigern dürfen und da auch Spielraum haben. Aber sie dürfen den Gesetzgeber nicht überspielen. Auch hier verweist der Senat auf Maßstäbe, die schon vorher und für andere Rechtsgebiete entwickelt wurden. Auch wenn die soziale Frage zu beantworten ist, müssen rote Linien übergreifend gezogen werden.

Wer an soziale Gerechtigkeit denkt, mag an Arbeits- und Sozialrecht denken, aber tatsächlich wird sehr oft nach Steuerrecht gefragt. Im Ersten Senat kamen allein während meiner Amtszeit Zweitwohnungen, Spielgeräte, Flugbenzin und Kernbrennstoff auf den Tisch, teils sogar mehrfach. Schon die gesetzlichen Regeln sind schwer zu durchdringen; auch da zahlt sich im Senat die Vielfalt aus; wir waren für die Expertise für Steuerrecht sehr dankbar. Steuerrecht klingt zudem technisch, aber sozial hat es viel in sich. Was der Staat besteuert, berührt Grundrechte, denn je nachdem wirkt sich das auf die individuelle Freiheit aus, auf Familien, die Arbeit, das Eigentum oder die Gleichbehandlung.

Das zeigte sich 2012. Die Akte 1 BvL 16/11 betraf die Grunderwerbssteuer, und der Senat beschloss nüchtern wie immer, sie sei »verfassungswidrig« geregelt. Aber dahinter stand die Benachteiligung von gleichgeschlechtlichen Paaren; sie mussten mehr bezahlen, aber ohne sachlichen Grund. Der Senat setzte dem Gesetzgeber eine Frist, um das zu reparieren, aber der Bundestag ließ sich viel Zeit. So schickte der Vizepräsident des Gerichts sogar einen Brief an die Bundesregierung und den Präsidenten des Bundestags, man werde das nun neu behandeln müssen, wenn nichts geschehe. Erst dann wurde die Sache endlich fair geregelt. Es war ein Urteil gegen Vorurteile, die immer noch tief saßen.

Die meisten Konflikte klären allerdings die Gerichte vor Ort. Wenn sie das Grundgesetz nicht »krass verkennen«, mischt sich das Bundesverfassungsgericht nicht ein; die scharfe Formulierung soll zeigen, dass Karlsruhe nur Verfassungsrecht kontrolliert. Das entspricht der Idee verteilter Gewalten, aber es fiel mir gerade hier manchmal schwer. Als viele Menschen in Schrottimmobilien investiert hatten, urteilten die Zivilgerichte, dass die Vermittler gut informieren müssen, sonst haften sie. Dennoch blieben die Menschen auf ihren Kreditschulden sitzen. Die Verfahren 1 BvR 3237/08 u. a. füllten einen ganzen Rollwagen, den Hund, und kamen so in mein Büro, aber die Grundrechte waren nicht »krass verkannt«, wir konnten also in der Kammer nichts tun. Es waren keine reichen Leute; sie taten mir leid. Doch die Entscheidung war verfassungsrechtlich richtig; ich trug sie mit. Nur die Gründe erinnerten daran, dass Banken ihre Pflichten ernst nehmen müssen, weil extrem ungleiche Verträge wegen »gestörter Parität« nicht binden. Das ist der alte Maßstab; mehr war hier nicht zu machen.

In anderen Fällen muss das Bundesverfassungsgericht mehr klären, auch hier manchmal sehr schnell. So war Weihnachten 2020 kein ruhiges Fest. Zu Neujahr sollte das Gesetz in Kraft treten, das Schlachthöfen verbietet, zu viel Leiharbeit zu nutzen; die Unternehmen waren wegen der schlechten Arbeitsbedingungen und Hygiene auch in der Coronapandemie in Verruf geraten. War das verfassungsgemäß? Die Kammer hat es nicht gestoppt. Ich grübelte tagelang mit den wissenschaftlichen Mitarbeitenden im Dezernat, ob Fleischbetriebe so existenziell gefährdet sind, dass wir das stoppen müssen. Die Beschlüsse zu 1 BvQ 152/20 und anderen gingen am 29.12. »raus«. Aber da heißt es auch:

> Die Begründung der Entscheidung wird gemäß § 32 Abs. 5 Satz 2 BVerfGG gesondert übermittelt.

Auch rote Roben können nicht zaubern. Im Januar lieferte die Kammer die Gründe nach: Die Unternehmen konnten nicht belegen, dass unbedingt sofort eingegriffen werden muss. Auch »in der Hauptsache« hat das Gesetz später gehalten: Wenn alle Interessen berücksichtigt werden, ist es mit dem Grundgesetz vereinbar, dass der politische Spielraum so genutzt wird.

In anderen Fällen geht es um Geld, oft sehr viel Geld für viele. So entschied der Senat, dass eine Regelung zur Rückzahlung von Krediten unfair war, die einigen Menschen keine Chance ließ, die Schulden je loszuwerden; das steckte hinter 1 BvR 2053/07. Ich fand das wichtig, aber noch aufregender, als Bayern das staatliche Erziehungsgeld nur inländischen Eltern zahlen wollte; das steckte in der Akte 1 BvL 14/07. Wie so oft warf sie sehr viele Fragen auf, aber spätestens in der mündlichen Verhandlung war allen klar, dass Bayern wollte, was verfassungsrechtlich nicht geht: Die pauschale Ausgrenzung von ausländischen Staatsangehörigen erlaubt das Grundgesetz nicht. So musste das Verfassungsgericht wieder ein möglichst gut begründetes Urteil auch gegen Vorurteile setzen, auch hier nach harten Beratungen am Ende im Konsens.

Ähnlich hart waren die Beratungen zu einem Fall, in dem es eigentlich darum ging, ob die soziale Lage einem Studium an der Universität entgegenstehen kann. Schon 2008 hatte ein Verwaltungsgericht in *Karlsruhe* angefragt, ob Bremen nur von denen Studiengebühren erheben darf, die nicht vor Ort leben; ich erbte die Akte 1 BvL 1/08 zu den »Studienkonten« als zuständige Berichterstatterin von meinem Vorgänger. Wie immer wurde im Dezernat geprüft; wir sahen nun, dass mehr daran war. Also Zustellung und Stellungnahmen, das Votum mit den vielen Anlagen, dann Beratungen, Entwürfe. Die soziale Gerechtigkeit ist auch im Gericht kontrovers; hier wurden sogar Alternativtexte verteilt. Am 8. Mai 2013 dann endlich Unterschriften; danach wird der Beschluss nochmals überprüft und dann veröffentlicht. Der Tenor war wie immer förmlich und genau; die Gründe eher kurz: Studiengebühren sind nicht verfassungswidrig. Das hatte der Zweite Senat schon entschieden, und wir folgten dem, sonst hätte der Erste Senat das Plenum anrufen müssen. Aber die Brieftasche der Eltern darf den Zugang zur Ausbildung nicht bestimmen, persönliche Belastungen durch chronische Krankheit oder Behinderung, Sorge um Kinder und Eltern dürfen nicht nachteilig wirken. Also Chancengleichheit konkret: »Karlsruhe billigt soziale Studiengebühren« *(taz)*, und »Studiengebühren dürfen nicht abschrecken« *(Spiegel online)*. Mir war das wichtig; die Arbeit hatte sich gelohnt.

Der letzte Satz sagt aber:

> Die Entscheidung ist zu C. II. mit 6 : 2 Stimmen ergangen.

Wir hatten uns über die Maßstäbe C. I. geeinigt, aber nicht bei der Anwendung auf den Fall, der Subsumtion in C. II.; der Konsens war nicht ganz gelungen. Zur Arbeit im Verfassungsgericht gehört dann: Danach geht es weiter; Dissens spaltet nicht.

Ansonsten wird auch hier sehr viel »ohne nähere Begründung nicht zur Entscheidung angenommen«. Da scheitern sogar »Vorlagen« von Sozialgerichten, die in *Karlsruhe* nachfragen, ob das Gesetz, das sie anwenden müssen, verfassungswidrig ist. Das Prozessrecht fordert genaue Begründungen; Die Idee ist immer, dass Probleme vorrangig vor Ort geklärt werden sollen. Zudem ist, auch wenn mich persönlich die sozialen Fragen oft berührt haben, wieder Zurückhaltung gefragt. Wenn eine Vorlage unzulässig ist, muss ein Signal genügen. Als die Regeln, die Ausländer pauschal von Sozialleistungen ausschließen, als Aktenzeichen 1 BvL 1/20 vorgelegt wurden, hieß es also nur kurz, sie »hätten ausgelegt werden können«. So spielt das Bundesverfassungsgericht den Ball zurück; vor Ort ist die Kontroverse zu klären.

Im Arbeitsrecht ist das oft ähnlich. Als zuständige Berichterstatterin musste ich dafür sorgen, dass alles auf den Tisch kommt, und das konnte durchaus aufregend werden. Wurde bei der Bahn gestreikt, traf das nicht nur meine Heimfahrt, sondern das ganze Dezernat war in Alarmbereitschaft, falls das Bundesverfassungsgericht angerufen wird. Tatsächlich musste der Senat zu Streiks der Fluglotsen und Piloten im Eilverfahren entscheiden, aber auch da genügte ein Signal: Die Gerichte vor Ort klären das. Im Arbeitsrecht sind Paukenschläge deshalb eher selten, aber kleine Trommelwirbel gibt es doch.

Darf im Einzelhandel ein Streik auch per Flashmob unterstützt werden? In einem Lebensmittelgeschäft einer Kette, von der die Gewerkschaft bessere Arbeitsbedingungen forderte, tauchten viele Menschen auf, die ihre Einkaufswagen vollluden, an der Kasse dann aber nicht zahlen wollten; der Laden war so lahmgelegt. Das steckte in 1 BvR 3185/09. Verfassungsrechtlich waren die Maßstäbe geklärt; die Kammer prüfte nur, was sich daraus ergab, und auch da profitiert das Verfassungsgericht von der Expertise der wissenschaftlichen Mitarbeitenden im Dezernat, die als Fachrichterinnen die Praxis gut kennen. »Erfolglose Verfassungsbeschwerde«, lautete 2014 die PM; das Gericht mischte sich auch hier nicht ein. Wie so oft hat das einige enttäuscht und manche sogar verärgert, womit im Arbeitskampf wohl auch zu rechnen ist. Weil es kein Gesetz gibt, das ihn regelt, haben gerade hier Gerichte – aber das Verfassungsgericht nur für die roten Linien – zu tun. So war es auch bei den Beschwerden 1 BvR 719 und 720/19: Ein großes Unternehmen vertrat die Position, dass Gewerkschaften auf dem firmeneigenen Parkplatz nicht zum Streik aufrufen dürfen; auf Privateigentum habe man das Hausrecht. Die Arbeitsgerichte hatten anders entschieden, und auch die Kammer des Bundesverfassungsgerichts überzeugte das nicht. Sie erklärte

2020, das Grundrecht, sich für bessere Arbeitsbedingungen zu engagieren, dürfe nicht leerlaufen. Wenn ein Versandzentrum extra so gebaut wird, dass keine Straße angrenzt, muss auch ein multinationaler Konzern akzeptieren, dass auf dem Parkplatz gestreikt wird; die Beschwerden kamen von Amazon. So ist Grundrechtsschutz auch hier irgendwie grenzüberschreitend.

Dürfen Streikende dann aber ausgesperrt werden? Schon 1991 hatte das Verfassungsgericht geklärt: Die Arbeitgeber dürfen sich wehren. Nur war das Machtwort auch hier nicht das letzte zum Thema. Im Juni 2020 beschwerten sich Kinos, weil sie zwar Streikende aussperren durften, aber ein neues Gesetz ihnen als Arbeitgebern verbot, auf Leiharbeit umzusteigen. Geht das nach dem Grundgesetz? Die Kammer erläuterte, dass der Streik sonst witzlos sei, also dürfe der Gesetzgeber das so regeln. Sie konnte sich wieder auf alte Maßstäbe stützen, warum so eine Regelung mit dem Grundgesetz vereinbar ist. Juristisch formuliert:

> Sonst liefe das in Artikel 9 Absatz 3 des Grundgesetzes garantierte Recht der Koalitionsfreiheit leer.

Am nächsten Tag titelten die Zeitungen: »Leiharbeiter keine Streikbrecher«. Wieder einmal hatte das Bundesverfassungsgericht durch Auslegung hier des Artikel 9 geklärt, was das Grundgesetz konkret bedeutet; so antwortet es in den Gründen auch auf soziale Fragen. Die Kinos waren nicht erfreut, die Gewerkschaft dagegen beruhigt, aber auch hier hatte niemand ganz gesiegt oder verloren. Der Ausgleich ist es, den das Gericht da sucht.

Die Ausnahme von der Regel

Im Bundesverfassungsgericht sieht das Ergebnis oft wie ein Ausgleich aus, aber nach innen ist es ein mühsames, auch hartes Ringen um Konsens. Nicht nur bei Sicherheit und Freiheit, sondern gerade in sozialen Fragen gelingt das manchmal nicht.

Ein Beispiel ist die Entscheidung zur »Tarifeinheit«. Der Bundestag hatte neu geregelt, dass in einem Betrieb nur noch die größere Gewerkschaft für Tarifverträge berücksichtigt werden muss, die kleinen also leer ausgehen. Dahinter stand die Befürchtung, dass kleine Gewerkschaften zu viel Macht hätten, nur eigene Vorteile zu erlangen, und die Arbeitgeber wollten sich nicht von kleinen, aber unverzichtbaren Gruppen im Betrieb erpressen lassen. Das fanden die kleinen Gewerkschaften natürlich nicht lustig; die Ärztinnen und Ärzte des Marburger Bundes, die Lokführergewerkschaft GdL oder auch die Pilotenvereinigung Cockpit wandten sich also 2015 an das Verfassungsgericht. Zehn Verfahren stapelten sich in den Regalen meines Dezernats, und in der Öffentlichkeit herrschte Skepsis: Es sei ein, so im März 2015 die *taz*, »Verfassungsbruch mit Ansage«. Die Recherchen zum Votum enthüllten, dass sich die Regierung mit den großen Gewerkschaften auf Kosten der kleinen geeinigt hatte.

Für die Eilentscheidung in Sachen 1 BvR 1571/15 u. a. trafen wir uns an einem Samstag; da war niemand erfreut, aber die Sache dringend. Wir stritten schon da, griffen aber auf die Schnelle nicht ein. Die Kleinen scheiterten: »Anträge erfolglos«, so die Pressemitteilung vom 9. Oktober; »Die Tarifeinheit bleibt – vorerst«, so der *Tagesspiegel*. Für die Hauptsache brauchten wir Zeit.

Im Januar 2017 wurde mündlich verhandelt. Der Aufwand hinter den Kulissen war wie immer groß, die interne Verhandlungsgliederung hatte sieben eng bedruckte Seiten; es waren zwei Tage angesetzt, natürlich in Robe, und der Sitzplan für den Saal zeigte, dass es voll werden würde. Ich fand, es war kein »Schlagabtausch«, wie es die *Neue Osnabrücker Zeitung* nannte, denn gerade die kleinen Gewerkschaften hielten sich zurück. Aber die

Nachberatung im Februar war tagelang sehr streitig. Wir hangelten uns an einer 16-seitigen Tabelle entlang; meine Notizen füllten an die hundert, die aus den Beratungen weit über 50 Seiten. So viel schrieb ich selten mit. Im Mai ging der Entwurf an die anderen Richterinnen und Richter; zu ihren Änderungsvorschlägen schickte ich allen einen eigenen Brief, um die Details zu erklären, das hatte ich bei Kollegen gesehen. In der Leseberatung kämpften wir uns durch die »konsolidierte Fassung« des Urteilsentwurfs; dann unterschrieben endlich alle. Am 11. Juli 2017 wurde verkündet, und wie immer gab es eine PM:

> Das Tarifeinheitsgesetz ist weitgehend mit dem Grundgesetz vereinbar.

Ganz nüchtern. Diesmal gab es nur keinen Konsens. Der Richter Andreas Paulus und ich waren nicht überzeugt; den Dissens haben wir in einer abweichenden Meinung begründet:

> Wir können dem Urteil bedauerlicherweise nur teilweise zustimmen. Es unterschätzt die tatsächlichen Belastungen und Gefahren, die das Tarifeinheitsgesetz für die grundrechtlich garantierte Freiheit der Gewerkschaften mit sich bringt, sich selbstbestimmt tarifpolitisch zu engagieren; es überschätzt zugleich die Einschätzungsspielräume, die dem Gesetzgeber hier wie sonst auch zustehen, und vermindert dadurch die Kontroll- und Überwachungsfunktion des Bundesverfassungsgerichts. In dem anzuerkennenden Bemühen, einem legitimen Ziel des Gesetzgebers Rechnung zu tragen, der negative Auswirkungen gewerkschaftlichen Wettbewerbs durchaus regeln darf, verkennt das Urteil in den Wertungen zur Zumutbarkeit und in der Entscheidung über die Rechtsfolgen unseres Erachtens, dass das Gesetz deutlich über das Ziel hinausschießt.

Auch das eher nüchtern. Ich hatte mich im Laufe des Verfahrens auch geärgert, war zwischendurch sogar verzweifelt: *Wie lassen sie sich doch noch überzeugen?* Sollte man nicht den Bundestag verpflichten, das Gesetz zu reparieren, anstatt als Verfassungsgericht vorzugeben, wie es auszulegen ist? Auf der Website wird auch der »Dissent« veröffentlicht und in den »grauen Bänden« abgedruckt. Aber die roten Linien zieht die Mehrheit; sie waren anders markiert.

Ich war erschöpft, wie nach fast allen Beratungen, hier auch enttäuscht, nicht alle überzeugt zu haben, und machte mir Sorgen über die Folgen der Entscheidung. Nun waren die Arbeitsgerichte vor Ort gefragt. »Solidarität? Ja, aber …« *(Handelsblatt)*, »Kein dauerhafter Frieden in Sicht« *(Stuttgarter Zeitung)*, vielleicht auch nicht das »Ende des Streikwahnsinns« *(Neue Osnabrücker Zeitung)*. Ein Kollege sah meinen Missmut auf dem Flur: »Nach dem Spiel ist vor dem Spiel!« Das hatte er auch gesagt, als er einmal mit seiner Position allein blieb. Und er hatte recht. Wer nicht verlieren kann oder gar nachtragend ist, sollte das Amt nicht bekleiden. Im Gericht geht es gleich weiter, die anderen Verfahren warten schon. Auf der Tagesordnung standen für dieselbe Woche vier große Sachen; in den Regalen lagen noch viel mehr. Da ist dann wieder Konsens gefragt.

Der Konsens bleibt die Regel; sie wird durch Ausnahmen bestätigt. Als ich zur Richterin gewählt wurde – kritisch, feministisch, »anders« –, erwarteten wohl einige, ich würde häufig abweichende Meinungen schreiben. Aber sie haben sich geirrt. In den zwölf Jahren gab es das nur zwei Mal, beide zur sozialen Gerechtigkeit. Im Jahr 2014 war es zur Erbschaftssteuer nicht einmal ein Dissens, sondern nur eine Ergänzung. Der Gesetzgeber hatte vor allem Familienunternehmen weitgehend von der Steuerlast befreit; auf dem Prüfstand standen also »Privilegien«, schrieb die *Mitteldeutsche Zeitung*. Wenn also jemand erbt: Wie viel muss an die Gemeinschaft gehen? Das ist eine juristische Frage, aber auch an ihr hängen Gefühle und starke Meinungen – sie ist sehr kontrovers. Vor dieser mündlichen Verhandlung gab es, so die *BNN*, einen »Sturmlauf der Interessenverbände«; nie zuvor oder danach habe ich so viel ungefragte Post erhalten, »zur gefälligen Kenntnisnahme«. Wie immer stützte sich der Senat auf das Votum, die Beratungen, den Entwurf, wie immer war es ein Ringen um jedes Wort, auch in der Rechtsfolge möglichst so, dass im Spielraum der Politik für verschiedene Ideen Platz bleibt. Nur verfassungsgemäß muss es sein, insofern gerecht.

Am Ende hatten wir uns geeinigt: Das Gesetz geht zu weit, wenn Menschen, die Betriebe erben, ohne Prüfung kaum Steuern zahlen; diese »Privilegierung« ist »unverhältnismäßig«, also

> nicht in jeder Hinsicht mit der Verfassung vereinbar.

Dazu gab es Konsens: Der Gesetzgeber müsse das »gleichheitsgerecht« regeln. Die Reaktionen in der Presse reichten von »Blamage für die GroKo« *(Die Welt)* bis zu »Privilegien bleiben« *(FR)*, von »Viele werden über die Wupper gehen« *(Hannoversche Allgemeine)* bis zu die »Wirtschaft erleichtert« *(Mannheimer Morgen)*, von »Ein Hoch auf Karlsruhe« *(Stern.de)* bis zu »Erbe Enttäuschung« *(Spiegel online)*. Es lohnt sich dann, genauer hinzusehen; die Pressemitteilung ist online.

Allein: Es fehlte etwas. Stellt nur das allgemeine Gleichheitsrecht die Weiche? Das fragte nicht nur ich. Es entstand ein »Sondervotum« zu dritt, mit den Richtern Johannes Masing und Reinhard Gaier.

> Die Entscheidung ist im Ergebnis und in der Begründung einstimmig ergangen; die weitere Begründung, die drei Mitglieder des Senats in ihrer abweichenden Meinung der Entscheidung beigefügt haben, bleibt hiervon unberührt.

Auch das heißt »abweichende Meinung«, ist aber kein *dissent*, sondern eine *concurring opinion*, eine ergänzende Begründung. Wir betonten, dass es hier auch auf das Sozialstaatsprinzip ankommt, auf Artikel 20 Grundgesetz: Der »Ausgleich sich sonst verfestigender Ungleichheiten liegt in der Verantwortung der Politik«, ist aber zur »Verwirklichung des Sozialstaates tatsächlich erforderlich«. Da darf die Politik nicht nur, da muss sie auch, sie ist gebunden. Wir wollten das Soziale stärker fassen, hatten aber in den Beratungen nicht den ganzen Senat überzeugt. So wird hier nur ein Argument betont, das dann von anderen in der Zukunft sogar im Gericht selbst wieder aufgegriffen werden kann.

Belastend und genervt

Die Verfahren zu sozialen Fragen haben nicht nur mich oft berührt und umgetrieben. Aber zur Wahrheit gehört auch hier: Ich habe mich manchmal geärgert, auch hier hat manches genervt. In vielen Akten aus dem Sozialrecht, die auf dem »Hund« ins Büro rollen, gibt es nur Enttäuschung und Wut auf das Jobcenter, auf »die Politik«, auf ein Sozialgericht; manche wollen einfach ihren Ärger loswerden. Das ist dann »offensichtlich unzulässig«, wird aber sorgfältig geprüft, votiert, in der Kammer zu dritt entschieden, nur meist »ohne weitere Begründung nicht zur Entscheidung angenommen«. Da fühlt sich die Arbeit hinter den Kulissen nicht gut an. Aber es gehört dazu. Davon dürfen sich auch die hoch qualifizierten und motivierten Mitarbeitenden in den Dezernaten und der Verwaltung nicht frustrieren lassen.

Im Bundesverfassungsgericht gibt es immer wieder Vorschläge, damit besser umzugehen. Würde eine »Mutwillensgebühr« Leute davon abhalten, ihre Wutbriefe zu schicken? 1989 erschien der Bericht einer Kommission beim Justizministerium zur »Entlastung des Bundesverfassungsgerichts«, die das nicht empfahl. 2012 und 2014 wurde es nochmals diskutiert, nach einem Jahr mit 6686 neuen Fällen. Aber es passt nicht zum »Bürgergericht«, den Zugang Geld kosten zu lassen, und würde auch nicht viel bewirken. Schon jetzt darf eine »Missbrauchsgebühr« verhängt werden – das hat der Gesetzgeber erlaubt, aber es geschieht selten. Es hält gerade Menschen, die sich am Rande der Gesellschaft fühlen, nicht ab und ist bei denen, die am Ende sind, nicht durchsetzbar. Der Maßstab, den das Gericht dazu entwickelt hat, verdeutlicht aber die Aufgabe:

> Das Bundesverfassungsgericht muss es nicht hinnehmen, durch erkennbar substanzlose Verfassungsbeschwerden an der Erfüllung seiner Aufgaben gehindert zu werden, mit der Folge, dass anderen Bürgerinnen und Bürgern der ihnen zukommende Grundrechtsschutz nur verzögert gewährt werden kann.

Trotzdem werden die Eingaben von Verärgerten, »Dauerkunden« oder »Vielschreibern« geprüft, also Akten angelegt und bearbeitet, gelesen, beraten, entschieden. Man will und muss gründlich bleiben, die zugewandte Haltung nicht verlieren, der Aufgabe gerecht werden, aber auch keine Zeit verschwenden, die so dringend für andere gebraucht wird. Ohnehin lässt das Gericht ja niemanden hängen, denn wo offenkundig etwas fehlt, schreibt die Verwaltung den höflichen Brief. Wird eine Entscheidung verlangt, werden manche Akten auch gesammelt und zusammen erledigt. Die wissenschaftlichen Mitarbeitenden werden ermutigt, Kurzvoten zu schreiben; ich konnte als Richterin ja rückfragen, wenn etwas fehlte. Und je länger ich im Amt war, desto öfter votierte ich wie andere auch kurz selbst. Im Verfassungsgericht sorgen so viele dafür, dass alles mit rechten Dingen zugeht.

Wissen und Zweifel

Verfahren zu sozialen Fragen berühren oft menschlich, denn da schildern Menschen ihr Leben, manchmal verzweifelt, nicht selten wirr, gespickt mit juristischen Sätzen aus dem Internet. Aber auch wegen solcher Akten bin ich manchmal zurück ins Büro gegangen, auch hier fragt sich: *Habe ich alles gesehen, ist das so richtig entschieden?* Immerhin geht es um die Existenz: *Sie brauchen Hilfe – und wir können das nicht.* Für Verzweiflung ist das Bundesverfassungsgericht die falsche Adresse, auch das ist hart.

Nicht hart, aber schwierig wird es, wenn eine Frage zulässig gestellt wird, denn auch hier gibt es ein Wissensproblem. Die Dinge sind ohnehin juristisch kompliziert; es zahlt sich aus, wenn erfahrene Richterinnen und Richter im Senat mitwirken, wie Renate Jaeger als Sozialrichterin, die dann sogar Richterin des Bundesverfassungsgerichts und am Europäischen Menschenrechtsgerichtshof in Straßburg war, Christine Hohmann-Dennhardt oder seit 2013 Miriam Meßling, die vorher am Bundessozialgericht war. Zudem kennen Mitarbeitende im Dezernat oft die Praxis vor Ort, also bin ich auch in der Mittagspause der Senatsberatungen zu ihnen geeilt, um Fachfragen zu besprechen. Sie erklärten mir, was an der Sache hängt und was auch nur der eine Satz der Gründe, um den wir gerade stritten, ganz praktisch bedeutet. Aber Fachwissen genügt nicht.

Wenn in den Kontroversen um soziale Gerechtigkeit gefragt wird, wie hoch Sozialleistungen sein müssen und wie sie verteilt werden, spielen wie schon im Streit um Migration und in den Kontroversen um die Gleichbehandlung und gegen Diskriminierung auch Vermutungen eine Rolle, oft auch als Vorurteile, und dagegen braucht es Fakten und Urteile. Wie leben Leute, die Sozialleistungen beziehen, was brauchen sie »wirklich« zum Leben, von der Wohnungsgröße bis zur Waschmaschine, von der Seife bis zu Schuhen für Kinder, die wachsen – wie schätzen Sie das ein? Im Wahlkampf für den Bundestag war 2023 die Rede von »Bett, Seife, Brot« – genügt das für ein Leben in der Menschenwürde, die das Grundgesetz verspricht? Darf man denn »einfach mal die

Hilfe streichen«, als »Sanktion«, damit Leute selbst etwas tun? Wer darüber entscheidet, muss das wissen.

Noch dazu kleben am Sozialrecht, also an »Asylbewerberleistungen«, »Hartz IV« oder »Bürgergeld«, Vorurteile: *Können oder wollen die nicht arbeiten? Liegen die uns auf der Tasche? Bekommen Leute zu viel hinterhergeworfen, auch im Vergleich zu denen, die arbeiten gehen? Erschleichen die sich Leistungen?* Die meisten Menschen haben dazu Ideen und oft auch starke Meinungen; gerade deshalb ist es kontrovers. Urteile dürfen sich da nicht auf Vermutungen stützen, auch wenn sie plausibel scheinen, sondern nur auf Fakten. Auch da hilft das Verfahren im Bundesverfassungsgericht. Zwar sind die Beratungen als Gespräch unter Gleichen, in dem alle gleich informiert sind und sich auf dieselben Regeln beziehen, kein Automatismus: Auch ein Senat kann irren, den schlechteren Argumenten folgen oder eine nicht so kluge Rechtsfolge anordnen. Aber es wird doch sehr viel Aufwand betrieben, um die Fakten zu finden. Das Bundesverfassungsgericht nimmt sich Zeit. Es holt mit den Stellungnahmen viele Meinungen ein. Die Beteiligten hören einander zu und wollen nicht einfach recht haben, sondern einander überzeugen und die eigene Vorstellung so lange mit sieben Andersdenkenden besprechen, bis ein Konsens gefunden ist. So spricht zumindest viel dafür, eine realistische, nicht nur subjektive, sondern möglichst viele überzeugende Vorstellung davon zu entwickeln, wie ein Problem beschaffen und wie es auch zu lösen ist. Es ist kein schlechtes Rezept.

So kamen auch 2019 solche Fragen auf. Ganz nüchtern ging es um »Sanktionen im Sozialrecht«, das Aktenzeichen 1 BvL 7/16. Wieder hatte ein Sozialgericht gefragt, ob es mit dem Grundgesetz vereinbar sei, pauschal die Sozialhilfe zu kürzen, um Leute dazu zu bringen, sich selbst zu versorgen. Das Gesetz sah vor, die monatliche Unterstützung sogar ganz zu streichen, wenn jemand aus Sicht des Jobcenters der »Mitwirkungspflicht« nicht nachkommt, also eine Bildungsmaßnahme abbricht oder einen Job nicht annehmen will. Da stand, so schrieb das *Handelsblatt* im Januar, die »Zukunft von Hartz IV vor Gericht«, und es gab wieder Erwartungen; so meinte *Die Welt*, »Verfassungsrichter werden viele enttäuschen«. Juristisch kompliziert, verfassungsrechtlich gab es schon Maßstäbe. Aber noch dazu ist das Leben derer, über die da entschieden wird, meist weit weg von denen, die entscheiden. Auch im Sitzungssaal trafen bei den mündlichen Verhandlungen »zwei Welten aufeinander«, die der Jobcenter und die der Erwerbslosen, so die *Stuttgarter Zeitung*, und der Senat muss sich bemühen, sie alle zu verstehen.

Zu den Sanktionen im Sozialrecht fragte der Senat auch nach; auch hier kam mit der Zustellung ein Fragenkatalog an die Beteiligten und an sachkundige Dritte. Dazu gehörte Tacheles, ein Erwerbslosen- und Sozialhilfeverein von Betroffenen gegen soziale Ausgrenzung. Mein Dezernat hatte nach Sachkunde über die Verhältnisse vor Ort gesucht und ihn dem Senat vorgeschlagen. Nun war das weder Wissenschaft noch Fachverband, also gab es Skepsis: *Werden die über Tatsachen berichten oder ist das Gericht nur Bühne für Aktivismus?* Auch da braucht es Konsens. Der Verein wurde eingeladen und gehört; das passte zum Bürgergericht und war gut so. Denn Tacheles organisierte selbst eine Befragung, trug Daten zusammen, druckte sie als Studie aus und übergab sie dem Senat: »Das Leben mit Sozialleistungen«. Das wird im Sachbericht der Entscheidung beschrieben; in der mündlichen Verhandlung ließ sich nachfragen. Das Gericht wusste nun besser Bescheid.

Hinzu kommt auch hier die Vielfalt der Perspektiven, die Unterschiede auf der Richterbank. »Wir wissen, dass die heute hier zu verhandelnde Thematik für viele Menschen in schwierigen Lebenslagen sehr wichtig ist«, sagte der Vorsitzende des Ersten Senats Stephan Harbarth vor der mündlichen Verhandlung am 15. Januar 2019 und betonte sogleich, worüber nicht verhandelt werde. Aber wir waren zunächst nicht einig. Mir half es zwar, was ich aus der Rechtsforschung und Geschlechterforschung wusste, über Daten, über Armut und Prekarisierung; die Richterin Gabriele Britz hatte zu Daten der Ungleichheit geforscht; andere hatten andere Vorkenntnisse, die wir brauchten. Das wurde eingebracht, abgeglichen, diskutiert. Da musste ich auch eingestehen, etwas verkannt zu haben; das fällt nicht leicht, aber das Verfassungsgericht lebt auch davon. Anstrengend war es, allein die Leseberatung im September 2019 war auf drei Tage angesetzt. Und irgendwann gab es Konsens.

Der Gesetzgeber muss »realitätsgerecht« sein, wie das Gericht oft formuliert, die Existenz muss er tatsächlich sichern. Wenn er also Sanktionen will, muss er zumindest begründen können, was funktioniert. Die damalige Mehrheit im Parlament hatte jedoch für bestimmte Fälle nur pauschal vorgegeben, 30, 60 oder auch 100 % der Leistungen zu streichen; es fehlten Daten. In der mündlichen Verhandlung berichteten die Jobcenter noch dazu, dass Sanktionen eher problematisch seien; ein hoher Beamter erläuterte im Sitzungssaal, wie wenig es nutzt, Menschen alles wegzunehmen, und wie viel wichtiger es ist, den Kontakt nicht zu verlieren. Mich erstaunte die Offenheit, aber ich habe nicht nur da erlebt, dass Menschen das Grundgesetz sehr ernst nehmen. Damit ließen sich die Annahmen des Gesetzgebers nicht halten: Das Gesetz war verfassungswidrig. Auch hier taten die Richterinnen und Richter nicht so, als wüssten wir es besser. Aber der Gesetzgeber muss sich auf Fakten stützen, wenn er Menschen viel zumuten will. Also sind harte Sanktionen nur zu rechtfertigen, wenn genug Wissen sie trägt.

Das Medienecho kam am nächsten Tag. In der *Frankfurter Rundschau* berichtete Ursula Knapp sachlich genau, nun sei »Schluss mit drastischen Strafen«, denn weil »auf das Existenzminimum zugegriffen werde, sei der Spielraum des Gesetzgebers eng. Jede Kürzung müsse verhältnismäßig sein.« Der Leitartikel von Stephan Hebel ergänzte, es sei »der schönste, im Wortsinne ›würdigste‹ Satz des Grundgesetzes: Die Würde des Menschen ist unantastbar«. Aber wieder einmal habe »es des höchsten deutschen Gerichts bedurft, um die ›staatliche Gewalt‹ an diese Verpflichtung zu erinnern«. So viel Zuspruch ist selten, auch das hat mich gefreut.

Kontrolldichte: Von Geld, Gericht, Gewaltenteilung

Das Bundesverfassungsgericht muss immer juristisch überzeugend und möglichst klug entscheiden, aber wenn es um Geld geht, ist das besonders deutlich. Gerade da muss die »Kontrolldichte« stimmen, das Gericht also nicht zu viel und nicht zu wenig prüfen und manchmal die Gelbe, aber nur selten die Rote Karte ziehen. *Iudex non calculat* heißt ein altes Sprichwort: Der Richter rechnet nicht, und tatsächlich tun das die meisten Richterinnen und Richter nicht gern. Wie aber kann das Verfassungsgericht dann entscheiden, ob Sozialleistungen hoch genug oder zu niedrig sind? Soziale Anspruchsrechte gibt es im Grundgesetz nicht – woher kommen dann die Maßstäbe?

Auch hier gilt Gewaltenteilung. Gerade über den Haushalt entscheiden Parlament und Regierung. Aber das ist Ihr Geld, das Geld der Bürgerinnen und Bürger, und es wird zwischen Ihnen verteilt, der Staat also auch hier an das Grundgesetz gebunden, nicht grenzenlos frei. Deshalb gehört es zur Aufgabe eines Verfassungsgerichts, auch das Sozialrecht zu überprüfen, wenn danach zulässig gefragt wird, oder das Steuerrecht. Aber es setzt keine Leistungshöhe und auch keine Steuer fest. Als ich 2018 darauf angesprochen wurde, der Erste Senat habe »die Grundsteuer erhöht«, stimmte das also nicht, denn das entscheidet die Politik. Nur hatte das Verfassungsgericht die Grundsteuer im April für verfassungswidrig erklärt. Sie war jahrzehntelang nicht geändert und damit völlig unrealistisch geworden. Trotzdem wurde alles geprüft, sogar mündlich verhandelt, mit dreizehn Verbänden im Saal. Der »Karlsruher Reparaturbetrieb«, so schrieb das *Handelsblatt,* musste aufräumen, was politisch liegen geblieben war. Das hatte ein einzelner Bürger angestoßen, laut *Focus* der »Steuerrebell Lehmann«, denn er klagte nicht nur gegen seinen Steuerbescheid, sondern erhob auch Verfassungsbeschwerde, zum Bürgergericht. Es wurde ein großes Verfahren und aus ihm »der Mann, der die Grundsteuer kippte«.

Genauso ist es im Streit um Sozialleistungen. Das Verfassungsgericht berechnet nicht, wie hoch sie sein müssen. Es prüft, ob sie »evident« zu niedrig sind – und das kommt selten vor, war so aber bei den Asylbewerberleistungen 2012: Sie waren von Anfang an extra niedrig und nicht einmal der Inflation angepasst. Sonst wird seit der Entscheidung zu Hartz IV geprüft, ob Leistungen »hinreichend tragfähig begründbar« sind. Auch das war 2010 ein Machtwort, doch nicht das letzte Wort zum Thema, aber 2014 runzelte der Senat nur die verfassungsgerichtliche Stirn: In der Pressemitteilung vom 9. September zu 1 BvL 10/12 heißt es, die Leistungen seien »derzeit noch« verfassungsgemäß, das Gericht forderte Nachbesserungen und sah die Sozialgerichte vor Ort im Härtefall gefragt.

So läuft es auch bei der Chancengleichheit, und auch da gibt es mehrere berühmte Entscheidungen. Es begann 1972 mit dem Numerus-clausus-Urteil über den Zugang zum Medizinstudium. Das klingt vielleicht, als gehe es nur wenige etwas an und nicht unbedingt sozial Schwache, aber der Senat formulierte Maßstäbe, die weiter reichen und länger tragen: Es gebe zwar im engeren Sinn keine sozialen Rechte, und das Gericht verteile keine Leistungen, also auch keine Studienplätze, doch die Gleichheit in Artikel 3 und die Berufsfreiheit in Artikel 12 Grundgesetz müssten zusammen gesehen werden. Das war wieder einmal »systematische Auslegung«. Es bedeutet, dass der Staat auch in der Ausbildung für Fairness sorgen muss. Zwanzig Jahre später stand das nochmals auf der Tagesordnung, in den Akten 1 BvL 3 und 4/14, denn wieder wehrten sich junge Menschen dagegen, nicht Medizin studieren zu dürfen: »Das Wie-werde-ich-Arzt-Spiel« sei noch nicht vorbei, titelte später der *Focus*. Vor der Verkündung am 19. Dezember 2017 erklärte Vizepräsident Ferdinand Kirchhof, hier würden »Berufschancen eröffnet und beschnitten«, die »Lebensplanung vom Staat erheblich mitgestaltet«, da sei »gleichheitsgerechte Teilhabe« gefragt. Das Urteil buchstabierte also Chancengleichheit aus.

Gleichheit oder: Vom Umgang mit Vorurteilen

Die Gleichheit ist ein klassisches Grund- und Menschenrecht; sie ist auch im Grundgesetz zentral geschützt und sogar mehrfach: als allgemeine Gleichheit vor dem Gesetz im ersten Absatz von Artikel 3 und als Gleichberechtigung im Geschlechterverhältnis und als vielfaches Diskriminierungsverbot in den weiteren Absätzen, als Gleichheit von Müttern und von Kindern in Artikel 6, beim Zugang zum öffentlichen Dienst in Artikel 33 und bei Wahlen in Artikel 38. Da geht es nicht um Angleichung, nicht um »Gleichmacherei«, sondern es geht darum, ohne Nachteile unterschiedlich sein zu dürfen. Schon die Entscheidung der Verfassungseltern, das so oft zu verankern, zeigt, wie wichtig das für die Demokratie ist. Außerdem zeigt es, dass gleiche Rechte nicht vom Himmel fallen; auch sie mussten und müssen immer wieder erkämpft oder vor unabhängigen Gerichten durchgesetzt werden und sind weiter kontrovers.

Tatsächlich rufen vor dem Bundesverfassungsgericht viele nach mehr Gleichheit, aber Diskriminierung, also die ungleiche Behandlung von Menschen, die den einen Vor- und den anderen Nachteile bringt, kommt eher selten vor Gericht. Wenn da entschieden wird, bewegt das nur die Gesellschaft sehr: Darf ein Fleischer die Tiere nach religiösen Regeln schlachten, müssen die Nachbarn den Ruf des Muezzins oder das Glockengeläut hinnehmen, und müssen Kinder in Bayern »unter dem Kreuz« lernen, auch wenn sie nicht gläubig sind? Auch während meiner Amtszeit musste das Bundesverfassungsgericht da rote Linien ziehen – zur Gleichberechtigung von Frauen und »sexueller Minderheiten«, im »Kopftuchstreit« und beim Karfreitag, gegen Rassismus und zum Schutz von Behinderten und chronisch Kranken, eine dramatische Frage in der Coronapandemie. Wie geht da Konsens?

Die Gleichheitskontroverse beschäftigte das Gericht von Anfang an; es musste immer wieder für Gleichberechtigung sorgen. Das ist nicht erstaunlich, weil die Idee hinter solchen Gerichten ja gerade ist, auch die zu schützen, die nicht unbedingt in der Mehrheit sind und politisch entscheiden. Aber kontrovers ist es auch deshalb immer wieder und manche Themen auch besonders heikel, denn sie wirken »privat«.

Zuerst war es die »Frauenfrage«: In den 1950er Jahren beseitigte das Bundesverfassungsgericht die damals noch gesetzlich im Bürgerlichen Gesetzbuch, dem BGB, verankerte »Vorherrschaft des Mannes« in der Ehe, in der Familie und darüber hinaus. Dann kam die Frage nach gleichen Rechten von »sexuellen Minderheiten«. Das Gericht musste die Benachteiligung von Homosexuellen beenden, die es selbst 1957 noch mit gefestigt hatte. Damals hatte es den berühmt-berüchtigten § 175 StGB für verfassungsgemäß erklärt, der homosexuelle Handlungen zwischen Männern unter Strafe stellte. Das Urteil klingt heute skandalös; die Rechtsprechung hat sich fundamental geändert. Das Gericht entschied außerdem mehrfach, dass Transsexuelle das Recht haben, so leben zu können, wie es ihrer Identität entspricht. Schließlich war 2017 die Beschwerde von Intersexuellen erfolgreich, also von Menschen, die von Geburt an nicht in die Schublade »m« oder »w« passen, schon medizinisch nicht. Jedes Mal wehren sich hier Menschen dagegen, ausgegrenzt zu werden, und jedes Mal musste ein Senat oder eine Kammer zusammenkommen, um auch hier Urteile gegen Vorurteile, Wissen gegen Unwissen, konkret hier Fairness gegen Benachteiligung zu setzen. Wie kann das funktionieren?

Ein merkwürdiges Schattendasein

Der Konsens dürfte eigentlich nicht besonders schwerfallen, weil das Recht auf Gleichheit ein Klassiker ist. Es findet sich nicht nur im Grundgesetz, sondern in allen modernen Verfassungen, steht als Menschenrecht in der Europäischen Menschenrechtskonvention und den Pakten der Vereinten Nationen und hat in der EU-Grundrechtecharta ein ganzes Kapitel.

Sie kennen vielleicht den Ruf nach *Liberté, Égalité, Fraternité* aus der Französischen Revolution mit der Gleichheit in der Mitte. Quer durch die Geschichte zeigt sich aber, dass das meist nicht für alle galt: Die *Fraternité* meinte wirklich nur Brüder. Die revolutionäre Schriftstellerin Olympe de Gouges ergänzte das um die »Erklärung der Rechte als Frau und als Bürgerin«, wurde dafür aber von einem Tribunal zum Tode verurteilt und per Guillotine 1793 in Paris geköpft. Auch sonst waren oft nur weiße Männer oder nur Vermögende, nur Staatsbürger oder nur Menschen eines Glaubens oder einer Herkunft als »Gleiche« gedacht und alle anderen noch nicht einmal »mitgemeint«. Genauso wird heute ein »Wir« in populistischen Politiken gegen »die anderen« gesetzt, die weniger Rechte haben sollen. Das ist mit dem Grundgesetz nicht vereinbar; wer dieser Ideologie folgt, gefährdet die Demokratie. Die Gleichheit steht dem entgegen; in aufgeklärten Gesellschaften gehört sie als inklusives Versprechen für alle dazu.

Recht auf dem Papier muss also auch hier Recht im Leben werden. Bestenfalls ist es vor einem unabhängigen Gericht durchsetzbar; da wird die Idee eines Verfassungsgerichts besonders klar. Trotzdem führte das Recht auf Gleichheit dort erst einmal »ein merkwürdiges Schattendasein«, so der Richter Helmut Simon 1983; noch heute wird es in manchen Vorlesungen über Grundrechte nicht oder nur kurz unterrichtet. Was für ein Irrtum! Im liberalen Verfassungsstaat ist die gleiche Freiheit garantiert, gehört die Gleichheit also dazu. Da hat der Kalte Krieg der Systemkonkurrenz zwischen westlichem Kapitalismus und östlichem Kommunismus lange den Blick getrübt. Auch heute wenden sich manche »Neoliberale« gegen Gleichheit durch Recht, gegen Vielfalt als »Diversität« und setzen sogar Regeln zum Schutz vor Benachteiligung außer Kraft, wie in den USA. Da ist es gut, wenn ein Gericht unabhängig von politischen Stimmungen entscheidet.

Tatsächlich wenden sich allerdings Menschen, die Gleichheit besonders nötig haben, weil sie benachteiligt sind, eher selten an Gerichte. Auch im Bundesverfassungsgericht habe ich in zwölf Jahren Amtszeit nur wenige Verfahren zur Gleichberechtigung von Frauen oder wegen der sexuellen Orientierung gesehen, kaum eine Akte, in der Rassismus steckte, und kein einziges Verfahren zum Schutz vor Antisemitismus. Gleichheitsrechte brauchen also Aufmerksamkeit. Ich habe öfter gehört, sie seien besonders kompliziert – und das nie verstanden. Manche Richterinnen und Richter fassen sie mit eher spitzen Fingern an, wie die soziale Gerechtigkeit; vielleicht fürchten sie Gleichmacherei, die nicht gemeint ist, oder zu viel Umverteilung, die jedoch, philosophisch betrachtet, die Anerkennung als Gleiche ergänzt.

In den Entscheidungen des Bundesverfassungsgerichts gelang es dennoch, nach und nach genauer zu fassen, was Gleichheit bedeutet. So wurde aus der »neuen« eine »neueste Formel«, nach der geprüft wird, ob eine Ungleichbehandlung oder gar Diskriminierung gegen das Grundgesetz verstößt. Wo früher nur verglichen wurde, wird heute nachgefragt, was genau geschieht, wer worunter leidet und ob das ausnahmsweise zu rechtfertigen ist. Je mehr es dem ähnelt, wogegen sich das Grundgesetz schon immer stellt, also die Benachteiligung wegen des Geschlechts, der Herkunft, des Glaubens und so fort, desto eher geht das nicht. Damit spielt die Gleichheit keine Sonderrolle, sondern wird wie die Freiheit behandelt: Beide können nur beschränkt werden, wenn das verhältnismäßig ist.

Grundlegend gleich

Für den Rechtsstaat ist die Gleichheit ohnehin grundlegend. Gesetze müssen als allgemeine Regeln für alle gleichermaßen gelten, es darf also keine Willkür herrschen. Das meint der erste Absatz von Artikel 3, der schlicht lautet:

> Alle Menschen sind vor dem Gesetz gleich.

Darauf berufen sich viele Menschen in ganz unterschiedlichen Fällen. Oft geht es eben um Steuern, wo sich nicht etwa wirtschaftlich Schwächere, sondern Menschen und Unternehmen mit viel Geld zu Unrecht ungleich belastet fühlen. Ich fand das nicht immer aufregend, aber es ist für viele wichtig. Hier zeigt sich außerdem, dass im Verfassungsgericht nicht nur juristisch korrekt, sondern auch klug entschieden werden muss. So war es im Streit um Zinsen auf zu spät gezahlte Steuern. Der Staat machte es ziemlich teuer, die Fristen zu versäumen, und der Senat entschied, das sei verfassungswidrig. Die Grundlage war das wie immer sehr genaue, über 400 Seiten lange Votum zur Akte 1 BvR 2237/14 aus dem Dezernat von Yvonne Ott, aber so genau die Prüfung ausfällt, so klar ist auch, dass die Politik da Spielraum braucht. Es fühlte sich im August 2021 nicht so an, als hätten wir ein »Armutszeugnis« für die damalige Regierung ausgestellt, wie das *Handelsblatt* befand, und sahen auch keine »irren Zinsen der Finanzämter« wie die *FAZ*. Sondern der Senat hatte das wie immer nüchtern betrachtet und in der Sache einen Konsens gefunden, der hoffentlich überzeugte.

Nach allgemeiner Gleichheit wird auch sonst verlangt; meist als Teil des Problems. So verletzt das Rauchverbot in Gaststätten für die einen ihr »Recht auf Genuss«, für andere ihre Freiheit in Beruf und Eigentum, für wieder andere die Gesundheit, aber die Gleichheit kam im Fall 1 BvL 21/11 dazu, weil für Kneipen anderes galt als für Restaurants. Das votierte das Dezernat von Reinhard Gaier; es wurde im Senat im Konsens entschieden. Genauso war es beim Streit um die Rückzahlung von Ausbildungsdarlehen: Das berührt die Berufschancen; es kann aber auch unfair ungleich sein. Der damalige Vizepräsident Ferdinand Kirchhof erstattete also Bericht zu 1 BvR 2035/07, es wurde kontrovers beraten, aber dann war auch da ein Konsens erreicht. Er fiel eher leicht, wo auf dem Spiel stand, ob sich alle Rechtsschutz leisten können, denn dafür gibt es in Deutschland staatliche Hilfe für Beratung und Prozesskosten, wenn die Sache nicht von vornherein aussichtslos ist. Wenn Gerichte da zu streng sind, greift das Bundesverfassungsgericht ein. Es sind kleine Fälle für die Kammer, aber sie fühlten sich wichtig an.

Minderheiten?

Die vielen Fälle zeigen schon, dass sich auf Gleichheit viele berufen. Es stimmt also nicht, wenn es heißt, es ginge zu oft um die »anderen«. Ich wurde dennoch manchmal gefragt, ob das Bundesverfassungsgericht »nur Minderheiten« schütze und diese zu sehr; manche versuchen so auch, das Gericht zu denunzieren, als ginge es nicht um das Grundgesetz. Im Gespräch zeigte sich dann oft, dass da auch die Unterstellung mitschwang, die ich schon vor meiner Wahl erlebt hatte, also ob ich als lesbische Frau da irgendwie einseitig handele. Das ist für mich besonders ärgerlich, weil mein Engagement gegen Diskriminierung und für Gleichheit genau darauf zielt, nicht auf so wenig reduziert zu werden. Aber es ist besser, darüber zu sprechen, als es für sich zu behalten; so lässt es sich aufklären.

Es fallen ja mehrere Dinge auf. Die anderen Ungleichheiten, die Menschen prägen, sind oft kein Thema, also das Alter, die soziale Lage und die Herkunft und auch das (männliche) Geschlecht. Wer zum Mainstream gehört und »normal« wirkt, hat aber auch eigene Erfahrungen und Perspektiven, und auch da ist es sinnvoll, miteinander zu sprechen. Vor allem aber fragt sich, wen das Bundesverfassungsgericht schützt, wen also das Grundgesetz mit den Grundrechten gegen die Mehrheit versorgt.

Die Idee ist klar: Verfassungsgerichte sind als Schutz vor der Mehrheit gedacht und dafür gemacht. Die »Staatsgerichtshöfe« wurden erfunden, um zu sichern, dass politische Prozesse nach den Regeln ablaufen; das macht im Bundesverfassungsgericht meist der Zweite Senat und sorgt dafür, dass die Demokratie insofern eine solche ist. Dann wurden Verfassungsgerichte und Menschenrechtsgerichte installiert, um auch Sie, um alle Bürgerinnen und Bürger davor zu schützen, von der Mehrheit übergangen zu werden; die Gerichte schützen also immer Minderheiten gegen Mehrheiten, um für Gerechtigkeit zu sorgen. Keine Ausgrenzung, keine Bürgerinnen und Bürger zweiter Klasse – das ist das »Nie wieder« und heute weltweit der Kern einer gehaltvollen Demokratie. Die gewählte Mehrheit hat das Sagen, aber der »Konstitutionalismus« setzt ihrer Macht Grenzen: Nach der Verfassung, nach dem Grundgesetz sollen alle gleichermaßen frei sein.

»Minderheiten« also – woran auch immer Sie jetzt denken: Das sind im Sinne des Grundgesetzes auch Sie, das können alle sein. Als Gruppen werden in Deutschland nur die Dänen in Schleswig-Holstein und die Sorben in Brandenburg geschützt. Ansonsten geht es im Grundgesetz um jeden und jede Einzelne als Mensch, in Würde und gleichermaßen frei – das sagen Artikel 1, 2 und 3. Weitere »Gruppen« passen zur deutschen Verfassung schon nicht, weil die Ideologie der möglichst »reinen« Kollektive im Nationalsozialismus so menschenverachtend war. Auch »Minderheit« passt eigentlich nicht, weil beispielsweise Frauen 53 % der Bevölkerung ausmachen und nicht zufällig seit 1994, auch mit den Erfahrungen der Frauen in der DDR, ausdrücklich das Ziel tatsächlicher Gleichstellung von »Frauen und Männern« in Artikel 3 Absatz 2 verankert ist. Bei meinem Abschied aus dem Gericht 2023 habe ich es so formuliert: »Die Minderheit des Grundgesetzes ist das Individuum.« Grundrechte sind für alle da. Deshalb kann sich »jedermann«, so heißt es nur sprachlich einseitig in Artikel 94, an das Verfassungsgericht wenden.

Der Witz ist natürlich, dass nicht alle immer auf die Gleichheit angewiesen sind. Es ist von vornherein ein Recht für diejenigen, die politisch nicht das Sagen haben, eben weil sie benachteiligt werden, diskriminiert, also »ungleich behandelt«. Ein Verfassungsgericht muss das prüfen und der Mehrheit erklären, wie im bayerischen Fall 1 BvL 14/07: Wer Eltern fördern will, kann das gern tun, aber es gibt keine Eltern zweiter Klasse. Genauso war es beim Bundeserziehungsgeld: Ausländische Staatsangehörige, die sich rechtmäßig in Deutschland aufhalten, haben politisch keine Stimme, aber dürfen nicht einfach ausgeschlossen werden, so die Entscheidung zur Akte 1 BvL 2/10 u. a. Weil das so kontrovers ist, musste es der Zweite Senat im Juni 2022 nochmals klären: Wer sich legal in Deutschland aufhält, kann, so entschied er zur Akte 2 BvL 9/14, nicht einfach vom Kindergeld ausgenommen werden, denn, so sagte es die *Badische Zeitung*, »Kindergeld muss für alle gelten«.

Die Gleichheit passt damit perfekt zu der Idee, die hinter Verfassungsgerichten steht: Als unabhängige Institutionen schützen sie die Rechte derer, die nicht an der Macht sind, aber nicht unter die Räder kommen dürfen. Die rechtsstaatliche Demokratie lebt eben nicht nur formal von Recht, sondern es geht hier um Gerechtigkeit, für alle.

Dieses große Versprechen steckt auch im Amtseid, den die Richterinnen und Richter im Schloss Bellevue vor dem Bundespräsidenten ablegen. Ich werde, so heißt es da,

> als gerechter Richter allezeit das Grundgesetz der Bundesrepublik Deutschland getreulich wahren und meine richterlichen Pflichten gegenüber jedermann gewissenhaft erfüllen.

Den Spickzettel habe ich noch; ich wollte keinen Versprecher riskieren. Und an die Demut erinnere ich mich, wie auch beim ersten Mal in Robe: *Du trägst jetzt viel Verantwortung, für alle.* Wenn es um die Gleichheit geht, ist das besonders spürbar.

Gleichberechtigung? Ja, Gleichberechtigung!

Die Geschichte der Gleichberechtigung verdeutlicht, wozu ein Verfassungsgericht gebraucht wird. Es ist die Geschichte der gleichen Rechte von Frauen, zur »Emanzipation«, also Befreiung, aus dem »Patriarchat« als der Familie, die vom Vater regiert wird, und der Gesellschaft, in der Männer den Ton angeben. Dagegen steht im Grundgesetz Artikel 3 Absatz 2. Oft wird vergessen, dass zuerst der unabhängige Demokratische Frauenbund in Artikel 7 der DDR-Verfassung die ausdrückliche Garantie der Gleichberechtigung von Frauen erkämpfte. Aber dort konnte das niemand einfordern, weil es keine unabhängige Justiz und erst recht kein Verfassungsgericht gab. Für die Gleichberechtigung im Grundgesetz stritten dann die vier »Mütter des Grundgesetzes«, vor allem Elisabeth Selbert, neben 61 Männern (die nur selten »Väter« genannt werden) im Parlamentarischen Rat. Sie hatten Erfolg, auch weil in Bonn damals Waschkörbe voller Postkarten eintrafen, mit denen sich sehr viele Menschen dafür einsetzten, dass das nun endlich ernst genommen wird. Seitdem sagt Artikel 3 in Absatz 2 so schlicht wie (finde ich zumindest) ergreifend:

> Männer und Frauen sind gleichberechtigt.

Nach der Wiedervereinigung, also über 40 Jahre später, wurde das auf Druck der nun gesamtdeutschen Frauenbewegung mit einem weiteren Satz verstärkt:

> Der Staat fördert die tatsächliche Durchsetzung der Gleichberechtigung von Frauen und Männern und wirkt auf die Beseitigung bestehender Nachteile hin.

Die Gleichberechtigung ist also ernst gemeint, und Frauenförderung ist erlaubt, weil sie tradierte »Nachteile beseitigt«. In den 1950er Jahren kämpfte dafür im Verfassungsgericht vor allem die Richterin Erna Scheffler als einzige Frau auf der Richterbank. Wie haben die sich wohl damals im Senat und in den Kammern geeinigt, wie ging da Konsens? Es herrschte »Chaos im Patriarchat«, erzählt der Journalist Thomas Darnstädt in seinem Buch »Verschlusssache Karlsruhe« von 2018; er hat die Akten 1 BvL 196/53 gelesen. Eine Frau Kühn wollte die Scheidung, doch benachteiligte sie eine Regelung, die das Frankfurter Oberlandesgericht daher für verfassungswidrig hielt; es legte sie in *Karlsruhe* zur Prüfung vor. Dort war die Richterin Scheffler zuständig; sie arbeitete schnell. Nach sechs Tagen wurde ein Beschlussentwurf in die Richterzimmer gerollt. Wir werden nie erfahren, wie die Beratungen verliefen, das verhindert das Beratungsgeheimnis. Aber Darnstädt fand in Notizen, was Scheffler gern gesagt hätte, nur die Kollegen nicht: Sie wollte argumentieren, dass zwar auch die Kirchen in Bezug auf die Sklaverei lange milde, aber nicht dagegen waren, man sie dann aber beenden musste, und so sei es auch beim Patriarchat. Das ging den anderen wohl zu weit. Wie heute gab es auch damals nicht nur einen, sondern viele Entwürfe mit Änderungsvorschlägen und, das fand Darnstädt, mit Randbemerkungen wie »widersinnig«. Es muss eine intensive Leseberatung gewesen sein. Am Ende sah der Beschluss wie immer anders aus als der Entwurf, aber Scheffler hatte die Mehrheit überzeugt: Die frauenfeindliche Regel war verfassungswidrig. Die konservative Regierung versuchte noch, das Gericht zu stoppen, aber vergeblich. Bei der Verkündung in einem allerdings fast leeren Saal hieß es, man wolle »die rechtsuchende Bevölkerung« nicht für unbestimmte Zeit auf eine Entscheidung warten lassen. Es heißt, Scheffler habe gelächelt. Das Gericht hatte ein Machtwort zur Gleichberechtigung gesprochen. Es spielte den Ball auch damals zurück ins Feld der Politik.

Nur war es mit der roten Linie nicht getan. Die konservative Mehrheit reagierte einfach nicht. Im Parlament kämpften Abgeordnete wie Elisabeth Schwarzhaupt aus der CDU, später die erste Ministerin in einer Bundesregierung, vergeblich für Reformen. Also war wieder das Verfassungsgericht gefragt, diesmal in den Verfahren 1 BvR 205/58 u. a. gegen das Recht des Ehemanns auf den tatsächlich sogenannten Stichentscheid: Er durfte in der Ehe sagen, wo es langgeht. Das war nicht nur in der Gesellschaft, sondern auch im Gericht kontrovers; sogar sonst Liberale verteidigten das Patriarchat, und das nicht nur nett im Ton. Dennoch gelang Konsens. Der Tenor lautete: Die Regelungen »sind nichtig«. Die Gründe diskutieren sachlich jedes Argument. Auch das war eine Entscheidung, die Geschichte schrieb.

Da hat sich viel getan. Vielleicht hatte ich mit der Besetzung Glück, aber in meiner Amtszeit musste ich nicht gegen offen patriarchale Vorstellungen kämpfen: Die natürliche Rolle der Frau an Heim und Herd, der Mann als Alleinernährer der Familie – das lässt sich ins Grundgesetz nicht hineinlesen. Nur was der zweite Satz genau bedeutet, war noch zu klären: »... wirkt auf die Beseitigung bestehender Nachteile hin.« Eine Akte kam dazu aber nicht. Die Frage nach Frauenfördermaßnahmen wie »der Quote« ist allerdings in Europa beantwortet worden. Sie ist in Ordnung, weil sie Gleichstellung verwirklicht, folgt also dem »Staatsziel« aus Artikel 3 Absatz 2 Satz 2 des Grundgesetzes. Nur müssen alle Belange beachtet werden. Es gibt einen »Gerechtigkeitsvorbehalt«, falls sonst ein Mann unzumutbar leidet; er wurde auch »Benda-Schwänzchen« genannt, weil es ein ehemaliger Verfassungsrichter, Ernst Benda, auf den Punkt brachte. Das ist also eigentlich geklärt.

Es kommen aber immer wieder neue Fragen. Anfang 2011 fand ich die Akte 1 BvR 1409/10 zu einem Streit im Arbeitsrecht. Eine Frau beschwerte sich, weil ihre Mutterschutzzeit nicht auf die Alterssicherung angerechnet wurde. Den Vorsitz der Kammer hatte Vizepräsident Ferdinand Kirchhof, der Dritte war Richter Wilhelm Schluckebier, beide auf Vorschlag der CDU am Gericht. Aber das gab auch hier nicht den Ausschlag. Was immer wir persönlich dachten, wie wir lebten, wofür wir eintraten: Das Verfahren brachte die Fakten auf den Tisch; die Maßstäbe ergaben sich aus dem Grundgesetz in der Auslegung durch die Senate; die Subsumtion musste überzeugen. Wir waren uns einig: So ging es nicht. Also heißt es im Beschluss:

> Soweit die Verfassungsbeschwerde zulässig ist, ist sie auch offensichtlich begründet. Die angegriffenen Urteile verletzen die Beschwerdeführerin in ihrem Grundrecht aus Art. 3 Abs. 3 Satz 1 GG.

Genauso war es beim Streit um den Versorgungsausgleich. Im Verfahren 1 BvL 5/18 ging es um die Frage, was vor allem die Frau bei einer Scheidung erhält. Am Ende stand, so die *FAZ* am 27. Mai 2020, »mehr Geld für geschiedene Frauen«. Das bekommt natürlich niemand vom Verfassungsgericht. Aber die Familiengerichte wussten nun, wo für sie die rote Linie verläuft.

Die Lohngleichheit ist noch ein Beispiel, eine Frage sozialer Gerechtigkeit und der Benachteiligung von Frauen. Auch dazu kommen selten Verfahren in *Karlsruhe* an, obwohl das Thema seit Langem kontrovers ist; auch hier muss ein Konsens gefunden werden, den alle unterschreiben. Meist passen die Arbeitsgerichte auf, aber das mussten wir im Verfahren 1 BvR 75/20 kontrollieren. In der Kammer sahen wir dann keinen Grund, uns einzumischen: Die Grundrechte wurden nicht »krass verkannt«, hieß es im Juli 2022. Aber für die Gründe haben wir um jedes Wort gerungen. Die Betroffene sollte nicht leer ausgehen, also war der Hinweis wichtig, dass die Beschwerdeführerin auch »einen Zahlungsanspruch geltend machen« könne, »der jedenfalls nicht von vornherein offensichtlich aussichtslos wäre«. Die *SZ* kommentierte: »Der Beschluss lässt aber alle Chancen offen«. Am Ende steht da zudem noch, dass auch zu fragen ist,

> inwieweit Art. 3 Abs. 2 und Abs. 3 Satz 1 GG, die einen wirksamen Schutz vor Benachteiligungen wegen des Geschlechts erforderlich machen, sich auch auf die Beweislast in Verfahren zur Lohngleichheit auswirken.

Da wird auf frühere Entscheidungen verwiesen. Politisch ist hier also noch zu tun. So wichtig mir das war und ist, der Konsens war entscheidend.

Gleichheit für alle

Es gibt nicht nur die eine Gleichheit; das zeigt der Blick ins Grundgesetz, und unser Leben ist von Ungleichheit durchzogen. Je nachdem, wie, wo und mit wem wir leben, wirkt sich das aus. Auch deshalb ist das Grundrecht auf Gleichheit, auf Gleichbehandlung und

Gleichberechtigung für alle da. Sexismus ist der Aspekt, auf den das Gleichstellungsgebot reagiert, aber das Grundgesetz sagt in Artikel 3 auch zu anderen Ungleichheiten Nein. Das ist das »Nie wieder« zur Entrechtung, Verfolgung und Ermordung im Nationalsozialismus; es ist auch ein Nein zur Willkür in der DDR; aktuell ist es die Sorge um die Teilhabe an der Demokratie. In einer Gesellschaft der gleichermaßen Freien ist jede Diskriminierung »wegen des Geschlechts, der Abstammung, Rasse, Sprache, Heimat und Herkunft, des Glaubens, der religiösen oder politischen Anschauungen« oder auch »wegen der Behinderung« inakzeptabel. Nach Artikel 3 Absatz 3 Satz 1 des Grundgesetzes darf

> niemand ... bevorzugt oder benachteiligt werden.

Es sind große Worte, weil die Welt oft anders ist, und wiederum spielen hier Vorurteile eine wichtige Rolle, gegen die ein Verfassungsgericht Urteile setzen muss.

Schon als Richterin wurden mir dazu Fragen gestellt, denn das treibt Menschen um. »Gendert« das Gericht? Da ist zunächst zurückzufragen, was das denn eigentlich bedeuten soll. Es ist kein Fachbegriff, sondern Slang; es wird oft aggressiv benutzt. So sollte es auch dazu dienen, mich im Amt anzugreifen. Aber »Gender« ist eigentlich ein Begriff aus der Wissenschaft, um Menschen nicht auf Biologie und Körper zu reduzieren, sondern besser zu verstehen, was vor allem Geschlecht in unserem Leben bedeutet. Wer »gendert«, wäre danach also auf dem richtigen, auch grundgesetzlichen Weg.

Gibt es im Grundgesetz nicht aber eine »natürliche Geschlechterordnung«? Auf so eine Vorstellung hat sich das Bundesverfassungsgericht früher gestützt, aber die Forschung in allen einschlägigen Fächern belegt, genauso wie das Verhalten der Menschen heute zeigt, dass es »normal« ist, ganz unterschiedlich zu sein. Daher hat das Verfassungsgericht in vielen Entscheidungen klargestellt, dass Rollenzwang nicht sein darf, eine zwingende »Ordnung« gibt es nicht. Das gilt auch für Beziehungen und für Familien: Rückwärts führt auch hier nicht in die Zukunft und sorgt vor allem nicht für gleiche Rechte, die das Grundgesetz verlangt. In meiner Zeit war dies im Bundesverfassungsgericht allen bewusst, ob konservativ oder progressiv, mehr oder weniger liberal, privat so oder so lebend; wir alle hatten das Grundgesetz auch im Kopf: Das hat mich beeindruckt. Es spricht alles dafür, das für jedwede Gleichheit auch so zu sehen.

Gerichte mit der Aufgabe, die Grundrechte zu schützen, stellen sich so gegen eine eigentlich ungleiche Normalität. So hat das Bundesverfassungsgericht mühsam geklärt, dass eine sexuelle Orientierung kein Grund ist, Menschen auszugrenzen. 1957 ging das in der Entscheidung zur Strafbarkeit männlicher Homosexualität erschreckend schief; darunter haben viele noch lange gelitten. Erst 2009, vor meiner Amtszeit, schuf der Erste Senat mit einem Beschluss zur Hinterbliebenenrente Klarheit. Im Fall 1 BvR 1164/07 entschied er, ein Witwer dürfe bei der Alterssicherung nicht deshalb leer ausgehen, weil der Verstorbene ein Mann war. Daran knüpfte das Gericht später im Steuerrecht an: Wer zusammen wirtschaftet, muss gleichbehandelt werden.

Genauso haben Transpersonen, die ihr Geburtsgeschlecht wechseln, vor dem Bundesverfassungsgericht Schritt für Schritt erkämpft, nicht diskriminiert zu werden; das wurde sogar weltweit bekannt. Transsexuelle gab es schon immer, aber ihre Geschichte ist weithin eine Geschichte des Versteckens und des Leidens, die Grund- und Menschenrechte also auch da ein »Nie wieder«. Das Bundesverfassungsgericht entschied so schon 1978, dass der Geschlechtswechsel zulässig ist, und etwas später zu den Altersgrenzen. Wie wurde das wohl beraten? 1996 klärte eine Kammer, die

Anrede müsse wie bei allen Menschen zutreffend gewählt werden. 2005 entschied wieder der Senat, der gewählte Vorname dürfe benutzt werden; den Stand der Forschung brachten mit der »Zustellung« auch hier »sachkundige Dritte« ein. Nicht einfach war sicher der Konsens darüber, dass eine Ehe nach der Transition, also dem Geschlechtswechsel, bestehen bleiben kann, weil, das erklärte der Senat 2011, niemand zu etwas gezwungen werden darf, was Persönlichkeitsrechte verletzt. Ich habe mich schon damals gefragt, wie klare Urteile gegen Vorurteile fallen. Sie sind wieder stärker geworden; das Verfassungsgericht hat weiter zu tun.

2017 war ich dabei, ahnte aber nichts von den späteren Schlagzeilen. So hieß es in der *Welt*, wir hätten »das dritte Geschlecht erfunden«. Nicht nur ich war erstaunt und auch beunruhigt: Ein Gericht darf nichts erfinden, es legt das Grundgesetz aus. Was sollte das also? Der Senat hatte zur Beschwerde 1 BvR 2019/16 intersexueller Menschen entschieden, die von Geburt an medizinisch-biologisch nicht männlich oder weiblich sind, dass sie vom Staat nicht falsch registriert werden dürfen. Schlimmstenfalls werden Kinder sogar »geschlechtsangleichend« operiert, manchmal ohne das Wissen der Eltern und mit schmerzlichen Folgen, statt später selbst entscheiden zu dürfen, was sie wollen; das wurde erst jetzt untersagt. Aber in der Akte steckte nur der Streit mit dem Standesamt um die Eintragung. Es war also ein einfacher Fall: Was sachlich falsch ist, da weder »Mann« noch »Frau«, darf amtlich nicht erzwungen werden. Die Pressemitteilung zum Beschluss vom 10. Oktober 2017 sagt denn auch wieder nüchtern:

> Personenstandsrecht muss weiteren positiven Geschlechtseintrag zulassen.

Mehr nicht. Aber auch nicht weniger. Der Senat hat intensiv beraten, das Votum hatte weit über 200 Seiten mit vielen Anhängen. Allein für die drei Leitsätze brauchten wir Stunden, sie wurden mehrfach geändert, denn das Gericht will da so klar wie möglich sein, aber auch so wenig wie nötig sagen. Der Ball ging erneut zurück ins Feld der Politik: Sie muss gestalten. Randnummer 65 stellt dazu klar: »So könnte der Gesetzgeber auf einen personenstandsrechtlichen Geschlechtseintrag generell verzichten.« Denn was bringt der in einer Zeit, in der Menschen über Fingerabdruck und Augenscan viel eindeutiger erkennbar sind? Was gewollt ist, bleibt aber der Politik überlassen; sie darf nur nicht sachlich falsch markieren. »Völlig normal«, befanden die *Bremer Nachrichten,* und »Mehr Respekt«, titelte der *Mannheimer Morgen,* selbst *Die Welt am Sonntag* bescheinigte eine »Anerkennung der biologischen Realität«. Noch klarer schrieb die *Hannoversche Allgemeine*: »Das Bundesverfassungsgericht hat im Fall der Intersexuellen nur das getan, was es immer tut.« Obwohl das Thema so umstritten ist, fiel die Entscheidung fast einstimmig, mit sieben zu eins Stimmen.

Das alles wurde, soweit ich weiß, nicht als Paukenschlag bezeichnet, aber ist für die Betroffenen wichtig und für ein Verfassungsgericht typisch. Da fanden Menschen Gehör, die von der Mehrheit der Gesellschaft weder verstanden noch akzeptiert wurden; da wurde Akte für Akte geklärt, dass sie dazugehören: Urteile gegen Vorurteile, immer wieder.

Barrierefrei?

Das Recht auf Gleichheit ernst zu nehmen, fordert. Ein Gericht braucht Mut, sich nicht nur wie sonst gegen den Gesetzgeber zu stellen, also gegen die Mehrheit im Parlament und ihre Regierung, sondern auch gegen weitverbreitete Unkenntnis und Vorbehalte. Besonders schwierig ist es, wenn der Staat überhaupt erst einmal zum Handeln gebracht werden muss. So geht es nicht nur, aber besonders offensichtlich behinderten Menschen: Die Welt ist weithin für die gemacht, die ganz »normal« laufen, hören, sprechen können; sie muss also verändert werden, wenn sie Behinderte nicht benachteiligen, also behindern soll.

Im Grundgesetz steht seit 1994 ausdrücklich, dass niemand wegen einer Behinderung benachteiligt werden darf; die »Bevorzugung« ist nicht verboten, denn sie stellt Barrierefreiheit her, sorgt also in einer Welt voller Hindernisse überhaupt erst für Gleichheit. Aber wie viel soll das Verfassungsgericht da tun, und wie einigt man sich bei dieser Kontroverse? Die Frage steckte 2021 in der Akte 1 BvR 1541/20. Auch da wandten sich Menschen, die mit Vorurteilen und Ausgrenzung konfrontiert sind, aber nie die politische Mehrheit sein werden, an das Gericht. Mich beeindruckten die Schicksale voller Barrieren, die immer wieder überwunden wurden, wie das der schwerbehinderten Richterin Nancy Poser; noch dazu ging es um eine Entscheidung über Leben und Tod, die Triage. Das ist das Verfahren, in dem schnell entschieden wird, wer medizinisch versorgt werden kann, wenn es nicht für alle reicht, ein Grenzfall also, auch ethisch. Was hat das Gericht dazu zu sagen?

Die Beschwerde war gut gemacht, der Anwalt und seine Kanzlei schon lange spezialisiert. Das Anschreiben an den Senat zu den Unterlagen im Juni 2021 begann mit dem Satz: »Es ist keine leichte Entscheidung; umso mehr freue ich mich auf die Beratung«, und dazu 267 Seiten Votum und die Anlagen, 28 Dokumente zum Verfahren selbst, Gesetzestexte, Berufsordnungen, Richt- und Leitlinien, über 100 Gerichtsentscheidungen, über 200 Quellen juristischer Literatur, an die 50 Presseartikel und Material aus Österreich, Kanada, Italien, Schweden und England, wie sonst auch das Ergebnis monatelanger Arbeit vor allem der Mitarbeitenden im Dezernat. Ich war erschöpft und wieder voller

Sorge, ob wirklich alles gesehen, verstanden und beachtet war und ob das alle überzeugen würde.

Die Frage lautete: Ist der Gesetzgeber verpflichtet, schwerstbehinderte und chronisch kranke Menschen in einer Notlage vor Nachteilen zu schützen? In der Coronapandemie wurden Beatmungsgeräte knapp; vor Ort müsste dann entschieden werden, wer versorgt wird und wer nicht. *Die ZEIT* sprach zu Recht von der »Tragik der Triage«; letztlich ging es um Leben und Tod. Die Verfassungsbeschwerde berichtete von großen Befürchtungen; mit der Zustellung holte sich der Senat wie immer die Fakten, hier aus der Wissenschaft und ärztlichen Praxis, von Behindertenverbänden, Sozialverbänden und den zuständigen Stellen im Staat. Wir konnten nicht mündlich verhandeln, denn die Infektionsgefahr war gerade für die hier Beteiligten zu groß, aber beraten wurde intensiv. Den Entwurf der Entscheidung verschickte ich im Oktober, dann kamen die Änderungen. Es entstand die konsolidierte Fassung, die wurde wieder beraten, jetzt noch intensiver, mit Satzzeichen, Verweisen, der Gliederung. Und endlich erreichten wir irgendwann Konsens: Ein Gesetz muss sein, um Menschen, das betonte der Senat, vor Benachteiligung »wirksam« zu schützen. Das Grundgesetz war wieder »im Lichte« der Menschenrechte zu verstehen, weil Deutschland die Behindertenrechtskonvention der Vereinten Nationen übernommen hat. Zugleich wird betont, dass die Arbeit im Krankenhaus nicht erschwert werden darf. Der Deutsche Bundestag hat später die Regeln in namentlicher Abstimmung geändert. Für die Vorgabe des Gerichts, einen »Rechtsrahmen für Triage« zu schaffen, kam ein Lob von der Präsidentin einer Ärztekammer, so berichtete die *Hannoversche Allgemeine* am 29. Dezember, aber die *FAZ* nannte es eine »irritierende Entscheidung«. Es gefällt nie allen. Aber es ist der Versuch, alle Seiten zu sehen, auch um Gleichheit zu sichern.

Wie immer war das nicht das einzige und sicher auch nicht das letzte Wort und auch nicht das einzige dramatische Verfahren. Es gab noch weitere Entscheidungen »an den Grenzen der Medizin«, so die *FAZ* 2021 zu einer Entscheidung über die »Zwangsbehandlung«. Im Verfahren 1 BvL 8/15 wollte eine krebskranke Frau nicht mehr behandelt werden, stand aber unter Betreuung, die das sinnvoll fand, und der Bundesgerichtshof fragte an, ob das gehe. Auch da haben alle eine Meinung, manche auch persönliche Erfahrungen. Im Januar 2016 wurde mitgeteilt, die Betroffene sei verstorben, aber es brauchte Maßstäbe für die Zukunft. Der Senat entschied, das müsse der Gesetzgeber besser regeln, die Behinderung und die medizinische Praxis berücksichtigen. Das Gericht hat wieder an Artikel 3 des Grundgesetzes erinnert. Alles andere muss politisch entschieden werden.

Gehört der Islam dazu?

Die Grundrechte sind also für alle da – darüber habe ich als Richterin auch nach Vorträgen mit vielen Menschen gesprochen. In Deutschland wird dann oft gefragt, ob »der Islam« dazugehöre: Dieser Satz des damaligen CDU-Innenministers Wolfgang Schäuble, den der Bundespräsident Christian Wulff 2010 aufgriff, war ein echter Aufreger. Nach dem Grundgesetz ist die Antwort auf die Frage allerdings ganz klar, weil die Religionsfreiheit nach Artikel 4 für jeden Glauben gleich gilt und das Benachteiligungsverbot aus Artikel 3 davor schützt, wegen des Glaubens diskriminiert zu werden. Politisch muss dann ausgehandelt werden, wie das gestaltet sein soll, und das Verfassungsgericht muss sicherstellen, dass das Grundgesetz beachtet wird. Auch dafür braucht es wieder Mut.

So fühlte es sich 2016 an. Der Erste Senat musste einen langjährigen Streit um das Partyverbot am Karfreitag entscheiden, ein hoher christlicher und sogenannter stiller Feiertag. Einer Gemeinschaft der Konfessionslosen, die für Aufklärung und weltlichen Humanismus eintritt, hatte die Stadt am Karfreitag verboten, in einem Theater einen »Heidenspaß statt Höllenqual – religionsfreie Zone München 2007« zu feiern, mit Eintritt und Alkohol. Das sei mit dem Feiertagsgesetz nicht vereinbar. Alle Klagen waren erfolglos, so kam es zur Verfassungsbeschwerde: Die Grundrechte seien verletzt; das Aktenzeichen war 1 BvR 458/10. Wie kommen da acht Menschen zum Konsens, die unterschiedlich gläubig sind, aus einer Kirche ausgetreten oder Atheist? Am 27. Oktober 2016 war der Beschluss gefasst: Ein Land darf auch an diesem Tag nicht alles verbieten. Die Pressemitteilung besagte, die »Befreiungsfestigkeit des besonderen Stilleschutzes am Karfreitag«, also das Verbot ohne Ausnahmen, »ist mit den Grundrechten unvereinbar«. Die »Heidenspaß-Party« war also zuzulassen, aber mit Ort und Lautstärke auf den Glauben Rücksicht zu nehmen. Das war ein Ausgleich durch Konsens, auch hier.

Noch kontroverser war der »Kopftuchstreit«. Im Gericht ist das eine Akte, aber im Leben ist das Kopftuch ein Stück Stoff mit Zündstoff, seit Jahren umstritten. Kontrovers ist nicht das Kopftuch der Großmutter, der Landarbeiterin oder der Küchenhilfe, und erst recht nicht das Bandana des jungen Mannes, sondern »der Islam«: der Streit spielt in Schule, Kindergarten und Gerichten, aber da wird die ganze Gesellschaft verhandelt. Auch hier hat das Verfassungsgericht die Aufgabe, ein Urteil gegen Vorurteile zu setzen, und muss dazu erst einmal Fakten klären. An der Kleidung hängt manchmal der Glaube; ein Kopftuch ist kein Schleier und keine Verhüllung, es kann ganz unterschiedlich aussehen; wenn junge Muslima studieren, dann oft, um Lehrerin zu werden. Zudem prüft das Bundesverfassungsgericht auch hier nicht nur ein Recht, sondern muss möglichst alle Belange beachten; es geht also nicht nur um die Religion, sondern auch um Herkunft und Migration, um die Berufstätigkeit und um Gleichberechtigung. Schließlich bewegt das weltweit; der Europäische Gerichtshof für Menschenrechte musste da auch schon entscheiden. Es ist also wieder eine Menge gefragt.

Auch zu dieser Kontroverse gibt es nicht nur ein »letztes Wort«, sondern das Kopftuch hat das Bundesverfassungsgericht mehrfach beschäftigt, die Verfahren waren streitig und führten nie zu vollem Konsens. Der Zweite Senat machte 2003 den Anfang, als er verlangte, dass zumindest gesetzlich geregelt werden muss, ob und wann einer Lehrerin verboten werden kann, ihr islamisches Kopftuch im Unterricht zu tragen; drei Richter verfassten ein Sondervotum als abweichende Meinung. Dann machten die Bundesländer Gesetze, und »das Kopftuch« kam wieder zum Bundesverfassungsgericht, jetzt in den Ersten Senat als Akte 1 BvR 471/10 u. a., ein Streit aus Nordrhein-Westfalen, wo eine Lehrerin ihr Kopftuch im Unterricht ablegen sollte.

Hier stellte sich zuerst die Frage, wer das entscheiden darf – die Unbefangenheit trägt das Vertrauen ins Gericht. Der damalige Vorsitzende Ferdinand Kirchhof hatte aber als Professor und häufiger Berater der Politik ganz wesentlich an dem Gesetz mitgearbeitet; er musste draußen bleiben. Das fiel menschlich schwer, aber rechtlich muss schon der Verdacht ausgeräumt werden. Für die Hauptsache wurde dann, so will es das Gesetz, eine Richterin aus dem anderen Senat zugelost, in diesem Fall Monika Hermanns. Ihr Name stand auf dem kleinen Zettel, der unter den aufmerksam gespannten Blicken aller aus einem selbst gebastelten Topf gezogen wird. Auch so kann Gerechtigkeit aussehen.

Dann war wieder Dienstag, Beratung. Es ging um viel; es war sehr kontrovers, aber die Mehrheit fand einen Konsens. Die Pressemitteilung vom 13. März 2015 sagt nur:

> Ein pauschales Kopftuchverbot für Lehrkräfte an öffentlichen Schulen ist mit der Verfassung nicht vereinbar.

Das ist eine klare Ansage, die in den Gründen wie immer ausführlich erläutert wird: Ein pauschales Verbot religiöser Kleidung verletzt die Religionsfreiheit; sie darf nicht nur auf einen Glauben zielen; es verletzt die Gleichberechtigung, da es nur Frauen trifft. Wenn es extreme Konflikte gibt, muss „zumutbar" reagiert werden, für alle und damit auch für die Lehrerin. Am Ende schrieben zwei eine abweichende Meinung. Danach lag ein Sonderpressespiegel im Büro mit 74 Seiten. »Klare Kante«, aber auch »der Schulfrieden in Gefahr« *(FAZ)*; »konsequent« *(Mannheimer Morgen)*, aber »schwierig umzusetzen« *(Neue Osnabrücker Zeitung)*. Die Richter seien »auf Tuchfühlung« gewesen (die *SZ* druckte dazu ein Foto mit einem Kopftuch und den roten Baretts); sie hätten ein »Signal für Integration« gesetzt *(Südwestpresse)*, aber es gebe »Unmut in der CDU« *(Stuttgarter Zeitung)*. Die damalige CSU-Abgeordnete Gerda Hasselfeldt bemerkte schärfer, »Karlsruhe ist nicht der bessere Gesetzgeber« (*ZEIT online,* 20.4.2015), aber tatsächlich sortierte der Senat auch hier nur, was Bund und Länder dürfen, und spielte den Ball zurück ins Feld der Politik. Wie immer. So war es auch beim Kopftuch, nur der Konflikt nicht gelöst.

Deshalb mussten auch hier die Kammern nachlegen: Im Oktober 2016 klärte das Gericht im Verfahren 1 BvR 354/11, dass die Maßstäbe des Senats auch für Erzieherinnen in Kitas gelten. Desgleichen erklärte eine Kammer 2023, das Bundesarbeitsgericht habe nichts »verkannt«, als es entschied, auch das Land Berlin dürfe das Kopftuch nicht pauschal verbieten. Auch das war nur eine Akte,

1 BvR 1661/21, aber erneut die Botschaft, dass Gleichheit wirklich alle meint und ernst zu nehmen ist. Als ich viel später im Bürgeramt eines Berliner Bezirks bei einer jungen Frau mit Kopftuch meinen Ausweis beantragte, habe ich mich daran erinnert.

Gleichheit also für alle, aber noch nicht überall. Das Kopftuch landete wieder beim Zweiten Senat, das Aktenzeichen war 2 BvR 1333/17. Eine Referendarin aus Hessen beschwerte sich, weil ihr verboten wurde, in ihrer Ausbildung als Richterin oder Staatsanwältin mit Kopftuch aufzutreten. Das greife in ihre Freiheit ein und belaste nur Frauen. Die Mehrheit im Zweiten Senat befand jedoch, es sei zu rechtfertigen, oder wie das *FAZ* dann schrieb: »Robe sticht Kopftuch«. Der *Mannheimer Morgen* sah darin ein »seltsames Urteil«. In der Entscheidung steht vor allem, dass so ein Verbot nicht zwingend ist. Ein Landesgesetzgeber darf das, es war »aus verfassungsrechtlicher Sicht zu respektieren«, betont Randnummer 102. Die Bundesländer können aber auch anders entscheiden.

Einfacher werden diese Kontroversen nicht. Nach der Entscheidung gegen das pauschale Kopftuchverbot 2015 wurden Richterinnen und Richter bedroht, mit Schreiben im privaten Briefkasten der Familie und im Netz. Im Gericht gingen Briefe ein, die manchmal nur kritisch, manchmal aber auch beleidigend waren. Das ist kein gutes Gefühl. Die Aufgabe bleibt, sich auch davon nicht einschüchtern zu lassen.

Besonders heikel?

Das Verfassungsgericht hat mit der Gleichheit viel zu tun, und manches müsste leicht zu klären sein: Unsachlich geht nicht, Ausgrenzung ist nicht in Ordnung, Vorurteile gehören nicht in Gesetze. Aber gerade diese Kontroversen sind doch besonders heikel. Verstehen Sie mich nicht falsch: Die kritische Begleitung des Bundesverfassungsgerichts ist wichtig. Nur wird beim Thema Gleichheit und Gleichberechtigung häufig überzogen.

So hieß es eben nach der Entscheidung zum Personenregister nicht etwa, die Bürokratie sei nun sachlich korrekt, sondern das Gericht »erfinde« ein »drittes Geschlecht«. »Aus zwei mach drei« ist zwar eine schöne Überschrift, aber »die Verfassungsrichter« haben, anders als die *Die Welt* 2017 schrieb, nicht entschieden, »dass es mehr geben muss als Mann und Frau«. Auch die Bemerkung des Politikers Volker Kauder, dass Urteile zur Gleichstellung homosexueller Paare »eine deutliche Tendenz haben« (*Die Welt,* 5.3.2018), hat mich beunruhigt, denn was soll »Tendenz« suggerieren? Die Gleichheit ist Aufgabe des Bundesverfassungsgerichts. Gemeint ist wohl eine ideologische Ausrichtung, die nicht sein darf. Genau dem stehen aber die gemischte Besetzung und das aufwendige Verfahren entgegen. Auch die Bezeichnung einer Entscheidung als »revolutionärer Akt« wendet sich gegen die Institution: Das Bundesverfassungsgericht ersetze »mit seiner Gleichmach-Rechtsprechung eine gesellschaftliche Debatte«, schrieb der Journalist Reinhard Müller in der *FAZ* im Juni 2013; ein Staatsrechtler wandte sich gegen den »Gleichheitsfuror«. Das ist jedoch nicht die Haltung, mit der in *Karlsruhe* gearbeitet wird oder werden darf.

Wird da bewusst übersehen, dass der Konsens auch im Verfassungsgericht nicht vom Himmel fällt? Einseitig geht es jedenfalls nicht zu. Der Zweite Senat entschied 2013 im Verfahren 2 BvR 909/06 u. a. über das Ehegattensplitting, den Steuervorteil für verheiratete Paare, die sehr ungleich verdienen. Die Mehrheit erklärte, dass Steuervorteile nicht von Heterosexualität abhängig sein dürfen, und es gab eine abweichende Meinung, von Richter Herbert Landau und Richterin Sibylle Kessal-Wulff. Die Pressemitteilung kam am 6. Juni; es gab Reaktionen »zwischen Jubel und deutlicher Kritik« *(Stuttgarter Zeitung)*, aber die Gesellschaft war schon »spürbar entspannt« *(Südwestpresse)* und »im 21. Jahrhundert angekommen, ohne Nachhilfe aus Karlsruhe« (Swantje Friedrich, *Weser-Kurier*). Auch das ist doch gut so.

Es kann natürlich sein, dass die Argumente des Bundesverfassungsgerichts nicht überzeugen; auch hier ist *nobody perfect*. Nur ist bei der Gleichheit gewissermaßen eingebaut, dass sie der Mehrheit nicht gefällt; immerhin setzt sich dann »die Minderheit« durch. Im Grundgesetz ist das aber das Individuum: Da sind alle geschützt. Sind Entscheidungen dann besonders heikel, weil andere doch nicht so akzeptiert sind, also Muslime doch irgendwie »stören«, weil sie so »anders« sind, oder Schwerbehinderte, weil man nicht weiß, wie man mit »denen« umgehen soll? Das Bundesverfassungsgericht setzt Sachlichkeit und das Grundgesetz dagegen. Da muss das Gericht »aktiv« sein, denn »passiv« würde Menschen rechtlos lassen; wer es dann als »aktivistisch« oder gar »im Furor« bezeichnet, verkennt das.

Es ist auch ganz sicher so, dass sich niemand freut, gebremst zu werden, mit einem »verfassungswidrig, also nichtig« oder »mit dem Grundgesetz unvereinbar«. Aber gerade bei der Gleichheit scheint das zu schmerzen, weil mehr Gleichheit auch weniger Privilegien bedeutet. Hier ist Toleranz gefordert und Anerkennung und eventuell auch Umverteilung. So leuchtet heute hoffentlich ein, dass eine Ehefrau ihren Mann nicht um Erlaubnis fragen muss, wenn sie nicht nur unbezahlt Hausarbeit verrichten, sondern bezahlt arbeiten will, aber 1959 fanden es die meisten Parlamentarier und Mitglieder der Regierung (es waren tatsächlich fast nur Männer) überhaupt nicht witzig, als das Bundesverfassungsgericht so entschied; jetzt konnte auch die Gattin auf diese Idee kommen. Als das Verfassungsgericht 2009 erklärte, der schwule Witwer, der seinen Partner jahrelang gepflegt hatte, habe Anspruch auf die gleiche Versorgung wie heterosexuelle Eheleute, sollte das eigentlich auf Zustimmung stoßen, denn da sorgen Menschen füreinander, aber es wurde politisch noch länger über die Gleichstellung von homo- und heterosexuellen Paaren gestritten. Im Netz geht es oft auch noch heftiger zu.

Der Journalist Wolfgang Janisch hielt damals in der *SZ* dagegen: Ein »Meilenstein« sei es gegen die »Vorurteile«, die »auch Gesetze geprägt« haben. Was muss dann geschehen? Im *Spiegel* wurde berichtet, es gebe keinen »Kursschwenk: die Union will keine Homo-Ehe«, vor allem die CSU »bremst« *(SZ)*, sei »gegen Gleichstellung« *(Die Welt)* für, nach Alexander Dobrindt damals, »eine schrille Minderheit« *(Südwestpresse)*. Ich fand das nicht lustig. Hier geht es nicht um Geschmack, sondern um Grundrechte. Ist diese Minderheit nicht schützenswert? So werden Menschen ausgegrenzt. Im Verfassungsgericht wird anders diskutiert. Auch wenn da etwas aufregt; es zählt die Arbeit am Konsens.

Ohnehin wird da oft fälschlich suggeriert, das Bundesverfassungsgericht sei irgendwie einseitig. Dann wird wohl übersehen, dass im Zweiten Senat der Eilantrag 2 BvQ 29/17 der Bundestagsfraktion Bündnis 90/Die Grünen gescheitert ist, den Bundestag zu verpflichten, über die Eheschließung für gleichgeschlechtliche Paare schneller zu beschließen. »Das Bundesverfassungsgericht überlässt den Streit um die Ehe für alle dem Parlament«, konstatierte das *Neue Deutschland*; dort wurde namentlich abgestimmt, die Ehe zu öffnen. Das gefiel auch wieder nicht allen: »Die Verfassung wird verbogen«, kommentierte Reinhard Müller in der *FAZ*. Es gab dann Berichte, Bayern wolle »den Gang nach Karlsruhe« antreten, wozu ein Kardinal riet, und die AfD wolle klagen, doch war das letztlich »heiße Luft«, so die *FAZ* 2018. Am Tag, als die Jahresfrist für eine solche Beschwerde ablief, war ich trotzdem erleichtert. Der demokratische Verfassungsstaat hatte auch so funktioniert.

Bei der Gleichheit wird manchmal wohl schärfer reagiert, weil es um ganz persönliche Fragen geht, nicht zuletzt um Sexualität. Macht es das »schrill«? Das Bundesverfassungsgericht musste schon 1977 entscheiden, dass es zur Schulpflicht gehört, am Sexualkundeunterricht teilzunehmen, auch wenn das den Eltern nicht gefällt, und immer wieder wird darüber gestritten. Wie hat sich der Senat wohl damals darüber unterhalten? Der Leitsatz klingt im besten Sinne aufgeklärt:

> Die Sexualerziehung in der Schule muß für die verschiedenen Wertvorstellungen auf diesem Gebiet offen sein und allgemein Rücksicht nehmen auf das natürliche Erziehungsrecht der Eltern und auf deren religiöse oder weltanschauliche Überzeugungen, soweit diese für das Gebiet der Sexualität von Bedeutung sind. Die Schule muß insbesondere jeden Versuch einer Indoktrinierung der Jugendlichen unterlassen.

Alle Seiten wurden gesehen, es wurde »abgewogen« und »Rechte in Ausgleich gebracht«. Auch hier gilt natürlich: Das ist nicht unbedingt perfekt. Das Gericht ist keine Maschine; wie entschieden wird, hängt auch an den Menschen, die da tätig sind. Aber es gibt das Verfahren, in dem alles diskutiert wird, möglichst sachlich, mit dem Grundgesetz in der Hand. Dann werfen Hetero-, Homo-, Trans- und Intersexualität je eigene Fragen auf, wird Gleichberechtigung im Detail untersucht und das Persönlichkeitsrecht geschützt, wie bei der »dritten Option«, oder das Kindeswohl im Mittelpunkt gesehen, wie bei der Adoption auch durch schwule oder lesbische Eltern. Irgendwie steht dann zwar auch auf dem Spiel, was viele persönlich nehmen, oft das Intime, manchmal auch die Sexualität, und das eigene Leben scheint mit gefragt zu sein. Aber das Gericht ist doch ein Ort der Fakten, der verschiedenen Perspektiven und der Diskussion auf Augenhöhe zwecks Konsens und damit nicht der schlechteste, um das zu klären. Die Vorurteile, gegen die hier Urteile gesetzt werden müssen – über »die«

Frauen und über Homosexuelle und alle »anderen«, also auch mir gegenüber und meinerseits –, sind zwar tief verwurzelt, aber sie können besprochen und im besten Sinne des Wortes verhandelt werden. »Ressentiments müssen chancenlos bleiben, wenn Karlsruhe entscheidet«, so Christian Geyer 2017 in der *FAZ*, bestenfalls. Oder mit den Worten des damaligen Justizministers Heiko Maas: »Das Grundgesetz ist groß genug für alle« *(Die Welt)*.

Nicht »befangen« – aber angefeindet

Ich bin vor meiner Wahl und auch danach ab und an darauf angesprochen worden, wie es ist, als Richter*in*, also als Frau, über »Frauenfragen« und als lesbische Frau über die Gleichstellung homosexueller Paare zu entscheiden. Beim Vorgespräch mit der Fraktion im Bundestag brachte ich mein Erstaunen zum Ausdruck, denn das Bundesverfassungsgericht entscheidet oft über heterosexuelle Ehen, aber die heterosexuellen Kolleginnen und Kollegen werden das nie gefragt. Ich habe auch nicht erlebt, dass Männer persönlich angegangen werden, wenn sie über Elternrechte entscheiden oder die Lohngleichheit, obwohl sie traditionell weniger Elternverantwortung übernehmen und relativ höhere Löhne erhalten. Dagegen wurde mir unterstellt, ich verfolge eine Agenda, eben als »Vertreterin der Gender-Theorie« mit einem aktivistischen Netzwerk; mit ihren Anfragen im Deutschen Bundestag bringt die AfD das in Drucksachen, hier BTDrs 19/18259 vom 30. März 2020 zur »Genderpolitik« in Deutschland. Was soll diese »Agenda« sein? Die Gleichheit steht im Grundgesetz.

Dabei wäre es nicht ehrlich, so zu tun, als ginge eine Richterin oder einen Richter nicht manches auch persönlich an. Natürlich waren auch mir Entscheidungen wichtig, die mein Leben betrafen; so geht es allen anderen auch. Das ist so nicht nur bei der

Gleichheit, sondern oft, weil im Leben viel mehr eine Rolle spielt, bei einer Professorin also auch die Wissenschaftsfreiheit, bei jeder mündigen Bürgerin die Meinungsfreiheit und so weiter. All das macht niemanden »befangen«, denn das ist kein – gesetzlich definierter – Ausschlussgrund. Vielmehr ist die Vielfalt der Erfahrungen viel wert. Ich war zur Richterin ja auch gewählt worden, weil ich mich wie andere engagiert hatte, in meinem Fall als feministische Professorin für, natürlich, Jura, aber auch für Gender Studies und in der Frauenbewegung gegen häusliche Gewalt, Pornografie und sexuelle Belästigung am Arbeitsplatz; nur sehen das wohl nicht alle als Ehrenamt für eine gute Sache. Aber befangen war ich damit nicht.

Als der Erste Senat des Bundesverfassungsgerichts mit Urteil vom 19. Februar 2013 entschied, dass Eltern, die sich um Kinder kümmern, diese auch dann adoptieren können müssen, wenn es zwei Väter oder zwei Mütter sind, war das für mich nicht irgendein Fall. Wie immer waren es Akten, hier zu 1 BvL 1/11 und 3247/09, ein Votum mit fast 200 Seiten, 90 Seiten Anhang mit den Vorschriften, der Entwicklung des Adoptionsrechts, den Fachdiskussionen zum Kindeswohl, Regelungen in anderen Ländern und Rechtsprechung zum Thema, denn die Berichterstatterin Gabriele Britz hatte umfassend informiert. Wir haben auch mündlich verhandelt, und sie erzählte 2018 dem *forum familienrecht*, das sei »denkwürdig« gewesen. Der Senat hatte wie meist nicht nur die Beteiligten und die Bundesregierung geladen, sondern mehrere Verbände mit unterschiedlichen Positionen, um zu zeigen, dass wir wirklich alle Meinungen hören. Nur gab es »zu diesem damals noch extrem umstrittenen Thema ein ungewöhnlich einheitliches Meinungsbild der Expertinnen und Experten«, so Britz, deshalb war es so denkwürdig. Als das klar wurde, lehnte ich mich erleichtert zurück. »Der Senat hat das am Ende am Maßstab der Grundrechte der Betroffenen einstimmig ebenso beurteilt«, erklärte die Richterin. Das Urteil wurde am 19. Februar 2013 verkündet, um 10 Uhr im »temporären Amtssitz« Waldstadt. Am gleichen Tag urteilte der Menschenrechtsgerichtshof in Straßburg genauso, dort war es das Verfahren 19010/07, und schon 2019 hatte der Senat zu 1 BvR 673/17 entschieden, dass die Stiefkindadoption in nicht ehelichen Familien nicht verboten werden darf. Es war also noch ein Schritt für die Gleichheit. Aber ich war auch persönlich erleichtert.

Das war nicht immer so; auch das wäre nicht die ganze Wahrheit. In meiner Zeit als Richterin des Bundesverfassungsgerichts gab es ein paar sehr unangenehme Momente. So nahm ich in Berlin an einem Staatsempfang teil, vertrat dort das Gericht, begrüßte höflich andere Gäste, aber ein Politiker zog seine Hand zurück, als ich ihm »meine Frau« vorstellte. Wie konnte das sein? Ich war im Gericht und auch in der Stadt entschieden freundlich aufgenommen worden. Aber so sehen es nicht alle, leider. So zwang auch ein sich selbst so bezeichnender Gegner der Geschlechterforschung meinen einstigen Arbeitgeber monatelang zu überdetaillierten Auskünften und schickte Fragen ans Gericht. Er streute so Zweifel an allem, was »die eigentlich so macht«. Das war vor allem für jene lästig, die das bearbeiten mussten.

2019 wurde es jedoch schlimmer. Es hatte sich wieder jemand auf mich fixiert. Das muss zwar nicht überraschen, denn das erleben viele Frauen, wenn sie sich engagieren, und viele Homosexuelle sind noch immer nicht grundlos vorsichtig und verstecken Teile ihres Lebens. Bei mir kam beides zusammen; so wird man zur Zielscheibe. An einem Montag deuteten Studierende nach der Vorlesung, die ich noch einmal jährlich in Berlin hielt, morgens um acht, vorsichtig an, da gebe es einen Besucher, der sie beunruhige. Ich dachte mir nichts. Er stieg mit in den Bus, den ich zum Bahnhof nahm. Ich rannte über die Straße – vielleicht bildete ich mit das ja nur ein. Als ich mich aber auf der Rolltreppe umdrehte, stand er direkt hinter mir. Das war mir nicht geheuer, ich eilte auf den Bahnsteig, in den Zug. Und dachte: vorbei.

Einige Wochen später rief eine Bekannte an: Es gebe etwas über mich im Internet. Da war wieder der Bahnhof, ein Foto von mir, dazu meine privaten Wohnadressen in Karlsruhe und Berlin und viel zu meiner Familie. Ich sei für mein Amt nicht qualifiziert, Teil einer »Gender-Verschwörung« und mehr. Aus der AfD wurde das weiterverbreitet; es bleibt im Netz. So beschmutzt man eine Biografie und nicht nur meine. Der Mann hatte die Witwe meines Vaters besucht, in ihrem kleinen Ort im Vorgarten, und meine hochaltrige Tante angerufen, beide belogen und ausgehorcht; er nannte auch Geschwister und eine Schwägerin. Das machte mich wütend, und es kam mir zu nah.

Noch näher kam es ein paar Wochen später. Der Mann stellte ein Foto online: mein geändertes Klingelschild. Er war also dort gewesen. Kurz darauf lief er mit einem Bild von mir auf einem großen Plakat durch die Karlsruher Innenstadt, gerahmt wie das Lagertor von Auschwitz. Ein Freund erklärte mir: *Der stellt dich ins Schaufenster, damit andere etwas unternehmen.* Damals häuften sich bereits Angriffe auf Politikerinnen und Politiker und es kursierten rechtsradikale »Feindeslisten«. Die Bundespolizei weigerte sich allerdings, mir zu verraten, ob ich da genannt werde; das fand ich skandalös. Im Oktober 2015 kam der Brief eines Unbekannten: Ich sei auf einer »Prangerliste« verzeichnet.

Die nächsten Monate waren voller Unsicherheit. Eigentlich war wenig passiert, verglichen mit Menschen in der Lokalpolitik, deren Autos angezündet, Häuser beschmiert und Familien bedroht werden und die ermordet wurden wie Walter Lübcke oder die Opfer des NSU. Im Vergleich dazu wollte und will ich mich nicht wichtigmachen. Aber jede Bedrohung wirkt sich aus: Ich vermied nun den Gang vom Gericht spätabends nach Hause, ich mied die eigene Wohnung. Eine Nacht verbrachte ich auf der Couch einer Kollegin und fühlte mich dort das erste Mal wieder entspannt. Zu Hause irritierte mich jedes Geräusch, schreckte mich auf. Das verschwindet lange nicht.

Es traf mich ja auch nicht zufällig, aber es belastete mich zusätzlich, das erklären zu müssen. Liegt es nicht auf der Hand? Eine lesbische Feministin als Richterin ist für extrem konservativ-autoritär denkende Menschen doch offensichtlich problematisch. Rund um »Gender« ist außerdem eine Kampfzone entstanden, die Gleichheitskontroversen so scharf macht, auch wenn viele nicht wissen, was »Gender« bedeutet als Fachbegriff. Wer da »alles« immer »übertrieben« findet, »falsch«, bedient Vorurteile, die eben auch bedrohlich werden können.

Für mich gab es keinen Personenschutz, sondern ein Gespräch mit freundlichen Beamten, ein kleines Faltblatt mit Alltagstipps und eine Telefonnummer für den Notfall. Ich musste erklären, wie gefährdet heute Institutionen sind, die unabhängig entscheiden, und wie aggressiv heute Frauenfeindlichkeit und Homophobie wieder werden. Die Behörden hatten es nicht auf dem Schirm. Ich beauftragte dann eine Kanzlei, mit einer privaten Klage zu erreichen, dass die Person ihr Tun unterlässt, und im Alltag achteten die Fahrer des Verfassungsgerichts darauf, dass ich mich auf dem Weg von und zur Arbeit sicher fühlte. Irgendwann ließ die Unruhe auch nach, und es geschah nichts mehr. Nur ganz verschwindet das nicht.

Mich hat das natürlich beunruhigt, aber auch meine Familie belastet. Am schlimmsten war es, den Kindern zu erklären, warum sie nun besonders vorsichtig sein müssen. Aber es sollte auch Sie beunruhigen, wenn Richterinnen oder Richter denunziert, verfolgt oder bedroht werden. Das geschieht nicht nur in anderen Ländern, und auch mit dem Gerede von der »Gender-Verschwörung« wird suggeriert, das Gericht handle nicht juristisch, sondern ideologisch. Dagegen stehen zwar Idee, Aufbau, Zusammensetzung und Arbeitsweise gerade des Bundesverfassungsgerichts. Aber die Anwürfe beginnen da, wo die meisten dumpfen Vorbehalte sitzen. Wenn sie verfangen, zahlen alle einen Preis. Das hat auch die Kampagne gegen Frauke Brosius-Gersdorf gezeigt, deren Wahl zur Verfassungsrichterin im Juli 2025 trotz der gefallenen Entscheidung im Richterwahlausschuss kurzfristig abgesagt wurde; sie zog dann selbst zurück. Wem an der Demokratie liegt, muss deutlich besser mit ihr umgehen.

Bei der Sprache fängt es an

Gleichheit ist also eine heikle Kontroverse, die nicht nur Minderheiten betrifft, sondern alle etwas angeht. Wie wir als Gesellschaft damit umgehen, zeigt sich auch in der Sprache. Sie ist für das Verfassungsgericht wichtig, denn Recht besteht nur aus Worten, ist nur Text, und gerichtliche Entscheidungen leben davon, dass ihre Worte überzeugen. Damit ist eigentlich alles gesagt: Die Worte müssen die Welt – den Fall, die Kontroverse – zutreffend beschreiben; die Worte müssen nachvollziehbar begründen, was die Verfassung dazu sagt. Auch hier ist Sprache aber auch eine Herausforderung.

Wenn ein Entscheidungsentwurf in die Leseberatung kommt, mit allen Änderungsvorschlägen, wird er Wort für Wort besprochen – da war die Sprache immer streitig. Sie soll und muss vor allem im Tenor präzise sein, denn die Aussagen des Verfassungsgerichts sind juristisch für alle verbindlich. Aber auch die Gründe müssen klar ausfallen, denn vor allem die Maßstäbe sollen lange halten. Was in »C. I.« stand, wurde deshalb oft lange besprochen. Manche Richter waren nach einer Weile bekannt dafür, auf bestimmte grammatische Konstruktionen zu achten, andere auf Satzzeichen, ein Richter wollte jedes »also« streichen. Mir war besonders wichtig, für möglichst viele Menschen verständlich zu formulieren. Die ehemalige Präsidentin des Gerichts Jutta Limbach reagierte so auch einmal auf Kritik am Gericht: Man müsse sich bemühen, erkennbarer, also »luzider zu schreiben, um eine Entscheidung und deren Gründe in der Öffentlichkeit verständlich zu machen« (*Der Spiegel* 35/1995). Nur was bedeutet das genau?

Sprache ändert sich dauernd; das wird meist geräuschlos anerkannt, aber nicht immer, und sogar dann muss *Karlsruhe* manchmal entscheiden. So stieß die große Rechtschreibreform von 1998, über die eine Kommission zehn Jahre lang beraten hatte, auf viel Kritik, und einige versuchten, sie vor dem Verfassungsgericht zu »kippen«. Das Verfahren nahm also seinen Gang: Eingang der Sache, Anlegen der Akte 1 BvR 1640/97, die Prüfung, das Votum, die mehrfache Beratung. Im Juli 1998 entschied der Erste Senat:

> Der Staat ist von Verfassungs wegen nicht gehindert, Regelungen über die richtige Schreibung der deutschen Sprache für den Unterricht in den Schulen zu treffen. Das Grundgesetz enthält auch kein generelles Verbot gestaltender Eingriffe in die Schreibung.

Das war keine abstrakte Diskussion; es ging auch nicht nur um die Schule. Hier waren die Grundrechte von Eltern und Kindern zu beachten und möglichst überzeugend zu begründen, was eine Mehrheit wie gestalten darf. Die Entscheidung erklärt also, wie die deutsche Sprache überhaupt verwaltet wird, schildert die politische Debatte und berichtet, wer hier welche Auffassung vertritt und welche Sorgen vor allem die Eltern mit ihren schulpflichtigen Kindern haben, und begründet schließlich, warum ihre Rechte nicht verletzt sind. Am Ende stand: Die Sprache darf geregelt werden, wenn auch in Maßen.

Dagegen war 2020 die Beschwerde einer Frau, die in Formularen der Sparkasse nicht als Mann erscheinen wollte, unzulässig. Sie hatte vor Zivilgerichten erfolglos geklagt, erfüllte aber nun nicht die im Prozessrecht festgelegten Voraussetzungen, damit das Verfassungsgericht in der Sache entscheiden darf:

> Die Verfassungsbeschwerde wird nicht zur Entscheidung angenommen.

Ich habe dazu natürlich eine Meinung, aber das spielte keine Rolle, denn ich war ohnehin nicht in der Kammer, konnte also nicht mitreden; die Zuständigkeit ist vorab geregelt. Aber vor allem liegt hier wieder der Unterschied zwischen Politik oder Ihnen und dem Gericht: Es darf nur etwas sagen, wenn es zulässig gefragt wird, mischt sich also nur ausnahmsweise ein.

Das Bundesverfassungsgericht muss allerdings auch für sich selbst entscheiden, wie es spricht: Da haben alle mitzureden. Wenn Entscheidungen also klar und präzise sein sollen, bedeutet das doch ganz offensichtlich auch geschlechtergerecht. Leider wird darüber oft eher polemisch als informiert gesprochen; auch hier ist Gleichheit heikel. Aber da Recht nur aus Text besteht, ein Gericht also nur die Sprache hat, um zu überzeugen, aber für alle das Grundgesetz auslegt, muss es sich dazu verhalten. So gab es auch verfassungsrechtlich lange wörtlich nur Männer: »Beschwerdeführer«, »Richter«, »Kläger«, »Anwälte«, »den Grundrechtsberechtigten« sogar in Verfahren, in denen Frauen auftraten. Das hat schon Erna Scheffler, die erste Richterin des Bundesverfassungsgerichts, gestört: Sie änderte in jedem Formular die vorgedruckte Bezeichnung »Richter« in »Richter-in«, berichtet Darnstädt in »Verschlusssache Karlsruhe«. Galt sie auch deshalb bei den Kollegen als die Person mit »stählerner Härte«, was doch kein Kompliment ist?

Ehemalige Richterinnen haben mir erzählt, sie hätten diesen Kampf schnell aufgegeben: Es sei zu mühsam, sich dauernd unbeliebt zu machen. Für mich blieb es zwölf Jahre lang Thema. Dem Senat versprach ich bei meinem Amtsantritt 2011, es bleibe »minimalinvasiv«, aber ich habe oft sehr viele Vorschläge gemacht, wie besser, eben geschlechtergerecht formuliert werden könnte – ohne Sternchen oder Unterstrich, aber passend zur Welt. Das fanden nicht alle gut; mir wäre auch lieber gewesen, wenn sich darum alle gleichermaßen bemüht hätten.

Auch ein Verfassungsgericht braucht offensichtlich seine Zeit. Gerade Juristen (oder sind das jetzt auch Juristinnen?) identifizieren sich stark mit der Fähigkeit, mit Sprache umzugehen. Sie sind in der Ausbildung aber auf Abstraktion trainiert und auf die durchweg männliche Form. Im Studium heißt es, »A klagt gegen B, weil C …, und der Kläger verlangt …«. Konkret, »luzide« und genau zu werden – das ist ein Lernprozess, der den Abschied von Gewohnheiten fordert. Ich habe also im Gericht auch genervt. Manches ließ ich stehen, wie das »Recht auf den gesetzlichen Richter«, auch wenn es eigentlich das Recht auf die gesetzlich vorher bestimmten zuständigen Spruchkörper ist, oder den »Berufsträger«, auch wenn ich das Wort komisch finde. Aber sonst habe ich Vorschläge gemacht und meist kommentiert: »Der Text wird so nur besser lesbar.« Das zog nicht immer. Trotzdem wurden aus dem ewigen Beschwerdeführer »die Beschwerdeführenden«, so wie aus Studenten die Studierenden geworden sind. Bleiben Sie?

Heute sind nicht alle Entscheidungen sprachlich gerechter, aber ein paar. Sogar die Geschäftsordnung, die das Gericht selbst macht, ist seit 2014 weithin »gegendert«: Es gibt jetzt auch Richterinnen, nicht nur Richter. Das Verwaltungsplenum, in dem sich alle 16 darüberbeugten, erinnere ich nicht als nur nett, obwohl es Kompromisse gab, denn weiter steht da »der Präsident« und »Vizepräsident«, was nach § 68 neu gefasst werden soll, wenn eine Frau ins Amt kommt, wozu man bisher wohl nicht kam, trotz Vizepräsidentin Doris König. Ich musste auch dafür kämpfen, bei Übersetzungen ins Englische aus dem »er«, das auch »sie« meint, ein »they« zu machen, das ist linguistisch korrekt. Aber wir kamen zum Konsens, wieder typisch Verfassungsgericht.

Wer Gleichheit sprachlich ernst meint, hat auch noch mehr zu tun. Abwertende Begriffe gehen gar nicht, das würde den Versprechen des Grundgesetzes schon symbolisch nicht gerecht. Aus »Flüchtlingen« können also »Geflüchtete« werden, so wie »Prüflinge« eigentlich Menschen sind, die geprüft werden, und aus »dem Ausländer« auch »Menschen mit anderer Staatsangehörigkeit«. Das Bundesverfassungsgericht hat zudem wie viele Gerichte weltweit entschieden, dass Menschen mit dem Namen anzusprechen sind, den sie nach einem Geschlechtswechsel führen, auch in Entscheidungen. Je besser das Gericht insgesamt schreibt, desto mehr wird verstanden, desto eher ist auch Vertrauen begründet. Das Verfassungsgericht sollte also auch hier den Mut haben, den es sonst braucht. Es geht auch hier um Respekt voreinander und Toleranz, auch das zugunsten der Demokratie. Ganz einfach mit dem Grundgesetz: »Alle Menschen sind vor dem Gesetz gleich.«

Demokratie oder: Was hier wer zu sagen hat

Die wichtigste Kontroverse, mit der wir als Gesellschaft umgehen müssen, betrifft die Demokratie selbst. Alle Staatsgewalt soll »vom Volke« ausgehen, sagt Artikel 20 Grundgesetz, und die meisten Menschen in Deutschland wollen das so, das zeigen Studien genauso wie Gespräche: Die Demokratie ist als Staatsform akzeptiert. Nur was das konkret bedeutet, ist nicht so klar, und viele Menschen sind mit der Praxis unzufrieden. Sie haben wenig Vertrauen vor allem in die Regierung und das Parlament, oft ganz pauschal in »den Staat«, und bevorzugen Protest, die einen gegen Coronapolitik, die anderen für Klimaschutz. Politisch motivierte Gewalt nimmt erschreckend zu, im Netz mit Hass und Hetze und vor Ort mit Drohungen gegen Leute, die sich in der Gemeinde engagieren, mit Angriffen gegen Journalisten, mit gezielter Gewalt gegen »die anderen« auf einem Straßenfest für Toleranz, in einem Jugendklub oder auf einer Parade zur Feier von Gleichberechtigung für alle, die nicht immer schon als »normal« galten. Was tut da das Bundesverfassungsgericht?

Es gibt ein »Demokratiedefizit«, so nennt es die Wissenschaftlerin Pippa Norris: Das entsteht, wenn sich Menschen abgehängt fühlen, mit ihren Sorgen nicht gesehen. Dann heißt es oft ganz pauschal, dass »nichts mehr funktioniert«, die »Systemparteien« »abgehoben« seien und sogar den »Rechtsbruch« betrieben, der »wahre Wille des Volkes« nicht zähle. Teils ist das gefährlicher Nazijargon: So haben die Faschisten in der Weimarer Republik die erste deutsche Demokratie demontiert, sogar noch ohne Social Media. Teils ist es Populismus: Er teilt die ganze Welt in ein »Wir« hier und »die anderen« ein, die keinen Respekt mehr verdienen. Teils ist es aber auch Enttäuschung. All das betrifft die Demokratie nach dem Grundgesetz, also beschäftigt es auch das Verfassungsgericht. Konkret also: Es beschäftigt die Richterinnen und Richter, weil es in Form von Akten auf ihre Tische kommt, es beschäftigt die Mitarbeitenden, die das prüfen, es beschäftigt in den intensiven Beratungen zu den Entscheidungen, die auch in dieser Kontroverse die roten Linien klären müssen.

Auf gewisse Weise schützt das Gericht allerdings mit allem, was es tut, die Demokratie: Es klärt, was Grundrechte bedeuten, und setzt so vor allem der Staatsmacht Grenzen, damit die Menschen, damit also Sie möglichst gleichermaßen selbstbestimmt leben und sich auch dafür engagieren können, wie das Miteinander funktionieren soll. Das Verfassungsgericht überprüft, ob Gesetze so gemacht werden, wie es das Grundgesetz vorsieht, es kontrolliert, ob Wahlen ordnungsgemäß laufen, damit auch kleinere Parteien gleiche Chancen haben, es sorgt dafür, dass auch die normale Justiz die Grundrechte nicht »krass verkennt«, wenn sie über Meinungsfreiheit oder Demonstrationsrechte entscheidet. Da ist derzeit viel zu tun; es gibt hier viele Beispiele. Wieder hätten andere Richterinnen und Richter andere Fälle betont, vor allem aus dem Zweiten Senat, wo über »Wahlprüfungsbeschwerden«, »Organklagen« und »Normenkontrollanträge« von politischen Parteien, Fraktionen und Abgeordneten oder Landesregierungen zu entscheiden ist, also oft ganz direkt »die Politik« in *Karlsruhe* auftritt. Im Ersten Senat stehen andere Konflikte im Vordergrund: die Meinungsfreiheit, die Versammlungsfreiheit und die Vereine, die wie Parteien verboten werden können. All das ist für eine lebendige Demokratie fundamental; darum geht es deshalb hier.

Dringend zu klären

Was bedeutet Demokratie konkret, was kann sie, und was kann man nicht erwarten? Spätestens 1989, nach der friedlichen Revolution in der DDR und dem Fall der Mauer, mit endlich freien Wahlen und mehr als einer Partei, mit einer wirklich unabhängigen Justiz und nicht zuletzt auch der Verfassungsgerichtsbarkeit, dachten nicht nur in Deutschland viele: Die Demokratie hat gewonnen. So war es auch in Ungarn, Polen oder Tschechien und in vielen anderen Ländern. Aber das hat sich geändert. Der Demokratie geht es nicht gut, auch das weltweit.

Weniger als die Hälfte der Weltbevölkerung lebt in demokratischen Verhältnissen. Studien gehen davon aus, dass unter 10 % der Menschen in einer vollständigen Demokratie zu Hause sind, wie Norwegen, Neuseeland, der Schweiz und auch Deutschland. Dagegen leben etwa 40 % der Menschen in einer Diktatur, und dahin geht der Trend: Immer mehr Staaten verwandeln sich in »Autokratien«, in denen nicht mehr das Volk den Ton angibt, sondern einige wenige angeblich für das Volk sprechen, aber tatsächlich sich, die eigene Familie und die eigenen Freunde bereichern. Es ist eine Regierung der Mafia, und den Weg dahin zeigt das »autokratische Skript«, *the autocrat's playbook*, als Anleitung, wie alle aus dem Weg geräumt werden, die so eine Willkürherrschaft stören.

Das richtet sich direkt gegen das Grundgesetz. Es schützt in Artikel 5 die freie unabhängige Presse, die als »Lügenpresse« der »Systemmedien« denunziert wird, der öffentlich-rechtliche Rundfunk angegriffen wird und mit eigenen Medien in eigenen Filterblasen ungestört Meinung gemacht. Artikel 5 schützt im dritten Absatz auch die freie und kritische, nämlich nachfragende Wissenschaft, aber sie wird als »einseitig« denunziert und für »überflüssig« erklärt, von der Geschlechter- bis zur Klimaforschung, und es werden eigene »Experten« gefeiert, die wissenschaftlich gesehen keine sind. Nicht nur hier fällt auf, dass die Denunziation meist bei denen beginnt, gegen die viele Vorbehalte haben, aber da nicht endet. Nicht zuletzt wird die Justiz attackiert, die in der Verfassung mehrfach geschützt ist. Die Justizministerinnen und -minister aus Bund und Ländern erklärten dazu im Juni 2025, man sehe »mit großer Besorgnis die Zunahme an persönlichen Anfeindungen gegenüber Angehörigen der Justiz« und verurteile entschieden jegliche Angriffe auf die Unabhängigkeit. Diese sei »ein unverzichtbares Fundament unseres demokratischen Rechtsstaats«; wer sie angreife, greife »die Grundwerte unserer Verfassung an«. So ist es.

Die Versuche, den demokratischen Verfassungsstaat umzubauen und damit zu zerstören, sind gefährlich, auch weil sie nicht immer sofort auffallen. Etikettenschwindel ist weit verbreitet. In vielen Ländern werden weiter Wahlen durchgeführt, die aber nicht mehr frei und fair sind; man konkurriert nicht mehr um Ihre Stimmen, sondern »bekämpft Feinde«, und das rücksichtslos. Wo so Mehrheiten gewonnen wurden, wird gern die Verfassung »reformiert« oder einfach nicht mehr beachtet. Oft arbeiten zwar weiter Verfassungsgerichte, die der Regierung aber nicht mehr in den Arm fallen; die Justiz wird wie in Mexiko »endlich vom Volk direkt gewählt«, aber tatsächlich gekapert, also mit »eigenen Leuten« besetzt, die nicht mehr im Konsens juristisch, sondern gespalten ideologisch entscheiden. So verkleidet sich die Diktatur; eine autokratische Clique nutzt dann den Konstitutionalismus nur noch »dekorativ«. Und es werden mehr. Beispiele sind Russland, Venezuela, Argentinien und die Türkei unter Erdoğan, aber auch Ungarn unter Orbán, der so auch die zutiefst dem Recht verpflichtete EU bekämpft, und in den USA lässt sich beobachten, wie erschreckend schnell das geht, wie rücksichtslos.

Was schützt davor? Ein gutes Zeichen sind die vielen Menschen, die in Deutschland »für Demokratie« auf die Straße gehen. Auch die Diskussion ist wichtig, wann und wie sich eine Demokratie gegen ihre Feinde wehren kann und muss, also »wehrhaft« oder, so sagt es das Bundesverfassungsgericht, »streitbar« ist. Es zählt das demokratische Miteinander. Da hat das Bundesverfassungsgericht vor allem mit der Meinungsfreiheit und ihren Grenzen dauernd zu tun. *Darf man eigentlich noch sagen, was man denkt? Oder gibt es in Deutschland Zensur?* Dazu kommen viele Entscheidungen zur Versammlungsfreiheit und zu Vereinsverboten. Wie steht es schließlich um eine »Verfassungskultur«, die funktioniert?

Mehr als wählen gehen

Demokratie – das ist Ihr Recht zu wählen, frei, gleich, geheim. Sie entscheiden damit, wer Sie repräsentiert, wer also den Job für Sie macht, politische Verantwortung zu übernehmen, als Grundrecht in Artikel 38 Grundgesetz. Das ist ein junges »Nie wieder«, denn freie, gleiche, faire Wahlen gab es in der DDR nicht, und auch dagegen richtete sich die friedliche Revolution. Konkret bedeutet es, dass der Wahlkampf fair läuft, vor Wahllokalen niemand bedroht wird, alle Wahlberechtigten tatsächlich ihre Stimme abgeben können, richtig gezählt wird und dann die Regierung friedlich wechselt – alles nicht selbstverständlich; es funktioniert in anderen Ländern immer öfter nicht. In Deutschland setzt sich auch das Bundesverfassungsgericht dafür ein.

Das Wahlrecht ist sogar immer wieder kontrovers; auch hier genügt ein Machtwort aus *Karlsruhe* nicht. Wer lange hier lebt, aber keinen deutschen Pass hat, darf nicht wählen – und ist das gerecht, ist das demokratisch? Da Bundesverfassungsgericht hat dazu 1990 betont einstimmig entschieden, dass es mit dem Grundgesetz vereinbar ist. Wie wäre das heute zu beurteilen, wieder nach umfangreicher Prüfung, mit acht verschiedenen Perspektiven und dann im Konsens?

Bei Wahlen sollen allerdings möglichst viele mitreden dürfen. Deshalb entschied der Zweite Senat 2019 im Verfahren 2 BvC 62/14, dass Betreute und strafrechtlich Verurteilte, die in der Psychiatrie untergebracht sind, nicht einfach von Wahlen ausgeschlossen werden dürfen. Sie hatten nun, wie die *SZ* kommentierte, »eine Barriere weniger« zu überwinden. Für ein Verfassungsgericht ist das ein Klassiker: Es sorgt dafür, dass nicht übergangen wird, wer ohnehin kaum eine Stimme hat. Auch das schützt Demokratie.

Oft ist es allerdings technischer, kompliziert und politisch sehr umstritten. So musste der Zweite Senat im Dezember 2022 über die Wiederholung der Bundestagswahl in Berlin entscheiden, zum Aktenzeichen 2 BvR 2189/22. Der *Tagesspiegel* meinte: »Ein demokratischer Gau muss verhindert werden«; auch diese Entscheidung wurde intensiv vorbereitet, beraten und die Folgen diskutiert, die das haben kann. So ist es bei allen Entscheidungen zum Wahlrecht, mit denen das Bundesverfassungsgericht schon mehrfach Reformen »gekippt« hat. Da hatten sich die Parteien mühsam geeinigt, aber, so habe ich es oft gehört, *Karlsruhe gefällt das immer noch nicht?* Aus der Politik wird gerade hier nicht nur kritisch, sondern oft verärgert reagiert, ärgerlicher als sonst. Immerhin steuert das Wahlrecht, wer im Parlament bleibt oder gehen muss, also die Existenz der Abgeordneten selbst, die Chance, wiedergewählt zu werden, das eigene Interesse. Zwar ist es auch hier völlig richtig und wichtig zu fragen, ob juristisch zutreffend, auch klug und realistisch entschieden worden ist; das wird gehört. Aber es ist kein gutes Zeichen, wenn der Gesetzgeber ähnlich wie bei den Sicherheitsgesetzen immer wieder ausreizt, wie weit er gehen kann oder wie lange er mit einer Wahlrechtsreform wartet. Als Richterin, als Richter ist es nicht nur angenehmer, nicht mehrfach entscheiden zu müssen, sondern für die Demokratie auch besser, wenn ein Verfassungsgericht nicht immer wieder nachlegen muss.

Karlsruhe ist aber nicht nur da gefragt. Es muss auch die Bausteine demokratischer Politik klären. Dazu gehören zum Beispiel

Auskunftsrechte des Parlaments gegenüber der Regierung, denn, so 2017 die *taz*, »das Parlament muss Missstände aufdecken können«. Nach der Entscheidung zu 2 BvE 2/11, dass die Regierung antworten müsse, hieß es dann auch, das Gericht sorge für »mehr Licht« »wider das Herrschaftswissen«, im *Tagesspiegel*, und das sei ein »Sieg der Demokratie«, so die *BNN*. Der Zweite Senat hatte für die Regierung eine rote Linie im Gesetzgebungsverfahren gezogen. An dem Morgen habe ich mich gefreut, den Pressespiegel zu lesen, denn das war angekommen.

Zur Demokratie gehört aber noch viel mehr. Steuerrecht klingt zwar nicht sehr politisch, wird aber von den Gegnern der Demokratie so benutzt. Sie versuchen angeblich zwecks »Neutralität«, Engagierte zum Schweigen zu bringen. Da sind Gerichte gefragt, die klären müssen, dass »neutral« bedeutet, auf dem Boden des Grundgesetzes zu stehen. Desgleichen müssen Gerichte die Demokratie schützen, wenn im Schulrecht versucht wird, die Regeln zu ändern, also für ein »Grundrecht auf schulische Bildung« zu sorgen, die nicht ausgrenzt, sondern Kinder und Jugendliche zu Bürgerinnen und Bürgern heranwachsen lässt, die in der Welt heute klarkommen.

Auch unser Umgang mit dem »Staatsapparat« ist eine demokratische Frage, denn nur ein wirklich »öffentlicher Dienst« sichert das Gemeinwohl; auch hier hat das Bundesverfassungsgericht zu tun. So entschied der Zweite Senat 2015 einerseits im Fall 2 BvL 19/09, dass Beamtinnen und Beamten nicht nur in Sachsen besser bezahlt werden müssen, und andererseits im Juni 2018 zu 2 BvR 1738/12, dass sie nicht streiken dürfen. Das ist heikel, denn nach dem Grundgesetz ist der Arbeitskampf ja mit Artikel 9 Absatz 3 den »Koalitionen« überlassen, also Gewerkschaften und Arbeitgebern, und noch dazu ist das im europäischen Völkerrecht geschützt. Aber auch diese Kontroverse wurde ausführlich votiert, mündlich verhandelt, zu acht mehrfach beraten, im Konsens formuliert – und damit gibt es gute Gründe, das zu akzeptieren. Wie gehabt: Es ist kein Automatismus, sondern es sind Menschen, die auch irren können. Aber es gibt die Unabhängigkeit des Gerichts, das Verfahren und die Vielfalt der Perspektiven, die dafür stehen, das jedenfalls gut gearbeitet wird.

Nicht einseitig

Es darf nicht einseitig werden. Wenn Gerichte von populistischen Autokraten eingeschüchtert, umgebaut oder gekapert werden und zwar arbeiten, aber nur abnicken, was die Regierung will, ist das keine unabhängige Kontrolle mehr, kein »Konstitutionalismus«. Richterinnen und Richter müssen den Mut haben, auch bei großem Druck dagegenzuhalten. Ein berühmtes Vorbild ist der südafrikanische Richter Albie Sachs; sein Wirken ist im Internet dokumentiert. Auch die damalige Präsidentin des obersten polnischen Gerichts Małgorzata Gersdorf ist für ihren Mut in Deutschland mehrfach ausgezeichnet worden: Sie stellte sich einer »Justizreform« entgegen, die, oberflächlich gesehen, nur wenig änderte, aber tatsächlich – wie in Ungarn – die Justiz regierungstreu machte. Genauso stellt sich der pakistanische Richter Mansoor Ali Shah ganz offen gegen die »Verfassungsreform« der autoritären Regierung, die einfach eine neue Kammer schuf, um die anderen kaltzustellen. Wenn also in Deutschland »nur« reformiert und beispielsweise die Zweidrittelmehrheit bei der Richterwahl abgeschafft werden soll oder wenn ein »Dritter Senat« gefordert wird, ist das gefährlich. Wie die Reform zur Resilienz des Bundesverfassungsgerichts, die Bundestag und Bundesrat Ende 2024 beschlossen haben, müssen Änderungen wirklich der Unabhängigkeit der Justiz zugutekommen.

Unabhängige Verfassungsgerichtsbarkeit – das zeigt sich, wenn nicht nur eine politische Richtung bedient oder nur die Regierung gestärkt wird, sondern die Maßstäbe, die sich aus dem Grundgesetz ergeben, so konsequent angewandt werden, dass sie wirklich für alle gleichermaßen gelten. Im Bundesverfassungsgericht zeigen das zumindest viele Entscheidungen der letzten Jahre. So klagte sich die rechtsradikale NPD im Verfahren 2 BvC 22/19 einerseits erfolgreich auf die Landesliste Berlin zur Bundestagswahl ein, verlor aber andererseits mit dem Urteil zu 2 BvB 1/19 die staatliche Finanzierung durch Steuergelder 2014. Desgleichen gewinnt die Bundesregierung manchmal, verliert aber auch, wenn sich ein Minister oder eine Ministerin allzu parteipolitisch äußert, denn die »Regierung hat kein Recht auf Gegenschlag«, so die *Hannoversche Allgemeine* im Februar 2018. Der Bundespräsident Gauck durfte so zwar gegen Rechtsextreme sagen, »wir brauchen Bürger, die auf die Straße gehen, die den Spinnern ihre Grenzen aufweisen«; der Zweite Senat verhängte also im Juni 2014 zu 2 BvE 4/13 keinen »Maulkorb für den Präsidenten« *(Stuttgarter Zeitung)*, sondern es war ein »Sieg für Gauck und den Rechtsstaat« *(Dresdner Neue Nachrichten)*. Doch wehrte sich die AfD 2020 erfolgreich gegen eine Äußerung des damaligen Innenministers, was die *Frankfurter Rundschau* als »Schlappe für Seehofer vor dem höchsten Gericht« betitelte. Zu all dem müssen im Bundesverfassungsgericht immer wieder unterschiedliche Richterinnen und Richter in den Senaten zusammenfinden und werden in den Kammern immer wieder neu gemischt. Auch so lässt sich also Einseitigkeit vermeiden.

Das Bundesverfassungsgericht und die Regierung sind damit keineswegs beste Freunde. Wer das Gericht denunzieren will, behauptet das zwar gern. Auch muss der Kontakt zwischen Richterinnen und Richtern und der Politik mit Feingefühl organisiert werden, was die Diskussion um das Abendessen im Kanzleramt zeigte. Aber am Ende kommt es auf die Entscheidungen an. Als die damalige Bundeskanzlerin Merkel bei einer Pressekonferenz in Südafrika kritisch kommentierte, dass ein Ministerpräsident in Thüringen mit Stimmen der AfD gewählt worden war, wurde das ein Fall, in *Karlsruhe* also eine Akte, die auf dem »Hund« zum Berichterstatter rollte, zu der viele Stellung nahmen; das Votum entstand, es wurde mit Masken auf der Richterbank mündlich verhandelt: Im Sitzungssaal trafen Abgeordnete der AfD und der Chef des Bundeskanzleramtes aufeinander. Ein Grenzfall, schwer zu entscheiden. Das Urteil fiel im Juni 2022 gegen die Kanzlerin. In der *BILD* war das wieder einmal eine »Klatsche aus Karlsruhe«, betraf aber eigentlich, so sagte es das *Neue Deutschland*, »Klartext in falscher Funktion«. War das »lebensfern«, so fragte die *SZ*? Es gab Kritik, wie immer. Umgekehrt entschied der Zweite Senat aber auch gegen die AfD, sie habe keinen Anspruch, einen Vizepräsidenten im Bundestag zu stellen; das war dann, wieder *SZ*, eine »Schlappe für die Störer«. Überzeugt Sie das? Einseitig ist es jedenfalls nicht.

Eine wehrhafte, streitbare Demokratie – und hohe Hürden für Verbote

Das Grundgesetz ist bei der Demokratie auch nicht naiv – das wäre schon angesichts der deutschen Geschichte merkwürdig. Die deutsche Verfassung ist sogar weltweit dafür bekannt, eine »wehrhafte«, eine »streitbare« Demokratie zu regeln. Menschenwürde, Freiheit und Gleichheit sind fundamental, und denjenigen, die das aggressiv bekämpfen, stellt sich die Verfassung entgegen. Das ist sinnvoll, aber auch heikel. Verkappte Autokraten können das benutzen, um undemokratische Ziele zu verfolgen – und das tun sie auch. So werden in den Diktaturen, die sich als Demokratien tarnen, Meinungsäußerungen, Versammlungen und Vereinigungen verboten, weil sie dem angeblich »wahren Willen des Volkes« nicht gefallen. Das hat mit der Wehrhaftigkeit des Grundgesetzes allerdings nichts zu tun. Danach ist auch heftiger Streit möglich, Protest erlaubt und die Opposition geschützt. Um Missbrauch zu verhindern, legt das Grundgesetz die Hürden nur sehr hoch, bevor Verbote greifen können.

Karlsruhe ist hier wieder der Ort, an dem nicht nur einzelne Fälle entschieden werden, sondern geklärt wird und erklärt werden kann und muss, was Demokratie in Deutschland bedeutet. Die Richterinnen und Richter des Bundesverfassungsgerichts waren damit immer wieder befasst. Sie haben »streitbare« Demokratie genannt, was der Wissenschaftler Karl Löwenstein 1937 in einem Aufsatz als *militant democracy* beschrieben hatte. Er wusste nach seiner Flucht vor dem deutschen Antisemitismus in die USA durchaus, wovon er sprach. Und das ist nicht alles. Auch nach 1989 gab es gute Gründe, politischen Parteien nicht grenzenlos zu vertrauen, nachdem das Leben in der DDR von einer Partei, der SED, weithin diktiert worden war. Die Eltern des Grundgesetzes waren da entschieden, aber auch vorsichtig. So steht seit 1948 die Möglichkeit, eine Partei zu verbieten, in Artikel 21; seit 2017 kann auch der staatliche Zuschuss aus Steuergeldern gestrichen werden, denn Feinde der Demokratie will man nicht noch fördern. Aber das geht nur als *ultima ratio*, als letztes Mittel, wenn es wirklich gefährlich wird.

Es ist ein »für die Akzeptanz unserer Demokratie sensibler Bereich«, so die Vizepräsidentin des Bundesverfassungsgerichts Doris König am 24. Januar 2024 vor der Verkündung des Urteils zur Akte 2 BvF 2/18, mit dem einer faschistischen Partei das Geld gestrichen wurde. Aber auch wer politisch klein ist, muss fair behandelt werden. Daher entschied der Zweite Senat 2021, man dürfe die kleine kommunistische DKP nicht von der Bundestagswahl ausschließen; nur die Pogo-Partei und die Jesuspartei, die auch noch in der Akte 2 BvC 8/21 steckten, blieben draußen. Auch das wurde lange vorbereitet, zu acht beraten, dann im Konsens entschieden.

Das Gericht ist da vorsichtig. Der Antrag, der rechtsradikalen Partei »Die Heimat« die Gelder zu streichen, war erfolgreich, aber das geschieht selten. Vielmehr hat das Bundesverfassungsgericht im NPD-Urteil von 2017 betont, ein Parteiverbot sei die

> schärfste und überdies zweischneidige Waffe des demokratischen Rechtsstaats gegen seine organisierten Feinde. Es soll den Risiken begegnen, die von der Existenz einer Partei mit verfassungsfeindlicher Grundtendenz und ihren typischen verbandsmäßigen Wirkungsmöglichkeiten ausgehen.

Das ist die Randnummer 586, weil vorher alles beschrieben und erklärt werden muss, aber es ist auch der »Leitsatz 1«, weil es so wichtig ist. Für ein Parteiverbot genügt also nicht, wenn sich Leute problematisch äußern, sondern es muss eine »aggressiv-kämpferische Haltung« belegt sein, gegen die Demokratie und unsere grundlegenden Werte. Das beobachtet der Verfassungsschutz, aber auch er wird im demokratischen Rechtsstaat von der Justiz kontrolliert, und auch da hat das Bundesverfassungsgericht häufig zu tun. So landeten auf meinem Tisch nicht selten Akten, in denen sich Vereine dagegen wehrten, im Visier des Verfassungsschutzes zu sein, aber da konnte meist eine Kammer entscheiden, also drei Richterinnen und Richter, was die Verwaltungsgerichte vorher sorgfältig prüfen, und auch die haben das Grundgesetz im Blick.

Die streitbare Demokratie will das Grundgesetz also, aber mit hohen Hürden. Besonders wichtig ist das »Parteienprivileg«, wonach über ein Parteiverbot nur das Bundesverfassungsgericht entscheiden darf und nur Bundestag, Bundesrat oder eine Regierung den Antrag stellen dürfen; das regelt § 43 Bundesverfassungsgerichtsgesetz. Wie schwer das fällt, zeigen die letzten Jahre. Auch wenn der Antrag gestellt wird, hat er nur Erfolg, so sagt Artikel 21 des Grundgesetzes ausdrücklich, wenn die Partei

> nach Zielen oder Verhalten darauf ausgeht, die freiheitlich-demokratische Grundordnung zu beeinträchtigen oder zu beseitigen oder den Bestand Deutschlands zu gefährden.

»Darauf ausgehen« – beim Wortlaut fängt die juristische Arbeit an: Was genau bedeutet das? Für die Auslegung wird gerade hier der »Sinn und Zweck« wichtig, der *telos*: In einer Demokratie, die diesen Namen verdient, haben Kritik und Opposition ihren Platz, also kann es nicht nur um Ideen gehen. Was also dann? Auch diese rote Linie muss das Bundesverfassungsgericht als unabhängige Institution mit den unterschiedlichen Mitgliedern und dem aufwendigen Verfahren klären. Aus den ersten Jahren ist das KPD-Urteil von 1956 ein Meilenstein geworden, aber es gab auch das Verbot der rechtsradikalen SRP von 1952. In den 2000er Jahren scheiterte der Versuch, die NPD zu verbieten, weil nicht aufgeklärt wurde, wie sehr der Verfassungsschutz involviert war; der 2013 gestellte Verbotsantrag war erfolglos, weil die NPD zwar insbesondere rassistisch und damit antidemokratisch ist, aber zu klein, um wirklich gefährlich zu werden, die *SZ* nannte sie einen »zündelnden Zwerg«. Doch wurden der Nachfolgepartei 2024 für die nächsten sechs Jahre die Gelder entzogen.

Wenn diese Entscheidungen anstanden, spürten im Verfassungsgericht alle, um wie viel es ging. Der Aufwand für so ein Verfahren ist auch höher als sonst. Hier gibt es keinen Rechtsweg, der erschöpft werden kann, denn beim Parteiverbot ist das Verfassungsgericht die erste Instanz. Daher dauert das. Der Zweite Senat hat den Antrag auf Verbot der NPD lange vorbereitet und 2016 mehrere Tage lang mündlich verhandelt; die Zeitungen beschrieben das als »Stochern im braunen Geschwurbel« *(SZ)*, denn es gab »Tausende Belege für rechte Hetze« *(ND)*. Ich war nicht Mitglied des zuständigen Senats, verbrachte aber meine Pausen als Zuschauerin auf der Tribüne. Es wurde lange und genau gefragt, wo die Demokratie denn ganz konkret durch wen und was bekämpft wird; am Ende reichten die Belege nicht.

Die Hürde liegt eben sehr hoch. Das Urteil hat 1010 Randnummern; der Text füllt einen ganzen »grauen Band«. Allein 396 Absätze schildern im »Sachbericht«, was passiert ist, und in 375 Absätzen der »Subsumtion« wird geklärt, was daraus folgt. Die wichtigsten Passagen liegen wie immer dazwischen: die Maßstäbe. Da erklärt der Senat, wie das Grundgesetz zu verstehen ist – auch hier nicht isoliert nur deutsch, sondern eingebettet vor allem in die Europäische Menschenrechtskonvention, da der Gerichtshof in Straßburg schon mehrfach über Parteiverbote in Spanien und der Türkei entschieden hat. 122 Absätze sind das, und zwar lesenswerte.

Die Entscheidung hat, auch das wie immer, manche erfreut und andere enttäuscht und hoffentlich möglichst viele überzeugt. Im Rückblick stimmt sie nachdenklich. Kam alles auf den Tisch, was die Demokratie nicht nur infrage stellt, sondern aggressiv gefährdet? Muss das »Vorfeld« radikaler Parteien stärker berücksichtigt werden, so wie einst die braunen Schlägertrupps? Ein Verfassungsgericht hat hier weiter zu tun. Es muss verhindern, dass dieses »schärfste Schwert« der Parteiverbote die Falschen trifft, aber auch auf Antrag eingreifen, damit wir politisch keine »Kipppunkte« erreichen und die Demokratie dann unaufhaltsam zerbricht.

Auch das ist viel Verantwortung. In solchen Verfahren klärt das Gericht nicht nur, was eine Partei macht. Hier wird auch ausbuchstabiert, was das Grundgesetz unter Demokratie versteht. Tatsächlich ist ohnehin entscheidend, dass Sie, dass wir die Demokratie nicht anderen überlassen, sondern in die eigenen Hände nehmen. Das hat auch Karl Loewenstein 1937 gesagt: »Keine geistige Bewegung kann auf Dauer allein durch Maßnahmen der Gesetzgebung oder der Regierung unterdrückt werden. Bestenfalls wird sie verlangsamt.« Es ist an der Gesellschaft selbst, nicht vom demokratischen Weg abzukommen. Das mag anstrengend sein, aber es ist aller Mühe wert. Das Verfassungsgericht ist eine klärende Instanz. Damit das trägt, sind alle gefragt.

Meinungsfreiheit: Sie können sagen, was Sie denken

Wahlen und die Regierung, Parteien und das Parlament – sie sind für die Demokratie unverzichtbar, aber im Grundgesetz stehen nicht zufällig die Grundrechte ganz vorn. In den Akten des Ersten Senats des Bundesverfassungsgerichts steckte deshalb meist nicht die organisierte Politik, Parteien oder Regierungen oder sonstige »Verfassungsorgane«. In den Akten steckten die Bürgerinnen und Bürger, und auch da schützt das Bundesverfassungsgericht die Demokratie.

Es hat von Anfang an betont: Vor allem die Meinungsfreiheit sei für die Demokratie »schlechthin konstituierend«, ein »Lebenselement« nicht zuletzt zur »Machtkritik«. Der damalige Senat zitierte 1958 einen US-amerikanischen Richter, Benjamin Cardozo:

> Es ist in gewissem Sinn die Grundlage jeder Freiheit überhaupt, »the matrix, the indispensable condition of nearly every other form of freedom«.

Cardozo sprach zwar nur von Freiheit, aber das Verfassungsgericht hatte die Demokratie insgesamt als liberale, als freiheitliche Ordnung im Blick. Heute sind sich Gerichte, die wirklich unabhängig entscheiden, auch weltweit einig, dass gerade die Meinungsfreiheit für eine Demokratie, die diese Bezeichnung verdient, unverzichtbar ist. Dafür sind Menschen in der DDR auf die Straße gegangen, dafür haben sich in der alten Bundesrepublik viele eingesetzt, als die Pressefreiheit bedroht war. Im Fall des Falles spricht wieder das Bundesverfassungsgericht ein Machtwort, aber auch hier ist es meist nicht das letzte Wort.

Gerade in Sachen Meinungsfreiheit ändern sich die Dinge schnell, also müssen auch die »Maßstäbe«, die sich aus dem Grundgesetz ergeben, immer wieder überdacht werden. Medien sind heute völlig anders als noch vor 10, 15 Jahren; unser Wissen über das, was wahr und was falsch ist, ist unsicher geworden; unser Bewusstsein darüber, was nur stört oder aber verletzt und zum Schweigen bringt, ist geschärft. Was sagt das Grundgesetz dann heute nicht nur zu einem Leserbrief, sondern zum Post auf einer Plattform, über die private Monopole herrschen? Wie gehen wir mit einem Wort um, das als »normal« galt, wenn wir heute wissen, dass es Menschen verletzt, so wie das rassistische »N-Wort« oder die Anrede einer Transfrau als Mann, eines Transmannes als Frau, also mit dem falschen Geschlecht? Wie steht es um Meinungsfreiheit, wenn Kommentare heute online nicht nur scharf, sondern voller Hass bedrohlich sind und tatsächlich nicht alle die Möglichkeit haben, sich selbst zu äußern? Wir sind da als Gesellschaft gefordert, und die Richterinnen und Richter des Bundesverfassungsgerichts müssen durch Auslegung des Grundgesetzes die Maßstäbe so fassen, dass auch solche Konflikte geklärt werden können. Die Frage, ob man denn »eigentlich noch sagen darf, was man denkt«, ist damit im Verfassungsgericht nicht neu. Aber sie wird immer wieder neu gestellt.

Das sind wieder Akten; auch der Streit um Meinungsfreiheit rollt auf dem Hund ins Büro. Ich war als Berichterstatterin mit den wissenschaftlichen Mitarbeitenden im Dezernat zuständig, wenn über Meinungsfreiheit im Betrieb gestritten wurde, also im

Arbeitsrecht, und wie alle anderen Mitglieder des Ersten Senats einige Jahre lang Mitglied in der Kammer, die über »Pressesachen« entschied, und natürlich bei den großen Verfahren zu acht im Senat dabei. Wenn sich Prominente beschwerten, weil die Justiz sie vor der Regenbogenpresse nicht gut genug schütze, lasen wir amtlich bunte Zeitschriften, aber auch ihre Beschwerden waren nur zulässig, wenn sie vorher den Rechtsweg erschöpft und hinreichend substantiiert dargelegt hatten, ihre Grundrechte seien verletzt. Das gilt für alle, auch für berühmte Menschen, so hatten auch sie eher selten Erfolg.

Wenn etwas zulässig war, wurde es allerdings kompliziert. Zwar hat das Bundesverfassungsgericht schon früh die Weichen zur Meinungsfreiheit gestellt; auch daher stammt der Ruf als »Bürgergericht«. Den Anfang machte »Lüth«, die Entscheidung von 1958 zum Boykottaufruf gegen den Naziregisseur: Juristisch bahnbrechend und von heute aus gesehen, so der Journalist Lamprecht im *Spiegel,* ein »Befreiungsschlag« (28.9.2021), denn seitdem überprüft das Verfassungsgericht auch die »einfachen Gerichte«, die normale Justiz. Sie dürfen Grundrechte und damit auch die Meinungsfreiheit nicht »krass verkannt« haben. Aber was ist krass? Manchmal hatte ich selbst den Eindruck, dass ein normales Gericht eigentlich falschlag, aber das ist nicht schon verfassungswidrig; es müssen rote Linien überschritten sein. Auch scharfe Worte sind im Zweifel erlaubt, auch der Protest von Lüth gegen Altnazis im Kino durfte nicht verboten werden. Das wird seitdem immer wieder gesagt: Gerade Kritik gehört zur Demokratie dazu, auch »Machtkritik«.

Es liegt auf der Hand, dass das nicht alle begeistert, und 1995 wurde das besonders deutlich. Ein junger Pazifist protestierte mit einem Laken an einer Straßenkreuzung gegen ein NATO-Manöver: »A Soldier is a Murder«, ein Oberstudienrat mit einem Flugblatt gegen den Krieg: »Sind Soldaten potentielle Mörder?«, und sechs Demonstranten vor einem Werbestand der Bundeswehr »Soldaten sind potentielle Mörder«. Sie alle zitierten den Dichter Kurt Tucholsky, der 1931 in einer Zeitung formuliert hatte: »Soldaten sind Mörder.« Schon damals wurde der Redakteur angeklagt, aber 1932, also kurz vor Ende der Weimarer Demokratie, auch freigesprochen; es war der spätere Friedensnobelpreisträger Carl von Ossietzky. Nun aber, 1995, urteilten Strafgerichte, das beleidige Soldaten. War das jetzt mit dem Grundgesetz vereinbar – oder die Meinungsfreiheit verletzt? Wie immer wurde alles aufbereitet, möglichst alles gesehen und im Senat so lange diskutiert, bis ein Konsens erreicht war. Der Beschluss vom 10. Oktober 1995 zu 1 BvR 1476/91 u. a. kam dann wieder ganz nüchtern:

> Zum Verhältnis von Meinungsfreiheit und Ehrenschutz bei Kollektivurteilen über Soldaten.

Der Senat hatte wieder entschieden, dass auch scharfer Protest grundrechtlich geschützt ist, das Zitat also erlaubt. Aber kaum war das veröffentlicht, brach ein Sturm los: Der Protest traf nun nicht die Bundeswehr, sondern das Gericht. Beteiligte Richter wurden bedroht; die damalige Präsidentin Jutta Limbach gab mehrere Interviews und entschied, eine Pressestelle einzurichten; das schildert die Biografie von Gunilla Budde. Heute gibt es regelmäßig Pressemitteilungen. Was entschieden wird, begeistert ja weiter nicht alle, und wer geschützt wird, ist oft nicht die Mehrheit. Weil gerade das aber zur Demokratie gehört, ist es gut, wenn das erklärt werden kann.

Lüth und Tucholsky sind nicht die einzigen Namen, die hier Geschichte schrieben. Dazu kommt »Caroline«, die Prinzessin von Monaco. Sie wehrte sich gegen Fotos in der Klatschpresse – und was hat das mit Demokratie zu tun? In Deutschland ruft es Artikel 5 des Grundgesetzes auf den Plan, der neben der Meinungsfreiheit auch die Medienfreiheit schützt; sie ist für eine Demokratie genauso existenziell. Aber wie weit darf die Presse gehen? Auch das entscheidet in *Karlsruhe* nie ein Richter allein, sondern beraten drei oder acht, die unterschiedlich denken. Aber vor allem prüft das Verfassungsgericht nicht nur ein Recht einer Seite, sondern berücksichtigt alle weiteren »berührten Belange«. Daher ging es in der Entscheidung »Caroline I« auch nicht nur um die Presse, sondern genauso um die Interessen derer, die sie lesen, und um den Schutz des Privatlebens von Prominenten. In der Sprache des Verfassungsrechts: Es musste zwischen der Pressefreiheit, der Informationsfreiheit und dem allgemeinen Persönlichkeitsrecht ein Ausgleich gefunden werden.

Hier wird wohl besonders deutlich, wie wichtig das ist: Abwägung, auch »Verhältnismäßigkeit«, »Konkordanz«. Die Richterinnen und Richter nehmen die Waage der Justitia in die Hand, das Sinnbild der Gerechtigkeit, und konkret bedeutet das: Sie diskutieren eins nach dem anderen, in der schönen Struktur. Da wird nichts einfach über den Daumen gepeilt, sondern nach dem »Grundsatz der Verhältnismäßigkeit« sortiert; auch hier sorgen unterschiedliche Perspektiven dafür, dass beachtet wird, was vielleicht noch fehlte. Wenn es gut läuft, wird nicht einfach auf die Waagschalen geworfen, was einigermaßen passt, sondern genau geklärt, was für wen wie schwer wiegt, was wen tatsächlich wie belastet und was insgesamt zumutbar ist. Bevor ich ans Gericht kam, hielt ich das für Theorie; in den Beratungen hat mich immer wieder fasziniert, wie genau man damit werden muss. Auch das ist keine Garantie für gerechte Entscheidungen, auch das hängt an den Beteiligten und ihrer Haltung zum Amt. Aber die Verhältnismäßigkeit ist heute weltweit dafür bekannt, dass gut sortiert werden kann, was eine Rolle spielen muss. Caroline ging dann auf Reisen, sogar mehrfach zum Europäischen Gerichtshof für Menschenrechte nach Straßburg und zurück, aber am Ende gab es einen Konsens sogar über Grenzen hinweg. Der muss nicht begeistern. Aber wer weiß, wie daran gearbeitet wird, kann ihn akzeptieren.

Die Meinungsfreiheit und die Pressefreiheit sind also wichtig, aber wie jede Freiheit nicht grenzenlos: Auf Kosten anderer geht das nicht. Bei Caroline stand die Privatsphäre auf dem Spiel, in anderen Konflikten ist es das Miteinander in einer Gesellschaft, in der sich viele fremd sind, da wird auch die Gleichheit wichtig. So rollte 2019 auf dem Hund die Akte 1 BvR 227/19 in mein Richterzimmer, ein gelber Pappdeckel. Ich war Berichterstatterin, denn es ging um Arbeitsrecht – und was hat das mit Demokratie zu tun? Eine Menge. Was sich in Betrieben und Ämtern, Geschäften und Unternehmen abspielt, ist wichtig. Noch dazu ging es hier um Rassismus, um unseren Umgang miteinander. Dem Beschwerdeführer war gekündigt worden, weil er seinen Schwarzen Kollegen mit »Ugah Ugah« nachgeäfft hatte, im wahrsten Sinne des Wortes. Er sah das nicht ein: *Darf man das heute nicht mehr sagen? Der andere hat sich doch auch derb ausgedrückt!* Die Arbeitsgerichte gaben dem Arbeitgeber recht: Es sei eine grobe, diskriminierende, rassistische Beleidigung, die Kündigung in Ordnung. Nun lag es auf meinem Tisch: Waren die Grundrechte hier »krass verkannt« worden?

Die Kammer musste entscheiden. Sie hätte sich kurzfassen können, aber es war sinnvoll, an rote Linien zu erinnern. Hier also: Die Meinungsfreiheit gilt auch im Betrieb; das ist nicht selbstverständlich, sondern musste erkämpft werden. Aber auch diese Freiheit hat Schranken: kein Ego-Programm, kein Freibrief auf Kosten anderer. Noch deutlicher als bei Caroline steht die Menschenwürde im Weg, wenn jemand als Tier adressiert wird, und die Anerkennung als Gleiche unabhängig von der »Rasse«, wie Artikel 3 Grundgesetz das immer noch sagt, also ohne Rassismus. In der Kammer wurde um jedes Wort gerungen, der Konsens war am 2. November 2020 erreicht.

Die Meinungsfreiheit bleibt aber kontrovers. Sie endet, wo nicht mehr diskutiert wird, sondern nur noch verletzt, also nicht nur scharf oder übertrieben formuliert wird, sondern eine »Schmähung« Menschen die Würde abspricht. Das klingt vielleicht ein bisschen altertümlich, ist aber gesetzt: Die »Schmähkritik« ist nicht geschützt. Genauso ist die »Volksverhetzung« in Deutschland strafbar; auch daran muss das Bundesverfassungsgericht manchmal erinnern. So scheiterte 2018 eine Holocaustleugnerin mit ihrer Beschwerde, denn Hass gehört nicht in die Gesellschaft, in der wir miteinander auskommen müssen. Aber Kritik ist erlaubt, auch wenn sie scharf ausfällt, solange sie auf Tatsachen beruht. Also hieß es 2021, der Popstar Xavier Naidoo darf Antisemit genannt werden, zur Akte 1 BvR 11/20; ein weltoffenes Hotel darf sich ausnahmsweise weigern, einen Rechtsradikalen zu beherbergen, so im Beschluss zu 1 BvR 879/12; auch im Wahlkampf ist Menschenverachtung nicht erlaubt, weshalb sich das ZDF 2019 weigern durfte, einen Werbespot der NPD auszustrahlen, das entschied eine Kammer zu 1 BvQ 36/19. In all diesen Verfahren wird miteinander und um die Gründe gerungen; gerade hier waren wir als Richterinnen und Richter auch froh, wenn das ankam. Das Bundesverfassungsgericht »stärkt Meinungsfreiheit«, so hieß es 2018 in der *FAZ*, indem es die Schranken klärt: »Karlsruhe setzt der Hetze Grenzen«, so der *Tagesspiegel* dazu.

In Deutschland darf also heftig gestritten werden. Sie können sagen, was Sie denken – das ist vom Grundgesetz geschützt, das alle Gerichte beachten müssen, und lässt sich notfalls vor dem Bundesverfassungsgericht durchsetzen. Die Grenze ist erst erreicht, wenn Sie nicht streiten wollen. Was andere fertigmacht, durch »Schmähkritik« oder »Hassrede«, im Betrieb, in Medien, auf der Straße, ist nicht geschützt, denn das beendet die Debatten, die Meinungsfreiheit ermöglichen soll. Im Mai 2020 haben das gleich vier Beschlüsse der Zweiten Kammer des Ersten Senats nochmals erklärt. Auch da hat wieder niemand ganz »gesiegt« oder »verloren«, sondern die Botschaft ist: Im Zweifel für die Freiheit, aber genau hinsehen, denn wenn sie missbraucht wird, geht das zu weit. Wenn Menschen also in

> der Anonymität des Internets ohne jeden nachvollziehbaren Bezug zu einer Sachkritik grundlos aus verwerflichen Motiven wie Hass- oder Wutgefühlen heraus verunglimpft und verächtlich gemacht

werden, ist eine Grenze erreicht. Dann liege es

> unter den Bedingungen der Verbreitung von Informationen durch ›soziale Netzwerke‹ im Internet ... über die Bedeutung für die jeweils Betroffenen hinaus auch im öffentlichen Interesse,

in der Abwägung alle berührten Belange zu berücksichtigen. Denn, so hieß es zu 1 BvR 1073/20 später,

> eine Bereitschaft zur Mitwirkung in Staat und Gesellschaft kann nur erwartet werden, wenn für diejenigen, die sich engagieren und öffentlich einbringen, ein hinreichender Schutz ihrer Persönlichkeitsrechte gewährleistet ist.

Die Meinungsfreiheit ist also keine Lizenz zum Hass, kein Blankoscheck, um zu verletzen, keine Freiheit auf Kosten anderer. Das versteht, wer das Grundgesetz liest und nicht nur Artikel 5 beachtet, sondern »systematisch« auslegt, also auch noch Artikel 3, die Gleichheit, und Artikel 1, die Würde, sieht. Im Bundesverfassungsgericht wird das geprüft, beraten, auch gestritten, bis zum Konsens. Es ist die darauf spezialisierte Instanz.

Mir fiel das nie leicht, das bewegt viele; auch im Gericht sahen wir vieles verschieden. So wirkte die Akte 1 BvR 194/13 erst unspektakulär, aber hatte es in sich. In ihr steckte der Onlinebericht über eine ehemalige Landrätin und Landtagsabgeordnete: Sie sei

»die frustrierteste Frau, die ich kenne«; »ihre Hormone ... dermaßen durcheinander, dass Sie nicht mehr wissen, was wer was ist. ... Sie sind eine durchgeknallte Frau«. Die Betroffene wehrte sich, verlor aber vor den Zivilgerichten: Das sei doch Meinungsfreiheit. Stimmt das? Die Beschwerde zum Bundesverfassungsgericht war zulässig; in der Kammer haben wir gestritten. Hier ging es nicht um Machtkritik, sondern um persönliche Beleidigung, das Persönlichkeitsrecht also verletzt: dazu Konsens. Aber war das nicht auch Sexismus, vor dem Artikel 3 des Grundgesetzes schützt? Es ist bekannt und belegt, dass sexualisierte Angriffe auf Politikerinnen erschreckend weit verbreitet sind und Frauen aus der Politik gezielt vertreiben. Durfte hier eine Rolle spielen, dass die Landrätin selbst oft ungewöhnlich auftrat, als sexy beschrieben wurde, also viel Aufmerksamkeit erlangte, aber vielleicht die falsche? Mich hat das beschäftigt. Aber am Ende zählt, wovon sich alle überzeugen lassen, was alle miteinander tragen. Die Kammer gab es zurück an die normalen Gerichte; vielleicht beachten sie dann auch Artikel 3.

Zensur?

Überzeugen Sie diese Entscheidungen? In Gesprächen heißt es ja manchmal, man werde in Deutschland doch eigentlich »zensiert«; das haben sogar Mitglieder der US-Regierung behauptet. Aber stimmt das so? Das Grundgesetz ist klar, denn in Artikel 5 Absatz 1 Satz 3 steht ausdrücklich:

> Eine Zensur findet nicht statt.

Woher kommt dann der Eindruck, dass es anders sei? Das Bundesverfassungsgericht hat auch das in vielen Entscheidungen zu klären versucht. Das Gefühl, »zensiert zu werden«, findet sich auch in

Verfassungsbeschwerden, wenn zum Beispiel eine bestimmte Art der Werbung untersagt wurde. Da sind zwar in erster Linie andere Grundrechte zu prüfen, etwa die Berufsfreiheit. Aber das Gericht nutzt manchmal die Gelegenheit, auf Sorgen zu antworten, die verfassungsrechtlich unbegründet sind. Zensur ist es danach nur, wenn der Staat vorher prüft, was gesagt werden darf. Und das ist in Deutschland verboten.

Als das Grundgesetz entworfen, beraten, unterschrieben und verkündet wurde, also in Kraft gesetzt, wollte Deutschland eine schlimme Zeit hinter sich lassen, wie auch nach 1989. »Zensur« gab es in der NS-Diktatur, in der keine Pressefreiheit existierte, weil der Staat nur zuließ, was ihm passte, und »Zensur« war Praxis in der DDR, wo vorher geprüft wurde, was gedruckt werden darf. Auch dagegen steht das Grundgesetz. Danach darf niemand verhindern, dass eine Meinung überhaupt geäußert wird; gemeint ist die »Vorzensur«, also

> einschränkende Maßnahmen vor der Herstellung oder Verbreitung eines Geisteswerkes, insbesondere das Abhängigmachen von behördlicher Vorprüfung und Genehmigung seines Inhalts (vgl. BVerfGE 33, 52 <71 f.>).

Es gehört zur Demokratie, dass es das nicht gibt. Deshalb war es in der Bundesrepublik 1966 ein Skandal, als Staatsanwaltschaft und Polizei die Redaktion der Zeitschrift *Der Spiegel* durchsuchten. Der hatte über die militärische Lage berichtet, Deutschland sei »bedingt abwehrbereit« und das wollte die Regierung nicht tolerieren. Also doch wieder autoritäre Verhältnisse? Der Fall kam zum Verfassungsgericht, wieder eine Akte, die es in sich hatte; es gab eine mündliche Verhandlung, drei Tage lang im Januar. Am Ende stand kein Konsens, sondern 4 zu 4. Im Verfassungsgerichtsgesetz ist geregelt, dass die Beschwerde dann keinen Erfolg hat, denn nur eine echte, eine große Mehrheit der Richterinnen und

Richter, nur mindestens fünf sollen das Parlament stoppen können. Damals war sich der Senat zwar einig,

> »eine freie, nicht von der öffentlichen Gewalt gelenkte, keiner Zensur unterworfene Presse« sei »ein Wesenselement des freiheitlichen Staates«, und »für die moderne Demokratie unentbehrlich«.

Daher gehe Geheimnisverrat zu weit, denn das gefährde die »Sicherheit des Staates«. Doch dann ging es auseinander: »Nach der einen Auffassung« wiegt die Pressefreiheit schwerer, aber nach »der die Entscheidung tragenden Auffassung« hat der Gesetzgeber alles beachtet und der Ermittlungsrichter nichts verkannt. Das war kein Konsens, also kein Machtwort: Dann wird nicht eingegriffen. Es ist die große Ausnahme von der Karlsruher Regel; ich habe das nur einmal erlebt. Die eine Meinung wird dann normal, die andere kursiv gedruckt. Wir waren nicht glücklich. Wie es dem Senat wohl damals ging? Im *Spiegel*-Urteil liest sich versöhnlich, mittlerweile sei das Redaktionsgeheimnis besser geschützt, und das Verfassungsgericht könne nur feststellen, wo Probleme liegen, kein neues Recht schaffen. Auch sonst ist hilfreich, wenn es keine bösen Worte gibt, um künftig wieder zum Konsens zu kommen.

Die »Vorzensur« ist heute nicht das Problem. Die »freie Presse« ist vor allem wirtschaftlich bedroht, der öffentlich-rechtliche Rundfunk stark unter Druck, und im Internet ist kaum mehr zu unterscheiden, woher was kommt und was stimmt. Wir leben mit Manipulation und Fälschung, es gibt eine Wissenskrise, wir sind eine Zweifelsgesellschaft. Wo Journalismus tatsächlich unter Ermittlungen zur Bekämpfung des Terrorismus leidet, weil Gespräche abgehört und Chats abgefangen oder mitgelesen werden, ist das Bundesverfassungsgericht in der Kontroverse um Freiheit und Sicherheit gefragt. Ansonsten hat es in vielen »Rundfunkurteilen« betont, wie wichtig eine »Grundversorgung« mit ausgewogener, nicht manipulierter Information ist und dass der öffentlich-rechtliche Rundfunk gerade kein »Staatsfunk« sein darf, wie es in den Zeitungen nach einer Entscheidung zu den Rundfunkräten 2013 hieß, sondern, so die *Stuttgarter Zeitung*, »der Vielfalt verpflichtet«. Was da eine Rolle spielt, wäre ein ganzes Buch wert, denn die Demokratie ist darauf angewiesen, dass nicht die Lüge regiert, sondern die Fakten zählen und dass nicht wenige bestimmen, was gemeldet wird, sondern unterschiedliche Ansichten zählen. Hier lässt sich nur sagen, dass hinter den Entscheidungen des Bundesverfassungsgerichts in jedem Fall viel Arbeit hinter den Kulissen steckt, viele Fakten und Ansichten und acht verschiedene Perspektiven. Das Gericht versucht so, seiner Aufgabe gerecht zu werden; im Alltag liegt es an uns, liegt es an Ihnen, ob Meinungs- und Medienfreiheit »konstituierend für die Demokratie« tatsächlich funktioniert.

Gemeinsam engagieren

Das gehört zu einer lebendigen Demokratie. Im ersten Kapitel des Grundgesetzes ist aber nicht nur die Meinungsfreiheit geschützt, sondern auch die Versammlungsfreiheit in Artikel 8 und die Vereinigungsfreiheit in Artikel 9. Das bedeutet: In Deutschland haben Sie das Recht auf Protest und Engagement auch jenseits von Parteien. Aber auch da ist vieles kontrovers: die »Klimakleber« und die »Montagsspaziergänge«, der Sportverein, der sich für Toleranz einsetzt, und die Vereine, die Spenden sammeln, aber manchmal für problematische Zwecke. Da gibt es sehr unterschiedliche Ansichten, verschiedene Erfahrungen, sind Menschen unterschiedlich tolerant – wie geht also Konsens?

Im Bundesverfassungsgericht ist der Ausgangspunkt immer derselbe: Entschieden wird mit dem Grundgesetz in der Hand. Hier gilt Artikel 8:

> Alle Deutschen haben das Recht, sich ohne Anmeldung oder Erlaubnis friedlich und ohne Waffen zu versammeln.

Versammlungsfreiheit also – sie ist so wichtig wie die Meinungsfreiheit, gemeinsam sind Proteste sogar stärker. Das haben die Montagsdemonstrationen gegen die gefälschten Wahlen in der DDR gezeigt; das zeigt schon lange die Arbeiterbewegung traditionell am 1. Mai; deshalb sind die Ostermärsche für den Frieden genauso geschützt wie »Querdenker«-Proteste gegen Coronamaßnahmen, die *Pride*-Märsche zum Christopher Street Day gegen Diskriminierung oder die Walpurgisnacht gegen Gewalt gegen Frauen genauso wie die Straßenblockaden der Bauern im Protest gegen eine Steuer auf Agrardiesel. Ganz klar: Das stört. Das Hupen der Traktoren raubte halb Berlin den Schlaf; ich nahm es hin, meine hochaltrige Mutter war verstört, denn es erinnerte sie an Luftschutzalarm. Wo hat dann diese Freiheit Grenzen?

In autoritären Staaten gibt es organisierte Aufmärsche, aber kein Recht auf Protest; auf dem Tiananmen-Platz in Peking und auf dem Roten Platz in Moskau rollten Panzer, und es wurde auf Demonstrierende geschossen, in den USA wurde 2025 das Militär im Inland gegen Proteste eingesetzt. In Deutschland nicht. Aber auch hier muss Fall für Fall geklärt werden, was zulässig ist, was nicht. So war es auch 1985, zur Zeit der Großdemonstrationen gegen militärische Aufrüstung und Atomkraft. Da formulierte der Erste Senat den Brokdorf-Beschluss:

> Die staatlichen Behörden sind gehalten, nach dem Vorbild friedlich verlaufender Großdemonstrationen versammlungsfreundlich zu verfahren und nicht ohne zureichenden Grund hinter bewährten Erfahrungen zurückzubleiben. Je mehr die Veranstalter ihrerseits zu einseitigen vertrauensbildenden Maßnahmen oder zu einer demonstrationsfreundlichen Kooperation bereit sind, desto höher rückt die Schwelle für behördliches Eingreifen wegen Gefährdung der öffentlichen Sicherheit.

Denn, so »Leitsatz 1« zu der Entscheidung:

> Das Recht des Bürgers, durch Ausübung der Versammlungsfreiheit aktiv am politischen Meinungsbildungsprozeß und Willensbildungsprozeß teilzunehmen, gehört zu den unentbehrlichen Funktionselementen eines demokratischen Gemeinwesens.

Wie haben sie sich geeinigt, wie lange haben die Richterinnen und Richter dafür gebraucht? Die Akte ging 1981 ein, also vier Jahre Recherchen und Beratungen. Ich war nicht dabei. Aber ich bin mir sicher, dass auch damals umfassend geprüft wurde.

Wie jede Freiheit hat auch die Versammlungsfreiheit Grenzen oder Schranken, verfassungsrechtlich formuliert. Schon das Grundgesetz sagt, dass Versammlungen unter freiem Himmel »durch Gesetz oder auf Grund eines Gesetzes beschränkt werden« können; das regeln die Versammlungsgesetze in Bund und Ländern, das Polizeirecht, Strafrecht, Straßenrecht und mehr. Der Witz des demokratischen Verfassungsstaates ist aber auch hier: Das ist kein Freibrief, sondern wird vom Bundesverfassungsgericht kontrolliert. Was der Gesetzgeber, was also eine politische Mehrheit in Parlament und Regierung will, muss verfassungsgemäß sein, also, verfassungsrechtlich formuliert, »legitime Zwecke verfolgen« und »verhältnismäßig« sein, vor allem »zumutbar«. Das gilt für die Gesetze genauso wie für ihre Anwendung vor Ort, also auch für die üblichen Auflagen zur Route oder zu Flaggen, die nicht gezeigt werden, Lieder, die nicht gesungen, oder neuerdings auch Sprachen, die auf der Demo nicht in Slogans gesprochen werden dürfen. Auch hier hat das Verfassungsgericht zum Schutz der Demokratie zu tun.

Mich traf das am Anfang meiner Amtszeit als Richterin, an einem Samstag. Es kam ein Anruf: der Mitarbeiter eines Richters. *Ob ich zur Verfügung stünde? Natürlich.* Es sei ein Eilfall und in der

Kammer zu entscheiden; man werde mir gleich die Akte faxen; die Demo finde morgen statt. Ich wurde schlagartig nervös: *So wenig Zeit …* Also an den Schreibtisch, tief durchatmen, gründlich lesen, prüfen. Notfalls am Telefon beraten, was dazu zu sagen ist – mit dem Grundgesetz in der Hand. An einem Protest gegen rechtsextremistische Aufmärsche hätte ich vor meiner Amtszeit vielleicht sogar teilgenommen, als Bürgerin; als Richterin musste ich jetzt mitentscheiden, was da geht und was nicht, und zwar mit anderen, die anders dachten, auch zu der Demo nicht gegangen wären: Wir mussten jetzt zusammenkommen. Und es ging.

Das prägt das Bundesverfassungsgericht: Politisch waren und sind die Richterinnen und Richter unterschiedlich, auch persönlich, aber juristisch kamen und kommen sie zusammen, jedenfalls meistens. Konsens also, Unterschrift, ein Fax zurück, dann ging der Beschluss »raus«, an die Beschwerdeführenden zuerst, dann an die Öffentlichkeit, die Presse. Die Arbeit ist ziemlich nüchtern, die Aufregung dann vorbei. Nur abends wurde nochmals spürbar, was das eigentlich heißt, als Richterin am Bundesverfassungsgericht zu arbeiten. Die *Tagesschau* meldete: »Karlsruhe hält das Versammlungsverbot«, dahinter rote Roben. Das hatte ich mittags unterschrieben; jetzt galt es: Gegendemos dürfen sein, aber eine Versammlung nicht komplett verhindern. Ein Machtwort. Es fühlte sich irgendwie beeindruckend an, auch einschüchternd. Bedächtig muss man damit umgehen, mit der Haltung, die auch Zurückhaltung ist, auch mit Demut im Amt, bei dem Versuch, die Demokratie zu schützen.

Um Demonstrationen ging es in *Karlsruhe* auch sonst ziemlich oft, von den Protesten gegen den Stuttgarter Hauptbahnhof über Camps in Hamburg beim G20-Gipfel und Aufmärsche von Fußballfans bis zu Coronamahnwachen. Ob mir oder anderen Richtern das jeweils sympathisch war oder nicht, und ob das allen gefiel oder nicht: Das Bundesverfassungsgericht muss auch hier den Mut haben, die Menschen zu schützen, die für ihre Meinung auf die Straße gehen, auch wenn das anderen nicht passt. Natürlich stört es, wenn Straßen für Stunden gesperrt sind, politische Slogans in der Fußgängerzone gebrüllt werden, Hunderte Menschen trommelnd und schreiend an der eigenen Wohnung vorbeiziehen oder Traktoren den Schlaf rauben. Aber solange es verhältnismäßig ist, gehört es zur lebendigen Demokratie dazu.

Vereinsverbote

Das ist immer noch nicht alles. Zur gelebten, zur lebendigen Demokratie gehört es auch, sich auf Dauer zusammenzuschließen, um gemeinsam mehr zu erreichen. In der Arbeitswelt schützt das Grundgesetz mit Artikel 9 Absatz 3 die Gewerkschaften und Arbeitgeberverbände als »Koalitionen«; das ist eine Antwort auf die soziale Frage. Davor steht aber das allgemeine Grundrecht der Vereinigungsfreiheit in Artikel 9 Grundgesetz:

> Alle Deutschen haben das Recht, Vereine und Gesellschaften zu bilden.

Das wird europäisch verstanden, also sind auch EU-Angehörige geschützt; andere Staatsangehörige haben das allgemeine Freiheitsrecht auf ihrer Seite. Aber auch diese Freiheit hat Grenzen, nach Absatz 2:

> Vereinigungen, deren Zwecke oder deren Tätigkeit den Strafgesetzen zuwiderlaufen oder die sich gegen die verfassungsmäßige Ordnung oder gegen den Gedanken der Völkerverständigung richten, sind verboten.

Das ist eigentlich klar. Dazu gehen im Bundesverfassungsgericht auch nicht sehr oft Beschwerden ein; ich war Berichterstatterin und sah solche Fälle selten. Aber wenn, dann war es fordernd, denn auch hier ist die Demokratie als »streitbar« gefragt, als »wehrhaft« gegenüber ihren Feinden. Die Hürde liegt also wieder hoch, denn wie das Parteiverbot ist das ein ziemlich scharfes Schwert, aber auch hier hilft das Verfahren, mit dem im Bundesverfassungsgericht gearbeitet wird.

Wieder ist es wichtig, nicht einseitig zu sein und schon gar nicht Vorurteilen zu folgen. Wie so oft lagen mehrere Verfahren zu einem Problem in den Regalen; sie wurden zusammen geprüft: In 1 BvR 1474/12 steckte ein Spendensammelverein für die Hamas in Palästina, in 1 BvR 670/13 ein rechtsradikaler Verein zur Unterstützung inhaftierter »Kameraden«, und in 1 BVR 57/14 wehrten sich 31 »unbescholtene Bürger« eines Chapters des Rockervereins Hells Angels gegen ihr Verbot. Sie zusammen zu prüfen, hieß, die Maßstäbe sofort in jede Richtung zu bedenken. Also los, wie immer: Die Mitarbeitenden recherchieren, das Vorzimmer organisiert die Zustellung, die Stellungnahmen werden verarbeitet; das Votum wird verschickt, der Senat muss mehrfach beraten; dann kommt der Beschlussentwurf. Wieder einmal war ich dankbar für die Vielfalt im Senat, für den Mix: Wir mussten begründen, wo sich Spenden von der heimlichen Finanzierung des Terrorismus unterscheiden, und der Richter Andreas Paulus kannte als Professor für Völkerrecht die internationale Diskussion sehr gut; ein anderer Richter war besonders aufmerksam, weil sich ein Verein als religiös bezeichnete; wieder andere achteten auf andere Aspekte. Die Leseberatung stand am Freitag, den 13., auf der Tagesordnung; sie endete (trotzdem) im Konsens, aber einmal mehr hart erarbeitet.

Es war der erste große Beschluss zum Thema Vereinsverbote, also Klarheit besonders gefragt. Daran liegt allen im Senat, aber alle haben auch je eigene Vorstellungen. Aus meinem schönen (dachte ich) Entwurf der Leitsätze überlebte in der Beratung kein einziger. Das gehört dazu; das Bundesverfassungsgericht ist kein Ort fürs Ego. Was am Ende in der Entscheidung steht, ist zwar oft nicht eleganter formuliert, aber es muss im Senat tragen, um auch andere überzeugen zu können. So schildert der Beschluss, wie sich Vereinsverbote historisch entwickelt haben, um welche Konflikte es konkret geht, was die Beschwerden sagen, was die Stellungnahmen, was zulässig ist, unter »B.«, und welche Maßstäbe gelten, unter »C. I.«. Vor allem war das aktuelle Urteil des Zweiten Senats zum Parteiverbot zu beachten, denn im Zwillingsgericht müssen sich beide einig sein. Die Pressemitteilung zum Beschluss vom 13. Juli 2018 sagt dann wieder schlicht:

> Verfassungsbeschwerden gegen Vereinsverbote erfolglos.

Für die drei Betroffenen hieß das: Die Verbote blieben in Kraft. Im späteren Verfahren 1 BvR 2067/17 war auch noch über das »Kuttenverbot« zu entscheiden. Ich wusste, wie wichtig den Motorradklubs ihre Vereinskleidung ist, und sie hatten das mit einer Fahrt durch die Stadt eindrücklich gezeigt. Aber auch hier war weder für sie noch nach meinem persönlichen Eindruck oder meinen Sympathien, sondern für die Gesellschaft insgesamt zu entscheiden. Also wie immer: Die Entscheidung, die »Kutte« zu tragen, ist als Freiheit vom Grundgesetz geschützt, aber auch sie hat Grenzen: »Der Eingriff ist zu rechtfertigen, soweit er verhältnismäßig ist.« Am Ende bedeutete das: Privat ist es weiter erlaubt, Vereinskleidung zu tragen, aber als offene Werbung für Gangs kann es verboten werden. Damit hat sich das Bundesverfassungsgericht in der Szene sicher keine Freunde gemacht. Aber zur Demokratie gehört auch, dass sich nicht die Großen, Lauten, Starken durchsetzen, sondern allen Belangen Rechnung getragen wird.

»Verfassungskultur«

Die Entscheidungen zu den Vereinsverboten waren wie die zur Meinungsfreiheit Machtworte, aber auch hier nicht das letzte Wort. Das zeigt der Streit um eine rechtsradikale Zeitschrift, als das Innenministerium den Verein verbot, der sie herausgibt, aber das Bundesverwaltungsgericht im Juni 2025 entschied, das gehe so nicht: Die Menschenfeindlichkeit sei nicht zu tolerieren, aber prägend müsse sie sein. Auch so wirken sich die Maßstäbe aus, die das Bundesverfassungsgericht zuvor geklärt hatte.

Selbstverständlich ist auch das nicht. Das Bundesverfassungsgericht hat keinen Gerichtsvollzieher, der Entscheidungen durchsetzt, anders als die Figur der Justitia kein Schwert und, so der berühmte englische Satz über Gerichte, auch keine *purse*, keine Geldbörse, die Macht verschaffen könnte. Das Grundgesetz vertraut vielmehr darauf, dass es gelebt wird. Das bedeutet auch, Entscheidungen des Bundesverfassungsgerichts zu akzeptieren und deshalb umzusetzen. Begeistert muss niemand sein, Kritik ist gut, solange sie nicht in Attacke umschlägt, aber wenn die Demokratie für alle funktionieren soll, müssen Entscheidungen wirken.

Das ist alles andere als banal. Manche nennen es »Verfassungskultur«; bestenfalls ist das die »Leitkultur«, die sich am Grundgesetz orientiert. Dazu gehören verteilte Gewalten, die sich gegenseitig in Schach halten, damit Macht nicht missbraucht wird, wirklich freie Wahlen und friedliche Machtwechsel, auch in der Politik die Fähigkeit zum Kompromiss und die Grundrechte natürlich, also Menschenwürde, Freiheit, Gleichheit. Was aber passiert, wenn das nicht gewollt ist? Was tun, wenn nicht akzeptiert wird, was das Bundesverfassungsgericht entscheidet? Es kann der Anfang vom Ende der Demokratie sein, die das Grundgesetz meint, so wie in den Autokratien, die sich nur demokratisch verkleiden. Die dann herrschende Willkür trifft erst »die anderen«, also Geflüchtete, queere und Transpersonen oder »den Islam«, aber schnell auch alle, die irgendwie nicht passen, vielleicht auch Sie. Also wehret den Anfängen. Eigentlich hat der römische Dichter Ovid so davor gewarnt, sich zu verlieben. Aber im 20. Jahrhundert wurde daraus ein Weckruf; im 21. Jahrhundert ist es die Aufforderung, demokratische Verhältnisse nicht für selbstverständlich zu halten, sondern auf sie zu achten. Auch auf das Grundgesetz, auch auf unabhängige Verfassungsgerichte.

Dafür ist es nicht zu spät; es gibt viele gute Ideen. Der Jurist und Journalist Max Steinbeis hat mit »Ein Volkskanzler« im Theater gezeigt, wie »die verwundbare Demokratie« sich wehren muss, wenn einer kommt, der sie von innen zerstören will; der *Verfassungsblog* hat für Thüringen gezeigt, was zu tun gewesen wäre; das »Justiz-Projekt« befasst sich damit bundesweit (Sie finden dazu mehr im Netz). Der Gründer der Initiative Frag den Staat, Arne Semsrott, hat eine provokante Anleitung zum Widerstand geschrieben; die Politikwissenschaftlerin Andrea Römmele hat angeregt, wie wir »Demokratie neu denken« sollen. Es gibt Vorschläge zur Staatsreform wie Re:Form als »Allianz für den Staat von morgen« oder die »Initiative für einen handlungsfähigen Staat«. Vor allem engagieren sich viele Menschen in vielen Projekten vor Ort dafür, dass Demokratie funktioniert. Sie übernehmen in Gemeinden, in Ländern oder im Bund Verantwortung, trotz der zunehmenden Angriffe nicht nur in sozialen Medien. »Für Demokratie« gehen viele auf die Straße, wie 2015 in Dresden, um ein anderes Zeichen zu setzen als der rechtsextreme Mob in Heidenau; die *Neue Osnabrücker Zeitung* sah 2018 eine »Protestwelle gegen Fremdenhass«; Anfang 2024 gab es bundesweit die Sonntage, an denen Menschen Zeichen setzten gegen die Idee der »Remigration«, was fremdenfeindliche Vertreibung verschleiern soll. Während der Amtszeit als Richterin habe ich nicht demonstriert. Aber als »a. D.«, also »außer Dienst« und folglich einfach Bürgerin, ging ich im Frühjahr 2024 mit. Die Gespräche drehten sich auch um das Grundgesetz, um »wehrhafte Demokratie« und die Meinungsfreiheit, um die Versammlungsfreiheit und Vereine, auch um den Klimaschutz und die Migrationspolitik, soziale Gerechtigkeit und Gleichstellung – um all die Kontroversen also, die hier auch Thema sind. Sie wissen jetzt, wie das Bundesverfassungsgericht damit umzugehen sucht.

Aufklärung tut not. Das Bundesverfassungsgericht wird zu leichtfertig »übergriffig« genannt und als »nicht demokratisch legitimiert« beschrieben oder eine Entscheidung als »nur eine Meinung« bezeichnet. Wer mehr weiß, kann dem entgegentreten. Und der entschiedene Einsatz für die Verfassung ist leider gefragt. 2018 weigerte sich ein Oberbürgermeister, seine Stadthalle der NPD zu geben, obwohl das Bundesverfassungsgericht anders entschieden hatte, das Aktenzeichen war 1 BvQ 18/18, und so sympathisch die Motive sein mögen: Das darf nicht sein. Auch radikale Parteien haben Rechte, solange sie nicht verboten sind. Das Bundesverfassungsgericht kann dann nicht die Polizei schicken oder eine Gerichtsvollzieherin, aber es gab einen Brief an die Kommunalaufsicht:

> Offensichtlich bestanden bei der Stadt Wetzlar Fehlvorstellungen über die Bindungskraft richterlicher Entscheidungen und den noch verbleibenden Spielraum für eigenes Handeln. Um künftigen Überforderungen … vorzubeugen«, werde »angeregt, von Seiten der Kommunalaufsicht sicherzustellen, dass gerichtliche Entscheidungen künftig befolgt werden.

Es ist beunruhigend, dass das gesagt werden muss. Wenn das Bundesverfassungsgericht entschieden hat, sollte die Sache geklärt sein. Ich weiß nicht, was dann in Wetzlar passiert ist. Aber nicht nur dort dürfen solche Weigerungen nicht sein.

Das gilt auch für einen weiteren Brief des Senats an den Deutschen Bundestag, also das Parlament, nach der Entscheidung gegen die Diskriminierung von homosexuellen Paaren im Steuerrecht. Vorurteile sitzen tief, aber Urteile müssen stärker sein. Das Gericht »beabsichtige«, so schrieb der Vorsitzende, »darüber zu beraten, ob eine Anordnung zu erlassen sei«; sie ist nach dem Prozessrecht möglich. Es ist gut, dass uns das erspart blieb. Der Bundestag regelte die Sache selbst. So soll es sein.

So sollte es auch bleiben. Als in Berlin im Juni 2024 ein Mensch abgeschoben wurde, obwohl die Behörde wusste, dass das Bundesverfassungsgericht gerade entscheidet, ob Grundrechte verletzt sind, und der Beschluss nur Minuten zu spät kam, kommentierte das die Journalistin Gigi Deppe in der *Tagesschau* zu Recht als »beunruhigenden Vorgang«; für den Rechtsstaat ist es ein Skandal. Auch wenn im Wahlkampf gar noch von Menschen in einem Regierungsamt behauptet wird, man dürfe etwas, was nach Verfassungsrecht und oft auch europäischem Recht klar untersagt ist, nicht zufällig im Migrationsrecht und in sozialen Fragen, leidet die Demokratie. Im Grundgesetz steht ganz vorn im dritten Absatz des Artikel 1, dass »Gesetzgebung, vollziehende Gewalt und Rechtsprechung« unmittelbar an die Grundrechte gebunden sind. Die Verfassung müssen also alle von sich aus beachten, auch bei den großen Kontroversen: dem Klimaschutz, der Migration, der Sicherheit, der sozialen Frage und der Gleichheit, und das alles für die Demokratie. Das gilt für Deutschland auch als Mitgliedstaat der EU, des europäischen »Staatenverbunds«, denn da bestimmt Artikel 2 des Vertrages:

> Die Werte, auf die sich die Union gründet, sind die Achtung der Menschenwürde, Freiheit, Demokratie, Gleichheit, Rechtsstaatlichkeit und die Wahrung der Menschenrechte einschließlich der Rechte der Personen, die Minderheiten angehören. Diese Werte sind allen Mitgliedstaaten in einer

> Gesellschaft gemeinsam, die sich durch Pluralismus, Nichtdiskriminierung, Toleranz, Gerechtigkeit, Solidarität und die Gleichheit von Frauen und Männern auszeichnet.

Wenn das Bundesverfassungsgericht in genau diesem Sinne entscheidet, weil es zulässig gefragt worden ist, ist die funktionierende Demokratie darauf angewiesen, dass auch diese Bindung funktioniert.

Demokratie also

Demokratie – das ist eine alte Idee, aber vor allem eine politische Praxis, nicht zuletzt im Grundgesetz vorgegeben und vom Verfassungsgericht geschützt. Im Kern geht es darum, dass Regierungen tatsächlich gewählt (und Wahlen nicht manipuliert) werden, dass Macht dann friedlich übergeben (und nicht per Sturm auf das Kapitol oder den Reichstag brutal erzwungen) wird und dass Dinge, die uns nicht allein betreffen, tatsächlich offen diskutiert (und nicht zensiert, unterdrückt und als andere Meinung verfolgt) werden. Dazu gehört auch, dass eine gewählte Mehrheit nicht rücksichtslos regieren darf, sondern sich selbst an Grundrechte, vorher verteilte Befugnisse und demokratische Verfahren hält, die der Macht Grenzen setzen. Das Bundesverfassungsgericht ist die unabhängige Instanz, die eben nur mit dieser Verfassung in der Hand im Fall des Falles klärt, was gilt. Es ist ein anspruchsvolles Programm, dafür gibt es ein besonderes Verfahren, bereichert durch die verschiedenen Erfahrungen und Perspektiven der Beteiligten. So gestaltet das Bundesverfassungsgericht unser Leben nicht, sondern klärt Kontroversen; wer da die rote Robe trägt, zieht rote Linien, zu Ihrem Schutz, zum Schutz der Demokratie.

Wenn Sie mehr wissen möchten

Rolf Lamprecht: Das Bundesverfassungsgericht. Geschichte und Entwicklung. Bonn 2011 – *erschienen bei der Bundeszentrale für politische Bildung, erklärt neun Präsidentschaften und die wichtigsten Entscheidungen*

Christian Rath: Der Schiedsrichterstaat. Die Macht des Bundesverfassungsgerichts. Berlin 2013

Jutta Limbach: Das Bundesverfassungsgericht. München 2001 – *die ehemalige Präsidentin des Gerichts erklärt die Geschichte, die Institution und die Verfahrensarten*

Alexander Thiele: Machtfaktor Karlsruhe. Das Bundesverfassungsgericht im System des Grundgesetzes. Frankfurt a. M. 2025

Thomas Darnstädt: Verschlusssache Karlsruhe. Die internen Akten des Bundesverfassungsgerichts. München 2018 – *erklärt die Entscheidungen der 1950er und 1960er Jahre, unter anderem zu Parteiverboten, Schwangerschaftsabbruch oder Gleichberechtigung, die* Spiegel-*Affäre und das Adenauer-Fernsehen*

Michael Stolleis (Hg.): Herzkammern der Republik. Die Deutschen und das Bundesverfassungsgericht. München 2021 – *ein Sammelband zum 60. Geburtstag*

Uwe Wesel: Der Gang nach Karlsruhe. München 2004

Das Gebäude

Falk Jaeger: Transparenz und Würde: das Bundesverfassungsgericht und seine Architektur. Berlin 2014 – *ein wunderbarer Bildband*

Verein der Richter des Bundesverfassungsgerichts e. V: Das Bundesverfassungsgericht in Karlsruhe. Architektur und Rechtsprechung. Basel/Boston/Berlin 2004

Zu den Akten

Cornelia Vismann: Akten. Frankfurt a. M. 2000

Wissenschaftlich betrachtet

Uwe Kranenpohl: Hinter dem Schleier des Beratungsgeheimnisses. Der Willensbildungs- und Entscheidungsprozess des Bundesverfassungsgerichts, Wiesbaden 2010

Gertrude Lübbe-Wolff: Beratungskulturen. Wie Verfassungsgerichte arbeiten und wovon es abhängt, ob sie integrieren oder polarisieren. Konrad-Adenauer-Stiftung 2022 – *eine umfassende Sammlung zu Gerichten weltweit*

Dieter Grimm: Verfassungsgerichtsbarkeit. Berlin 2021 – *der ehemalige Bundesverfassungsrichter behandelt Gerichte in verschiedenen Ländern auch angesichts des heutigen politischen Drucks, ihrer Verletzlichkeit und ihrer Funktion in der Demokratie*

Christian Bumke: Verfassungsstaat und Verfassung. Berlin 2023

Andreas Voßkuhle: Europa, Demokratie, Verfassungsgerichte. Berlin 2021 – *der ehemalige Präsident des Gerichts in 18 Beiträgen*

Matthias Jestaedt, Oliver Lepsius, Christoph Möllers, Christoph Schönberger: Das entgrenzte Gericht. Eine kritische Bilanz nach sechzig Jahren Bundesverfassungsgericht. Berlin 2011

Oliver Lembcke: Über das Ansehen des Bundesverfassungsgerichts. Ansichten und Meinungen in der Öffentlichkeit 1951–2001. Berlin 2006

Hans Vorländer (Hg.): Die Deutungsmacht der Verfassungsgerichtsbarkeit. Wiesbaden 2006

Der Blick aus dem Ausland

Justin Collings: Democracy's Guardians: A History of the German Federal Constitutional Court, 1951–2001. Oxford 2015

Aurore Gaillet: La Cour Constitutionelle fédérale allemande. Réconstruire und démocratie par le droit (1945–1961). Paris 2021

Historisch gesehen

Rolf Lamprecht: Ich gehe bis nach Karlsruhe. Eine Geschichte des Bundesverfassungsgerichts. München 2011

Hans Hugo Klein: Vor- und Entstehungsgeschichte des Bundesverfassungsgerichts. Karlsruhe 2018

Sabine Böhne-Di Leo: Die Erfindung der Bundesrepublik. Wie unser Grundgesetz entstand. Köln 2024 – *eine sehr anschauliche, bebilderte Erzählung*

Kerstin Brückweh (Hg.): Die Wiederbelebung eines »Nicht-Ereignisses«? Das Grundgesetz und die Verfassungsdebatten von 1989 bis 1994. Tübingen 2024 – *die Beiträge diskutieren die verpasste Chance, für ganz Deutschland eine neue Verfassung zu schreiben*

Ute Frevert: Verfassungsgefühle. Die Deutschen und ihre Staatsgrundgesetze. Göttingen 2024 – *eine Reise durch die Geschichte des Umgangs mit den deutschen Verfassungen bis hin zum Grundgesetz*

Michaela Hailbronner: Traditions and Transformations: The Rise of German Constitutionalism. Oxford 2015

Biografisches

Ernst-Wolfgang Böckenförde/Dieter Gosewinkel: Wissenschaft, Politik, Verfassungsgericht. Berlin 2011 – *mit Aufsätzen und einem biografischen Interview*

Dieter Grimm: Ich bin ein Freund der Verfassung. Im Gespräch mit Oliver Lepsius, Christian Waldhoff, Matthias Roßbach. Tübingen 2017

Gunilla Budde: Jutta Limbach. Ein Leben für die Gerechtigkeit. München 2025

Karin Deckenbach: Jutta Limbach. Eine Biografie, Düsseldorf 2003

Uta Fölster/Christina Stresemann (Hg.): Recht so, Jutta Limbach! Zum Abschied verfasst für die Präsidentin des Bundesverfassungsgerichts. Baden-Baden 2002 – *ganz unterschiedliche Eindrücke von einer Richterin, auch aus der Kunst und mit Comics*

Fabian Michl: Wiltraut Rupp-von Brünneck (1912–1977): Juristin, Spitzenbeamtin, Verfassungsrichterin. Frankfurt a. M. 2022 – *als Richterin die einzige Frau unter fünfzehn Männern mit einigen Sondervoten gegen die konservative Mehrheit auch zum Schwangerschaftsabbruch*

Thomas Dieterich: Ein Richterleben im Arbeits- und Verfassungsrecht. Berlin 2016

Almut und Wolf Röse: Helmut Simon. Recht bändigt Gewalt. Eine autorisierte Biografie. Berlin 2011

Helmut Simon/Peter Becker/Heide Simon: Leben zwischen den Zeiten. Von der Weimarer Republik bis zur Europäischen Union – vom Bauernbub zum Verfassungsrichter und Kirchentagspräsidenten. Wiesbaden 2020

Hans Eichel/Barbara Stolterfoht (Hg.): Elisabeth Selbert und die Gleichstellung der Frauen. Eine unvollendete Geschichte. Kassel 2015

Marike Hansen: Erna Scheffler (1893–1983). Tübingen 2020 – *eine Biografie im Kontext der Frauenbewegung*

Anselm Doering-Manteuffel, Bernd Greiner, Oliver Lepsius: Der Brokdorf-Beschluss des Bundesverfassungsgerichts 1985. Tübingen 2015 – *mit einem Beitrag zu »Richterpersönlichkeiten und ihrer protestantischen Sozialisation«*

Podcasts

Spruchreif | Der Jurafuchs Podcast #37, 75 Jahre Grundgesetz: Wie entscheiden Verfassungsgerichte? Mit Richterin des BVerfG a. D. Gertrude Lübbe-Wolff (28.6.2024), – *sie schildert, wie Entscheidungen des Bundesverfassungsgerichts und anderer Verfassungsgerichte zustanden kommen und was für die Rechtsfindung in den großen Kontroversen wichtig ist*

LTO-Podcast #26: Interview mit Ex-BVR Prof. Dr. Dieter Grimm (18.5.2018), – *er beschreibt auch zu Entscheidungen zur Wiedervereinigung, wie das Gericht auf die Belange der Ex-DDR-Bürgerinnen und Bürger einging, was versäumt wurde und wie es um das Gericht in Europa steht*

In guter Verfassung. Detektor.fm mit Rabea Schloz und Hajo Schumacher, mit 103 Folgen Grundgesetz für die Ohren.

Irgendwas mit Recht #145, WiMi am BVerfG, Verfassungsbeschwerde, Grundrechte (21.11.2022), *zwei wissenschaftliche Mitarbeitende am Bundesverfassungsgericht schildern ihre Arbeit und geben am Ende auch noch Tipps für das juristische Examen*

Die Justizreporter*innen, Mehr Schutz für das Bundesverfassungsgericht? (6.2.2024), *Frank Bräutigam und Klaus Hempel, beide in der Rechtsredaktion des SWR, sprechen mit Michael Eichberger, ehemaliger Richter des Bundesverfassungsgerichts, und mit Ulrich Karpenstein, Vizepräsident des Deutschen Anwaltvereins, über die Änderungen im Grundgesetz, die das Gericht schützen sollen*

Grundgesetzlich: Podcast der Gesellschaft für Freiheitsrechte GFF, # 11: Bundesverfassungsgericht: Hüter der Demokratie. 9.12.2024.

Justitias Töchter: Der Podcast zu feministischer Rechtspolitik, produziert vom Deutschen Juristinnenbund djb. Folge 23: Sich kümmern um den Rechtsstaat – mit Doris König, Vizepräsidentin des BVerfG; Folge 8: Feministische Haltung im Recht – mit Susanne Baer, Richterin des BVerfG.

»Mir war die gesamtdeutsche Problematik am wichtigsten«. Gespräch mit Ernst Gottfried Mahrenholz, Deutschlandfunk Archiv (26.02.2009)

Musik

Das alte Lied von den Grundrechten. Mit Stefan Krawczyk ins Grundgesetz hören, 2018

Bodo Wartke & die SchönenGutenA-Band: Das Grundgesetz, 2021

Filme

Filme zum Aufbau und Alltag des Gerichts sowie zu wichtigen Entscheidungen in der Mediathek des Bundesverfassungsgerichts und auf dem YouTube-Kanal @bundesverfassungsgericht

Die Sendung mit der Maus, Das Bundesverfassungsgericht

Auftrag Gerechtigkeit: Wie viel Macht hat das Bundesverfassungsgericht?, Arte 2021, 53 min. – *ein Film zum 70. Geburtstag*

Das Bundesverfassungsgericht, SWR 2022, – *ARD-Rechtsexperte Frank Bräutigam besucht eine Klägerin der »Klimaklage« und den Mann, der selbstbestimmt sterben durfte, interviewt den Präsidenten Harbarth und die Vizepräsidentin König; spricht über die erste Frau am Gericht, Erna Scheffler, Urteile zu Europa und die roten Roben*

Das Bundesverfassungsgericht, ARD 2024, – *die Politikwissenschaftlerin Andrea Römmele unterhält sich mit Präsident Harbarth und Vizepräsidentin König über das Gericht und die Wahlen der Richterinnen und Richter*

Theater

Maximilian Steinbeis: Ein Volkskanzler. Verfassungsblog 2019 – *aufgeführt in Berlin als »Ein Volksbürger: Politische Farce mit Fabian Hinrichs«, bei arte.tv*

Ferdinand von Schirach: Gott. 2021 – *der Fall der Beihilfe zur Selbsttötung als Buch, Hörspiel und Theaterstück*

Ferdinand von Schirach: Terror. 2016 – *der Fall Luftsicherheitsgesetz*

Marta Górnicka: Grundgesetz. Ein chorischer Stresstest, Maxim-Gorki-Theater 2018 – *ein 50-köpfiger Chor skandiert die Verfassung*

Kunst

Das Grundgesetz. Mit Illustrationen von Markus Lüpertz, 2012

Das Grundgesetz als Magazin. Oliver Wurm, 2021

Anmerkungen zum Grundgesetz. Horst Janssen, 2009

Aus anderen Ländern

USA

Linda Greenhouse: Justice on the Brink. A Requiem for the Supreme Court. New York 2022

Stephen Breyer: The Court And The World: American Law and the New Global Realities. New York 2015

Noah Feldman: Scorpions. The Battles and Triumphs of FDRs Great Supreme Court Justices. New York 2010

Jeffrey Toobin: The Nine. Inside the Secret World of the Supreme Court. New York 2008

Edward Lazarus: Closed Chambers. The Rise, Fall and Future of the Modern Supreme Court. New York 1999

Irin Carmen/Shana Knizhnik: Notorious RBG. The Life and Times of Ruth Bader Ginsburg. New York 2015

Maria Isabel Sanchez Vegara: Little People, Big Dreams. Ruth Bader Ginsburg, illustriert von Judit Orosz. Berlin 2021

Kanada

Justice Bertha Wilson. One Woman's Difference. Edited by Kim Brooks. Vancouver 2009.

Sonia Sotomayor und Rafael Lopez: Just Ask. Be Different. Be You. New York 2019 – *ein Kinderbuch*

Vanessa MacDonnell, Stephen Bindman, Gerald Chan (Hg.): Justice Rosalie Silberman Abella. A Life of Firsts. Toronto 2025

Frankreich

Dominique Schnapper: Une sociologue au Conseil constitutionnel. Paris 2010 – *und kurz auf Deutsch in:* Christoph Möllers/Andreas Fischer-Lescano (Hrsg.): Gerüchte vom Recht. Berlin 2015

Südafrika

Albie Sachs: The Strange Alchemy of Life and Law. Oxford 2009

Großbritannien

Brenda Hale: Spider Woman: A Life. London 2021

Zum Grundgesetz und Menschenrechten

Christine und Milla Olderdissen: Jede*r hat das Recht. Fälle, Fakten und Gedanken zum Grundgesetz. Stuttgart 2023 – *ein Interview zur Praxis des Gerichts und Kommentare zu den wichtigsten Artikeln des Grundgesetzes für Kinder und Jugendliche*

Angelika Nußberger, mit Bildern von Rotraut Berner: Frei und gleich. Die Menschenrechte. München 2024 – *anschauliche Skizzen der ehemaligen Richterin am Europäischen Gerichtshof für Menschenrechte in Straßburg*

Grundrechte-Report. Zur Lage der Bürger- und Menschenrechte in Deutschland – *ein Projekt zahlreicher Vereine und Verbände, erscheint jedes Jahr mit kurzen und knackigen Kritiken*

Georg M. Oswald (Hg.): Das Grundgesetz. Ein literarischer Kommentar. München 2022 – *kurze Essays zu ausgewählten Artikeln*

Bundeszentrale für politische Bildung: In guter Verfassung? Aus Politik und Zeitgeschichte, Ausgabe 9–11, 24. Februar 2024 – *mit Beiträgen zum 75. Geburtstag, zu »ungenutzten Potentialen«, verpassten Chancen 1989/90, der wehrhaften Demokratie, zum Asylrecht und zur globalen Krise*

Femina Politica 01/2024: 75 Jahre Grundgesetz. Perspektiven feministischer Rechtskritik – *mit einem Interview »Das noch nicht Gesagte sichtbar machen« und Beiträgen zu Schwangerschaftsabbruch und Prostitution*

Alexander Thiele: Das Grundgesetz verständlich erklärt. Stuttgart 2023

Christoph Möllers: Das Grundgesetz: Geschichte und Inhalt. München 2024

Michael Wrase/Christian Boulanger (Hg.): Die Politik des Verfassungsrechts. Baden-Baden 2013

Marion Detjen, Stephan Detjen, Max Steinbeis: Die Deutschen und das Grundgesetz. Geschichte und Grenzen unserer Verfassung. München 2009 – *auch bei der Bundeszentrale für politische Bildung*

Stephan Detjen: In bester Verfassung?! 50 Jahre Grundgesetz. Köln 1999 – *reich bebilderter Begleitband zur Wanderausstellung der Bundeszentrale für politische Bildung und der Bundesrechtsanwaltskammer*

Wolf-Dieter Narr/Klaus Vack (Hg.): Verfassung. Oder: Wie können wir in Zukunft leben? 1991 – *ein Lesebuch mit 61 Texten für die Bürgerin und den Bürger zur deutsch-deutschen Verfassungsdebatte nach dem Fall der Mauer*

Christoph Möllers, Sabine Müller-Mall: Theorien der Verfassung. Zur Einführung. Hamburg 2024

Ferdinand von Schirach: Die Würde ist antastbar. München 2014

Dieter Grimm: Die Zukunft der Verfassung I und II. Berlin 1991 und 2012

Hans Vorländer: Die Verfassung. Idee und Geschichte. München 1999

Ulrich K. Preuß: Revolution, Fortschritt und Verfassung. Frankfurt a. M. 1981, neu 1993 – *eine entschieden fortschrittlich politische Verfassungstheorie*

Zur Demokratie

Max Steinbeis: Die verwundbare Demokratie. Strategien gegen die populistische Übernahme. München 2024

Andrea Römmele: Demokratie neu denken. Frankfurt a. M. 2024

Arne Semsrott: Machtübernahme. Was passiert, wenn Rechtsextremisten regieren. Eine Anleitung zum Widerstand. München 2024

Stephan Detjen, Max Steinbeis: Die Zauberlehrlinge. Der Streit um die Flüchtlingspolitik und der Mythos vom Rechtsbruch. Stuttgart 2019